《东南亚研究》第一辑

《东南亚概论》丛书

YINDUNIXIYA GAILUN

印度尼西亚概论

唐慧 陈扬 张燕 王辉 编著

「十二五」国家重点图书出版规划项目

国家出版基金项目
NATIONAL PUBLICATION FOUNDATION

中国出版集团
世界图书出版公司

图书在版编目（CIP）数据

印度尼西亚概论/唐慧等编著. —广州：世界图书出版广东有限公司，2012. 12（2024.9 重印）
（东南亚研究）
ISBN 978-7-5100-1832-9

Ⅰ. ①印…　Ⅱ. ①唐…　Ⅲ. ①印度尼西亚—概况　Ⅳ. ①K934.2

中国版本图书馆CIP数据核字（2012）第305413号

印度尼西亚概论

项目策划：陈　岩
项目负责：卢家彬　刘正武
责任编辑：魏志华
出版发行：世界图书出版有限公司　世界图书出版广东有限公司
（广州市新港西路大江冲25号　邮编：510300）
电　　话：020-84184026　84453623
http：//www.gdst.com.cn　E-mail：wpc_gdst@163.com
经　　销：各地新华书店
印　　刷：广东虎彩云印刷有限公司
版　　次：2012年12月第1版
印　　次：2024年9月第7次印刷
开　　本：880mm×1230mm　1/32
字　　数：338千字
印　　张：14
ISBN 978-7-5100-1832-9
定　　价：38.00元

咨询、投稿：020-84460251　gzlzw@126.com

前言

“东南亚”指亚洲东南部地区，包括越南、老挝、柬埔寨、泰国、缅甸、菲律宾、马来西亚、文莱、新加坡、印度尼西亚、东帝汶等11个国家。该地区人口众多、资源丰富、幅员辽阔，北接东亚大陆，南望澳大利亚，东濒太平洋，西临印度洋，西北与印度、孟加拉国相毗邻，是连接亚洲和大洋洲、太平洋和印度洋的桥梁地带，具有举足轻重的战略地位。

东南亚是中国周边邻国最为集中的地区。通过陆地和海洋的连接，东南亚与中国为邻，是中国通往外部世界的最重要的海上通道，是中国维护国家安全的重要门户。由于山水相连、唇齿相依，中国与东南亚地区自古以来就有着密切的政治、经济和文化上的往来。虽然其间也曾有过摩擦和冲突，但和平友好一直是中国与东南亚交往的主调。新中国成立后，中国政府奉行睦邻友好的和平外交政策，正确处理与周边国家的关系，营造了一个较好的周边环境。特别是冷战结束后，出现了有利于中国改善与周边国家关系的国际大气候，为中国稳定周边关系提供了良好的机遇。在中国的对外关系中，东南亚具有举足轻重的分量，它既是中国实施“睦邻、安邻、富邻”外交的重要目标，也是展现中国与周边国家睦邻友好关系的窗口。无论是中国为实现社会主义现代化争取一个和平的国际环境，还是实施“立足亚太、稳定周边”的对外战略，东南亚都是不可或缺的一环。而在经济上，东南亚有着丰富的自然资源和潜在市场，是中国对外开放、开展互利合作的重要伙伴。因此，密切与东南亚各国的关系，对于中国构建稳定、和谐的周边环境具有重要意义。

近年来，中国和东南亚各国关系取得了迅速、全面、深入的发展。特别是1997年亚洲金融危机爆发以后，中国坚持人民币不贬值，以不附带任何政治条件的真诚支持和援助获得了东南亚各国的一致赞赏，拉近了相互间的距离，也使中国与东南亚的关系全面推进，不断拓展和深化。2002年11月，《中国与东盟全面经济合作框架协议》的签署，标志着中国—东盟建立自由贸易区的进程正式启动，也标志着中国与东南亚国家的经贸合作进入了新的历史阶段。此后，双方又将合作拓展到政治、安全和战略领域，相继签署了《中国与东盟关于非传统安全领域合作联合宣言》、《南海各方行为宣言》，以及中国加入《东南亚友好合作条约》，确立"中国—东盟面向和平与繁荣的战略伙伴关系"等，奠定了中国与东南亚国家进行整体性制度合作的框架基础，中国与东南亚关系由此进入了合作共赢的发展阶段。

随着2010年中国—东盟自由贸易区的正式全面启动，中国东盟博览会和商务与投资峰会、大湄公河次区域经济合作、北部湾经济区的开放开发等一系列合作机制的建立和实施，昆河铁路、昆曼公路等一批跨国合作项目的建成和投入使用，可以预见中国和东南亚各国的经贸关系会更加密切，合作机制会更加健全，双方的相互依存度会更加牢固。在此背景下，越来越多的国人希望进一步了解和认识东南亚。有鉴于此，解放军外国语学院亚非语系依据自身拥有覆盖东南亚地区主要语言的优势和东南亚语种群办学52年的历史积淀，组织编写了《东南亚概论》、《越南概论》、《老挝概论》、《柬埔寨概论》、《泰国概论》、《缅甸概论》、《马来西亚概论》、《印度尼西亚概论》等，分别从自然地理、历史简况、民族与习俗、宗教信仰、文学艺术、政治制度、国民经济、军事与国防、对外关系等方面对东南亚及东南亚各国的国情与社会文化进行了阐述。参加丛书编撰工作的均为解放军外国语学院东南亚语种方向的专家学者。他们精通英语和东南亚语言，熟悉东南亚文化，在编写过程中多采用第一手资料，使丛书内容具有丰富、翔实、权威的特点。

在充满机遇与挑战的全球化时代，中国如何把握住时机，继续深化与东南亚国家的睦邻友好关系，提升在政治、经济、贸易、文化、安全等各领域的广泛交流与深入合作，是一个重要课题。《东南亚研究》丛书旨在为希望了解东南亚情况的人士提供较为客观、全面的知识和信息。由于受资料收集和学术水平等诸多因素的限制，书中所表述的观点难免有疏漏和不当之处，敬请广大读者批评指正。同时，我们也衷心希望有更多更好的东南亚研究成果问世。

解放军外国语学院亚非语系
《东南亚研究》编辑委员会
2012年11月

目　录

引　言……1

第一章　自然地理……6
第一节　地理状况……6
一、地理位置……6
二、地形地貌……7
三、气候与时区……10
第二节　自然资源……12
一、矿物资源……12
二、植物资源……17
三、动物资源……18
第三节　人口与行政区划……20
一、人口状况……20
二、行政区划……21
三、重要地理区域……26

第二章　历史简况……34
第一节　古代部分……34
一、印尼群岛的原始人……34
二、古老的王国……36
三、室利佛逝王国……37
四、从马打蓝王国到柬义里王国……39
五、麻喏巴歇王国的兴衰……41

第二节 近代部分……45
一、葡萄牙和西班牙殖民者的东来……45
二、荷兰东印度公司的殖民统治……48
三、英国殖民者对爪哇的短暂统治……53
四、荷兰对爪哇殖民统治的加强……54
五、殖民政策的改革……57
第三节 现代部分……60
一、民族意识的觉醒和民族独立运动的发展……60
二、从争取独立到巩固独立……62

第三章 民族与习俗……66
第一节 民 族……66
一、民族分布与起源……66
二、主要民族简况……67
第二节 风俗习惯……71
一、着装习俗……71
二、饮食习俗……74
三、婚嫁习俗……78
四、丧葬习俗……82
第三节 传统节会……85

第四章 宗教信仰……91
第一节 原始宗教……91
一、原始宗教信仰的主要内容……91
二、原始宗教对当今社会的影响……95
第二节 巴厘印度教……96

一、印度教在印尼的传播和发展……96
二、巴厘印度教的特点……98
三、巴厘印度教对社会文化的影响……100
第三节 佛 教……102
一、佛教的传入……102
二、当代佛教的发展……104
第四节 伊斯兰教……106
一、伊斯兰教在印尼的传播和发展……106
二、印尼伊斯兰教的特点……111
三、伊斯兰教对当今印尼社会的影响……113
第五节 天主教和基督教……117
一、天主教和基督教的传入……117
二、天主教和基督教的发展……119

第五章 文学艺术……122
第一节 语言文学……122
一、语言……122
二、文学……125
第二节 音乐舞蹈……137
一、音乐……137
二、舞蹈……140
第三节 电影戏剧……147
一、电影……147
二、戏剧……148
第四节 建筑艺术……153
一、传统民居……153

二、宗教建筑……158
三、现代建筑……163
第五节 传统工艺……165

第六章 科技、教育和文化事业……171
第一节 科学技术……171
第二节 文化事业……174
一、传媒集团……174
二、报纸杂志……175
三、广播电视……177
四、互联网服务……178
第三节 教育事业……179
一、教育发展简况……179
二、教育性质和类型……182
三、宗教教育……193
四、教育改革……195

第七章 政治制度……198
第一节 国旗、国徽、国歌……198
一、国旗……198
二、国徽……199
三、国歌……200
第二节 宪 法……201
一、宪法的历史发展……201
二、宪法的修改……205
第三节 代议机构……206

一、人民协商会议……206
二、国会……210
三、地方代表会议……219
四、地方议会……221
第四节　行政机构……223
一、总统……223
二、内阁……225
三、非部门政府机构……230
四、地方政府……230
五、国有企业……231
第五节　司法机构……232
一、法律体系和构成……233
二、最高法院……234
三、司法委员会……235
四、宪法法院……236
第六节　政党与大选……236
一、印尼大选及政党的历史沿革……236
二、现行大选制度……241

第八章　国民经济……249
第一节　经济发展简史……249
一、苏加诺时期的经济……249
二、苏哈托时期的经济……251
三、民主转型时期的经济……258
第二节　当前经济发展概况……269
一、GDP及构成……270

二、部门经济结构和产值……271
三、区域经济……275
四、对外贸易……275
第三节 经济发展前景……282
第九章 军事与国防……285
第一节 军队简史……285
一、军队的诞生和发展……285
二、苏加诺时期的军队……287
三、苏哈托时期的军队……293
四、民主转型时期的军队……295
第二节 国防体制与军事制度……304
一、国防体制……304
二、军事制度……306
三、军费开支……308
第三节 当前军情概述……309
一、陆军现状……309
二、海军现状……315
三、空军现状……323
第四节 对外军事关系……329

第十章 对外关系……334
第一节 与中国的关系……334
一、苏加诺执政时期印尼与中国的关系……334
二、外交关系的暂时中断和恢复……336
三、复交后两国关系的稳步发展……338
四、睦邻互信全面合作关系的发展……339

五、战略伙伴关系的全面发展……342
第二节 与东盟其他国家的关系……348
一、与马来西亚的关系……348
二、与新加坡的关系……353
三、与菲律宾的关系……358
四、与泰国的关系……360
五、与文莱的关系……362
六、与越南的关系……364
七、与老挝、缅甸、柬埔寨的关系……365
第三节 与世界主要国家和组织的关系……367
一、与美国的关系……367
二、与日本的关系……373
三、与澳大利亚的关系……377
四、与俄罗斯的关系……382
五、与印度的关系……384
六、与韩国的关系……385
七、与欧盟的关系……386
第四节 与东帝汶、巴布亚新几内亚及南太平洋国家的关系……386
一、与东帝汶的关系……386
二、与巴布亚新几内亚及南太平洋国家的关系……390

第十一章 中印尼友好关系……393
第一节 古代中印尼友好往来……393
一、汉唐时期中国与印尼的友好往来……393
二、宋、元时期中国与印尼的友好往来……396

三、明朝时期中国与印尼的友好往来……400
第二节　近代中印尼友好关系……403
一、爪哇华侨抗荷起义……403
二、西婆罗洲华侨抗荷斗争……407
三、华侨是中印尼友好关系的桥梁和纽带……410
第三节　现当代中印尼友好关系……414
一、苏加诺执政时期中印尼友好关系……414
二、复交后两国友好关系的全面发展……417

参考文献……422

后　记……428

引　言

印度尼西亚共和国（Republik Indonesia，简称印尼）位于亚洲东南部，是东南亚地区面积最大的国家。它横跨赤道，地处印度洋和太平洋、亚洲和澳洲之间，领土南北宽约1 900千米，东西长达5 100千米，约占赤道总长的八分之一，被誉为“赤道上的翡翠”。印尼全国共有大小岛屿17 508个，是世界上岛屿最多的国家，其中加里曼丹岛、苏门答腊岛、西伊里安岛、苏拉威西岛和爪哇岛是印尼五大岛屿。印尼地域辽阔，其面积占东盟国家总面积的42.5%，是继中国、印度、美国之后的世界第四人口大国，目前全国人口总数已超2.4亿。

印尼群岛地处太平洋周边地壳运动十分活跃的地带，由几条巨大的岛弧组成，目前新构造运动仍很强烈，是世界上地震、火山活动最频繁的地区之一，全境有大小火山400余座，其中100余座为活火山。印尼的地形以山地、丘陵为主，还有高原、盆地和平原，不同的地貌类型为多样化的农业生产提供了有利的条件。印尼气候属典型的热带雨林气候，具有高温、多雨、湿度大、风力小的特点，全年温差较小，没有明显的四季变化，只有雨季和旱季之分。独特的自然地理环境，使印尼各类自然资源十分丰富，享有“热带宝岛”的美誉。

印尼是一个多民族国家，全国共有100多个民族，有些民族又分成许多不同的部族，因此也可以说印尼民族包括300多个部族，其中爪哇族占47%、巽达族占14%、马都拉族占7%，其他较大的民族还有米南加保族、巴达克族、马来族、亚齐族、巴厘族、达雅克族、托拉查族、望加锡族、布吉斯族等等。由于幅员辽阔、岛屿分散、山川纵横阻隔，各民族形成了多姿多彩的民风民俗。印尼还是一个宗教多元和人人信教的国家，全国各主要岛屿，凡有人居住的地方，都可以见到清真寺、教堂、寺庙等宗教建筑和设施。伊斯兰教是印尼最大的宗教，其信徒约占全国总人口的88%，使印尼成为世界上穆斯林人口最多的国家。印尼人信仰的其他宗教还包括基督教、天主教、印度教、佛教、孔教、道教和原始宗教等。

印尼是一个有着悠久历史文化的国家，远古时期就有原始人类在此繁衍生息。公元1世纪随着佛教的传入，印尼进入印度宗教文化影响时期。公元5世纪印尼出现了最早的王国，即加里曼丹东部的古戴王国和西爪哇的多罗磨王国；7世纪中在苏门答腊的巨港出现了东南亚强大的海上王国室利佛逝；13世纪末，拉登·威查耶在爪哇建立了印尼历史上最强大的麻喏巴歇封建帝国，统一了印尼。16世纪，爪哇岛上第一个伊斯兰教王国淡目推翻了麻喏巴歇王朝，几个世纪以来印度宗教文化影响在印尼占统治地位的历史从此宣告结束，伊斯兰文化的影响取而代之。1511年葡萄牙人为夺取香料侵入印尼东部马鲁古群岛，西班牙人也接踵而来，遭到爪哇、苏门答腊和马鲁古地区伊斯兰教王国的联合抵抗。1596年荷兰殖民者入侵，1602年在印尼建立了具有政府职能的“荷兰东印度公司”。1799年12月底，荷兰东印度公司宣布破产，取而代之的是殖民政府，通称“荷印政府”。1811—1816年英国取代荷兰建立了殖民地政府，英驻爪哇总督莱佛士在当地推行部分自治和废除奴隶贸易，以土地所有制取代荷兰的强迫种植制。1816年后荷兰逐渐恢复对印尼的殖民统治，至1903年征服亚齐，才完全占有整个印尼。期间，印尼各地反抗荷兰殖民统治的斗争从未间断。

20世纪初印尼出现民族觉醒运动。1928年10月28日，第二届印尼全国青年代表大会在雅加达召开，大会通过了著名的“青年誓词”，标志着印尼的民族觉醒运动已经到了成熟的阶段。此后一段时间内，印尼民族主义的力量遭到荷兰殖民统治者的残酷打击和分化，民族独立运动走向低谷。1942—1945年为日本占领时期，日本宣布投降后，苏加诺于1945年8月17日宣告印尼独立，建立印度尼西亚共和国，颁布了《四五年宪法》。之后，荷兰殖民主义者在英美的扶植和支持下，对印度尼西亚共和国政府采取软硬兼施和分化瓦解的策略，使其一度被迫改为印度尼西亚联邦共和国并加入荷印联邦。1950年8月印尼重新恢复为印度尼西亚共和国，颁布了临时宪法，并成为第60个加入联合国的国家。

1950年至1959年间印尼实行议会制，推行“自由民主”政策。后来，苏加诺提出民族主义、宗教信仰和共产主义团结的设想，即“纳沙贡”思想，推行“有领导的民主”。1963年印尼收复荷兰殖民者占据的西伊里安，同年9月，苏加诺因反对马来西亚联邦成立而发动了“对抗马来西亚运动”，并因抗议马来西亚当选为联合国安理会成员而于1965年1月一度退出联合国。1965年9月30日，苏加诺警卫团的翁东营长发起“9·30运动”，宣布成立“革命委员会”，接管政权。次日，陆军情报中心宣布陆军战略后备部队司令苏哈托临时掌管陆军领导权，对“9·30运动”发起者采取军事行动。1966年3月11日苏哈托代行总统职权。1968年3月正式出任印尼共和国第二任总统，印尼进入了一个新的历史时期，即所谓“新秩序时期”。

苏哈托上台后在内政、外交和经济领域采取了与苏加诺时期不同的政策，使印尼濒临破产的经济得到了迅速恢复和发展，社会秩序逐渐稳定，国民收入有较大幅度的提高，但另一方面，苏哈托的专制统治和贪污腐败也在慢慢吞噬着他的统治基础。1997年在东南亚各国爆发的金融危机使苏哈托王朝的统治摇摇欲坠，经济管理混乱和贪污受贿盛行造成的各种矛盾全面爆发，执政32年的苏哈托在四面楚歌和众叛亲离中被迫交权给哈比比副总统，印尼开始进入民主改革的过渡期。1999年6月印尼举行三十多年来第一次自由、民主的全国大选，苏加诺的女儿梅加瓦蒂领导的民主斗争党成为议会第一大党。1999年10月人协大会投票选举伊斯兰教士联合会主席瓦希德为印尼共和国第4任总统、梅加瓦蒂为副总统。2001年7月23日，印尼人协特别会议通过了罢免总统瓦希德的决议，同时任命梅加瓦蒂为印尼第5任总统。2004年7月，印尼举行历史上首次总统直选，前政治安全统筹部长苏西洛·班邦·尤多约诺当选印尼总统。2009年7月，苏西洛竞选连任成功，继续担任印尼总统至今。

中国和印尼友好往来的历史源远流长。据史料记载，远在2 000年前两国间就有了贸易往来。中国历代王朝皆派遣使节到印尼各古国访问，而印尼各国也不断派遣使节访问中国，这充分反映了历史上中国和印尼之间的友好关系。明朝中后期，随着西方殖民主义者先后东来，印尼人民从此经历了遭受殖民剥削和压迫的民族灾难时期，与中国的关系也处于停滞状态。需要指出的是，印尼群岛是中国人最早移居的地区之一，也是海外华人华侨最多的地区。在漫长的历史岁月里，华侨同当地人民一起披荆斩棘、胼手胝足，为印尼群岛的开发和建设立下了不可磨灭的功绩。在印尼沦为荷兰的殖民地之后，华侨又和当地人民一起，共同反对殖民者的残酷剥削和压迫，在中印尼人民友好关系史上留下了光辉的篇章。除了同仇敌忾，并肩战斗外，华侨和印尼当地人民还在生产技术、日常生活、语言、文学、宗教、文化艺术等方面互通有无，给两国人民的生活带来了积极的影响。

1949年新中国成立后，中国、印尼两国的友好关系得到恢复发展，并与印度、缅甸等国共同倡导了著名的“和平共处五项基本原则”，为亚非会议的成功举行、万隆精神的创立携手合作。1965年印尼发生“9·30运动”，两国于1967年10月30日中断外交关系。1990年8月8日中印尼正式恢复外交关系。复交后，双边关系得到全面发展，两国领导人保持经常性互访和接触。进入21世纪，中印尼关系进入快速发展时期，经贸、政治等领域的交流进一步深化，在国际和地区事务中一直保持良好的合作与配合。2005年4月两国元首签署了《中印尼关于建立战略伙伴关系联合宣言》，双方在民航、科技、教育、卫生、旅游等领域的交流与合作不断发展，并就农业、林业、渔业、矿业、交通、财政、金融等领域的合作签署了谅解备忘录。2006年两国启动副总理级对话机制，并于2010年签署了《中印尼战略伙伴关系联合宣言行动计划》。2011年4月，温家宝总理对印尼进行正式访问，双方发表了《中印尼关于进一步加强战略伙伴关系的联合公报》。2012年3月，印尼总统苏西洛访华，两国元首一致同意，加强战略磋商，扩大务实合作，把中印尼战略伙伴关系提升到更高水平。相信在双方的共同努力下，中国和印尼一定能进一步深化经贸、政治、文化、军事、安全等领域的交流与合作，加强在地区和国际事务中的协调配合，共同促进亚洲和世界的和平、稳定与繁荣。

第一章　自然地理

第一节　地理状况

一、地理位置

印尼位于亚洲东南部，是东南亚面积最大的国家，也是世界重要的海洋国家。它横跨赤道，地处印度洋和太平洋、亚洲和澳洲之间；西北隔马六甲海峡与马来西亚西部、新加坡相邻，北与马来西亚东部相连，隔苏拉威西海与菲律宾相望，东与巴布亚新几内亚连接，东南隔帝汶海与澳大利亚相对，西与西南濒临印度洋，具有重要的战略地位。

印尼领土范围北起北纬6°08′，南达南纬11°15′，西自东经94°45′，东至东经141°05′。南北宽约1 900千米，东西长约5 100千米。它的陆地总面积约为1 904 556平方千米，海域面积为3 212 160平方千米(包括海洋专属经济区面积)。印尼是世界上岛屿最多的国家，被誉为“千岛之国”。根据印尼国家测绘局登记核实，印尼全国共有大小岛屿17 508个，其中约有6 000个有人居住。苏门答腊岛（P. Sumatera）、爪哇岛（P. Jawa）、加里曼丹岛（P. Kalimantan）、苏拉威西岛（P. Sulawesi）和伊里安查亚（Irian Jaya）是5个最大最主要的岛屿，占印尼国土总面积的92%。

印尼是《联合国海洋法公约》承认的群岛国，在地理上划分为四大群岛：

（1）大巽达群岛（Kep. Sunda Besar），包括苏门答腊岛、爪哇岛、加里曼丹岛和苏拉威西岛等大岛及其附近小岛，其面积约占国土总面积的70.26%。

（2）小巽达群岛（Kep. Sunda Kecil），也称努沙登加拉群岛（Kep. Nusatenggara），包括巴厘岛（P. Bali）、龙目岛（P. Lombok）、松巴哇岛（P. Sumbawa）、松巴岛（P. Sumba）、弗洛勒斯岛（P. Flores）和帝汶岛（P. Timor）等，其面积约占国土总面积的3.83%。

（3）马鲁古群岛（Kep. Maluku），也称“香料群岛”，是由苏拉威西岛与伊里安查亚之间所有岛屿组成的群岛，包括莫罗泰岛（P. Morotai）、哈马黑拉岛（P. Halmahera）、特尔纳特岛（P. Ternate）、奥比群岛（Kep. Obi）、苏拉群岛（Kep. Sula）、布鲁（P. Buru）、安汶岛（P. Ambon）、塞兰岛（P. Seram）、班达群岛（Kep. Banda）、西南群岛（Kep. Barat Daya）、塔宁巴尔群岛（Kep. Tanimbar）、阿鲁群岛（Kep. Aru）等等，约占国土总面积的4.13%。

（4）伊里安群岛（Kep. Irian），包括世界第二大岛巴布亚岛的西半部及周边小岛，也称作西伊里安岛，约占国土总面积的21.78%。

二、地形地貌

印尼地形以山地和丘陵为主，仅沿海有平原。境内主要有两条山脉，一条是沿美洲的安第斯山、阿拉斯加山，途经日本、菲律宾至印尼马鲁古群岛和西伊里安的环绕太平洋山脉；另一条是沿北非、南欧、喜马拉雅山，途经缅甸至印尼苏门答腊、爪哇、努沙登加拉群岛，直至班达群岛的地中海山脉。后者是一条年轻的山脉，山势险峻，高度均在海拔4 000米左右。该山脉被称为巽达火山带，是世界上地震和火山爆发最多的地区，仅爪哇岛年均大小地震就多达55次。除加里曼丹岛外，其余各岛均有火山分布，地震频繁。印尼全国共有火山400多座，其中活火山120多座，最著名的要数巽达海峡的喀拉喀托火山（G. Krakatau）、巴厘岛的阿贡火山（G. Agung）、中爪哇的墨拉比火山（G. Merapi）、东爪哇的赛梅鲁火山（G. Semeru）。印尼境内最高峰是位于伊里安查亚的查亚峰（Pk. Jaya），海拔4 884米。

印尼河流众多，但受地理特点的限制，其河流一般都不长。其中爪哇岛18条，苏门答腊岛17条，加里曼丹岛25条，苏拉威西岛12条，伊里安查亚28条。全长在500千米以上的主要河流有：加里曼丹岛西部的卡普阿斯河（S. Kapuas）、加里曼丹岛中部的巴里托河（S. Barito）、加里曼丹岛东部的马哈坎姆河（S. Mahakam）、伊里安查亚的曼伯拉莫河（S. Mamberamo）、苏门答腊岛的巴唐哈里河（S. Batang Hari）和穆西河（S. Musi）、东爪哇的布拉塔斯河（S. Brantas）以及中爪哇的梭罗河（Bengawan Solo）等。由于印尼处于热带地区，降雨频繁，除西伊里安有几条源于雪山的河流外，其余为雨水河。印尼大型河流普遍比较平缓，水量充沛，适合水上通航和农田灌溉，也蕴藏着丰富的水力资源；一些小型河流冲刷力强，水土流失较为严重。

印尼的湖泊多为自然形成的火山湖，面积不大。其中爪哇岛有32个，加里曼丹岛23个，苏门答腊21个，苏拉威西岛12个，伊里安查亚11个，巴厘岛4个，努沙登加拉群岛4个。最著名的是苏门答腊岛北部的多巴湖（D. Toba），它也是东南亚最大的淡水湖。其他较为著名的湖泊还有：苏拉威西的马塔纳湖（D. Matana），苏门答腊岛的拉乌特达瓦尔湖（D. Laut Tawar）、马宁焦湖（D. Maninjau），巴厘岛的巴图尔湖（D. Batur），佛洛勒斯岛的三色湖（D. Tiga Warna），伊里安的森塔尼湖（D. Sentani）等。除火山湖外，目前还有19个修筑水坝而形成的大型水库，绝大部分位于爪哇岛，其中最大的水库是西爪哇的贾蒂卢胡水库（Waduk Jatiluhur）。

印尼是群岛国家且海岸线漫长，众多的岛屿之间构成许多岛间海（内海）和海峡。印尼岛间海面积是陆地的3倍，主要有爪哇岛北部的爪哇海（L. Jawa）、苏拉威西岛北部的苏拉威西海（L. Sulawesi）、佛洛勒斯岛北部的佛洛勒斯海（L. Flores）、佛洛勒斯岛南部的萨武海（L. Sawu）、哈马黑拉岛西部的马鲁古海（L. Maluku）、塞兰岛北部的塞兰海（L. Seram）、塞兰岛南部的班达海（L. Banda）、帝汶岛东部的帝汶海（L. Timor）、伊里安查亚与澳大利亚之间的阿拉弗拉海（L. Arafura）等。上述岛间海中，除爪哇海（平均深度50米）和阿拉弗拉海为浅海外，其余多为深海。班达海就是世界著名的深海，班达海海槽最深处达到7 440米。印尼海域珊瑚礁分布较广，以望加锡海峡中的大巽达堡礁最大。

主要海峡有：苏门答腊岛与马来半岛之间的马六甲海峡（S. Malaka）、苏门答腊岛与爪哇岛之间的巽达海峡（S. Sunda）、苏门答腊岛和加里曼丹岛之间的卡里玛达海峡（S. Karimata）、巴厘岛与龙目岛之间的龙目海峡（S. Lombok）、加里曼丹岛与苏拉威西岛之间的望加锡海峡（S. Makassar）、苏拉威西北部与哈马黑拉岛之间的马鲁古海峡（S. Maluku）。上述海峡都是连接太平洋和印度洋的重要通道，其中以马六甲海峡和望加锡海峡的战略位置最为突出。

马六甲海峡因近马来半岛的古代名城马六甲而得名，海峡的总长度为1 100千米（包括新加坡海峡在内），西北部较宽，有300多千米，东南部较窄，最窄处仅38千米，水深25～27米，海峡水深由西北向东南递减，主要深水航道靠近马来半岛一侧，航道宽1.5～2海里，水深为25～113米，可供25万吨级海轮通过。海峡处于赤道地区，风平浪静，海流缓慢。海峡底部比较平坦，浅滩、暗礁不多，有利于航运，通航最大速度不超过15～20节。马六甲海峡是沟通东西间的海上要道，有“海上生命线”之称，主要由两条航线组成：一是东北亚—东南亚航线；二是中东—关岛—日本航线，又称为“石油航线”。目前马六甲海峡地区由印尼、马来西亚和新加坡三国共同控制。

望加锡海峡是印尼群岛中段的海峡，北通苏拉威西海，南接爪哇海与弗洛勒斯海，是太平洋西部和印度洋东北部之间的重要通道，也是东南亚区际间近海航线的捷径。海峡长约800千米，一般宽250千米，平均水深967米。峡中多珊瑚礁。东岸望加锡市是天然的良港，沿岸渔业发达。

此外，国际上还划定有三条经印尼领海的群岛海道(其中第三条海道南段分为三条支道)，允许外国船舶通过，飞机可飞越其上空。这些海岛分别是：

群岛海道I：巽达海峡—卡里玛达海峡—纳土纳海—南中国海；

群岛海道II：龙目海峡—望加锡海峡—苏拉威西海；

群岛海道III-A：萨武海—翁拜海峡—班达海(布鲁岛西部)—塞兰海(敏莪里岛东部)—马鲁古海—太平洋；

群岛海道III-B：帝汶海—勒蒂海峡—班达海(布鲁岛西部)—塞兰海(敏莪里岛东部)—马鲁古海—太平洋；

群岛海道III-C：阿拉弗拉海—班达海(布鲁岛西部)—塞兰海(敏莪里岛东部)—马鲁古海—太平洋。

三、气候与时区

印尼位于赤道，是低纬度国家，其气候属于典型的热带海洋性气候，具有温度高、雨量大、风力小、湿度大四个特点。印尼年平均气温为25℃～27℃。一般沿海气温较高，山区较低；白昼气温较高，晚间较为凉爽；高原和山区早晚有冷雾，甚至爪哇个别山区也曾出现过冰冻现象。

印尼全年温差较小，没有明显的四季变化，只有雨季和旱季之分。10月至次年3月为雨季，这时风从亚洲吹向印尼，形成西北季风。西北季风经过辽阔的海洋，吸收了许多水分，到印尼形成降雨。4月至9月为旱季，这时风从大洋洲吹向印尼，形成东南季风，由于比较干燥，不易形成降雨。除雨季和旱季外，在印尼有个时期叫做“季节之交”。季节之交出现在10月（由旱季过渡到雨季）和4月（由雨季过渡为旱季），这一时期特点是风力大且风向极不稳定，容易形成流行疾病。

印尼年平均降雨量为2 000～3 000毫米，雨季每个月平均有10天下雨，西部雨量大于东部。各地降雨量随地理位置的差异而变化。雅加达年平均降雨量为2 000毫米，而茂物降雨量则在4 000毫米以上，半年多是雨天。加里曼丹岛和苏门答腊岛西南沿海均在4 000毫米以上，帝汶岛和松巴岛南部地区在2 000毫米以下。某些地区如努山登加拉群岛和伊里安查亚等地区也可能出现干旱。爪哇岛是世界上雷雨最多的地区，平均每年有220个雷雨日。茂物平均每年有332个雷雨日，故有“雷都”之称。

印尼风力一般在3级左右，风力不大，很少有暴风，也无台风。印尼周围环海，湿度极高，平均湿度为70%～90%。雅加达的平均湿度为83%，雨季时经常有湿度为100%的天气。太阳终年几乎在一个固定的方向，即正东和正西方向。中午太阳直射时，几乎看不见影子。此外，印尼全年昼夜长短差别仅为半小时左右，东西日差约3小时，所以印尼地跨三个时区，划分的方法按省的边界划分。具体情况如下表：

表1-1　印尼时区的边界划分

区域	标准时间	所含区域	时区名称
印尼西部时间 WIB	东七区	苏门答腊岛各省，爪哇岛各省，西加里曼丹省和中加里曼丹省。	亚洲/雅加达

续表

区域	标准时间	所含区域	时区名称
印尼中部时间 WITA	东八区	苏拉威西岛各省，小巽达群岛各省，南加里曼丹省和东加里曼丹省。	亚洲/望加锡
印尼东部时间 WIT	东九区	马鲁古群岛各省，巴布亚岛各省。	亚洲/查亚普拉

第二节 自然资源

一、矿物资源

（一）石油

印尼一直以来都是东南亚首屈一指的油气大国，也是东南亚地区唯一的欧佩克成员国。但由于近年来石油产量大幅萎缩，印尼成为了石油纯进口国，并于2008年9月暂时退出欧佩克。据印尼矿能部2011年底统计，印尼石油资源总量为77.323亿桶，其中探明储量40.396亿桶，主要分布在苏门答腊、爪哇、加里曼丹和巴布亚。其中，较大的油田有中苏门答腊的Minas、Duri和Bangko油田，苏门答腊东南海上的Cinta和Rama油田，东加里曼丹的Bunyu、Handi和Bakapai油田，西爪哇海上的Arjuna和Arimbi油田等。位于苏门答腊岛东部沿海的杜里（Duri）和米纳斯（Minas）是印尼最大的两个油田，于20世纪50年代开始出产原油，但现在石油产量已逐年下降。

近年来，印尼在中爪哇省的炽布（Cepu）区块也发现了大油田，估计可采储量为6亿桶。2006年3月埃克森美孚公司与印尼国家石油公司（PT. Pertamina）签署了开发Cepu油田的协议，两公司各拥有该项目45%的权益，剩余10%为印尼政府拥有。此外，印尼东部地区的纳土纳海也是新的石油勘探重点。

石油曾一度占据了印尼1/3以上的国家出口收入，1/5的国家财政收入，高峰时期石油日产量达到169万桶左右。多年来的油气出口为国家赚取了巨额的外汇，可惜好景不长，印尼国内油气资源因大量消费而日益枯竭。2009年底，印尼石油日产量110万桶，日消费量120万桶，国际市场不断高扬的油价，不仅给印尼国家石油公司和政府出了不小的难题，同时也造成了印尼全国性的石油供应紧张局面。

在印尼原油的生产领域，印尼国家石油公司和几家外资大型石油公司占据了国内原油产量90%以上的份额。这些外资公司分别是道达尔（30%）、埃克森美孚（17%）、维科石油（11%）、英国石油公司(6%)和雪佛龙（4%）。此外，中石油、中海油两家公司也占有一定份额。

在石油冶炼领域，印尼国家石油公司拥有7家炼油厂和一个油气教育训练中心，日炼油能力130万桶左右，其中包括北苏门答腊的布兰丹（Pangkalan Brandan）炼油厂、廖内的杜迈（Dumai）炼油厂、南苏门答腊的布拉巨（Plaju）炼油厂、中爪哇的芝拉扎（Cilacap）炼油厂、东加里曼丹的巴厘巴板（Balikpapan）炼油厂、西爪哇的巴龙安（Balongan）炼油厂、巴布亚的梭龙（Sorong）炼油厂和中爪哇炽布（Cepu）的油气教育训练中心。此外，这些炼油厂均能生产液化石油气。芝拉扎炼油厂是唯一一家生产润滑油基础油的厂家。

（二）天然气

印尼是亚洲最大的天然气生产国。2008年，印尼的天然气产量约占世界总产量的2.7%，居世界第10位。据印尼矿能部2011年底统计，印尼天然气资源总量约4.329万亿立方米，其中探明储量2.965万亿立方米。印尼大部分天然气资源位于亚齐省的阿伦（Arun）气田、东爪哇伽莪安（Kangean）海洋区块、东加里曼丹奔当（Bontang）气田、纳土纳D-Alpha天然气田以及西巴布亚省的当固（Tangguh）区块。其中，储量最大的是纳土纳海上气田，约1.457万亿立方米，其次为当固区块，储量可达0.677万亿立方米。2009年当固区块开始投产，几个大股东分别是英国石油公司（拥有37%）、中海油（17%）、三菱商事（16.3%）。当固气田的投产有效地弥补了阿伦气田产量萎缩带来的不足。

为了保持天然气的可持续开采，印尼政府每年都对天然气产量进行规划。2011年印尼政府制定的天然气日产量约2.2亿立方米，然而各大能源公司为赶搭油价上涨便车，纷纷提高产量。目前，印尼的阿伦气田已基本枯竭，而2009年新投产的当固气田产能充足，备受关注。

印尼国家石油公司基本垄断了印尼天然气下游产业。它在亚齐的阿伦和东加里曼丹的奔当有两个最大的液化天然气处理厂。其中，阿伦天然气厂有6条天然气生产线，年加工能力1 250万吨；在奔当的天然气厂有8条生产线，年加工能力2 250万吨。

在2011年的印尼天然气消费市场中，53%是作为液化天然气出口，8.9%供向燃气公司，8.6%供向电力系统，8.4%供向化工厂，5.8%的天然气被挥发掉。印尼天然气产品出口分为管道运输出口与液化天然气出口两种方式。管道运输天然气主要出口至新加坡，约占消费总量的11%；液化天然气主要流向日本、韩国和中国台湾等国家和地区，约占消费总量的42%。目前，印尼液化天然气出口量居世界第2位，但是市场份额正逐步被阿曼、卡塔尔、俄罗斯和澳大利亚等国家挤占。

（三）煤炭

印尼有丰富的煤炭资源。据印尼矿能部2011年底统计，印尼煤炭资源总量为1 052亿吨，探明储量211.32亿吨，其中无烟煤和烟煤约占20%，亚烟煤与褐煤约占80%。印尼有开采价值的煤炭均位于巽达陆地西部的第三纪盆地，主要在加里曼丹岛和苏门答腊岛，煤炭储量均在500亿吨以上，其次为苏拉威西岛（约2.33亿）和西巴布亚岛（约1.28亿）。几个最大的产煤区是东加里曼丹的巴塞尔（Paser）、达拉干（Tarakan）、古戴（Kutai），西加里曼丹的奥比邻（Ombilin）、莫拉维（Melawi），南加里曼丹的巴里托（Barito），中苏门答腊省，南苏门答腊和朋古鲁省。鉴于印尼80%的煤炭尚未利用，印尼的煤炭资源将来很有可能取代石油和天然气，成为印尼的主要能源。不过，据美国能源信息中心估计，在印尼的煤炭可采储量中，85%属于低等级煤种，相对市场价格来说，开发成本太高，而中、高等级煤炭储量很小，仅够开采5到6年。目前，印尼正在尝试提高低等级煤炭的质量，以提升低等级煤种的价值。

近年来，能源价格上涨也带动了印尼煤炭产量的上升。2007年印尼煤炭产量约为2.17亿吨，而到2011年已经提高至3.53亿吨。印尼煤炭生产经营者由印尼与外国合资的大型煤炭公司、国内民营煤炭公司、小型国内民营煤矿公司及地方合作社煤矿公司组成，其中大型煤炭公司开采量达煤炭总产量的70%以上。印尼生产的煤炭少量在国内消费，主要供应电厂发电；而75%以上的产量供出口，主要的出口地为中国、日本、中国台湾、中国香港、马来西亚、韩国等国家和地区。

（四）金属矿产

印尼金属矿产资源丰富，出产锡、铝、铜、镍、铁砂、锰、铬、金、银、铀等金属，特别是锡、铜、镍、金产量较大，分别占世界第2、3、5、7位。

印尼锡矿资源储量据估计有146万吨，探明储量约46万吨，主要分布在邦加—勿里洞岛、井里汶岛以及苏门答腊岛的东海岸地区。2010年，印尼锡精矿产量为43 258吨、锡金属为43 832吨。尽管锡矿资源丰富，但印尼全国主要有两家锡矿开采和加工的企业，即印尼锡业有限公司（PT Timah Tbk）和科巴锡业公司（PT Koba Tin）。

印尼铝土矿资源储量为19亿吨，主要分布在邦加—勿里洞岛、西加里曼丹省和廖内省。印尼85%的铝土蕴藏在偏远的加里曼丹，只有15%分布在廖内群岛的宾坦岛及其周围小岛上，由印尼多种矿物公司开采。2010年，铝土矿产量为2 741万吨。由于基础建设不足，目前只有宾坦岛及周围岛屿上的铝土矿得到开发，而开采出来的铝土大部分未经加工就出口到国外。

印尼镍矿资源储量约为13亿吨，探明储量6亿吨，主要分布在马鲁古群岛、南苏拉威西省、东加里曼丹省和巴布亚岛。目前开采的两个大镍矿都在苏拉威西岛上，其中一个在南苏拉威西的梭罗瓦格（Sorowako），另一个在西苏拉威西的帕玛拉（Pamala），该镍矿是印尼最早的镍生产中心。2010年印尼镍矿石产量为597.3万吨。与铝土矿一样，由于冶炼技术和设备的缺乏，印尼国内目前对镍矿需求很少，只留少量用于国内生产不锈钢，而大量的镍产品则从中国、日本和美国进口。

印尼铜矿资源储量约为6 600万吨，探明储量4 100万吨，主要分布在西巴布亚岛的Grassberg和Big Gossan等地区，以及北苏拉威西岛的哥伦达洛省。印尼铜矿开采基本上被外国公司或合资企业所控制。美国资本占80%的印尼自由港公司（PT Freeport Indonesia Company）是印尼最大的铜业公司，其次是美、日和印尼各占

45%，35%和20%股份的纽蒙特努沙登加拉公司（PT Newmont Nusa Tenggara）。2010年印尼铜精矿产量为346.7万吨。由于铜冶炼厂发展十分落后，印尼开采出来的铜矿石大多数未经加工就出口到海外。

印尼铁矿主要分布在爪哇岛南部沿海，西苏门答腊、南加里曼丹和南苏拉威西，总储量为21亿吨，主要是铁砂矿。由于需要用专门的设备才能加工，所以印尼出产的铁砂主要是出口到日本。2009年，印尼铁矿石产量约为456万吨。

印尼金矿资源储量约为191万吨，探明储量3 200吨，主要分布在苏门答腊岛、苏拉威西、加里曼丹和巴布亚岛。印尼银矿资源储量约为3.6万吨，探明储量1.1万吨，主要分布在邦加—勿里洞群岛、苏门答腊岛西南的朋古鲁省、加里曼丹岛中西部和西爪哇岛。印尼的金银矿大都是金银铜共生矿，主要开采公司有印尼自由港公司、纽蒙特努沙登加拉公司、印尼多种矿物公司等。2011年印尼金产量约为10.63万千克，银产量约为28.87万千克。印尼的黄金和白银主要供出口，但也有相当一部分在国内加工。

二、植物资源

印尼具有十分丰富的植物资源。由于地处赤道，气候良好，土壤肥沃，雨量充沛，为植物的生长提供了极为有利的条件，所以印尼广袤的原野上终年绿荫覆盖，到处郁郁葱葱。

印尼森林茂盛，总面积约1.43亿公顷，其覆盖率为65%，加里曼丹岛更高达70%。但由于地域差异，印尼各地森林种类和生长情况也有所不同。苏门答腊岛、加里曼丹岛和伊里安查亚常有茂密的热带雨林，高矮不等的树木形成层层叠叠的林带，最上层由各种高达70余米的参天大树组成，最低层的则多为各类灌木和杂草。而在爪哇中部和东北部则生长着季节林，旱季来临时树叶凋谢，以柚木最为典型。气候比较干燥的努沙登加拉也生长着各种落叶树。印尼的沿海泥沼地带，到处都长有密密麻麻的红树林。红树根深叶茂，枝干弯曲，相互攀附，难以穿越。

印尼的主要树种有：椰树、榕树、棕榈树、橡胶树、木棉树、金鸡纳树；珍贵的木材有柚木、檀木、铁木、龙脑香木等；树脂、竹子、草药、樟脑、藤条等也是重要的林产品，其中藤条的产量尤为丰富，居世界首位。粮食作物主要有：稻谷、玉米、木薯、番薯、大豆、花生等，主要分布于苏门答腊和爪哇的平原。经济作物主要有：橡胶、胡椒、金鸡纳霜、木棉、咖啡、茶、可可、烟草、棕榈、椰子、甘蔗、丁香、豆蔻、锡兰肉桂等，其中胡椒、金鸡纳霜和木棉的产量居世界第一位；橡胶的产量仅次于马来西亚，居世界第二位；2007年，印尼年产棕榈油1 700万吨，成为世界第一大棕榈油生产国，2011年产量约2 290万吨。印尼还盛产各种热带水果，如红毛丹、芒果、波萝、香蕉、木瓜、番樱桃、鳄梨、榴莲、柑桔、苹果、山竹等。

三、动物资源

英国著名生态学家华莱士（Alfred Russel Wallace）曾把印尼的动物物种分为东洋界（以老虎为代表）和澳洲界（以袋鼠为代表），两者的界限就是著名的华莱士线。该线从菲律宾南部开始，沿望加锡海峡，横越佛洛勒斯海，最后从巴厘岛和龙目岛之间穿越南下。而另外一个学者莱德克（Lyedekker）则在贴近伊利安查亚西岸划了一条线，认为是东洋界动物向东渗透的边缘，被称为莱德克线。后来有学者总结认为，华莱士线以东、莱德克线以西地区的物种兼具东洋界和澳洲界的特征，有其特殊性，提出了华莱士区的概念。最后，韦伯（Weber）在华莱士线和莱德克线之间找到一条平衡线——韦伯线。该线被公认为印尼东洋界和澳洲界的分界线，大体横越马鲁古海—班达海—萨武海。尽管如此，华莱士先驱的地位依然无法动摇，人们提及印尼动物物种分类，自然会想到华莱士线。

印尼的哺乳动物约为650种，禽类2 000多种，爬行类620多种，各种昆虫更是不计其数。印尼最具代表性的动物有大象、老虎、猩猩、野牛、独角犀牛、双角犀牛、科莫多巨蜥等。印尼的老虎有3种：苏门答腊虎、爪哇虎和加里曼丹虎。大象、猩猩主要生活在苏门答腊和加里曼丹岛。独角犀牛见于西爪哇，目前仅剩数十只。科莫多巨蜥仅产于努沙登加拉群岛的科莫多岛（P. Komodo）、林查岛（P. Rinca）和巴达尔岛（P. Padar），是一种史前动物，身长可达3米以上，为已灭绝的恐龙的近亲。其他罕见的怪兽珍禽还有：爪哇岛的鼷鹿、苏门答腊的银叶猴、加里曼丹的天狗猴、苏拉威西的黑狐猴、巴厘岛的长尾猴、苏拉威西和马鲁古群岛的卷尾袋鼠、帝汶岛的飞蜥、爪哇的绿孔雀、爪哇和苏门答腊的犀鸟、东努沙登加拉的长尾鹦鹉、巴厘岛的班椋鸟、马鲁古的黑头鹦鹉、伊利安查亚的极乐鸟等等。

印尼也拥有丰富的渔业资源，捕捞种类达200多种，主要有金枪鱼、沙丁鱼、鱿鱼、对虾、龙虾、扇贝、海参等。此外，印尼的近海水域也生活着各种海洋生物，是热带鱼的盛产地，如只会纵向游动的快钻鱼、头大嘴小的翻车鱼、吸附他物的懒鱼、掠水飞行的飞鱼和背部长刺的海豚等等。

第三节　人口与行政区划

一、人口状况

印尼是东南亚地区人口最多的国家，居世界第四位。根据印尼国家统计局2010年人口普查数据，印尼人口总数为237 641 326人，其中男性119 630 913人，女性118 010 413人。2000—2010年人口年均增长率为1.49%。城市人口略低于农村人口，前者为118 320 256人，占总人口的49.79%；后者为119 321 070人，占总人口的50.21%。

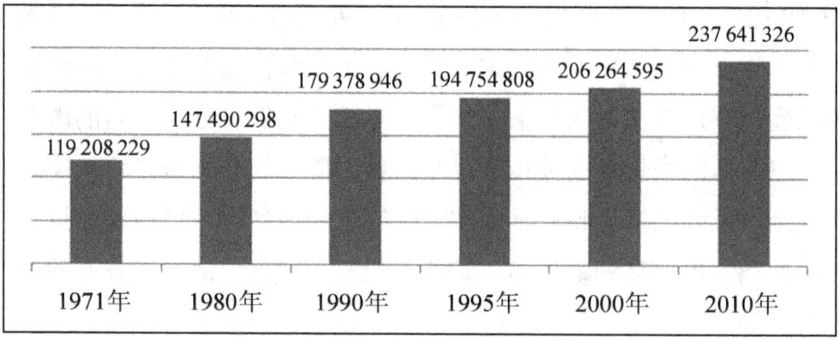

图1-1　印尼历次人口普查数据　单位：人

印尼人口分布极不平衡，爪哇岛人数最多，占总人口的57.5%，其中西爪哇省43 053 732人，东爪哇省37 476 757人，中爪哇省32 382 657人。苏门答腊岛人口次之，占总人口的21.3%。接下来是苏拉威西岛，占7.3%；加里曼丹岛占5.8%；巴厘岛和努沙登加拉群岛占5.5%；马鲁古群岛占1.1%；伊利安查亚占1.5%。2010年印尼每平方千米人口密度为124人，其中人口最稠密的省份是雅加达特区，每平方千米14 440人；而最为地广人稀的是西巴布亚省，每平方千米只有8人。

印尼人口总体上呈现低龄化结构，2010年印尼人平均年龄为27.2岁，抚养比率为51.31，也就是说，100名15～64岁的劳动力人口要负担51名非劳动力人口。14岁以下的人口占28.87%，15～29岁人口占26.12%，30～44岁人口占23.08%，45～59的青壮年人口占14.23%，60～74岁以上的人口占5.98%，75岁以上人口占1.63%。

印尼男女比例基本平衡，性别比为101，其中性别比最低的是西努沙登加拉省，为94；最高的在巴布亚省，为113。男性平均初婚年龄为25.7岁，女性为22.3岁。

据2010年人口普查数据，印尼的短期流动人口（Penduduk Migran Risen）达5 396 419，占总人口的2.5%，城市高于农村，男性多于女性。主要目的地是廖内省、西巴布亚省和日惹特区。流动最主要原因是任职、求职和求学。

印尼法律规定，7～15岁的公民必须接受义务教育。根据2010年普查结果，印尼未入学率达2.51%，辍学率为6.04%，15岁以上人口识字率（Angka Melek Huruf）为92.37%，15岁以上拥有小学毕业或以上文化程度的只占总人口的40.93%。15岁以上劳动力人口达1.077亿人，其中就业人口1.049亿，失业人口280万。拥有自有住房的家庭占77.70%，56.98%的家庭人均居住面积达13平方米。电力照明率为93.89%。

二、行政区划

印尼是一个中央集权的单一制国家，全国行政区划分为4级，即省（含特区）、县（Kabupaten）/市（Kota[①]）、乡（Kecamatan）、村/

① 印尼语中kota有三种理解：一种是作为一级地方行政单位，具有地方自治权；第二种是省辖的行政管理区（kota administrasi），不具有地方自治权，市长也不是直选产生，目前只在雅加达特区内有5个；第三种是一个或几个县将境内具有城市特征的部分划定的城区。这里所说的是第一种。

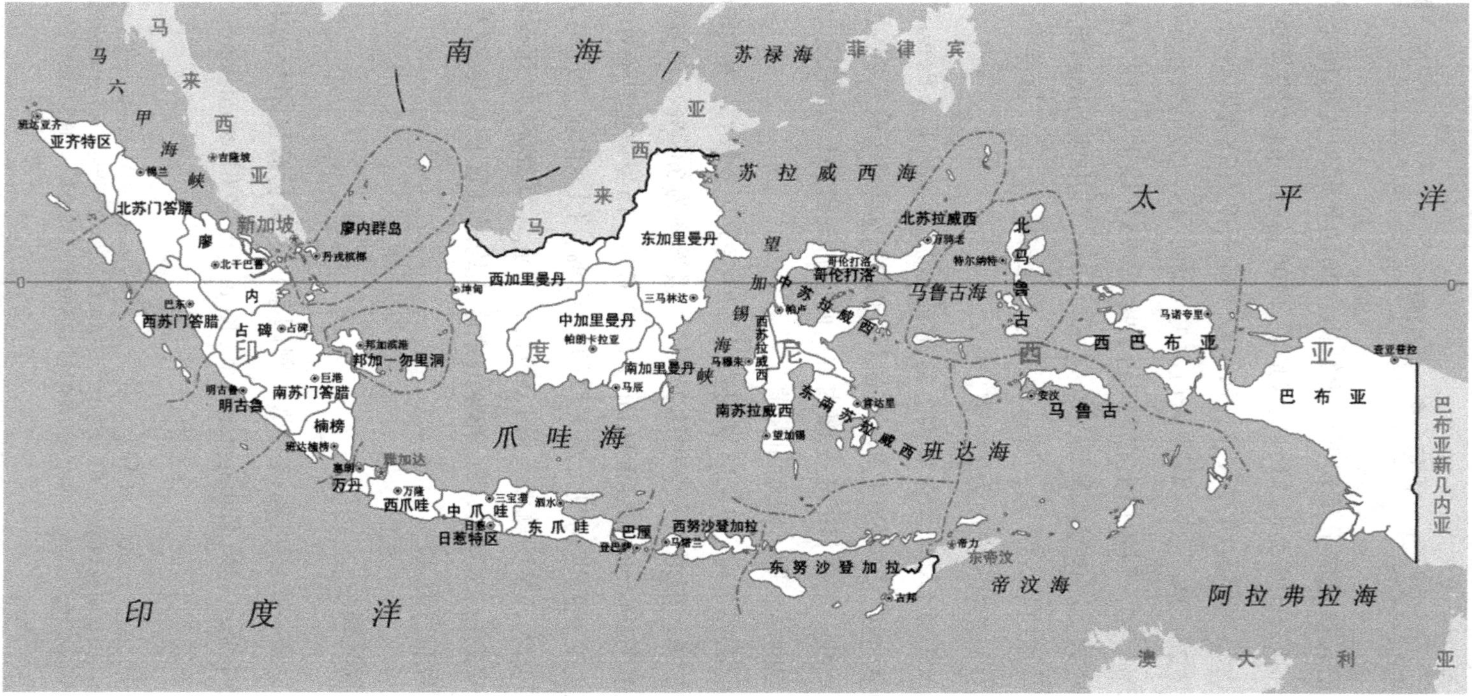

图1-2 印度尼西亚共和国政区图

寨[①]。自1999年开始，威权统治下压抑许久的地方主义逐渐兴起，在印尼上下民主改革浪潮的推动之下，印尼行政区划变动频繁，大到省和特区、小到乡村各级行政区的数量激增。根据2012年6月印尼内政部统计数据，印尼设省（含特区）33个、县399个、市98个、乡6 793个、村寨79 075个。

印尼的省级行政区可以分为省和特区，其中2个特区：雅加达首都特区、日惹特区，还有3个具有特区地位的省份：亚齐省、巴布亚省和西巴布亚省。县和市是平级的，一般而言，县的辖区面积要比市大；而市更侧重商业贸易领域的发展。村（Kelurahan）和寨（Desa）也是平级，两者的不同在于，村比寨享有更多的行政权力，寨可以升格为村。在某些地区，行政区的称呼则遵循当地的语言习惯，如亚齐把县称为Sagoe，市为Banda，乡为Sagoe Cut，村为Gampong；西苏门答腊称村为Nagari；巴布亚称乡为Distrik，村为Kampung等等。此外，为了照顾各地的习惯，印尼政府也尊重一些村寨下设更小的行政区——自然村（Lingkungan、Kampung、Dusun或Banjar）。为便于人口管理，印尼在自然村下还分居委会（Rukun Warga），居委会下分邻组（Rukun Tetangga）。邻组是由邻近的住户组成的；居委会和邻组都不属于行政区划。

表1-2　印尼行政区划表（数据来自2010年人口普查）

序号	行政代码	省/特区	首府	面积（km^2）	人口（人）
1	11	亚齐省 Aceh	班达亚齐 Banda Aceh	56 500.51	4 494 410

① 根据1999年第22号地方政权法和2004年第32号地方政权法，印尼行政区实际上不再区分一级行政区（Daerah Tingkat I）和二级行政区（Daerah Tingkat II），而且在印尼文表述上也有变化：Daerah Tingkat I Propinsi改为Provinsi；Daerah Tingkat II Kabupaten改为Kabupaten；Daerah Tingkat II Kotamadya改为Kota。印尼独立之初，在县和乡之间曾设有区（Kewedanaan）一级。

续表

序号	行政代码	省/特区	首府	面积（km^2）	人口（人）
2	12	北苏门答腊省 Sumatera Utara	棉兰 Medan	72 427.81	12 982 204
3	13	西苏门答腊省 Sumatera Barat	巴东 Padang	42 224.65	4 846 909
4	14	廖内省 Riau	北干巴鲁 Pekanbaru	87 844.23	5 538 367
5	15	占碑省 Jambi	占碑 Jambi	45 348.49	3 092 265
6	16	南苏门答腊省 Sumatera Selatan	巨港 Palembang	60 302.54	7 450 394
7	17	明古鲁省 Bengkulu	明古鲁 Bengkulu	19 795.15	1 715 518
8	18	楠榜省 Lampung	班达楠榜 Bandar Lampung	37 735.15	7 608 405
9	19	邦加—勿里洞群岛省 Kep. Bangka Belitung	槟港 Pangkalpinang	16 424.14	1 223 296
10	21	廖内群岛省 Kepulauan Riau	丹戎槟榔 Tanjungpinang	8 084.01	1 679 163
11	31	雅加达首都特区 DKI Jakarta	雅加达 Jakarta	740.29	9 607 787
12	32	西爪哇省 Jawa Barat	万隆 Bandung	36 925.05	43 053 732
13	33	中爪哇省 Jawa Tengah	三宝垄 Semarang	32 799.71	32 382 657
14	34	日惹特区 Daerah Istimewa Yogyakarta	日惹 Yogyakarta	3 133.15	3 457 491
15	35	东爪哇省 Jawa Timur	泗水 Surabaya	46 689.64	37 476 757
16	36	万丹省 Banten	西冷 Serang	9 018.64	10 632 166

续表

序号	行政代码	省/特区	首府	面积（km^2）	人口（人）
17	51	巴厘省 Bali	登巴萨 Denpasar	5 449.37	3 890 757
18	52	西努沙登加拉省 Nusa Tenggara Barat	马塔兰 Mataram	19 708.79	4 500 212
19	53	东努沙登加拉省 Nusa Tenggara Timur	古邦 Kupang	46 137.87	4 683 827
20	61	西加里曼丹省 Kalimantan Barat	坤甸 Pontianak	120 114.32	4 395 983
21	62	中加里曼丹省 Kalimantan Tengah	帕朗卡拉亚 Palangkaraya	153 564.50	2 212 089
22	63	南加里曼丹省 Kalimantan Selatan	马辰 Banjarmasin	37 530.52	3 626 616
23	64	东加里曼丹省 Kalimantan Timur	三马林达 Samarinda	194 849.08	3 553 143
24	71	北苏拉威西省 Sulawesi Utara	万鸦老 Menado	13 930.73	2 270 596
25	72	中苏拉威西省 Sulawesi Tengah	帕卢 Palu	68 089.83	2 635 009
26	73	南苏拉威西省 Sulawesi Selatan	望加锡 Makasar	46 116.45	8 034 776
27	74	东南苏拉威西省 Sulawesi Tenggara	肯达里 Kendari	36 757.45	2 232 586
28	75	哥伦打洛省 Gorontalo	哥伦打洛 Gorontalo	12 165.44	1 040 164
29	76	西苏拉威西省 Sulawesi Barat	马姆居 Mamuju	16 787.19	1 158 651
30	81	马鲁古省 Maluku	安汶 Ambon	47 350.42	1 533 506
31	82	北马鲁古省 Maluku Utara	德尔纳特 Ternate	39 959.99	1 038 087

续表

序号	行政代码	省/特区	首府	面积（km^2）	人口（人）
32	91	西巴布亚省 Papua Barat	苏朗 Sorong	114 566.40	760 422
33	94	巴布亚省 Papua	查亚普拉 Jayapura	309 934.40	2 833 381

三、重要地理区域

（一）爪哇岛

爪哇岛是印尼最重要的岛屿，也是全国政治、经济和文化中心。其土地肥沃，人口最为稠密，农业也最为发达。爪哇岛位于苏门答腊岛与巴厘岛之间，北临爪哇海，南靠印度洋，处于印尼群岛的拱卫之中，且其内海岛屿棋布。向北有加里曼丹岛辽阔的天然屏障，使之与南海分开；向西有苏门答腊岛长长的缓冲带为其侧翼；向东则是苏拉威西，有小巽达群岛、马鲁古群岛和伊里安查亚辽阔的疆域展开；向南则为印度洋。由于爪哇岛地处印尼的心脏位置，它在历史上的不断发展更使其成为印尼名副其实的战略中心。爪哇岛东西长约970千米，南北最宽处160千米，面积为132 187平方千米，占全国总面积的6.9%。全岛分为四个省和两个特区，分别是雅加达首都特区、西爪哇省、中爪哇省、日惹特区、东爪哇省和万丹省。

爪哇岛的山地和丘陵占全岛面积的四分之三，平原位于北部沿海。井里汶以西有辽阔的沿海平原，大部分为肥沃的冲积平原，是工农业发达的地区。爪哇岛中部为山脉，多为东西走向。爪哇火山连接成群，火山之间，有宽广而肥沃的的山间盆地，特别适合发展农业，如西部的万隆盆地（Basin Bandung）、中部的梭罗盆地（Basin

Solo）、东部的玛琅盆地（Basin Malang）。爪哇岛南部沿海一带主要是熔岩高原，比较荒凉。

爪哇岛的河流大部分自南向北流入爪哇海。主要河流有梭罗河，位于中爪哇和东爪哇，源于拉武（Lawu）火山，经梭罗往东北穿越肯当（Kendang）山脉，流入爪哇海，全长560千米，通航约200千米，给爪哇人民带来了航行和灌溉的便利。最大的支流茉莉芬河（S. Madiun）在牙威（Ngawi）附近汇入梭罗河。梭罗河流域人口稠密，物产丰饶，特别是河口地区土地肥沃，是印尼的"粮仓"之一。此外，梭罗河还是印尼文明的发源地，中游南岸牙威县特里尼尔村曾发现爪哇猿人化石。另一条重要河流布兰塔斯河位于东爪哇，源于玛琅，经泗水流入马都拉海，全长550千米。此外，爪哇岛西部的重要河流还有芝利翁河（S. Ciliwung）、芝马努河（S. Cimanuk）和芝塔龙河（S. Citarum）。

爪哇岛上火山众多，西爪哇有覆舟山（G. Tangkubanperahu）、格德火山（G. Gede）、萨拉火山（G. Salak）和芝雷迈火山（G. Ciremai）。覆舟山因外形很像一条倒扣着的船而得名。该山位于万隆以北28千米处，有柏油公路直抵山顶。中爪哇有墨拉比火山（G. Merapi）、士拉末火山（G. Slamet）和迪恩（Dieng）火山群。墨拉比火山海拔3 930米，最近一次喷发是在2010年。东爪哇有婆罗摩火山（G. Bromo）和赛梅鲁（G. Semeru）火山。婆罗摩火山位于泗水西南150千米处，山高2 393米，位于"婆罗摩—登格尔—赛梅鲁山区国家公园"内。赛梅鲁火山海拔3 676米。

历史上爪哇岛很早就被开发，直至近代，西方殖民者也把它作为重点发展的地域。印尼共和国成立后，爪哇岛依然一直作为印尼政治、文化、经济中心，占有重要地位。交通方面，爪哇岛建有印尼最早的铁路。历史上荷兰殖民者为了更加便利地掠夺印尼的资源，完善了爪哇岛的铁路网，建立了以雅加达、万隆、日惹、泗水、玛琅等大城市为枢纽的铁路网络。由于爪哇岛的地形特点，铁路多建于北部的平原地区，也有连接位于山区的万隆和日惹的铁路。公路运输经过多年的发展，成为比铁路更加密集、先进和广泛的系统。

雅加达，旧称巴达维亚（Batavia），位于爪哇岛西北部，北望雅加达湾，南靠爪哇中部山脉，芝利翁河穿城而过，建城于平原之上，面积590平方千米，人口构成主要为爪哇族和巽达族，华人也占一定比例，通行印尼语和雅加达方言。雅加达气候湿热，年平均气温26.2℃，年平均降水量1 750毫米。雅加达是印尼的首都，也是东南亚最大的城市和该地区的商业和金融中心，重工业以机械、造船为主。雅加达最大的港口是丹绒不碌（Tanjung Priok）港，沿海码头长8 340米，集装箱码头长400米，输油码头长100米，港口水深5～11米，年吞吐量680万吨。雅加达有三个大型机场，苏加诺—哈达机场、哈利姆机场和哥玛腰兰机场。

泗水，又名苏腊巴亚（Surabaya），是印尼第二大城市，位于爪哇岛东北角，临马都拉海峡和泗水海峡，与马都拉岛相望，也是东爪哇省首府。苏腊巴亚原意是鲨鱼鳄鱼，当地华人先将其谐成“泗里木”，再进一步雅化便成地道的汉名“泗水”。泗意为游泳，泗水即游过海洋，寓意华人背井离乡、漂洋过海到南洋谋生。泗水还是印尼著名的英雄城。二战以后，荷英澳联军在泗水登陆，想继续殖民印尼，印尼军民与他们展开殊死的战斗，谱写了可歌可泣的战斗史篇。泗水是印尼工业化程度最高的工商业城市，城市周围也是富饶的农业区。泗水交通设施完善，电车轨道铺遍全城，建成不久的泗马大桥（Jembatan Nasional Suramadu）将爪哇岛和马都拉岛连接起来。泗水还有著名的丹戎佩拉克港（Tanjung Perak），该港是爪哇第二大港。泗水的朱安达国际机场也是印尼第二大机场。

日惹位于爪哇岛中南部，北面是中爪哇省，南面是印度洋。日惹是爪哇岛上最古老的城市之一，在1945—1949年的独立战争中曾作为印尼共和国的首都。日惹工业较为发达，陆路交通四通八达。日惹是印尼最重要的大学城和爪哇文化艺术中心，最著名的卡查玛达大学（Universitas Gajah Mada）就位于此地。该市周边多古迹，著名的有婆罗浮屠佛塔（Borobudur）和普兰巴南神庙（Prambanan）。

（二）苏门答腊岛

苏门答腊是印尼最西面的一个大岛，也是全球第六大岛屿，全岛面积达47万平方千米。苏门答腊岛呈西北—东南走向，在中间与赤道相交叉，苏门答腊岛西南与爪哇岛隔着巽达海峡相望，北方隔着马六甲海峡与马来半岛遥遥相对，东方隔着卡里玛达海峡毗邻加里曼丹，西方濒临印度洋。该岛共划分有10个省级行政区，分别是亚齐省、北苏门答腊省、西苏门答腊省、廖内省、占碑省、南苏门答腊省、明古鲁省、楠榜省、邦加—勿里洞群岛省、廖内群岛省。

苏门答腊岛在地形上由两个部分组成：西北部的布吉巴里山山脉（Pegunungan Bukit Barisan）和东部的沼泽地。布吉巴里山山脉自西北向东南斜贯，绵延1 700千米，该山脉的葛林芝火山（G. Kerinci）海拔3 805米，是全岛最高峰。山脉东北侧为丘陵和较宽广的沿海冲积平原。平原东半部有大片沼泽地，西海岸也有狭长的低地。除巴东市和明古鲁市由于治区所限位于西南部沿海之外，其余各省治均在平原地区，且多为海港城市。平原地区无论是人口分布，还是经济发展程度、基础设施、交通设施水平都要高于西南部山区。

苏门答腊岛最长的河流是巴唐哈里河，约800千米长，流经占碑注入贝哈拉海峡（Selat Berhala）。其次是穆西河，位于苏门答腊南部，流经巨港入海，全长550千米。此外还有阿沙汉河（S. Asahan），位于北苏门答腊，注入马六甲海峡。

20世纪70年代在日本的帮助下，印尼在阿沙汉河上建有大型水电站（名为Sigura-gura），装机容量为603MW。因德拉吉里河（S. Inderagiri）、甘巴河（Kampar）、罗干河（Rokan）和西亚克河（Siak）也构成了苏门答腊北部平原的河流网。

苏门答腊的多巴湖是东南亚最大的淡水湖，位于苏门答腊岛北部海拔900米的高原上，距北苏门答腊省会棉兰市175千米。湖长72千米，宽24千米，面积1 700多平方千米。这个深水湖最深处达450米，年平均气温只有22℃左右，湿度极低。多巴湖有一个湖心岛——萨莫西（P. Samosir）岛。该岛面积630平方千米，岛上的多洛利希山险峻。此外还有拉乌特达瓦尔湖、马宁焦湖、辛卡拉克湖（D. Singkarak）、拉瑙湖（D. Ranau）、林博托湖（D. Limboto）和葛林芝湖（D. Kerinci）。

（三）加里曼丹岛

加里曼丹岛，旧称婆罗洲（Borneo），它是世界第三大岛，面积约为73.6万平方千米，其中53.95万多方千米属于印尼（约占三分之二），北部的沙捞越、沙巴、文莱三部合称为北加里曼丹，前两者属马来西亚，简称东马，后者属文莱苏丹国。加里曼丹岛南部隔爪哇海正对爪哇岛，西南方与苏门答腊岛相望，东部临望加锡海峡（Selat Makassar）。加里曼丹按行政区划分为西加里曼丹省、中加里曼丹省、南加里曼丹省和东加里曼丹省。

加里曼丹岛的中间是山地，但山脉不高，像放射线一样，从中央趋向边陲。该岛四周为沿海平原，主要分为东、南、西三个部分，其中南部是红森林密布的沼泽地。加里曼丹岛属热带雨林气候，终年湿热，年均气温24℃～25℃。每年11月到次年3月是降雨多的月份，七八月间则少雨，越往岛的东部，降雨量越少；岛内山区的降雨量比沿海地区多。全岛许多地方都被原始森林覆盖着，世界上除了南美洲的亚马逊河流域的热带森林外，就要数加里曼丹岛的热带森林最大了，约占全岛的85%，这里也是印尼主要的木材产地。

加里曼丹岛主要的山脉有：穆勒山脉（Pegunungan Muller），它是西加里曼丹与中加里曼丹二省的天然分界线；斯赫瓦纳山脉（Pegunungan Schwaner），它也是西、中加里曼丹二省的天然分界线，此山脉上有加里曼丹地区第一高峰布吉拉亚（Gunung Bukit Raya），高2 278米，在中加里曼丹境内；卡普阿斯胡卢山脉（Pegunungan Kapuas Hulu）是在马勒山脉与斯赫瓦纳山脉交界处附近向西延伸出的一条山脉，是西加里曼丹与马来西亚沙捞越州的天然交界。此外，在南加里曼丹境内还有一条莫拉杜斯山脉（Pegunungan Meratus）。

加里曼丹岛是世界上唯一分属三国的岛屿，印尼在此和马来西亚陆上相邻，但是两国的陆上边境没有正式的划线国界，而只是依山而划的习惯国界。目前，两国经常就边境的贸易、安全和边民交流进行磋商，准备划定陆上国界。然而更为棘手的是印尼、马两国的海上划界。首先是加里曼丹东北部海域的西巴丹岛和利吉丹岛的主权争议由来已久。2002年海牙国际法庭把二岛判给了马来西亚，引起了印尼的不满。2005年，两国就东加里曼丹安巴拉（Ambalat）水域的归属再起争议，两国军方经常在此地区形成紧张对峙。2011年，两国又在西加里曼丹桑巴斯（Sambas）县的边界问题上产生纠纷。

（四）苏拉威西岛

苏拉威西岛，旧名西里伯斯（Celebes），是世界第十一大岛，总面积为17.46万平方千米。该岛形状很奇特，酷似汉字“斤”，由四个长而狭窄的半岛向北、东北、东南和南伸出。这四个半岛的宽度各异，最小的宽度为26千米，最大的宽度为180千米。苏拉威西岛的行政区域分为6个省：西苏拉威西省、北苏拉威西省、中苏拉威西省、南苏拉威西省、东南苏拉威西省和哥伦打洛省。最大的城市是西南部的望加锡，北部的万鸦老也是较大的城市。

苏拉威西岛海岸陡峭曲折，岸线总长5 478千米，沿岸满布珊瑚礁，海滨平原狭窄。苏拉威西位于赤道雨林气候区，年降水量2 500毫米以上，大部分地区雨水均匀；受地形作用，山地气候凉爽宜人。中苏拉威西的帕卢因受焚风影响，年降水量仅为550毫米，是印尼最干燥的地方。该岛还是印尼山地比例最大的岛屿。

岛屿中部有海拔2 000米的高原，北部有10多座火山，山峰高达3 000米以上，西南半岛中部的马里奥山（G. Mario）海拔3 455米，为全岛最高峰。苏拉威西河网稠密，流程短促，水力资源丰富，利于灌溉但无航运意义。著名的深水湖有：马塔纳湖（深达590米）、托武蒂湖（D. Towuti）和波索湖（D. Poso）。

（五）伊里安查亚

伊里安查亚，也叫西伊里安，位于世界第二大岛——巴布亚岛的西部，西与马鲁古群岛毗邻，南隔阿拉弗拉海和珊瑚海与澳大利亚大陆东北部相望。为了适应当地的政治和社会发展，印尼政府在伊里安查亚地区设置了两个省级行政区，且都具有较大的自治权，一个是西巴布亚省，一个是巴布亚省。

伊里安查亚全岛略呈西北—东南走向。东西长约2 400千米，中部最宽处640千米。面积约78.5万平方千米，连同沿海属岛在内共81.8万平方千米。全岛多山，中部群山盘结，自西北伸向东南，形成连绵延续的中央山脉。大部分山地、高原海拔都在4 000米以上，其中最高峰为查亚峰，海拔4 884米，为印尼的最高点。

在中部山脊的南北两侧，有宽窄不一的沿海平原。海岸曲折，多港湾。沿海有许多由于火山作用或珊瑚礁形成的岛屿。较大的河流都发源于中部山区，分由南北坡地流注海洋。主要河流在北部有曼伯拉莫河、卡门丹河（S. Kamundan），在南部有地辜河（S. Digul）。这些河流上游坡陡流急，挟带大量泥沙，在中下游两岸形成大小不等的冲积平原。

第二章　历史简况

第一节　古代部分

一、印尼群岛的原始人

印尼有着悠久的历史文化，早在数十万年以前，就有原始人类在印尼的土地上劳动、生息和繁衍。19世纪末，在中爪哇等地陆续发掘了直立猿人的化石，其中最为著名的是1890—1891年荷兰古人类学家尤金·杜波依斯（Eugene Dubois）在中爪哇梭罗河畔的特里尼尔（Trinil）村发现的爪哇直立猿人化石。学者们从出土的头盖骨和腿骨推断，爪哇直立猿人存在于40万～60万年前，已经能够完全直立行走，由于劳动的结果，上肢已发展为手。与爪哇直立猿人同期或更晚期的，是在梭罗河畔坎塘（Ngandong）发现的梭罗直立猿人。梭罗与爪哇直立猿人形态大致相似，但前者却有着更进化的特征，如眉脊分开、脑容量更大。①在坎塘地区还发掘出许多用于掘土的石器和捕鱼叉，这充分说明梭罗猿人已开始从事渔猎和原始农业了。1941年，考古学家在爪哇桑伊朗（Sangiran）附近发掘出一个下颚骨化石。从其臼齿看，已具有人的特征，但猿的特征还是很明显，被命名为“古爪哇魁人”，估计生存在60万年以前。印尼最古老的化石是1936年在东爪哇惹班附近发现的“惹班猿人”化石。有学者估计，惹班猿人出现在200万年以前，但也有人估计为35万～45万年以前，或60万年以前。学者们推断的年代虽然相距甚远，但根据考古学家研究的成果可以肯定的是，大约40万至50

① 李美贤:《印尼史——异中求同的海上神鹰》，台北. 三民书局，2005年版，第10页。

万年以前，在印尼的土地上就已开始出现了原始人类。

“瓦查克人”是杜波依斯于1889年在东爪哇多隆阿贡附近的瓦查克发现的头盖骨化石。据考证，“瓦查克人”生活在1.2万年前，其脑容量完全与现代人一样，已进入“真人”阶段。一些学者认为，“瓦查克人”可能就是马来—印尼人种。然而，印尼民族的形成与外来移民有密切的关系。早在公元前1500年左右，由于战争和自然灾害等原因，大批原始马来人从亚洲大陆南部迁至印尼群岛。在公元前300—前200年，又有一大批移民陆续从亚洲南部迁移而来，考古学家们称他们为新马来人或续至马来人。[①]和原始马来人相比，他们已懂得农耕技术，后来逐渐发展成为当今印尼民族的主体部分。尽管学者们对印尼民族起源地域各持不同的见解，但一般都认同古代马来移民来自亚洲大陆南部这一观点。

正由于印尼民族起源的这一特性，从人类学的角度来讲，印尼人的种族可分为四种成分：一是小黑人种族（或称尼格罗人种，如伊里安查亚的巴布亚人就是这一种族的一个分支）；二是韦达种族（如爪哇万隆的巴杜伊人、苏拉威西南部的托阿拉人、苏门答腊南部的库布人、苏门答腊巴达克地区的路布人）；三是原始马来种族（如爪哇的登格尔人、苏门答腊的巴达克人、加里曼丹的达雅克人、苏拉威西的托拉查人、马鲁古群岛上的阿尔弗腊人等）；四是新马来种族（又称混血马来种族）（如苏门答腊的亚齐人、占碑人、巨港人、楠榜人、米南加保人等，以及爪哇人、巴厘人、望加锡人、米南哈沙人、德那第人等）。[②]在上述四个种族中，前两者属于卷发、黑皮肤的澳大利亚—美拉尼西亚种族系统，后两者属于直发、肤色较浅的蒙古利亚种族系统。

① 王受业、梁敏和、刘新生：《印度尼西亚》，北京.社会科学文献出版社，2006年版，第65页。
② 孔远志：《中国印度尼西亚文化交流》，北京.北京大学出版社，1999年版，第7页。

二、古老的王国

印尼原始居民的氏族社会历史约始于公元前4万年，此时的印尼人已开始使用金属工具，生产与文化有了一定程度的发展。在沿海地区，生产力的提高使剩余产品的出现成为可能，私有制随之而来，而奴隶制国家也逐渐开始出现。据碑文记载和考证，印尼出现最早的国家是公元5世纪加里曼丹东部的古戴（Kutai）和西爪哇的多罗磨（Taruma）。从石碑记载的古戴王国的宗教信仰（婆罗门教）、语言文字（梵文）及国王名字（Mulawarman 穆拉哇尔曼）分析，学者们认为此时印尼已经受到了印度文化的深入影响。同一时期在西爪哇出现了多罗磨王国，其领地包括今天的茂物、雅加达和加拉横等地。考古学家在茂物芝沙丹尼河畔发现一块大石碑上面有两个足印，用梵文撰写的碑文写道："这是著名的、卓越的、克尽厥职的、举世无双的多罗磨国普尔纳哇尔曼（Purnawarman）陛下的足迹……"[①]关于这些古国的情况，除了屈指可数的石刻和碑铭之外，印尼本土能够提供的资料很有限。根据中国史书如《宋书》、《梁书》和《南史》的记载，在中国南北朝时代，前往朝贡的印尼王国有：阇婆婆达（或阇婆达）、婆皇（或媻皇）、诃罗单（或诃罗陀）、干陀利（或斤陀利）和婆利。根据推测，前三者可能位于中爪哇，而其他的则坐落在苏门答腊。[②]尽管印尼本土或海外的资料对于描绘一幅清晰的印尼古代王国图像来说都显得相当无力，但是片断零碎的资料中有两点是可以肯定的：其一，5世纪之前，印度就与印尼群岛有了联系，部分印度人还把印度的文化，尤其是印度的哲学、宗教和国家制度带到了印尼，并对当地统治者的思想产生了相当的影响；其

① 孔远志：《印度尼西亚语发展史》，北京：北京大学出版社，1992年版，第26页。

② 李美贤：《印尼史——异中求同的海上神鹰》，台北：三民书局，2005年版，第23页。

二，印尼的古老王国已开始跟中国建立了贸易联系。

7世纪中叶，在中爪哇兴起了诃陵（Ho-ling）王国。该王国于公元640年曾遣使访问中国，8世纪中叶后成为夏连特拉王国（Syahlindra）的属国，公元832年才获独立，后建马打蓝王国（Mataram Kuno）。夏连特拉是8世纪中叶在中爪哇出现的一个信奉大乘佛教的王国，又称"山帝王朝"。这个王国的建立者是跋奴王（Bhanu），他战胜信奉湿婆教的散查亚（Sanjaya）王室而称雄中爪哇，并以佛教全面替代了婆罗门教的地位。山帝王朝留下的最伟大的文化遗迹是婆罗浮屠大佛塔，可能是从达尔玛咚嘎王（Dharmatungga）在位时就开始建造，一直到山帝王朝最后一个国王萨玛拉咚嘎（Samaratungga）才告完工。大佛塔规模之大和气势之雄伟令人叹为观止，而山帝王朝也因耗尽国力建造大佛塔，最终被散查亚王室和奴隶的联合起义所推翻，爪哇的佛教也随着山帝王朝的灭亡而衰败。

三、室利佛逝王国

印尼历史上第一个强大的帝国室利佛逝（Sriwijaya）7世纪末兴起于苏门答腊东南部，占据海上交通要冲，其首都巨港（Palembang，又称巴邻旁）位于慕西河流域农耕地带中心，又是靠近河道与海滨的良港。据考古发现的碑文记载，公元686年，室利佛逝先后控制了巨港东北的邦加岛和末罗游，接着又控制了马来半岛南端和加里曼丹西部的吉打，并降服爪哇的多罗磨，成为一个跨岛屿的地区强国，也是当时东南亚最大的贸易中心和佛教文化中心，与印度、阿拉伯、马来半岛诸国及我国的唐朝都有着密切的经济和文化交流。《新唐书》记曰："室利佛逝，一曰尸利佛誓……地东西千里，南北四千里而远，有城十四，以二国分总……”①室利佛逝的强大促进了印尼社会经济的发展。巨港既是中国与印度海上贸易的中转站，又是印尼香料中心，一时间港口舟船辐辏，繁荣异常。佛教随之极度兴盛，中国由海道求学取经的僧人往往先在室利佛逝学习梵文，然后再前往印度。

唐朝高僧义净曾在室利佛逝先后逗留了约14年之久，从事佛教经典的研究和翻译，同时也对室利佛逝的社会文化状况作了深入的考察和了解。他描述当时的室利佛逝：“僧众千余，学问为怀，并多行钵。所有寻读，乃与中国不殊。沙门轨仪，悉皆无别。”在义净的建议下，先后有19位唐朝僧人去室利佛逝和诃陵，有的还“恋居佛逝，不返番禺”，甚至有的“后便归俗，住室利佛逝”。②

室利佛逝在公元695—742年间一直与中国有经济、政治联系，后突然中断。直至公元904年才与中国恢复通好，我国史书称之为“三佛齐”。这一时期，室利佛逝已经名副其实地成为了国势强盛的海上王朝。阿拉伯人描述它“土地丰沃，闾阎相接，传闻其国，村落相连，中无荒原沙碛，鸡鸣之声，远及百程之外”。同样，阿拉伯地理学者马素提也描述它拥有庞大的居民和军队，并且盛产樟脑、沉香、白檀、麝香、豆蔻等香料和药材。③此时，室利佛逝仍需要维持强大的军力，迫使其他敌对小国就范或臣服，以维持其海上的优势和贸易垄断。不过，信奉佛教的室利佛逝与信奉印度教的爪哇宿敌马打蓝之间的矛盾和冲突一直没有停止过，尤其是马打蓝迁都东爪哇后，大力发展经济和扩大疆域，雄心勃勃的达尔玛旺夏国王（Dharmawangsa）在位期间（985—1006年），曾于989—992年

① 《新唐书》卷二二二下,《室利佛逝传》。

② 梁立基:《印度尼西亚文学史》(上册)，北京.昆仑出版社，2003年版，第73页。

③ 李美贤:《印尼史——异中求同的海上神鹰》，台北.三民书局，2005年版，第27页。

间入侵室利佛逝。根据《宋史》记载，战事曾对室利佛逝相当不利，以至其使者不得不向宋朝请求保护。室利佛逝在安然度过了这次危机后，于1006年发动反击，一举摧毁了马打蓝王国首都，达尔玛旺夏国王战死沙场。这次胜利让室利佛逝的势力更上一层楼，但好景不长，一个更可怕的对手不久就逼近了室利佛逝。11世纪初，印度的注辇王国统一了南印度，崛起成为一方霸主。积极向外发展的注辇王国与实施垄断贸易的室利佛逝产生了不可调和的利益摩擦。1017年，注辇王国入侵室利佛逝在马来半岛的属地吉打（Kedah）。1025年，注辇王国的远征军来到了室利佛逝的心脏地带，首先袭击了都城巨港，俘虏了国王斯利·桑嘎拉玛威查耶通嘎哇尔曼（Sri Sanggrama Wijaya Tunggawarman）。之后，注辇军队转攻苏门答腊东岸各个重要的据点和马来半岛，室利佛逝被迫迁都占碑。虽然注辇王国没有实施长期占领，但其袭击却让室利佛逝元气大伤，从此步上了没落之途。

四、从马打蓝王国到柬义里王国

随着室利佛逝的逐渐衰弱，位于爪哇的马打蓝王国反而乘势强盛起来。室利佛逝在崛起之时占领了爪哇西部和北部的海岸地带，却没有意图将势力深入到中爪哇和东爪哇。室利佛逝与中爪哇向来维持着一种微妙的共生关系。富饶的中爪哇盛产稻米，供应海岸贸易城市的市场需要，但其统治者向来疏离繁荣的海上贸易活动，山脉和流向南方的河流将这一地区跟北部海岸贸易城市隔绝开来，这种封闭性让室利佛逝没有觊觎之念，也维持了马打蓝政权对当地的政治影响力。公元856年，马打蓝击败山帝王朝夏连特拉统治了中爪哇。接着，马打蓝王国建造了著名的普兰班南陵庙（Candi Prambanan），该陵庙既是印尼最大的印度教遗址，又是印尼最宏伟壮丽的印度教寺庙。大约在930年，马打蓝国王辛多克（Sindok）迁都东爪哇，在那里重新扎根。迁都后，马打蓝在文化上积极推进本土化，逐渐削弱了印度文化的影响力，从而使得其无论在政治、艺术还是宗教上，本土的爪哇元素都大幅增加了。而在经济上，马打蓝开始介入国际贸易，尤其是从事来自马鲁古群岛的香料转口。这种业务让马打蓝的国力蒸蒸日上，但因为商业利益，与室利佛逝的摩擦也日益升级。在989—992年间，国王达尔玛旺夏向室利佛逝发动战争未果，却反遭室利佛逝报复攻击而丧命，整个王国因此摇摇欲坠。

都城沦陷时，达尔玛旺夏的女婿爱尔朗卡同一些官吏和侍从逃到山林地带隐蔽下来。1010年，他重返东爪哇，并在9年之后正式登基继承了破碎的马打蓝王国。此时，在强大的室利佛逝阴影下，爱尔朗卡无力收拾原有江山。但是，好运不久就降临了。爱尔朗卡出身巴厘王室，其父去世后，爱尔朗卡继承了巴厘王国。1025年，室利佛逝因注辇的入侵而一蹶不振。爱尔朗卡充分利用这一良机，发动战争一举收复故土。此后，马打蓝王国的势力笼罩了整个东爪哇和中爪哇。在商业方面，泗水（Surabaya）和杜板（Tuban）成为东西贸易商聚集之地。爱尔朗卡下令修筑堤坝，除大幅改善了河港交通和贸易外，同时也提升了灌溉系统和农业生产。

爱尔朗卡到了晚年把国土一分为二，一叫柬义里（Kediri，原称为Panjalu），一叫戎牙路（Janggala），传给两个王子。根据出土石碑的说法，这个决定是“因为有两个国王，互相为敌，都要继承王位”。而后来的《纳卡拉克达卡玛》则说：“由于爱尔朗卡国王疼爱两个王子，所以都将他们升为国王。”看来这两方面的原因都有，而宫廷内部权力之争恐怕是导致最后分裂的主要原因。[①]后来，戎

① 梁立基：《印度尼西亚文学史》（上册），北京．昆仑出版社，2003年版，第121页。

牙路为柬义里所并，东爪哇12世纪的历史基本上是柬义里王国的历史。1222年，柬义里王国灭亡，以杜马板为王都的新柯沙里王国（Singhasari）取而代之。新柯沙里王国的建立充满着神秘的传奇色彩，其开国元君庚·阿洛据说是农妇所生之子，后为盗贼所收养，长大后与流氓赌徒为伍，屡屡犯罪，积案如山。他无法无天的忤逆行为却被说成是一种超凡脱俗的表现，为一些不满朝廷的婆罗门僧侣所看中，并被一婆罗门收为义子，推荐到杜马板侯国当家臣。后来，他弑主篡位，自己当上了杜马板侯君。当羽翼丰满之后，他又乘柬义里王都空虚发兵进攻，柬义里国王克尔塔查耶（Kertajaya）在宫中自缢，王国遂告灭亡。庚·阿洛正式登基，成为新柯沙里王国国王。关于新柯沙里的建立虽有传说成分，不过从庚·阿洛的出身来看，他可能代表不满柬义里王朝的社会势力，利用农民起义推翻了柬义里王朝的统治而自立为王，成为第一个非刹帝利贵族出身的统治者。

五、麻喏巴歇王国的兴衰

新柯沙里王国建立初期，政局不稳，宫廷内部权力斗争十分激烈，庚·阿洛登基后没有几年就为其继子所杀。在不长的时间内，前后有几位国王被刺而亡。这种动荡不安的局面直到葛达纳卡拉王（Kertanagara）即位后（1268—1292年）才算平定下来。葛达纳卡拉王致力于开疆拓土，东并巴厘和马鲁古，北占加里曼丹，西进巽达地区，势力一度扩展到马来半岛，是新柯沙里王朝的极盛时期。1289年，元朝派使节孟琪赴爪哇，要葛达纳卡拉王入朝臣服于元蒙帝国。葛达纳卡拉王将孟琪黥面，然后驱逐出境，这招致1292年元蒙军兴师问罪的讨伐。而这时王朝的内部又发生叛乱，柬义里王族后裔查耶卡旺乘机进军王都，葛达纳卡拉王死于战火之中。其女婿拉登·威查耶（Raden Wijaya）率残部逃到一个村庄，该地盛产一种叫“玛查”（buah maja）的果实，其味极苦（pahit）。拉登·威查耶“以其国山川、户口及葛郎国地图迎降”，并表示愿把葛达纳卡拉的女儿献给元朝皇帝以换取元蒙军的支持。在元军的帮助下，拉登·威查耶击败了查耶卡旺。接着又乘元蒙军不备进行突然袭击，把元蒙军赶回大海。1293年，拉登·威查耶在布兰塔斯河下流创建了麻喏巴歇王国（Majapahit，意为“苦果玛查”），自己登基为王，称号为克尔达拉查沙·查亚瓦尔达纳（Kertarajasa Jayawardhana）。

经过多年的战乱，克尔达拉查沙王需要与民休养生息。他大封功臣，授予高官厚禄和世袭领地，但由此引发了功臣间的权力和利益的冲突以及新臣和旧臣之间的矛盾。1309年克尔达拉查沙去世后，麻喏巴歇的各种矛盾都爆发出来了，暴动和叛乱事件不时发生，局势动荡不定。1350年，哈奄·武禄（Hayam Wuruk，号Rajasanagara）即位，在宰相卡查·玛达（Gajah Madah）的辅政下，励精图治，实行富国强兵政策，国内形势才趋于稳定。哈奄·武禄对内一方面振兴农业，开垦田地，兴修水利，使农业生产迅速发展，以至“谷米富饶，倍于他国”（《岛夷志略》）；另一方面武力征服地方势力，扩大势力范围，先后征服了马都拉岛和巴厘岛，西平四分五裂的室利佛逝，往北控制了加里曼丹，统治范围甚至达到菲律宾南部和巴布亚新几内亚等地。这一时期，麻喏巴歇已成为一个幅员辽阔的帝国，它以其强大无比的海军力量，维系着包括现今印度尼西亚和马来西亚大部分地区的版图。哈奄·武禄对外还实行睦邻政策，与暹罗、占婆、安南等国修好，遣使中国，与中国建立友好关系。

麻喏巴歇的崛起还得力于国际贸易大局势的转变。西欧经过一番农业和商业革新，以及200多年的十字军东征，对亚洲香料出现了极大的需求。由于麻喏巴歇统治范围广，控制了马鲁古群岛的香料贸易，在市场扩大的背景下，麻喏巴歇的贸易日益繁荣，国力大大提升。其香料、农产品、手工业品和木材源源不断地运往欧洲、印度、中国和中南半岛各国。随着商业的发展，出现了一些繁荣的港口城市，其中包括杜板、革儿昔、泗水等。在哈奄·武禄执政时期，麻喏巴歇王朝出现了太平盛世的景象，成为当时东南亚最大的佛教—印度教国家，也是东南亚古代最后一个大帝国。

1364年，卡查·玛达去世，原本由他独揽的大权被拆分到四位大臣手中。但不久，哈奄·武禄却对协调各大臣之间的政务感到厌烦，因此再度委任一位首席大臣来统管这个王国的一切事务，自己则沉溺于奢华与美色之中。1389年，哈奄·武禄去世，而其嫡系只有一女。他的儿子威拉布米企图继承王位，但由于是庶子，按照爪哇的政治传统，没有王位继承权。因此，哈奄·武禄将王国分为东西两个部分，由女儿和女婿统治西部，即麻喏巴歇本土；而东部则由庶子作为地方长官来统治。王国国土的划分实际上削弱了麻喏巴歇的力量，标志着麻喏巴歇开始走向衰落。15世纪初，宫廷内部的权力之争愈演愈烈，东王与西王为争夺王位打了6年的内战。后来国内又陷入混乱状态，天灾人祸接踵而来，民生凋敝，地方封建势力的离心倾向日益严重，麻喏巴歇走向分崩离析。而此时，伊斯兰教也开始在爪哇岛迅速扩展，外岛开始出现了伊斯兰王国。[①]地方封建势力借伊斯兰教与中央朝廷抗衡，直接构成对麻喏巴歇王朝的威胁。而另一个强大的竞争者——马来半岛的马六甲王国也迅速崛起，控制了马六甲海峡，使麻喏巴歇的商业贸易萎缩，以至国势日衰，一蹶不振。1478年，代表沿海商人利益的淡目（Demak）领主拉登·巴达（Raden Patah）联合泗水、杜板、马都拉等地的地方领

① 14世纪中期以后，在苏门答腊已经建立了巴赛、阿鲁、坎巴尔等伊斯兰教国家，爪哇北部沿海城市也已伊斯兰教化。

主，击败了麻喏巴歇，建立了爪哇第一个伊斯兰王朝——淡目王国。淡目军队没有破坏劫掠麻喏巴歇的都城，也没有灭亡这个佛教—印度教国家，而是将其降为淡目王国的属国。

麻喏巴歇衰亡的过程也就是伊斯兰教在爪哇传播的过程。如前所述，麻喏巴歇繁荣的贸易吸引了大量阿拉伯、波斯和印度的穆斯林商人来到沿海地区经商，他们边经商边传教，努力用伊斯兰教去影响地方势力，以利于他们开展商业活动。后来，随着商业的发达，从中得利的商港领主们与麻喏巴歇朝廷之间的矛盾日益尖锐。为了摆脱麻喏巴歇中央朝廷的控制和限制，同时也是为了抵御北部佛教王朝暹罗的威胁，他们很需要有一种新的强有力的思想武器来与统治者的印度教和佛教相抗衡，政教合一的伊斯兰教正好适应他们的这一需要，于是他们纷纷皈依伊斯兰教。而一旦地方统治者改奉伊斯兰教，其所管辖的地方也就全部伊斯兰化了。在麻喏巴歇王朝走向衰落的时候，那些皈依伊斯兰教的地方统治者便逐一挣脱中央王朝的控制而独立，最初的伊斯兰王朝就是这样产生的。

作为爪哇岛上第一个伊斯兰教王国，淡目取代了麻喏巴歇王国的地位，成为马来半岛上马六甲王国的有力竞争者。拉登·巴达仍以中爪哇北部的淡目为统治中心，以三宝垄为对外贸易港口，同时兴修清真寺，大力传播伊斯兰教。伊斯兰教在爪哇广泛传播的结果是印度教的等级社会制度逐步消失，而百姓也不再将国王视为神。自1478年起，麻喏巴歇作为淡目的属国仍存在几十年。到1527年，淡目以麻喏巴歇统治者与葡萄牙殖民者私自交往为理由，出兵摧毁了麻喏巴歇的都城，麻喏巴歇王国从此在历史上消失。①

16世纪中叶，淡目王国发生争夺王位的内战，国王的女婿阿迪威佐约（Adiwijoyo）夺得了王位，改号为巴章（Padjang）。巴

① 梁英明：《东南亚史》，北京.人民出版社，2010年版，第31页。

章王国内部也矛盾重重，争斗不休，不久便被马打蓝领主斯诺巴迪（Senopati）所推翻，于1586年成立了马打蓝伊斯兰王国（又称后马打蓝王国），统治了中东爪哇的大部分地区。当淡目王国灭亡时，西爪哇的万丹领主也乘机征服了最后一个印度教王国巴查查兰（Pajajaran），宣布成立伊斯兰王国——万丹王国（Banten）。同一时期，苏门答腊岛的西北端还有亚齐王国，加里曼丹的东南部则有马辰王国，它们都是伊斯兰王国。由此，几世纪以来印度宗教文化影响在印尼占统治地位的历史从此宣告结束，伊斯兰文化的影响取而代之。然而，伊斯兰教在印尼群岛迅速扩张之时，也正是西方殖民主义者开始殖民入侵之日。殖民者在印尼最初遇到的就是马打蓝、万丹和亚齐等伊斯兰王国。

第二节 近代部分

一、葡萄牙和西班牙殖民者的东来

西欧中世纪末期，封建社会逐渐解体，资本主义生产关系开始形成。商品经济的迅速发展刺激了城市商人和贵族对物质财富的贪欲与追求，他们向往富庶而又神秘的东方世界，往东方探寻黄金及香料的热情空前高涨。由于奥斯曼帝国的崛起切断了东西方传统的陆路贸易，西欧各国不得不探索前往东方的海上航路。1487年，葡萄牙航海家巴塞罗缪·迪亚士首次沿非洲大陆西岸向南航行，并绕过好望角，找到了进入印度洋的航线。1497年，另一位葡萄牙航海家瓦斯科·达·迦马沿着迪亚士发现的航线继续前进，抵达非洲东岸的马林迪，翌年5月来到印度西海岸德卡利库特。1499年，达·迦马的船队满载战利品回到里斯本。虽然船员死伤过半，但船队带回的香料、丝绸、宝石和象牙等的价值远远超出了他们的预期。

1502—1503年，达·迦马又率领船队再次远航印度。

随后，葡萄牙决定用武力在东方建立殖民帝国，而阿丰梭·德·亚伯奎则是其“功臣”。1503年，他随葡萄牙船队到达印度柯坎，在那里建立了一座商站和要塞，这是欧洲人在亚洲建立的第一个商业与军事根据地。1505年，弗朗西斯科·德·阿尔梅达被任命为葡萄牙驻印度首任总督。阿尔梅达在印度沿海建筑要塞，迫使印度西海岸的穆斯林商人改变传统的航路。1508年，葡萄牙舰队在印度西岸第乌附近海面击败了埃及人和印度人的联合舰队，这次胜利为葡萄牙夺得了印度洋香料贸易的控制权，里斯本也逐渐代替威尼斯而成为欧洲最大的东方商品市场。1509年，亚伯奎接任葡萄牙驻印度总督，开始把注意力转向东南亚。1510年，亚伯奎占领印度西岸的果阿，并以此为基地，亲自远征马六甲。1511年8月，在殖民者坚船利炮的攻击下，马六甲陷落。马六甲王朝灭亡后，伊斯兰的政治经济文化中心转移到苏门答腊北端的亚齐。16世纪初的亚齐王朝不仅成了西亚、南亚商人与马来群岛商人进行贸易最重要的集散地，同时也成了印尼抗拒葡萄牙和后来的荷英殖民入侵的伊斯兰政治文化中心。特别是在苏丹·伊斯坎达·慕达（Sultan Iskandar Muda）执政时期，亚齐王朝的势力达到了顶峰，与葡萄牙、荷兰、英国的殖民主义者展开了不屈不挠的斗争，曾攻下柔佛、彭亨、吉打等地，控制了马六甲海峡两岸的大片地区。

1511年12月，在葡萄牙占领马六甲之后不久，亚伯奎就派遣安东尼奥·德·阿布鲁率领3艘船寻找马鲁古群岛。阿布鲁的船队沿着小巽达群岛北岸东行，经过弗洛勒斯岛，然后向北航抵安汶和班达群岛，在塞兰岛登陆。虽然未能到达马鲁古群岛，但他们绘制了松巴哇、帝汶、安汶、塞兰等岛屿的地图。1513年，葡萄牙人第二次远征香料群岛，这次他们不仅在香料群岛的两大岛德那第岛（Ternate，也译为“特尔纳特岛”）和蒂多雷岛（Tidore）购得大量丁香，而且还设法在岛上设立商站。德那第岛和蒂多雷岛的统治者为了争夺对马鲁古群岛的宗主权而长期争斗。葡萄牙人利用这一矛盾，于1521年在德那第岛上修筑了炮台等军事设施，并与德那第岛的统治者结成同盟，以共同对付蒂多雷为名，垄断了马鲁古群岛的香料贸易。

然而，葡萄牙人独占香料群岛为时不长。1521年，由麦哲伦率领的西班牙船队经过美洲，横跨太平洋来到菲律宾群岛。麦哲伦在与当地人的冲突中丧生，但他的同伙到达了蒂多雷岛。蒂多雷苏丹给予西班牙人大量香料。1522年，麦哲伦的船队回到马德里，完成了首次环球航行。西班牙王室知道香料群岛后，立即派出两支船队前往，并宣布对马鲁古群岛拥有主权。从此，为攫取香料群岛的控制权，以葡萄牙人和德那第为一方，以西班牙人和蒂多雷为另一方，双方展开了长期的明争暗斗。1542年，西班牙从墨西哥殖民地派遣5艘战舰远征马鲁古群岛，再次被葡萄牙人击败。此后，西班牙放弃了对马鲁古群岛主权的要求，转而在菲律宾群岛开展殖民活动，并使马尼拉迅速崛起为东南亚另一个国际贸易中心。

除掠夺和垄断香料外，葡萄牙人也热衷于传播天主教。16世纪40年代以后，耶稣会来到这一地区传教。但早在15世纪中叶，伊斯兰教就已经传入马鲁古群岛，因此葡萄牙人的传教活动遇到顽强抵制，只有在安汶岛立住了脚跟。葡萄牙人控制香料贸易和传播天主教的活动遭到了爪哇穆斯林商人的强烈反对。1538年，爪哇人的舰队在安汶岛的穆斯林的帮助下进攻葡萄牙人，被葡萄牙舰队击败。1565年，德那第岛苏丹哈伊伦联合爪哇的穆斯林再次进攻在安汶岛的葡萄牙人。葡军从印度果阿调集舰队支援，并暗杀了哈伊伦，最终击败了穆斯林联军，重新统治了德那第岛。1570年，德那第新苏丹巴阿布拉领导了一场更大的起义，围攻葡萄牙人的堡垒5年，终于在1574年攻陷要塞，葡萄牙人被迫退守蒂多雷岛。自此，葡萄牙在香料群岛的美好时光一去不返，其势力仅局限于安汶岛的要塞。

1580年，西班牙国王菲力二世继承葡萄牙王位，两国合并，这使它们在东南亚的殖民侵略活动具有共同的利害关系。由于这时荷兰和英国殖民者已开始在马鲁古群岛活动，这一情况促进了西班牙和葡萄牙的合作。1588年，西班牙无敌舰队被英荷联合击败，葡西两国失去了制海权。1605年，荷兰从葡萄牙人那里夺取安汶，又联合德那第苏丹把葡萄牙人赶出了蒂多雷岛。次年，葡萄牙人和西班牙人重新占领德那第岛，但到1609年，荷兰人彻底清除了葡萄牙在马鲁古群岛的势力。1641年1月，葡萄牙驻马六甲总督向荷兰投降。这一年葡萄牙摆脱西班牙独立，而它在东南亚的殖民地只剩下弹丸之地帝汶岛了。

二、荷兰东印度公司的殖民统治

随着葡萄牙人在东南亚的势力逐渐衰落，荷兰人的势力开始强大起来。作为西北欧的一个小国，荷兰的地理位置得天独厚。斯海尔德河、马斯河和莱茵河这些大河在荷兰境内入海，为其提供了朝向大西洋的优良港口，使其成为欧洲商品的大集散地。此外，被称为“海上马车夫”的荷兰人还积极发展航海技术，首先设计建造了三桅商船，并使其成为后来染指东方海域的“荷兰长车”。16世纪下半叶，荷兰经过尼德兰资产阶级革命后，出于原始资本积累的需要，商业资产阶级积极发展航运，扩张对外贸易。而1580年西、葡联合后，封锁了穿越直布罗陀海峡的航道，禁止荷兰商人使用里斯本港口，使曾经在北欧充当葡萄牙香料销售中间商的荷兰人再也不能从伊比利亚各港口得到货物，而获取葡萄牙人从亚洲运来的香料的渠道也中断了。于是，荷兰人决定直接到东印度群岛去掠取所需要的货物和香料。

1595年，荷兰第一支远征船队在胡特曼率领下向东南亚进发。翌年6月，船队抵达西爪哇万丹，然后继续向东航行。荷兰人与葡萄牙人发生冲突，又遭到爪哇人的袭击，损失了一条船和100多名船员。但是，船队带回欧洲的香料仍使那些生还的冒险家们发了财。1598年，有分属5家荷兰公司的22艘船涌向东南亚，带回的香料获得巨额利润。1600年，荷兰人和安汶岛统治者缔结了第一个重要条约，允许荷兰人在岛上修建城堡，并垄断当地的丁香贸易。1601年，又有14支船队从荷兰开往爪哇等地。

大批荷兰商人涌向印尼群岛，不同公司的商人为获取货物进行了激烈的竞争。同时，荷兰人的活动遭到了葡萄牙人和西班牙人的阻挠。为巩固既得利益，受英国东印度公司成立的启发，荷兰人也开始了一场公司合并运动。1602年3月20日，由六个区的商会组成的荷兰联合东印度公司（荷文简称VOC，惯称荷兰东印度公司）获得荷兰国会颁发的特许令。[①]作为在印尼群岛上行使统治权力和进行掠夺的工具，东印度公司成立的初衷是为了减少本国公司之间的竞争和加强与葡萄牙、西班牙以及英国争夺的力量。公司享有订立条约、修筑城堡、拥有武装力量和设置法官的权力。在公司统治期间，其目标是建立一个能控制原料产地、掠夺原料和垄断原料贸易的商业殖民地。为此，荷兰人把葡萄牙人赶出安汶后，又于1609年与西班牙签订了停战协定，获得了马鲁古群岛的控制权。这一时期，英国东印度公司成为荷兰人的强大竞争者。1615—1619年，荷兰人和英国人在班达群岛不断发生激烈战斗。1619年，荷兰任命燕·彼德

① 梁志明:《殖民主义史——东南亚卷》，北京. 北京大学出版社，1999年版，第101页。

尔斯逊·昆担任荷属东印度总督。昆是个强硬的殖民主义者，他把英国人的竞争视为最大的危险，认为应该从荷兰人进行贸易的土地上驱逐其他所有的外国人。经过几年的争斗后，英国人于1624年从巴达维亚撤走了他们的商馆，除保留在万丹的商站以外，中止了在印尼群岛上的大部分活动。

昆就任荷属东印度总督后，宣称没有战争就没有贸易，极力说服公司理事会使用武力征服印尼群岛。从此，荷兰东印度公司对印尼群岛的殖民活动进入了武力扩张的阶段，而其首要目标是印尼群岛的中心——爪哇。早在1611年，荷兰人就在查雅卡尔达（Jayakarta，现雅加达）设立贸易站。昆就任总督后，决定将查雅卡尔达作为荷兰东印度公司总部所在地。此时，查雅卡尔达的统治者邦格兰·威查雅克拉玛正力图摆脱万丹的控制，并与英国人结盟，企图将荷兰人赶出查雅卡尔达。1618年12月至1619年1月，他们围攻荷兰东印度公司的要塞。正当荷兰人准备投降之际，万丹却出兵帮助荷兰人将威查雅克拉玛击败，并占领了查雅卡尔达。但是，荷兰人并不满足于保住公司的利益，决定夺取查雅卡尔达。1619年3月12日，荷兰东印度公司将查雅卡尔达改名为巴达维亚。5月，昆率领的荷兰舰队将万丹军队赶出这座城市。荷兰东印度公司占领巴达维亚使它在印尼群岛西部有了稳固的立足地。

荷兰东印度公司在爪哇的侵略活动，首先遭到了马打蓝王国的抵抗。1614年，马打蓝王国的苏丹阿贡（Sultan Agung）即位时，荷兰东印度公司曾派遣使者表示祝贺。苏丹阿贡警告荷兰人说，如果荷兰人企图侵占爪哇的土地，他就不可能同荷兰人建立什么友好关系。由于连年战争，爪哇大米供应紧缺，因此苏丹阿贡下令禁止向荷兰东印度公司出售大米。但荷兰人不顾禁令，千方百计套购大米。8月，荷兰东印度公司在扎帕拉德贸易站遭到袭击。荷兰人为了报复，于11月放火烧毁了停泊在巴达维亚码头的所有爪哇船只。在此后的10年时间里，马打蓝王国两次派军远征巴达维亚，但均告失利，苏丹阿贡的权威受到严重损害，马打蓝王国也面临瓦解的危险。1646年初，苏丹阿贡去世，他的儿子继位，称阿莽库拉特一世（Amangkurat I）。

阿莽库拉特一世企图与荷兰人合作，垄断爪哇同荷兰公司的贸易。但荷兰人为了自己的利益，仍与爪哇沿海各国继续贸易。另一方面，马打蓝内部也纷争不断，王储反对阿莽库拉特一世封锁海港，并多次派遣使者前往巴达维亚，单独同荷兰公司建立联系。1675年，望加锡和马都拉反叛，攻占了泗水。1677年初，叛军控制了爪哇所有港口，并攻陷了马打蓝都城，阿莽库拉特一世带着王储向北逃亡。不久，阿莽库拉特一世在流亡地去世，王储即位，称为阿莽库拉特二世（Amangkurat II）。在这位新苏丹看来，只有投靠荷兰东印度公司才有可能恢复王国。1678年初，他和公司达成一项新协议，同意由荷兰人出兵驱逐退守柬义里的叛军，并以荷兰东印度公司的力量迫使盘踞旧王宫的阿莽库拉特一世的另一个儿子邦格兰·普格尔投降，承认阿莽库拉特二世为马打蓝国王。与此同时，新苏丹同意以港口收入偿还荷兰公司的军费，给公司收购大米、蔗糖及进口纺织品、鸦片等商品的专利权，并承认巴达维亚的边界向南扩展到印度洋。这样，整个勃良安高地都成了荷兰东印度公司的领地。

荷兰东印度公司还在爪哇以外各地发动了一系列侵略战争，包括1659年出兵攻占巨港，并在那里建立了贸易站；1667年迫使蒂多雷岛承认荷兰公司的统治权；1668年又利用安汶人和武吉斯人雇佣军征服苏拉威西岛上的戈阿王国，将其他欧洲人赶走。但在西爪哇地区，万丹在英国人支持下不顾荷兰人的禁令，继续同波斯、印度、暹罗和中国等进行贸易。1656年，万丹军队劫掠巴达维亚。荷兰人利用万丹苏丹与王储之间的矛盾，指使王储将苏丹监禁。王储屈从于荷兰人的做法遭到苏丹的拥护者和宗教领袖们的反对。1682年，荷兰东印度公司的军队镇压了苏丹的拥护者，立王储为新苏丹。不久，井里汶也接受荷兰公司的保护。至此，荷兰东印度公司摧毁了它在印尼群岛的所有对抗者。

对于所占领的土地，荷兰殖民者广泛实行直接控制和间接控制相结合的统治方式。在东印度，总督作为最高行政长官，有权颁布法令。对地方，公司一向分而治之，整个荷属东印度群岛分为直辖地和藩属土邦两部分。直辖地由荷兰人直接监督当地摄政官（由封建王公和贵族担任）为公司服务，至于藩属土邦则在名义上独立，但需依所签条约为公司提供产品，内部事务也受荷兰派驻官员的监督。在经济政策上，荷兰东印度公司采取了实物定额纳税制和强迫供应制，前者在公司直接统治的地区使用，按生产的收获量规定各地应承担的贡赋份额；在藩属土邦，公司与之签订专制条约，规定供应的土产种类与数量，公司以极低价格购买。这种强迫供应制首先在马打蓝推行，规定马打蓝每年须以最低价格为公司供应足量的大米；后又推广到万丹，强迫万丹供应胡椒；推广到勃良安，强迫其供应木材、大米、胡椒、牲畜、蓝靛和棉花；推广到井里汶，强迫其供应蓝靛、蔗糖、大米、木材、棉花。除强迫供应制外，荷兰东印度公司还实施了强迫种植制，在爪哇强迫种植咖啡，减少粮食作物的种植面积，而收获的咖啡，则全部低价出售给公司。

强迫供应和强迫种植制度使农民深受压榨，苦不堪言，而荷兰殖民者却从中获得了巨额利润。殖民者的残酷剥削激起了当地人民的强烈反抗，影响较大的包括：1666年开始的望加锡人民反荷斗争；1674—1679年马都拉亲王特鲁诺佐约领导的武装起义；1684—1707年苏拉巴迪领导的奴隶起义；1740—1743年爪哇华侨联合土著反抗殖民统治的斗争等等。这些起义虽以失败告终，但却在不同程度上打击了荷兰人的统治。荷兰东印度公司为此支付了巨额军费开支。另一方面，在英荷之间的多次战争中，荷兰的海上威力被粉碎，美洲和非洲的大部分殖民地丧失而导致市场萎缩、财源枯竭，公司内部的营私舞弊、贪污腐化又进一步恶化了公司的财政。尤其是1780年爆发的第四次英荷战争，给公司以致命的打击。在欧洲，拿破仑于1795年占领荷兰，建立了法国保护下的巴达维亚共和国。1800年1月1日，荷兰东印度公司宣布解散，公司全部财产以及荷兰的海外属地均移交给法国占领下的巴达维亚共和国政府。

三、英国殖民者对爪哇的短暂统治

1806年，拿破仑扶持其弟路易·拿破仑登上荷兰王位，代表法国利益的丹德尔斯被委任为驻东印度殖民地的新总督。作为拿破仑的狂热崇拜者和军事独裁的有力支持者，丹德尔斯凭借荷王授予的特权，在爪哇大力扩充和整顿军队，设立兵营和医院，强化军用设施，加强防卫，以对付英国人的进攻。为便于实行最完全和最严格的中央集权制，丹德尔斯不遗余力地扫除障碍，改革行政体制和司法制度；为了获取更多的利润，弥补财政亏空，丹德尔斯扩大了强迫供应和强制种植咖啡。此外，丹德尔斯还蛮横对待当地王公贵族，极大地损害了王公们对他的忠诚，使这些人在英国人入侵时竞相投靠了英国人。1811年5月，丹德尔斯被召回，燕·威廉·延森斯接任荷印总督职务，此时的爪哇已笼罩在英军大举进攻前的阴霾里。当地居民处于动荡和不满之中，王公们已被丹德尔斯的举动所激怒。更为严重的是，巴达维亚的财政状况令人十分绝望，连应付日常开支的款项都无法找到，更不用说准备防卫了。1811年8月4日，一支由60余艘船组成的英国舰队包围了巴达维亚，他们没有遇到任何抵抗便占领了巴达维亚城。9月17日，延森斯和英国军队在三宝垄签订投降条约，将爪哇和它所属的一切要塞，包括巨港、西帝汶、望加锡统统交给英国人。偕同远征队前来的托马斯·斯坦福德·莱佛士被委任为爪哇及其所属领地的副总督。

在短暂的统治期间（1811—1816年），莱佛士在爪哇实行自由资本主义制度，包括农产品自由种植与贸易制度，废除封建徭役，征收土地税，取缔奴隶制，取消封建领主收税权，改革司法和行政体系，简化诉讼程序等。由于受到爪哇封建势力的抵制，这些新的殖民政策大部分没有实现。拿破仑战争结束后，荷兰重新获得独立。英国为了利用荷兰牵制法国，防止法国东山再起，决定将其所占领的荷兰海外殖民地交还荷兰。1816年8月19日，英国正式将爪哇移交给荷兰，莱佛士被召回英国。1824年，英荷两个殖民强国在东南亚经过反复争夺后签订了《英荷伦敦条约》。根据这一条约，英、荷以马六甲海峡和新加坡海峡为界划清各自的势力范围，英国人放弃苏门答腊的明古鲁和其他在荷属东印度的领地，专注于马来半岛；而荷兰人则放弃了马来半岛的马六甲，获得苏门答腊和新加坡海峡以南的岛屿作为其势力范围。

四、荷兰对爪哇殖民统治的加强

荷兰殖民政府重返爪哇后，任命卡佩仑为总督。为了挽救殖民统治危机，荷印政府决心恢复东印度公司时期那种垄断的、强迫的和竭泽而渔式的殖民政策，对印尼人民实行更残酷的剥削。为打击反抗势力，卡佩仑进一步削弱爪哇封建主的特权，使充任各级行政官吏的王公贵族变成领取政府薪俸的世袭官员，并通过驻扎官监督他们。为扩大剥削来源，殖民当局还增加捐税项目，在各地征收种种关卡税。在一些地区，课税项目多达34种。[1]荷兰殖民统治的加剧激化了爪哇社会各阶层与殖民者的民族矛盾，农民纷纷起来反抗。尽管零星、分散的起义被镇压下去，但是较有组织的和较大规模的起义在日惹首先爆发了。

土邦（日惹和梭罗）不像殖民管区那样完全受殖民者所控制，它在政治上还保持有相对的独立性。1823年，荷兰殖民政府禁止日惹和梭罗的封建主向欧洲人出租土地。这些人失去了重要的财源，因而对殖民地政府不满。同时，荷兰人在日惹宫廷内扶植苏丹的首席大臣等亲荷势力，干预宫廷内部事务，任意废立苏丹，侵犯伊斯兰教长老的宗教权威，强制推行欧洲人的习俗。这些做法进一步激起爪哇封建主和广大人民的反荷情绪，导致爆发了由蒂博尼哥罗领导的起义。

蒂博尼哥罗（Diponegoro，1785—1855年）是日惹苏丹哈孟库布沃诺三世的长子，因生母出身低微而未能继承王位。他是爪哇贵族中的民族主义者，也是一个虔诚的穆斯林。1825年5月，荷兰人在修建公路时要强行穿越蒂博尼哥罗领地内的王室墓地，遭到蒂博尼哥罗的强烈抗议，荷兰当局准备逮捕他。这件事成为他发动起义的导火线。当年7月，蒂博尼哥罗在斯拉朗发起消灭荷兰殖民者的“圣战”，几天内就有几万农民和几十名日惹亲王响应。荷兰殖民当局从巴达维亚调派军队镇压，但是无法阻止起义的蔓延。10月，蒂博尼哥罗在日惹附近建立伊斯兰教国家，自立为苏丹，起义军所向披靡，战火迅速燃遍中爪哇。1827年，荷兰军队实行碉堡政策，围困和孤立各地的起义军，并切断起义军的供应。一年后，起义军处境日益困难，蒂博尼哥罗的几个主要副手在失望之余相继投降。

① 梁志明：《殖民主义史——东南亚卷》，北京．北京大学出版社，1999年版，第175页。

1830年3月，蒂博尼哥罗赴马吉冷同荷军谈判，结果因拒绝投降而被荷军逮捕，先后被流放到苏拉威西岛的万鸦老和望加锡。

蒂博尼哥罗起义是印尼进入近代之后，为反对荷兰加强殖民统治和剥削而进行的第一次民族战争。在蒂博尼哥罗起义前后，苏门答腊西部在1821—1837年间也爆发了抗荷武装斗争，斗争的领导人是米南加保族的伊斯兰教领袖伊玛目·朋佐尔（Imam Bonjol）。当时，米南加保族穆斯林分为新旧两派，代表新兴商人和教士利益的新派或称帕特里（Padri）教派以"纯正伊斯兰教"为旗帜，坚决反对和打击"歪离"伊斯兰教义的习俗和文化，反对封建贵族和部族长老的腐败统治。旧教派为恢复自己的统治地位而向荷兰人求援。1821年2月，双方签订了一项协定，将米南加保割让给荷兰人，由荷兰军队镇压帕特里教派。4月，荷军开始发动进攻，帕特里运动的性质从宗教战争转变为反抗荷兰殖民者的武装起义。刚开始，由于爪哇蒂博尼哥罗起义的牵制，荷兰殖民政府未能增派军队支援。随着爪哇战争的结束，荷军开始增派军队镇压帕特里教派，一方面采取碉堡战术围困起义军基地，另一方面于1837年诱骗朋佐尔举行和谈而将他逮捕。1839年，朋佐尔死于流放地。荷兰殖民政府在付出惨重代价后，终于将他们的势力深入到苏门答腊的内陆地区，而他们的下一个目标就是亚齐。

亚齐位于苏门答腊的西北端，是印度洋通往太平洋的门户。亚齐长期对抗荷兰人，加上英国势力的干预，使它一直能够保持独立，不被荷兰人所征服。自从1869年苏伊士运河开通后，马六甲海峡成为重要的国际航道，亚齐的战略地位也因此大大提升。欧美列强如德国、意大利，特别是美国都想控制亚齐这个战略要地。1870年，亚齐新苏丹登基就获得了美国、意大利和土耳其的"不少帮助"。这引起了荷兰的极大不安，感到有必要尽快武力占领亚齐。1873年

3月，荷兰先发制人，将舰队开到亚齐首都要求苏丹承认荷兰对亚齐的宗主权。其无理要求遭到拒绝之后，战争随即爆发。4月8日，荷军在亚齐登陆，因遭到亚齐人民的顽强抵抗被迫撤退。同年12月，荷兰派出更强大的军队在亚齐登陆，攻占了王宫，不久苏丹病逝。亚齐大部落首领扶持苏丹年幼的孙子为王储，同时号召人民奋起抗荷。各地的部落首领和伊斯兰教领袖纷纷揭竿而起，领导各地人民展开抗荷“圣战”。起义事件此起彼落，战争在起义、镇压和谈判之间延续近40年之久。亚齐战争是荷兰人殖民史上最长和最艰苦的战争，直到第二次世界大战后荷兰殖民者卷土重来时，亚齐仍然是他们不敢再进入的地区。

除苏门答腊之外，荷兰还向其他小岛扩张势力。1888年，万丹完全被荷兰人所控制；1895年，龙目岛被置于荷兰殖民政府的直接统治之下；1891年，巴厘岛的统治者之间长期为争夺权力而发生战争，荷兰人乘机介入，于1906年派军攻占巴塘（Denpasar，即登巴萨），并建立直接统治。1905年，荷兰殖民者入侵苏拉威西，陆续占领了各个地区。同一年，荷兰人对马辰的战争也结束，控制了婆罗洲南部。1904年，荷兰人进攻占碑，将其划为直接统治区。1913年，荷兰人介入廖内群岛的宫廷纷争，强迫苏丹下台，废除了苏丹制。至此，整个印尼群岛几乎都成为荷兰的殖民地，只有北婆罗洲属于英国，伊利安查亚岛北部和东部由英、德两国瓜分，帝汶岛则被葡萄牙所占有。

五、殖民政策的改革

19世纪中期以前，荷兰殖民者在爪哇大力推广强迫种植制度，给当地人民带来了严重灾难，反抗斗争风起云涌。荷兰国内一部分进步人士也看到了强迫种植制度的残酷，他们口诛笔伐，严厉批判这种殖民剥削制度。另一方面，强迫种植制度代表了荷兰王室和贵族的利益，但是垄断贸易不利于荷兰工商业的发展，特别是新加坡实行自由贸易政策后，对荷兰的垄断贸易制构成了很大的威胁。在荷兰新兴资产阶级的强烈反对下，荷兰政府从1862年起不再强迫种植胡椒、丁香和肉豆蔻；1865年起废除了强迫种植蓝靛和茶叶的制度；1866年起又废除了强迫种植烟草制度。到1870年，荷兰殖民当局终于废除甘蔗和咖啡以外的所有经济作物强迫种植制，同年还颁布了《糖业法》和《土地法》，前者规定自1878年起12年内逐年收缩甘蔗的种植，并准许在爪哇自由销售蔗糖；咖啡的强迫种植制度则保留到1917年1月1日。《土地法》则规定荷属东印度的土地为国有，但允许私人企业租用土地，期限为75年。这些措施使荷兰人在印尼的私人企业获得了更大的发展，它说明荷兰在印尼所实行的政策已经从过去商业资本的、垄断性的殖民政策，向工业资本的、自由的殖民政策演变。但印尼人民却依然生活在荷兰殖民主义压迫之下，继续遭受苦难。

新殖民政策的实施给外国资本大量进入印尼开辟了道路，种植园和采矿业迅猛发展，进出口贸易额迅速增长，殖民者从中获得巨额经济利益。但是，自由主义政策也日益暴露出自身的弊端，产生了许多严重的问题。私人企业和它们的政客丝毫不关心印尼人民的福祉，他们形成数个庞大的集团，集体榨取利润并维护自己的利益。1899年，曾在印尼从事17年律师工作的范·德文特在《向导报》上发表题为《良心债务》的文章，指出荷兰对长期遭到剥削的印尼人负有“良心上的债务”。1901年，布鲁舒弗特出版了小册子《殖民政策中的道义》，谴责“殖民政府施加给当地居民的沉重负担正把他们推向苦难的深渊”，认为现在该是政府真心诚意给当地居民以物质和精神福利的时候了。1902年，艾登伯格出任殖民大臣，着手推行以政府积极干预为总特征的新的殖民政策——道义政策（或称“伦理政策”）。新政策包括了许多方面的革新，主要有灌溉、垦殖计划、教育、通讯、信用借贷、卫生计划、工业化和地方分权等。

虽然立意良好，但这些政策的成效往往受制于欧洲人的利益所在。那些能够迎合欧洲人的政策都得到了比较好的发展，如灌溉系统、垦殖计划、医疗、通讯和交通等，它们对欧洲种植商都十分有利，所以推行起来总是相当顺利。相反地，其他只要有益于土著的政策，如工业化，或提供给下层阶级的信用借贷体系，却始终没有多大的成效。在众多的道义政策中，产生影响最深和带来意想不到效果的是教育政策。荷兰殖民当局一向不重视对当地人的教育。直到19世纪中期以后，随着殖民统治的扩张以及西方人企业的迅猛发展，政府和企业对低级职员、雇员的需求大量增加，对当地人的教育应运而生。进入20世纪以后，打着“道义政策”旗号的改革者们纷纷把目光投向对当地人子弟的教育。他们开办新型乡村小学，改革旧式两级制小学，并着手开办中、高等学校，同时注重职业教育与技术培训。殖民当局相信，培养一定数量受过西方教育的当地官员和技术人员可以提高殖民地管理效率，满足西方资本主义企业对初级技术力量的需求，而且聘用本土人才，如官僚、医生、律师、文书或技术工人等，可以少付点薪资而减少支出。同时他们深信，西式教育可以培植出亲荷势力和合作精英，有利于维护和巩固殖民统治。

然而，荷兰殖民当局没有预料到的是，教育的推广最终没有造就出心向殖民宗主国、愿意合作和驯服的本土精英。相反地，许多受过西方现代文化教育和影响的知识青年积极投入到反殖民主义的斗争中，成为印尼民族独立运动的先锋和中坚，并最终结束了荷兰人对印尼的殖民统治。

第三节 现代部分

一、民族意识的觉醒和民族独立运动的发展

20世纪初，印尼的现代民族运动拉开了帷幕。从外部因素来看，西方先进文化的影响，20世纪东方被压迫民族的觉醒，尤其是中国、土耳其等国的民族革命运动，还有俄国十月革命和宗主国荷兰的无产阶级革命者到印尼进行的革命活动，都给了印尼民族以启示和鼓舞，特别是对新一代知识分子的觉醒起了直接的作用。从内部因素来看，印尼无产阶级和民族资产阶级及其知识分子阶层的出现为民族觉醒奠定了阶级基础，而殖民统治下民族矛盾的尖锐化则成了民族觉醒直接的催化剂。

1908年5月20日，第一个民族主义团体至善社（Budi Utomo）在中爪哇日惹成立。它的宗旨是“采取法律所准许的一切手段，发展教育”，实现“农业、畜牧业和商业的进步”、“技术和工业的发展”，以及“土著艺术和科学的复兴”。至善社的主要创建人是日惹的医生瓦希丁·苏提罗胡梭多，成员限于爪哇和马都拉岛的土著。由于该组织的活动力不强，主要以文化和教育课题作为关注焦点，因此当时的殖民政府对至善社相当友善，对于它来说，这样一个温和进步的土著组织，正是道义政策成功的最佳样板。①但无论如何，至善社在唤起印尼人的民族意识、增强民族自尊心方面起到了积极作用。

1911年，印尼花裙商在中爪哇梭罗市成立伊斯兰商业联盟（Sarekat Dagang Islamiyah）。其最初的宗旨是保护土著工商业者的利益，抵制华侨商人的竞争。第二年，它改名为伊斯兰联盟（Sarekat

① 李美贤：《印尼史——异中求同的海上神鹰》，台北.三民书局，2005年版，第123页。

Islam)，由著名的贵族知识分子佐克罗阿米诺托(Tjokroaminoto)任主席。此时，该组织的商业色彩逐渐褪去，进而转向政治领域，提出了在保持荷兰主权的情况下建立印尼人自治政府的目标。由于印尼人绝大多数信奉伊斯兰教，所以这个联盟很快就成为具有广泛群众基础的宗教政治组织。到1916年，伊斯兰联盟各地分支的成员达到80万人，形成一股强大的群众力量。但在荷兰殖民政府的极力遏制和阻挠之下，该组织内部发生了分裂，没能在民族运动中发挥更大的作用。

随着外国大企业和种植园的发展，工人阶级队伍开始形成。1905年在印尼出现了第一个工会组织——铁路工会。此后，其他行业的工人也纷纷成立自己的工会，如邮电工会(1905年)、农园工会(1907年)、糖业工会(1908年)等。印尼工人运动兴起之后，需要有革命的政党来领导。1914年，在荷兰马克思主义者史尼弗利特(Sneevliet)的倡导下，在泗水成立了第一个马克思主义政党“东印度社会民主联盟”(Indische Sociaal-Democratische Vereeniging)。该党在纲领中明确提出“争取印度尼西亚独立”的口号，还提出“以社会主义知识教育人民”的主张。1920年，社会民主联盟第七次代表大会决定将联盟改组为“东印度共产主义联盟”(Perserikatan Kommunist di India)，司马温(Semaun)和达梭诺(Darsono)分别当选为正副主席。1924年，联盟又改名为“印度尼西亚共产党”(Partai Komunis Indonesia)。

在亚洲各国民族独立运动高涨，以及印尼工农运动大发展的形势下，印尼共产党过高估计了革命的力量，认为武装起义的时机已经来临，于是提出了建立印度尼西亚苏维埃共和国的口号，准备发动起义。但就在准备期间，许多领导人却被捕或被迫外逃，其余领导人在路线方针问题上出现了严重分岐。1926年11月12日，起义在万丹、巴达维亚和勃良安爆发。苏门答腊党支部因未接到通知，直至1927年1月才宣布起义。由于各地的起义没有统一领导，行动不一致，在一个多月内即被荷兰殖民政府分别镇压。印尼共产党被宣布为非法，进步工会被解散。从此，印尼共产党领导的民族运动转入了低潮。

1927年7月4日，一个新的民族主义政党——以苏加诺为首的印度尼西亚民族联盟（Perserikatan Nasional Indonesia）宣告诞生，翌年5月改名为“印度尼西亚民族党”（Partai Nasional Indonesia）。伊斯兰联盟、至善社都以团体身份加入该党。印尼民族党提倡以非暴力不合作的方式合法地向殖民者施压，温和渐进地寻求印尼政治、经济上的独立。1928年10月28日，第二届全国青年代表大会在雅加达召开，大会通过了著名的“青年誓词”①，标志着印尼的民族觉醒已经到了成熟的阶段，要求全民族团结一致，共同反对殖民主义者“分而治之”的阴谋，建设独立、自主的印度尼西亚。为了削弱印尼民族主义力量，荷兰殖民统治者从各方面加以打击和分化。1929年12月14日，苏加诺等7名领袖被捕。民族党被宣布为非法组织并分裂为印度尼西亚党和新民族党，后者由哈达领导。苏加诺出狱后加入印度尼西亚党，但在1933年8月再次入狱，直至1942年日本进攻印尼时才获得自由。右翼的新民族党在1934年哈达被捕后也解散了。印尼民族独立运动走向低谷。

二、从争取独立到巩固独立

1941年底日本偷袭珍珠港，拉开了太平洋战争的序幕。日军在短短三个月内就打败了西方的盟军，摧垮了西方在东南亚几百年来

① 誓词中宣布：我们，印度尼西亚的儿女，承认我们属于一个民族，即印度尼西亚民族。我们，印度尼西亚的儿女，承认我们只有一个祖国，即印度尼西亚。我们，印度尼西亚的儿女，承认我们只有一种共同语言，即印度尼西亚语。

的殖民统治。荷兰总督也于1942年3月9日在万隆签订投降书，把统治了300多年的印尼殖民地拱手让给了日本帝国主义。从此，印尼民族生活在日本法西斯铁蹄下达三年半之久。

日本帝国主义对印尼的占领和统治，实际上是以新的殖民统治来代替荷兰旧的殖民统治，其残酷程度有过之而无不及。日本为了骗取印尼人民对“大东亚战争”的全力支持，在印尼实行“胡萝卜和大棒的政策”，一方面把自己装扮成印尼民族的“大救星”，以允许印尼将来独立为诱饵，企图骗取渴望独立的印尼人民的全力支持；另一方面对印尼人民进行残酷的法西斯统治，严厉镇压一切抗日和反日力量。同时，日本占领者大肆掠夺印尼的人力物力资源，使印尼人民的生活陷入空前的贫困。

印尼人民对日本法西斯的真面目和它宣传的“大东亚战争”有一个认识的过程。起初，不少人相信日本是为解放亚洲被西方长期殖民奴役的民族而来的，因此有不少过去坚决反荷的民族主义者也对日本占领者采取合作的态度。为了拉拢民族主义者，日本占领当局在1943年3月同意成立了“人民力量中心”（Pusat Tenaga Rakyat），由苏加诺、哈达、曼苏尔和德万托罗领导，同年又设立了中央参议院及地方参议院。苏加诺任中央参议院议长。由于未能有效控制和利用“人民力量中心”，日本占领当局在1943年底将其解散，然后在翌年3月另外组建了爪哇奉公会（Djawa Hokokai），更强化了其服务日本的宗旨。1944年夏，太平洋战场局势急转直下，日本被迫许诺给予印尼“独立”的地位以换取印尼人民的继续支持。1945年3月，日军当局宣布成立“印度尼西亚独立准备调查委员会”（Badan Penyelidik Usaha Persiapan Kemerdekaan Indonesia）。6月1日，苏加诺在调查委员会第一次全体会议上发表重要演说，首次提出印度尼西亚建国五项原则，又称“潘查希拉”（Pancasila）。7月，独立准备调查委员会同意以建国五项原则为基础起草印尼第一部宪法，其中规定独立后印度尼西亚为中央集权国家，否定了联邦制。8月7日，日军当局宣布成立印度尼西亚独立筹备委员会，随即，苏加诺和哈达等人前往西贡会见日本南部军司令部司令，进行汇报和举行成立仪式。不过，就在此时，战争形势已发生巨变，8月15日，日本天皇正式宣布无条件投降。8月17日，苏加诺在自己住宅前宣读了由他和哈达共同签署的独立宣言，正式宣布了印度尼西亚的诞生。

日本投降和印尼获得独立的消息传开后，爪哇各地陷入狂喜当中，不过混乱和失序也随之而来。荷兰殖民主义者不甘心放弃印尼这块肥沃的殖民地，借受降的以英军为主的盟军之力企图卷土重来，以武力复辟荷兰的殖民政权。在民族存亡的关头，印尼人民同仇敌忾，以革命的武装捍卫民族的独立，与敌人展开浴血奋战。1945年9月，负责“印尼安全事务”的英军在雅加达登陆，得到英方支持的荷兰人也重返印尼。10月，爆发了“泗水保卫战”，这是印尼人民以自己的武装力量第一次抗击来犯的英国盟军，鼓舞了全国人民反帝反殖的斗志。但是，荷兰殖民主义者在英美的扶植和支持下，一方面对印度尼西亚共和国政府采取软硬兼施和分化瓦解的策略，另一方面又用武力逼迫印度尼西亚共和国政府作出妥协，先后签订了《林牙椰蒂协定》(*Linggadjati Agreement*)和《伦维尔协定》(*Renville Agreement*)。根据《林牙椰蒂协定》，印度尼西亚共和国和其他荷兰占领地(婆罗洲、东印度尼西亚、新几内亚)组成印度尼西亚合众国，并于1949年1月1日前与荷兰联合组成荷印联邦，以荷兰女王为最高元首；盟军及荷军撤出印度尼西亚共和国领土，共和国归还八月革命中没收的外国财产。而《伦维尔协定》则规定：以荷兰驻印尼总督樊·穆克提出的“基准线”[①]划定双方占领区；印

① 即从荷军侵入印度尼西亚共和国境内最远的两点画一直线。

度尼西亚共和国必须加入由14个邦组成的印度尼西亚合众国。这些协定使印度尼西亚共和国蒙受了巨大损失，不仅失去了爪哇1/2和苏门答腊1/5的领土——都是一些最富饶的产地，还丧失了独立主权，成为荷兰属下的一个邦。

在敌人的威胁和挑拨下，共和国阵营内部左中右力量之间的矛盾日益尖锐，导致民族统一战线的破裂。1948年9月爆发了“茉莉芬事件”，印尼共产党遭到武力镇压，荷兰人趁机不宣而战，于12月发动第二次大规模的侵略战争，[①]即所谓第二次警卫行动，占领了共和国临时首都日惹，俘获苏加诺、哈达、沙里尔等高层官员。但印尼人民并没有因此而放弃武装斗争，他们在全国范围内积极开展游击战和抵制荷兰殖民政府的运动，使荷兰殖民者疲于奔命，难以招架。最后，荷兰不得不接受由美国操纵的安理会决议，释放共和国总统、副总统及其他领导人；在海牙举行荷兰、印度尼西亚共和国和各傀儡邦的三方圆桌会议，并于1949年11月2日达成了《圆桌会议协定》。根据该协定，印度尼西亚共和国将和已有的15个邦组成印度尼西亚联邦共和国；印度尼西亚联邦共和国为荷兰印度尼西亚联邦成员，以荷兰国王为最高元首；印度尼西亚联邦共和国在外交、国防、财政、经济、文化等方面同荷兰“永久合作”；荷兰于12月27日将西伊里安以外的前荷属东印度的主权移交给印度尼西亚联邦共和国。在印尼国内，人们普遍对《圆桌会议协定》规定的联邦制感到不满，各地群众掀起了反对联邦制的运动。1950年5月19日，各邦代表经过协商谈判，一致同意取消联邦制，建立统一的印度尼西亚共和国，并起草新宪法。8月15日，苏加诺总统宣布统一的印度尼西亚共和国成立。

① 第一次侵略战争，即第一次警卫行动发生在1947年7月。

第三章 民族与习俗

第一节 民 族

一、民族分布与起源

印尼全国共有100多个民族，有些民族又分成许多不同的部族，因此也有人说印尼民族包括300多个部族。印尼最大的民族是爪哇（Jawa）族，占全国人口总数的47%，其次为巽达（Sunda）族，占14%；马都拉（Madura）族，占7.5%，这几个民族主要分布在爪哇和马都拉岛上。其他较大的民族还有苏门答腊岛上的米南加保（Minangkabau）族、巴达克（Batak）族、亚齐（Aceh）族、巨港（Palembang）族、尼亚斯（Nias）族、门达威（Mentawai）族；加里曼丹岛上的达雅克（Dayak）族、班查尔族（Banjar）、布吉斯（Bugis）族；苏拉威西岛上的望加锡（Makasar）族、托拉查（Toraja）族、米纳哈沙（Minahasa）族，以及巴厘岛上的巴厘（Bali）族，龙目岛上的萨萨克（Sasak）族，马鲁古群岛上的马鲁古（Maluku）族。马来（Melayu）族的人口不多，但分布最广，在苏门答腊岛东部沿海、加里曼丹岛沿海以及两岛之间的海上各岛都有马来人居住。

印尼的爪哇岛是人类文明的摇篮之一，远古时期就有爪哇猿人在这里繁衍生息，这些人与澳大利亚和新西兰的毛利族人的祖先属于同一人种。除伊里安岛的部分民族外，如今印尼的大多数民族都是外来移民的后代。最早来到印尼的移民是吠陀人（Wedda，也称作韦达人），他们个子矮小、褐色皮肤、头发卷曲、眼窝深陷，大概在第四纪冰河时代以前迁移到印尼。在公元前1500年左右，由于战争和自然灾害等原因，大批亚洲大陆南部的人迁至印尼群岛，这些移民被称为原始马来人，具有身材较高、脸盘呈圆形、皮肤浅褐色的身体特征。他们定居在沿海地带，将原始民族排挤到深山内地。现代苏门答腊的巴达克族、加里曼丹的达雅克族和苏拉威西的托拉查族都是原始马来人的后裔。公元前300—前200年间，从亚洲大陆南部又来了一批移民。考古学家们把他们称为续至马来人，其身材特征与原始马来人相同。他们在印尼群岛定居后，与原始马来人通婚，或把他们中的一部分驱赶到内地。如今的爪哇族、巽达族、马都拉族、巴厘族、马来族等民族都属于续至马来人的后代。

二、主要民族简况

原始马来人和续至马来人迁徙到印尼群岛后，分别生活在各个岛屿上，由于迁至时间有早晚，居住环境又相隔离，千百年的分隔状态使他们在各自不同的条件下繁衍和发展，逐步形成了拥有自己独特语言和文化的民族。下面介绍最具代表性的几个民族。

（一）爪哇族

爪哇族是印尼最大的民族，主要居住在中爪哇和东爪哇地区。爪哇人特别重视和推崇礼貌原则，“敬重”心态贯穿于他们的交际言语和行为中。他们注意维持个体之间有秩序的尊卑差别，同时提醒人们时常注意自己的社会地位和身份。因此爪哇人体现出性情温和、待人热情、斯文内敛、彬彬有礼，喜怒哀乐不常形诸于色，善于协商与合作等特点。

爪哇族历史悠久，曾建立过印尼历史上两个最著名的封建王朝——麻喏巴歇王朝和马打蓝王朝，至今仍保留了不少礼仪传统，受等级制度的影响也比较深远。如爪哇语等级分明，有雅语（敬语）、中等语和平民语之分，雅语里又分成几种。在爪哇人看来，不同等级之间用语的选择和言谈方式总是有差别的，在交谈的双方之间不显示出社会或家庭方面的地位差别几乎是不可能的。爪哇族的文化相当发达，大约公元9世纪时就在梵文的基础上创造了自己的文字，也因此留下了非常宝贵的文学遗产，最为著名的要数以印度两大史诗为题材的哇扬皮影戏表演。由于历史悠久、博大精深，作为印尼文化最重要的组成部分，爪哇文化常被誉为印尼文化的代表。而爪哇人的文化素质也较高，当今军政要员、文化名人等多出自爪哇，从历届的总统、副总统到内阁部长、军队的将领和各省的高官中，爪哇人占了绝对的多数。

爪哇人的宗教信仰是多元的。他们最早信仰万物有灵论。印度教和佛教传入印尼后，爪哇人接受了这两种宗教，并把它们与原始宗教糅合在一起，形成了特有的信仰。伊斯兰教传入印尼后，大多数印尼人又改信了伊斯兰教，但他们中并非所有的人都是虔诚的穆斯林。爪哇的穆斯林分为阿班甘（Abangan）、桑特里（Santri）和普里亚伊（Priyayi）。桑特里指虔诚的穆斯林，阿班甘则是名义上的穆斯林，而普里亚伊在宗教信仰方面介于阿班甘和桑特里之间。其中，阿班甘占爪哇人口中的大多数，他们不完全按照伊斯兰教规履行义务，喜欢在宗教仪式和生活习俗中将各种信仰杂糅在一起，带有浓厚的爪哇特色，这是伊斯兰教与本土已有的印度教和原始宗教相互融合产生的结果。此外，在爪哇社会上还能看到原始宗教的影子，巫术在爪哇农村还相当流行。

（二）巽达族

巽达族人主要居住在西爪哇，他们感情丰富，性格豁达，开朗乐观。巽达族历史悠久，文化丰富，他们曾建立巴查查兰王国、万丹王国等封建国家，受印度文化影响不是很深，因而对伊斯兰教的信仰比爪哇人虔诚。巽达语有雅俗之别，但不像爪哇语那样复杂。巽达族的文学历史悠久，印尼“班顿（pantun）”诗就出自这里。巽达族流行着类似我国新疆的阿凡提故事，称作“卡巴延”(kabayan)，该故事在印尼家喻户晓。格莱克木偶戏是巽达人独特的艺术形式，昂格隆(ang klung)及格查比(kecapi)是巽达人最喜爱、最富民族特色的乐器。生活在高原地带的巽达族女性有着白皙的皮肤，以至印尼流行着巽达出美女的说法。

(三)米南加保族

米南加保的得名来自于一个有趣的传说：当年麻喏巴歇军队来到这里，企图用武力征服这块土地。当地人面对强敌，想出一条取胜的妙计：选择斗牛的方式来决定胜负。麻喏巴歇人挑选了一头健壮的大水牛，而当地人挑选了一头还没有断奶的小牛犊，并在牛犊角上绑上了尖刀。斗牛开始后，饿得发慌的小牛犊直往大水牛肚子底下拱，不一会儿大水牛就倒在了血泊中。就这样，当地人赢得了比赛，保护了自己的领地。为了纪念这次胜利，当地人自称为“米南加保族”，意思为“斗牛胜利”。

米南加保族分布于苏门答腊西部，是马来人的一个分支，以农业和经商为主，有离乡谋生的传统，经济文化发达。米南加保人至今仍在家庭中保留母系社会传统，是印尼唯一保留母系制传统的民族，流行入赘结婚，母亲在家庭事务中占有主导和支配作用，父亲处于从属地位，只有发言权而无裁决权；舅父在米南加保社会具有重要的地位，有权参与姐妹家庭中的各种问题。米南加保人大多数是伊斯兰教徒，他们历来重视教育，是印尼文化素养最高的民族。在印尼近代及现代的政治名人及学者中，米南加保人占相当大的比例。不少现代著名文学作品都出自米南加保作家之手。米南加保人使用的语言是米南加保语，属于马来语的一种方言，不少词语与马来语近似。

（四）巴达克族

巴达克族主要居住在苏门答腊北部多巴湖周围地区，主要以农耕、捕鱼为生。该族有自己的语言文字、历法和习俗，具有典型的父系制社会特征。巴达克人三位一体的亲属观念十分特别，即由男主人家、妻方家、姐妹夫家三方组成亲属纽带，在一切事务中，男主人及其家族起主导作用。

巴达克人十分好客，以性格豪爽奔放、彪悍骁勇而著称。巴达克人认为榕木拐杖与格利斯短剑一样具有特殊的意义，是权威和荣誉的象征，因此被认为是具有超凡能力的魔物。巴达克族地区非常流行传统的木偶戏。木偶由榕木雕成，身穿传统巴达克民族服装，在拉线人的操纵下，木偶能做许多复杂动作。巴达克人能歌善舞，多巴湖地区是印尼民歌发源地之一。当地民歌的曲调豪迈高亢、深沉委婉，深受人们的喜爱。我国人民耳熟能详的《宝贝》、《星星索》等就是巴达克民歌。

（五）亚齐族

亚齐族居住在苏门答腊北端亚齐特区，以务农为主，少部分以放牧为生。亚齐是伊斯兰教传入印尼的门户，绝大多数亚齐人信奉伊斯兰教，是印尼最虔诚的伊斯兰教徒，他们的一切活动都严格以《古兰经》和“圣训”为准则，伊斯兰教色彩浓厚，就连房间里的装饰物都是《古兰经》的节录，并提示麦加方向。他们严格履行伊斯兰教五功和教义，按时做礼拜。自从2001年开始自治以来，该省开始实行伊斯兰教法，伊斯兰教法在亚齐具有国家法律地位。婚丧仪式及财产继承等，均按伊斯兰教规举行和分配；违法行为亦按伊斯兰教规裁决和处罚，民事纠纷由伊斯兰教法庭审理。村村都有伊斯兰教小学，城镇有伊斯兰教中学，省会有伊斯兰教学院。

亚齐族以勇敢剽悍著称，在长期的抗荷斗争中，他们曾经给殖民者沉重的打击。亚齐族男人平时很少待在家里，要么在工作，要么聚集在清真寺里，子女的家庭教育主要由母亲承担。亚齐族讲究男女平等，妇女与男人享有同等的权利和地位。亚齐人善于交际，但不讲究排场，平时喜欢穿黑色衣服，男子外出佩戴格利斯短剑。

（六）巴厘族

巴厘族主要居住在巴厘岛。巴厘人分两种，一种是土著巴厘人，一种是巴厘族人。土著巴厘人为数较少，主要居住在北部山区，是巴厘岛上最古老的民族。他们和善、有耐性、民族自尊心强。虽然生活在印度教影响极大的巴厘岛，但他们至今仍信奉原始宗教，人与人之间没有等级之分。

巴厘族人是巴厘岛的主要居民，是十三四世纪从爪哇岛迁来的，主要居住在沿海和南部平原。巴厘族人信仰印度教，但他们信仰的印度教不同于正统的印度教，里面融入了不少原始宗教的成分，被称为巴厘印度教。该宗教渗透到巴厘社会生活的各个方面，形成了巴厘岛神多、庙多、宗教仪式多和节日多的特点。按宗教习俗，巴厘族分成四个种姓，即婆罗门、刹帝利、吠舍和首陀罗。目前，这四个种姓仍然存在，但种姓区分已不明显。巴厘人擅长舞蹈和雕刻，这些艺术起初只是用于祭神，带有宗教性质，后来才发展到具有更加广泛的意义。巴厘舞蹈成为印尼舞蹈的典型代表，而巴厘木雕则成为闻名世界的手工艺品。

第二节 风俗习惯

一、着装习俗

由于地处赤道，常年气温如夏，因此印尼人的穿着非常简便，以凉快舒适为目的，其着装习惯也体现出这一特点。一般来说，印尼男士上衣是有领对襟长袖，下身围带格图案的纱笼或穿宽松长裤，头上包扎各式头巾，或戴黑色无边小礼帽；女子的传统上衣是无领对襟宽大长袖，多采用花纹薄纱、锦缎、丝绸等优质材料，下身围色彩艳丽的纱笼，头上戴头饰或插鲜花。平时男女都喜欢穿拖鞋或木履，一般不喜欢穿袜子。由于印尼地域广阔、民族众多，各地民族服装在用料、布的花色图案及裁剪方式上各有不同之处，形成了多姿多彩的服饰特色。

(一)传统服饰

巴迪(batik)上衣和纱笼(sarung)是印尼主要的传统服饰。巴迪上衣是用已有1 200多年历史、名为巴迪的蜡染花布制作而成的，其花色图案品种繁多，布料品质不一，图案讲究对称，裁剪制作十分精细。印尼妇女传统的巴迪上衣也叫"格巴雅"(kebaya)，是一种无领、无纽扣的长袖衬衫，穿时用别针将左右两片襟边别住，两襟相对，襟角略长。格巴雅分长式、短式和便服、礼服。

在印尼，男女老幼皆可穿纱笼。纱笼是一种圆筒裙，一般长2.5米，宽度因人体而异，通常为1.5米左右。布料多为蜡染布，有的用丝线织成方格或线条图案，有的染有花、鸟、鱼、虫、植物等图案。其基本色调为棕、蓝、红、黑、白、灰、金色。女的一般围色彩艳丽的纱笼，男的则围带格图案的纱笼。穿纱笼的时候，将其从头顶套入往下拉至腰间，找好对折处，然后向左或向右围腰缠绕，为防止纱笼脱落，可用腰带系紧。纱笼除了围下身外，还可作其他用处，如睡眠时可当被单裹身，冷时可围身御寒，在河里洗澡时可用于围下身遮羞等。苏门答腊岛上的亚齐、米南加保、楠榜、巨港、占碑、马来等族的男人在纱笼或长裤外一般再围一块短纱笼。

印尼人穿民族服饰时一般都要配以头饰或其他装饰。男人扎的头巾用料讲究，而且往往印有各种图案。扎的方式形状因地区和民族的不同而有差异，扎成三角形、四角形或圆形的都有。头上戴的无檐帽通常是用平绒布制作，颜色发亮。按印尼人的习惯，男子到了成年时就该戴上这种礼帽，表示已长大成人，要讲究礼仪了。

印尼妇女着民族服装时，多配以长条披巾。长条披巾的质地一般为蜡染布或丝绸、锦缎等，通常都是按设计的规格和图案由手工或机织而成。其形状、大小各异，但以长方形、三角形为多。为便于与各色服装搭配，妇女们往往有多条色彩不同的披巾。除装饰用的披巾外，许多普通劳动妇女还使用另一种长巾，用普通布料制作，比上述装饰性长巾要宽，其功能是搭在肩上兜小孩。

（二）国服和礼服

印尼政府规定凡参加全国性重大节庆、外事活动和社交活动时官员必须穿国服。印尼的国服是在爪哇地区传统民族服装的基础上吸收其他民族服装特点制定而成的。男士头戴黑色无檐北芝帽（peci），上身穿巴迪长袖上衣，下身穿西裤，脚穿皮鞋。女士梳发髻插头饰，上身穿格巴雅长袖衬衫，肩披长披肩，下身穿纱笼，脚穿高跟的镶金边凉鞋或拖鞋。[①]

北芝帽是一种用黑绒布制作的圆形无檐帽，一般高约15厘米。帽子顶部略向下凹。这种帽子平时一般人都不戴，戴者大都为政府高官及一些年长者。国服纱笼长裙与普通男女均可穿的纱笼有所不同。这种纱笼裙面料相当讲究，宽度较窄，从外观看，国服纱笼裹得较紧，能充分显示出女性的线条美。对穿国服时妇女发髻的形状没有统一规定，不同地区妇女的发髻式样有所不同，但一般都做得较大，使发髻看上去美观大方。

① 武文侠、陆春林:《印度尼西亚》，北京.世界知识出版社，2001年版，第100页。

二、饮食习俗

印尼地跨赤道，海岸线漫长，温度高、雨水多、风力小、湿度大的独特气候条件使印尼土壤肥沃、物种丰富，也决定了印尼饮食习俗的丰富多彩，充满独特的热带风情。

（一）主食和副食

从总体来说，印尼人以大米为主食，稻谷在印尼人民生活中占有非同寻常的位置。爪哇、巴厘和苏门答腊是大米的主要产地，大米种植有悠久的历史，耕作技术达到相当水平。这些地区的人民平日喜欢吃白米饭，但也吃炒饭和竹筒糯米饭。山区或干旱地区，人们以玉米、木薯、豆类等杂粮为主食。印尼产的木薯分为两大类，一类无毒，可直接烧烤后食用，或切成片晒干后磨成木薯粉，再用木薯粉做成食物；另一类木薯有毒，必须经过加工后才能食用。西部的门达威群岛及东部的马鲁古群岛、伊里安查亚地区，因条件所限，很少或基本不种水稻，人们主要以薯类及沙莪粉为主食，辅以少量大米。

由于大多数印尼人信仰伊斯兰教，因此牛羊肉和鸡肉、鱼虾等便成为印尼人食用的主要肉类。在巴厘岛和伊里安查亚地区，居民多信仰印度教、基督教或原始宗教，所以当地居民以食猪肉、鸡肉为主。巴厘人忌讳吃牛肉。印尼海产丰富，沿海、湖河沿岸的居民食用鱼类较多。印尼人制作菜肴时喜欢放胡椒、肉豆蔻、丁香、咖喱粉等香料，以及辣椒、葱、姜、蒜等佐料，因此印尼菜的特点一般是辛辣味香。

（二）饮料和水果

在印尼最为常见的饮料是白开水、咖啡和茶。凉白开水被称为“白水”(air putih)。印尼盛产咖啡，所以喝咖啡相当普遍，大多数人都有早晨喝咖啡的习惯。印尼人饮茶的历史悠久，一般习惯喝红茶，喝时加糖。在华人中，也有不少人喜欢喝菊花茶。由于地处热带，印尼人还喜欢喝各种冷饮。矿泉水在城市居民中比较普及，印尼销售量最大的矿泉水为“阿瓜”（Aqua）牌矿泉水，其名家喻户晓。此外，印尼各地还有许多自制的传统饮料，如用生姜和当地产红糖煮成的姜汤（bandrek），用鲜椰汁和鲜糖棕榈汁煮的巴吉固尔（bajigur）等。

印尼水果品种丰富多样，有被誉为水果之王的榴莲和被称为水果之后的山竹，此外还有芒果、红毛丹、杜古、蛇皮果、木瓜、人心果、牛心果、西番莲、鳄梨、香蕉、柚、橙、菠萝、葡萄、西瓜、甜瓜等。印尼人喜欢吃各种用热带水果制作的冷饮和精致小巧的甜食点心。在印尼，天然椰汁是最普遍、最常见的饮料。无论城市还是农村，随处都有新鲜椰果出售，且价格便宜，是很受欢迎的饮料。此外，印尼人还喜欢饮用新鲜水果制作的各种果汁，如鳄梨汁、菠萝汁、橘子汁、芒果汁、木瓜汁、甜瓜汁等。

（三）特色佳肴

印尼各地饮食都具有自己的独特风味，其中最具印尼特色的有豆酵饼（tempe）、沙爹（sate）、凉拌什锦菜（gado-gado）、索多汤（soto）、巴东菜（masakan Padang）、什锦黄米饭（nasi tumpeng）等等。

1. 豆酵饼

豆酵饼早在殖民地时期就成为印尼老少皆宜的大众食品。其材料主要是黄豆，制作方法及程序如下：选择优质大豆，挑出杂质，用水洗净，浸泡半日，放入锅或铁桶里煮至半熟，浸入凉水脱皮。待豆皮脱光后，把大豆放入瓮或缸里浸泡一夜，每2小时左右换一次水，去掉异味。然后煮熟，用竹簸箕将水控干，捞出后铺到席子上晾晒，半干后撒上豆酵饼酵母粉（将鲜豆酵饼切成条，晒干后碾成末即成酵母）。将撒了酵母粉的豆子搅拌均匀，分块摊在长木槽内，盖上香蕉叶或带孔塑料布，用木棍压住，置于阴凉处发酵。两日后发酵后的大豆呈白色，风干后装入袋子上市。豆酵饼富含高蛋白和多种维生素，而且易消化、价格低。

2. 沙爹

沙爹是一种烤肉串，与我国常见的烤肉串的烤制方法类似，但作料不同。印尼人通常把切好的羊肉、牛肉或鸡肉肉片加料浸腌，浸料多为盐、酱油、胡椒粉、糖等。烧烤时，须往肉串上涂抹椰油或椰汁，烤熟后配以花生酱、辣椒酱等调料，涂抹或蘸着吃。沙爹是印尼最常见的美食之一，各地大街小巷到处都有出售，甚至深夜还能听到大街上沙爹小贩的叫卖声。

3. 凉拌什锦菜

凉拌什锦菜是印尼的大众菜，其做法是：先将豆角、圆白菜、土豆、空心菜或其他蔬菜洗净，切好后用开水煮烫至大半熟，捞出后用各种作料拌在一起，以花生酱为主。印尼的花生酱是特制的，即把花生仁煮熟，连同盐、辣椒、大蒜、葱头、糖等一起捣碎，然后用水把酱团调匀加入酱油和柠檬汁煮成糊状。凉拌什锦菜较稠。如果当饭吃，可加入鸡蛋和“饭团”，即把煮熟的鸡蛋切成块放入菜中；而所谓饭团，是把糯米放入用棕榈叶编织的菱形小袋里蒸熟，然后切成片放到菜里。凉拌什锦菜清淡爽口，营养丰富，是印尼人人爱吃、家家会做的家常菜。

4. 索多

索多是一种汤菜，其制作方法是先将肉丁（一般都用鸡肉）加水煮熟，然后加上一些切细的蔬菜如圆白菜叶，再加盐、胡椒等调料。这种汤菜味道鲜美，在一些家宴和自助餐式宴会上都可品尝到。马都拉的索多最负盛名。

5. 巴东菜

巴东菜是印尼颇有名气、独具特色的地方风味菜，源自西苏门答腊省首府巴东。其菜多是蒸、炸、烤制而成的鱼、鸡、牛肉等，最大特点是辣味十足，其辣味又有鲜辣、干辣、燥辣、酸辣、甜辣之分，真可谓“无辣不欢”。在印尼，从首都到各地城镇到处都有巴东餐馆，印尼人在国外开的菜馆亦多是巴东菜馆。除了味美，其上菜方式也很独特。由于菜都是事前准备好的，所以没有菜谱，客人入座后，无须点菜，服务员就开始上菜了，少则十几盘，多则几十盘，有时摆放几层，荤素搭配，供客人选食。除了菜外，还有水果和米饭等，不愿吃的饭菜，不要动筷子或刀叉。结账时，服务员根据动过的菜计价。未动过的菜撤回，然后放到别的餐桌上，供其他客人选食。巴东菜是巴东人的骄傲，不仅在印尼流行，也是印尼菜在海外的代名词。

6. 什锦黄米饭

什锦黄米饭不是人们平日吃的普通饭，它主要是作为举行各种传统礼仪和庆祝活动时吃的礼饭和祭祀用的供品，具有祝福、避邪、破灾等深刻的内涵。什锦黄饭的做法是：把姜黄洗净，然后在搓床上搓成末，兑水榨出浓汁，加上椰汁、香茅草和小桔叶。将大米洗净，然后放入上述汁、叶煮熟，出锅后即成黄米饭。黄色对印尼人来说具有特殊意义，它是吉祥、高贵和威严的象征。而黄米饭的传承源于吉祥的黄色，并融入人们的日常生活中，成为印尼饮食文化的一大特点。在现代，不论是民间传统宴庆（如婚庆、生日宴等）还是盛大的国宴都少不了开切分食黄米饭的仪式。

中华民族与印尼民族有着长期友好往来的历史，特别是明清以来，大批中国沿海居民移居印尼，把当地部分食品也带到了印尼，并对印尼人的饮食习惯、饮食结构产生了影响，印尼语中有一些食品名就直接来自闽南语。其中包子、肉丸、春卷、豆腐、豆芽、烧卖、肉面、油条等小吃已被大多数印尼人接受，并在原有基础上加以改进，使之更加适合印尼人的口味，成为印尼的大众食品。同时，印尼部分传统食品，如凉拌什锦菜、肉串、印尼炒饭等也成为华人的大众食品，并通过印尼归侨传入中国大陆。印尼辣椒酱味道比较特别，除辣椒外，还配有蒜泥、醋、盐等。目前中国部分城市的超市也摆上了印尼辣椒酱，很受顾客欢迎。

三、婚嫁习俗

过去在印尼农村的一些地区，早婚、包办婚姻的现象比较普遍，青年男女的婚姻大事完全由父母做主，他们本人没有选择对象的自由。但在现代印尼社会，自由恋爱越来越普遍，某些民族的传统禁忌逐渐被打破。但在大多数地方，结婚不仅要依照政府规定的婚姻法，还要遵守各地独特的传统婚姻习惯。由于地域广阔、民族众多，印尼的传统婚姻习俗五花八门，但一般情况下大都经过求爱、求婚、订婚、婚礼几个阶段，在部分地区还流行着“抢婚”的习俗。

（一）求爱方式

印尼一些民族的少男少女享有恋爱自由，求爱的方式千差万别，有的滑稽可笑，有的富于诗情画意。

达雅克族人的求爱方式很特别。该族每年放火烧荒后都要举行下田仪式，人们将当场宰杀的公鸡血涂在食品及农具上，表示驱邪和获得丰收。仪式完毕后，小伙子们便乘机向喜欢的姑娘求爱。他们拾起地上烧焦的木炭往意中人的脸上涂抹，如果被涂抹的姑娘反过来也向那个小伙子的脸上涂抹，则表示她接受了对方的求爱。反之，如果姑娘无动于衷，则说明她拒绝了对方。

中苏拉威西的古拉威族小伙子如果看上一位姑娘，可只身到女方家向姑娘求爱，当地人称此举为“引火烧身”。如果女方家长看中了小伙子，便设宴款待；如果不中意，则无须招待。假如姑娘已有人家或已订婚，姑娘只须穿过小伙子就座的房间，无须家长再做进一步说明，小伙子便领会其意自动离去。

巴达克族男女青年通常在节日狂欢的月夜利用情歌寻找对象。小伙子通过唱情歌，向姑娘倾诉自己的心愿。如果姑娘钟情于他，便暗示对方下次择机到她家窗下或门后进一步言表衷情。

萨萨克族小伙子往往在海上举行联欢之际向自己的意中人表达爱慕之情。这种联欢会每年都在当地人们认为爱神降临的吉日举行。男女青年各划一船，小伙子摇橹追逐他所爱的姑娘，待两船靠近时，小伙子将事先备好的香蕉、糯米糕等食物投至姑娘所在的船上，如果姑娘对此毫无反应，则表示接受了小伙子的求爱；如果姑娘又把食物投回到小伙子的船上，则说明她回绝了小伙子的求爱。

（二）求婚和订婚

求婚是印尼人婚姻中不可缺少的程序，自由恋爱者也不例外。一般说来，在双方父母基本同意子女成亲的基础上，男方要派代表去女方家正式求婚，并洽谈订婚、聘礼等事宜，但不同地区、不同民族各有不同的习惯。

班加尔族年轻人找对象不仅是父母的事，也是整个家族所关心和乐于参与的事。当有合适的人选后，男方提前通知女方家里，告之派“代表团”求婚的时间。如果女方家里表示同意，男方便请村里有名望的人组成求婚代表团到女方家商讨求婚之事。求婚一般安排在晚上，女方须设宴款待代表团，双方商讨、征求意见、了解对方均以诗歌、谚语形式问答。双方同意后，便谈及聘礼数额。聘礼谈妥后，代表团便把带去的衣料、首饰等留给女方家人，作为嫁妆。最后，双方再商定结婚日期。到此，求婚和订婚一并完成。

居住在廖岛的萨凯族小伙子如果看中某位姑娘，便可求一位可靠的女性长辈作媒人，去姑娘家求婚。媒人须携带少许蒌叶、一副银手镯、一些布料、一把斧头和一把长刀，提亲时通过女方家的族长送给姑娘的父母。族长在此过程中起着相当重要的作用，订婚批准权在族长手中。批准的标志是，族长把男方送来的蒌叶放在嘴里咀嚼。族长同意后，男女两方随即商量婚礼日期和彩礼等事宜。通常女方家长提出的要求，男方家很少拒绝。按规定，婚礼日期一旦确定，双方不得反悔，否则违约方必须受到相应惩罚。

印尼多数地方流行女嫁男娶，婚后女方到男方家落户，但一些地方则流行“男嫁女娶”，婚后男方到女方家落户。苏门答腊岛的米南加保人就保留着这种婚俗。男女青年到了适婚年龄时，女方派亲人（通常是舅父）主动登门向男方求婚，如果男方同意了，女方就送给男方一枚戒指订亲，还要筹集一笔可观的礼金送给男方，而男方回聘的礼物只是一把缝纫尺。女方接到这把尺子后，用它制作几套新衣和鞋子回送男方，以示对未来夫君的温存体贴。男方在婚前必须到女家共商良辰吉日，女方以宗教仪式设宴款待。

（三）婚礼仪式

爪哇人的婚礼较为复杂。出嫁前几天，专门会有家族里受人尊敬的老妇为新娘全身涂抹香脂，使女孩的皮肤更加细腻白嫩。婚礼前一天，新娘要坐在铺满花瓣的浴室里洗鲜花澡，由母亲或女性长辈负责从一个浮满花瓣的水罐子里舀水浇到新娘身上，象征着婚前罪孽被洗净。沐浴之后，由德高望重的妇人把水罐子摔碎，然后开始为新娘盛装打扮。婚礼这天，新郎由人陪同来到岳父家，经过精心打扮后与新娘在大厅见面。二人首先互送蒌叶包，随后新娘的家人会在新郎面前摆放一个银盘，盘中放一个生鸡蛋，新郎要当众赤脚踩破它，表示永远忠于新娘，哪怕粉身碎骨也不变心。随后，新娘则面带笑容端水跪地为新郎洗脚，以表示感激和顺从。接着新郎新娘双双往地上抛撒黄米，以此象征婚后生活美满幸福。之后二人携手进人新房，在新人席上就座。婚宴开始后，新郎、新娘共食一盘黄米饭并互喂对方。宴罢，新娘蹲着从手巾包里向客人丢掷喜钱。在现代爪哇人的婚礼上，诵读《古兰经》是必不可少的。

巴厘人因信仰印度教，所以结婚仪式明显地反映出印度教的影响。巴厘平民婚前要举行“静心”和“祈祷”仪式。结婚前一天新郎穿着巴厘传统服装由家人陪同去接新娘，新娘随新郎前往夫家。婚礼一般在神庙内举行，由高僧主持。高僧先交给新人每人一个椰子和一只鸡蛋让他们打碎，然后将碎块从头顶抛向四方，表示他们的婚姻天地可证。接着高僧将一钵冷水泼在新人头上，表示洗去稚气，从今以后成为成年人。巴厘贵族的婚礼更加隆重。新郎家要将门口的牌楼装饰得富丽堂皇，从大门到新房沿途铺设白布，长矛队夹道欢迎助兴。婚礼上由两位高僧主持拜神仪式，还有艺人表演舞蹈祈福。最后举行别具一格的踩牛头仪式。

米南加保人在举行婚礼的前几天，女方要单独举行一种特殊的仪式，称为“凤仙花会”。也就是用凤仙花把新娘的手指甲染成红色。新娘所戴的头冠要送到男方家去，由男方家长祝福后再带回来，然后用一块绣着金银丝的绸缎盖住，安放在花篮里，待结婚之日使用。婚前两三天，新郎和新娘不出家门，修身养神，以避邪祸。结婚那天，女方身着华丽的服装把新郎接到女家。随后一对新人共同坐在客厅里，亲友们向他们祝贺送礼。接着宾客席地而坐，喜宴开始。宴后，新娘送一条新的纱笼给新郎，并携带一些礼品陪新郎到男家，俗称“送礼饭”。第二天晚上，新郎又被迎回女方家。第八天，新婚夫妇再回男方家居住。在此三天后，新郎送一些布和饰品给新娘，称“做三朝”。然后，新郎和新娘才正式回到女方家，成为合法夫妇。

（四）逃婚和抢婚

印尼人的婚姻绝大多数经过正常的求婚、订婚和结婚过程，但少数地方仍存在逃婚和抢婚的习俗。如苏拉威西岛南部的一些地方还常发生男女逃婚的现象。这种情况的发生往往是由于男方付不起聘金或女方父母不同意。逃婚有个期限，在这个期限内男方要尽量避开女方的家人。到一定的期限后，男方可以请媒人到女方家说情，进行调解并赠送礼品。这个时候，女方家里会表示同意，然后这门亲事得到肯定，两家就恢复正常的姻亲关系。

印尼还有一些地方流行“抢婚”的习俗。在巴厘岛，姑娘带着简单的行装在预定的时间、地点等候，以自己恋人为首的一伙青年便按时来“抢”，此时，姑娘必须假意抗争，而旁观者不必搭救。按习俗，二人藏身的地方必须在双方居住之外的地区，一般是在男方的邻村朋友家。当姑娘的父亲得知女儿被抢后，便用铜锣召集众邻随其“追踪”，在寻找过程中，姑娘的父亲往往已被告知其女儿的下落。到一定期限后，两家人和解开始商谈儿女的婚事，婚姻关系就名正言顺了。

达雅克族人抢婚的方式则不同，男方把姑娘抢走后，留下明显的标记，姑娘的父母“气急败坏”地率众持械沿标记追赶。男方队伍敲着锣、打着鼓、唱着歌冲出来迎战。双方对峙时，从各自队伍中走出一位专司礼仪的长者，两人一唱一和，口念祝词，双方队伍便偃旗息鼓表示和好。然后，双方家人开始商谈儿女婚事。

四、丧葬习俗

（一）伊斯兰教徒的葬俗

印尼的穆斯林死后，其家人立即前往附近清真寺报丧，护寺人当即将噩耗公布在布告牌上告知众人。按伊斯兰教规定，去世的教徒应在6小时内下葬，葬前举行宗教仪式。灵堂前点燃沉香，四周保持肃静。人们为死者诵读《古兰经》第一章，同时有秩序地向遗体告别。当灵柩、裹尸布准备就绪后，人们开始洗尸，擦洗干净后，在尸体上撒樟脑粉或檀香粉，在腋下等凹处垫上棉花，然后用白布把尸体缠紧，最多7层。然后在脚部或颈部打结，露出面部。待撒上香料后，再将面部缠上布入棺。棺内垫白布，死者头下放一香料枕。入棺后，在尸体上再蒙一层白布，盖上棺盖后，再在上面铺数层白布，并在最上层写上《古兰经》有关章节。然后把棺柩抬至清真寺，请长老为死者亡灵祈祷。

祈祷完毕后，棺柩被抬至墓地直接放入墓穴，中途不得落地。埋土之前，死者家属请哈吉或护寺人跳入墓穴，打开棺盖，把一团泥土放入棺中，并把嘴贴在死者的耳部念经。最后盖棺、埋土和立碑石，埋葬完毕后，主持葬礼的哈吉在墓前展席跪坐，带领送葬人为死者亡灵诵读赞美诗。诵罢，人们往墓上洒浸花的香水和鲜花瓣。整个葬礼期间，在场的人不能哭泣和落泪。临别时，死者家属向主葬人和抬棺人馈赠礼品，以示酬谢。

（二）托拉查人的葬俗

居住在苏拉威西岛中南部的托拉查人的葬礼独具一格。他们认为人死后就会回到造物主的身边，葬礼越隆重，死者在造物主身边享受的待遇越优厚，因此死者的葬礼和祭典很隆重。根据死者的地位，托拉查人的葬礼分为四等。葬礼举行的天数和宰杀牛的数量随死者地位的高低而变化。按规定，贵族之家举办丧事时要为死者搭造灵堂一间，为远近亲友搭造40间客房，为参加葬礼的人准备一间客厅，还要为死者制作具有民族风格、十分考究的棺架和灵柩。棺架分上下两层，上层做成托拉查人传统的房屋式样，仅作为装饰，下层放灵柩。

斗牛和宰牛仪式是托拉查人葬礼必不可少的礼节。围观者常达上千甚至近万人。托拉查人的棺木不是埋在地下，而是放在山洞的石崖内保存。他们认为放置在石崖内的死者的灵魂与活着的人们保持着联系，可以协助人们守护稻田、驱邪逐魔。山洞前立有模拟死者的木雕像。大的山洞石崖内往往有数百只棺材，有的山洞墓地已有几百年甚至近千年历史，山洞外雕像成林。

（三）达雅克人的葬俗

居住在加里曼丹岛东部的达雅克人的葬礼隆重程度取决于死者的经济状况，一般要持续十天至数周不等。通常家人要选用上好的木料为死者制作船形棺材，棺材上还要雕刻各种动物形象。棺材造好后置入遗体并放入香料和贵重器物。尸体一般埋在森林中，入葬前举行解牛分肉仪式，以祭奠亡灵。然后在长者或巫师的带领下为亡灵祈祷，敬送亡灵，少女在舂米臼上跨越数次，将亡灵送往天国，最后埋葬遗骸。

（四）巴厘人的葬俗

巴厘人的葬礼有浓郁的民族特色。他们先将遗体存放家中或先进行土葬，以后再行火化。因为巴厘人认为火化能消除死者的罪孽，使其灵魂解脱，所以他们的火葬仪式非常隆重。火葬前人们要准备祭品、木塔、木牛、木狮、木象等。其中，木牛用来承装死者的尸骸。还要根据死者身份搭建富丽堂皇的火葬塔，种姓越高火葬塔越高。此外还要准备用椰叶编成的死者替身头像。火葬一般要举行数日。死者家属用替身为死者做“洁身”仪式，并在火葬前一天由高僧用替身为亡灵祈祷。丧家还要举办皮影戏、舞蹈和朗诵巴厘古典诗词的表演。火葬当天送葬人争着抬木牛和替身，走弯曲的路线将其送到火葬场。到火葬场时，僧侣们诵读祷词，洒圣水，点燃火葬塔、木牛、替身和所有祭物。火化后，高僧把骨灰撒入海（河）水中，送葬人也要在海（河）水中洗澡净身。巴厘人每隔一百年要举行一次大规模的集体火葬仪式。

（五）巴达克人的葬俗

巴达克族对不同的死者有不同的葬法：暴毙者即日焚尸，避免其冤魂徘徊人世，纠缠活人；正常死亡者先行掩埋，日后再挖出火葬。火葬时必须举行名目繁多的仪式。送尸时要根据死者的地位采用不同大小和规格的棺罩。死者亲属在尸身周围护卫的同时还要不断边走边撒钱，以便使死者平安到达火葬场。葬礼开始后人们要跳舞向死者告别，由巫师祈福并行焚尸仪式，骨灰撒入河里。葬礼后丧家还要举行祭宴以祭奠死者。

（六）尼亚斯人的葬俗

以精美的石雕艺术与高超的建筑技巧闻名于世的尼亚斯人，其葬礼也与石头有关。尼亚斯人去世后，人们要为他制作一种船形的棺材。在葬礼举行之前男人们将一块巨石绑在类似雪橇的架上拉到放着死者棺材的墓地中心。当棺材埋葬以后把这块巨石横放在死者坟前。这块巨石是死者的象征，如果死者是妻子，那么她坟前除了横放一块巨石，还要竖几根长石来表示她丈夫和其他男亲戚。这个古老的习俗一直流传至今，以致小岛上的巨石也将耗尽了。

第三节　传统节会

印尼的传统节假日众多，其中法定公共节假日有13个，主要包括：公历新年、国庆节（也称独立日）、伊斯兰教新年、圣纪日、登霄节、开斋节、宰牲节、静居日、吠舍佉节、耶稣受难日、耶稣升天日、圣诞节、春节等。印尼是个人人信教的国家，人们的日常生活与宗教有着密切的联系。正因为如此，印尼的宗教节日不仅数量多，而且在众多节日中占有显著地位。

（一）伊斯兰教新年（Tahun Baru Hijriyah）

伊斯兰教历1月1日是伊斯兰教新年，这一天穆斯林家庭要准备各种过节食品，包括制作或购买各种糕饼，全家围坐诵经祈祷，然后进餐。在日惹王宫，每到这个时候都要进行洗金辇仪式，主要清洗宫中所藏的金辇、皮影傀儡、格利斯剑、加美兰乐器等圣物。清洗圣物的水被作为圣水而各处播洒，祈求降福。此外，印尼很多沿海地区在伊斯兰教新年期间都要进行“海祭”，以保佑渔民出海安全。

（二）圣纪日（Maulud Nabi Muhammad S.A.W.）

伊斯兰教历3月12日既是伊斯兰教创始人穆罕默德的诞辰，又是他的逝世纪念日。与世界大多数伊斯兰国家的教徒一样，印尼穆斯林也在这一天同时庆祝穆圣的诞辰和忌日。这一天，教徒们都要前往清真寺做会礼，听教长讲述穆圣生平事迹及其不朽功德，并诵读《古兰经》，以表示对他的敬仰与缅怀。过去，爪哇岛的各个宫廷在圣纪日期间都要举行为期一周的纪念活动，内容包括祭祀、讲教、诵经等宗教仪式和传统文艺表演。节日那天，人们抬着制作成山状的祭物从宫廷出发绕宫墙游行至清真寺，一路上鼓乐齐鸣，声势壮观。在现代社会，这一庆祝活动已渐渐演变成了包罗万象的集市。

（三）登霄节（Isra’ Miraj Nabi Muhammad S.A.W）

伊斯兰教历7月17日是传说中穆罕默德夜游升天之日，所以印尼人又把这个节日称作穆圣夜游升天节。据《古兰经》有关经文记载，穆罕默德52岁时，在这一天夜里，由天使陪同乘天马由麦加到了耶路撒冷，在那里“登霄”遨游了七重天，见过古代先知及天国和炼狱等，又于黎明时分返回麦加。后来伊斯兰教徒将耶路撒冷视为圣地，将7月17日定为登霄节。印尼穆斯林庆祝登霄节活动在夜间进行，通常教徒们到清真寺举行会礼，诵经祈祷。这一天，穆斯林都会进行家庭聚餐，吃椰浆饭及各种清真佳肴。

（四）开斋节（Idul Fitri）

伊斯兰教历每年9月，伊斯兰教徒白天都要“封斋”。斋月过后的第一天即10月1日，教徒们开禁进食，这一天便成为开斋节。开斋节是印尼最盛大和最重要的传统节日。每逢此时，印尼举国欢腾，处处都是一片喜庆景象，外出工作的人都要赶在开斋节前返回老家与亲人团聚，共度佳节。开斋节前夕，家家户户都要筹办过节用的食品和衣物，市场商店一片繁忙景象。开斋节前夕的晚上是个不眠之夜，各清真寺整夜念经，到处举行各种形式的庆祝活动。开斋节那天，家家户户打扫得干干净净，门前挂着用嫩椰叶制作的装饰物。穆斯林们沐浴净身，身着盛装前往清真寺参加会礼，聆听伊玛目演讲，大家一起做礼拜。然后，各家各户前往墓地扫墓，祭奠圣人及先人亡灵。之后，走亲访友，互致问候，品尝早已准备好的美味佳肴。

（五）宰牲节（Idul Adha）

伊斯兰教历12月10日为穆斯林的宰牲节，也被称为“古尔邦节”，意为通过奉献牺牲、行善积德来接近真主。在印尼，宰牲节是除开斋节之外的伊斯兰教第二大节日，其隆重程度虽比不上开斋节，但政府和教徒们也十分重视。每年节前，各地各级政府都要组织安排调运数量可观的上好牛羊，以保证节日期间有充足的牛羊可供宰杀以便敬献真主。节日当天，穆斯林们都要打扫卫生，收拾庭院，沐浴更衣，参加会礼，聆听演讲，颂赞真主并相互拜贺。经济富裕的穆斯林家庭，一般都要杀牛宰羊，宰杀前要面向伊斯兰圣地麦加祈祷。宰杀的牛羊献祭过后，一部分留给自家食用，另一部分赠送来友和施舍给穷人。有的地方也将生鱼作为祭品和赠物。这一天，家家户户都准备丰盛的筵席，其中什锦姜黄米饭是必备主食。

（六）静心节（Hari Raya Nyepi）

印度—巴厘历10月1日是巴厘印度教的新年，称为静心节（又称静居日）。自1983年起，这一天被政府定为全国公众假日。节日前几天，人们便都忙碌起来为过节作准备，政府部门各级行政长官事必躬亲，现场指挥“三净”：一是净神器，要将宗教仪式的用具抬到河里或海边清洗干净；二是净屋宇，把全巴厘的庭院、街道和所有村子打扫得干干净净；三是净宰牲，在节前三天把将要宰杀作为牺牲的猪、鸡等牲畜洗刷干净，洗刷时要举行专门仪式。然后举行宰牲仪式，宰杀用作牺牲的牲畜。

对巴厘人来说，节日前一天，即印度—巴厘历9月31日是个狂欢的日子。一大早，各家各户都在家庙前举行祭礼。上午，人们身穿艳丽的民族服装，喜气洋洋地在锣鼓、鞭炮声中带着供品去庙宇举行隆重的祭祀仪式。傍晚时便举行“驱鬼”（或叫“送鬼”）仪式，男人们敲锣打鼓，抬着各种大型木偶游行，场面异常热闹。节日那天，从早上6点至次日6点，巴厘岛一改前一夜的欢乐气氛，出现另一番完全不同的景象。街上除值勤警察、警车、救护车、旅游车辆外，没有任何其他行人和车辆，所有店铺都大门紧闭。入夜后，家家都不点灯，整个巴厘岛一片漆黑，没有一丝亮光，没有一点儿声响。人们24小时实行四忌：一忌生火（包括不点灯、不抽烟、不做饭），二勿干活，三不出门，四禁情欲。这种特殊的过年方式有其独特的宗教含义，即教徒们要暂时忘掉人间的一切，达到空寂明净的境界，以求净化自己的灵魂，实现真正的“空”和“静”，以便在新的一年里从零开始，更好地接受神的启示和意志。

（七）卫塞节（Hari Waisak）

佛陀出生、悟道、涅槃三大圣迹均发生于农历四月的月圆日，为了纪念佛陀，1950年，世界佛教徒联谊会在斯里兰卡举行纪念庆祝会时，便公推这一天三期同庆，命名“卫塞节”。在印尼，卫塞节也叫“佛诞节”或“浴佛节”。

卫塞节庆祝活动一般持续三天，以节日当天最为隆重，主要活动是举行法会。爪哇的婆罗浮屠、门突、巴旺等神庙是众僧举行法会的主要场所，每年都有数以万计的僧人及普通信徒、居士从爪哇和外岛涌到这里，各国到印尼观光旅游的佛教徒也同当地教徒一起参加庆祝，盛况空前。由于受各种条件限制，绝大多数教徒不可能前往上述圣地参加盛大法会，但这丝毫也不会减弱他们对佛祖的虔诚之心。他们会在家吃斋诵经，或去当地寺庙进香拜佛。

（八）国庆节（Hari Kemerdekaan）

印尼国庆节又称独立日。1945年8月17日是印尼宣告独立的日子，后来这一天被定为国庆节。每年国庆节都要在总统府前广场上举行隆重的庆祝仪式，总统、副总统、内阁部长及夫人们都出席庆祝仪式并在主席台就座。仪式内容包括向总统和副总统致敬、纪念独立时刻、宣读独立宣言、祈祷并默哀、升国旗、瞻仰第一面国旗、阅兵式及分列式等。应邀出席仪式的有军政官员、退伍老战士、各界代表以及各国驻印尼的大使和武官等外宾，大家都在广场东西两侧临时搭起的彩棚内就座观礼。除首都外，各省省会都要举行以升国旗为主要内容的庆祝活动。

（九）春节（Tahun Baru Imlek）

2002年4月梅加瓦蒂总统正式颁布第19号总统决定书，宣布春节为“法定公共假日”，华人又恢复了传统的春节庆祝活动。其庆祝方式与我国福建、广东基本相同。节前家家户户清扫庭院，筹办各种年货。其中年糕和海鱿鱼是年夜饭不可缺少的食品。除夕夜家家户户门前张灯结彩，鞭炮声不绝于耳。祭大伯公、祭祖、晚辈给长辈磕头、长辈给年幼晚辈压岁钱等也是除夕夜的重要内容。正月初一，华人社团要举行舞狮、舞龙和其他文艺表演，许多人到庙里去烧香拜佛，亲朋及街坊邻里间作揖拜年，互道恭喜发财。

除法定公共节假日外，印尼还有一些重要的节假日和纪念日，其中有纪念政治、历史事件的，如国家觉醒日（5月20日）、潘查希拉诞生日（6月1日）、建军节（10月5日）、青年誓言节（10月28日）、英雄节（11月10日）等；有纪念英雄人物的，如蒂博尼哥罗日（1月8日）、卡尔蒂妮日（4月21日）；有特殊意义的纪念日，如母亲节（12月22日）、儿童节（7月23日）、渔民节（4月6日）、国家教育日（5月2日）、银行节（7月5日）、电影节（3月10日）、健康日（11月12日）、体育节（9月9日）等等。此外，印尼各地还有独具地方特色的民间传统节日，只局限在当地进行庆祝，如西爪哇的甘蔗新娘节、廖内省的赛龙舟节、西爪哇芝古古尔村的庆丰收节、东爪哇北海岸渔民的庆丰收节、东加里曼丹的“艾劳”节盛会、马辰的斋月糕点节、中爪哇哲巴拉地区的火把节等等。

第四章　宗教信仰

第一节　原始宗教

印尼的原始宗教表现为精灵崇拜、图腾崇拜、祖先崇拜和神灵崇拜等。在经历了千百年异质文化的冲击之后，印尼原始宗教仍深植于印尼社会并全方位地影响着印尼人的生活方式，从印尼民族现代的风俗习惯中，仍可以看到原始宗教的影子。

一、原始宗教信仰的主要内容

（一）精灵崇拜

印尼原始人相信“万物有灵”，认为世间万物都具有精灵，崇拜精灵者得福，触犯精灵者遭殃。英国人类学家泰勒把原始人的上述观念称作“万物有灵论”。精灵崇拜是万物有灵论的重要内容，至今在印尼还有相当大的影响。印尼人相信精灵尤其喜欢驻身于石头、花木、岔路口、坟墓以及动物体内，比如古老的榕树中就有精灵，在树下许愿会得到它们的帮助。托拉查族在收获稻谷时，不敢大声说话，害怕吓走了稻谷的精灵，造成歉收。

在印尼人看来，人的精灵便是灵魂，当人熟睡时灵魂会外出漫游，人的死亡即是灵魂的永恒离走。正所谓“人所归为鬼”，巴达克族民谣唱出了他们观念中人死后的情景：灵魂变精灵/头发变叶梗/肉体变泥土/骨骼变砾石/鲜血变流水/呼吸变风吹。[①] 印尼的习俗最忌讳把熟睡者突然叫醒。因为当人熟睡时，灵魂离开躯体出外

---

① ［荷］费什尔：《印尼文化人类学引论》（印尼文本），阿纳斯·马克罗夫译，雅加达建设出版社，1957年版，第154页。

漫游，人一旦猛然惊醒，会使灵魂来不及返回躯体，这就会使人患病，甚至有生命危险。生病者被认为是其灵魂一时丢失或被妖魔取走。于是人们请巫医举行仪式，把失去的灵魂追回，病人方得痊愈。印尼人认为灵魂藏在人的头颅中。正是这个缘故，印尼小孩不让别人摸他的头，怕灵魂被摸走。

人死了，据说灵魂犹存，它会转移到别处。印尼布鲁族人认为，如果在坟地上撞着一只萤火虫，那萤火虫就是死者灵魂的寄托之处。爪哇族、达雅克族和望加锡的一些民族认为，家蛇身上有死者的灵魂。尼亚斯族则认为，死去的不育的妇女，她的灵魂总是转移到老鼠的身上。在印尼的一些部族中，人们把尸首埋葬后，还在坟墓旁造一个小屋，供死者的灵魂安居。印尼人还相信人的灵魂能附在人的名字、用过的东西或他的头发、指甲等上面。[①]

精灵崇拜的具体内容和形式纷繁复杂，有的精灵形象在不同部族中的含义相去甚远。尽管如此，印尼先民的精灵崇拜仍有许多共同之处，例如精灵“被认为是存在于神与人之间的超自然体，地位低于神而高于人，一般都不会死，且神通广大；有善良的也有邪恶的，善者可助益人类，恶者则会危害人类”。也有人把精灵看作“鬼怪”。虽然神的地位高于精灵，然而印尼人对精灵的敬畏心理却并不逊于对神的崇拜。显然这是人们认为精灵比神更接近人类日常生活的缘故。这种精灵崇拜的思想存在于信奉不同宗教的印尼人生活中，影响着他们的宗教生活。

（二）图腾崇拜

印尼的图腾崇拜也源于人们对大自然的崇拜。有些氏族认为，一定种类的动物或自然物同本氏族有亲属或其他特殊关系，这样的

① 王守业、梁敏和、刘新生：《印度尼西亚》，北京. 社会科学文献出版社，2006年版，第25页。

信仰叫做图腾崇拜。被一个氏族称作图腾之物，即成为该氏族的标志，被认为可起到保护和庇佑的作用。

印尼苏门答腊巴达克族，屋前挂两个牛角，或装饰画有狮子的图案，据说可以谋福避灾。而托拉查人则传说，他们是天上公鸡神的后代，现在，每户托拉查人房屋的墙壁上都画有一只公鸡。[①]米南加保族的住宅，屋脊两端翘起，象征一对牛角。而且这个民族名称中的“米南”是“胜利”的意思，“加保”则是“水牛”之意。“米南加保”就是表示“斗牛获胜”。

在印尼，民族学者调查了巴达克人的图腾，指出虎和豹是巴比亚特（Babiyat）氏族的图腾；狗是东普尔（Tompul）氏族的图腾；猿和山羊是锡勒加（Siregar）氏族的图腾；鸽是哈拉哈普（Harahap）氏族的图腾；猫是锡博斯博斯（Sipospos）氏族的图腾。在印尼的图腾崇拜中，用作图腾的主要是动物和植物。在动物图腾神话中，以崇拜狗的神话为最多，这主要与原始人狩猎活动有关。

（三）祖先崇拜

祖先崇拜是指对祖先亡灵的崇拜，以求得祖先灵魂的保佑。在印尼，祖先崇拜的风习大概起源于新石器时代的氏族社会，然而祖先崇拜的观念存在于整个印尼历史进程。例如在印尼的不少乡村，村口或村中央竖一木雕像，这一雕像即为同一氏族的村民的祖先。在印尼的木雕塑像中既有男子雕像，也有女子雕像。爪哇人把牛皮制成二百多种人形，用灯光把它们影射在白布幕上，那些影子被认为是体现着祖宗的灵魂。皮影戏开场前，人们先焚香祈祷，在烟雾缭绕中把祖宗的灵魂接来。而祖传的宝物被认为寄托着祖宗的灵魂，能赐福禳灾，如人们把祖传的格利斯剑奉为神物。

---

① 吴瑞明：《印度尼西亚语语言文化研究》，北京．军事谊文出版社，2001年版，第32页。

巴达克人的祭祀与祖先崇拜密切相关。他们认为，活人应告诉死者关于家庭中的重要事件。阴间的祖宗既可以庇护，也可能降祸于活着的子孙后代。因此生者应善于利用祖宗的力量，增进部族的繁荣、兴旺，打击损害家族的仇敌。巴厘岛有祭祖舞蹈。祭祀之日，男人建造祭坛、布置祭场，女人则头顶高高的几层供品，排着整齐的行列、缓步入场。然后翩翩起舞，祈求神的庇护，也抚慰祖先的亡灵。祖先崇拜在信奉不同宗教的印尼人头脑中根深蒂固。

（四）神灵崇拜

在神灵崇拜观念中，诸自然神的形象较为模糊。但是“无物不神，无鬼不灵”，神与精灵一样飘忽不见而又无处不在，实质仍是人们用人格化的方法来同化自然力的产物。例如，印尼的农村中至今还有人相信“菜篮神”，实际上它是一种扶乩。祈求“菜篮神”的方法是：在菜篮上方的把柄上吊一根细棍儿，菜篮里垫上布，布上放沙。两人扶住菜篮，轻轻晃动。细棍儿就在沙上画出模模糊糊的字形，据说这就是“菜篮神”的指示。E.M.勒布、R.汉·格顿的《苏门答腊民族志》中介绍了巴达克人的神灵崇拜，认为巴达克人有萨满（Shamanism）信仰，即神巫的信仰。维尔根（G. A.Wilken）指出：“萨满的信仰便是请求神鬼附身于某人的身上，由某人传达神鬼的意见。至于这一个被神鬼附身者便是萨满或神巫。”[①]

巴达克族神巫祈请神鬼附身时用两种鼓，即贡堂（Gondang）和高尔堂（Gordang），同时还要焚香。每个神鬼都有其特殊乐调，神巫在火的周围伴乐而舞，舞姿奇特。每个神鬼又各有其特殊的衣服色彩。神巫同时要请多个神鬼附身，就必须穿多种色彩的衣服。神巫在神鬼附身时，须让自身的灵魂暂时退让。奏乐的作用既是暂时

① 梁敏和、孔远志：《印度尼西亚文化与社会》，北京．北京大学出版社，2002年版，第57页。

赶走自身的灵魂，又是引导神鬼附身。这时神巫若讲话，那便是神鬼借他的口讲的。不经解释，众人是听不懂的。

二、原始宗教对当今社会的影响

在当今印尼社会，仍有不少人相信每一物件和个人身上都附有某种超自然力量，爪哇人称其为“塞蒂”(sekti)，印尼各地更为普遍的说法叫“曼纳”(mana)。神奇的“曼纳”越多，生物或物体的神力便越大。巴达克人和达雅克人自古有砍头习俗，2001年当达雅克人与马都拉人发生种族冲突时，此旧习一度复兴，据传这一切就与“夺取曼纳”有关。原始宗教中神秘力量与神灵一起，主要通过各部族的习俗(包括祭祀仪式、咒语、禁忌等等)来实现对人类社会的规范，习俗因此在个人和社会的每一项重大活动中发挥作用。在一些地区如米南加保，传统社会中习俗的地位有如法律。人们试图以各种仪式获得善的神灵的佑护和避免恶的神灵的侵害，加强与神异力量的联系甚至掌握神异力量。通晓神怪和掌握巫术的人理所当然地受到广泛尊敬，拥有特殊权力。因此，无论是在经济发达的爪哇岛还是依然落后的西伊里安岛，作为能与神怪沟通的巫师(dukun)在民间的特殊地位仍非常牢固。

而托拉查人插秧时故意披头散发的习俗，据说也是为了让头发中的“曼纳”落入稻苗，此类与原始宗教相关的风俗在印尼各岛比比皆是。尤为值得一提的是格利斯宝剑在印尼人生活中的地位。据称有祖先的灵魂附在剑上，因此神剑有如护身符般，能赐福消灾，为印尼人所珍视。托拉查族人的孩子病了，母亲便把祖传的格利斯剑或大刀用火稍稍烤热，放在病孩的身上。据说那刀剑上祖先的灵魂能驱邪治病，孩子能很快痊愈。

神灵崇拜和精灵崇拜在现今印尼社会的留痕还可以从种种禁忌

中得到证明：印尼托拉查族在收获稻谷时不能大声说话以免惊动精灵；卡罗人忌讳暴卒者和无疾而终者的尸体得不到及时火化，因为害怕死者的灵魂长留人世；此外，在北苏拉威西，孕妇不能吃鲨鱼肉；巴达克人的新婚夫妇在婚后七日内关在屋内不得会见宾客，等等。

第二节　巴厘印度教

公元初，由于印度文化的影响，建立在印度婆罗门教基础之上的印度教逐渐流行于爪哇、苏门答腊等岛。印尼全国有印度教庙宇三万多座。其中最大的印度教陵庙是建于9—10世纪的中爪哇日惹附近的普兰班南陵庙。目前印尼是东南亚各国印度教教徒最多的国家。印尼中央统计局2005年的数据显示，全印尼有3 697 971名印度教徒，大部分居住在巴厘岛。因而，目前印尼的印度教主要是指集中在印尼巴厘岛的巴厘印度教，它是印度教与印尼巴厘岛本土文化相融合而形成的别具特色的宗教。

一、印度教在印尼的传播和发展

早在公元初，印度南部科罗曼德耳海岸的一些国家国力强盛，海上贸易发达，在与印尼的商业交往中，把印度文化的精髓——宗教带到印尼。后来，一些印尼王侯把婆罗门教的僧侣请到印尼，专司宗教传播。还有一些印度的婆罗门教徒在印尼定居下来，与印尼人通婚，于是婆罗门教逐渐在印尼传播开来。4世纪时婆罗门教传入印尼的爪哇，苏门答腊和加里曼丹等岛屿。据史料记载，公元5世纪时，印尼加里曼丹东部王国古戴，以及西爪哇古国多罗磨都信奉婆罗门教。

印度教是对婆罗门教的革新，是从多神教向一神教发展过程中产生的，后又分为毗湿奴教和湿婆教等若干教派。在印尼7世纪以后湿婆教派便极盛行。印尼的湿婆教有一个显著的特点就是夹杂了大乘佛教和毗湿奴教派的一些因素。例如：在832年帕塔潘的甘达苏利的碑铭上一开始就有“敬奉湿婆，献身于大乘佛教”的字句。这一特点还能从某些陵庙的建筑风格中发现：婆罗浮屠佛塔以及加高陵庙、宋勃拉宛陵庙都兼有佛教和印度教的色彩。

在爪哇岛的佛教王国夏连特拉统治时期，来自印度和爪哇的移民陆续抵达巴厘岛，逐步将印度教的影响带到巴厘。在巴厘岛发现的最早的碑铭（882—914年）中，有的用梵语字母拼写巴厘语，还有的直接使用梵语记录当时的情况。[1] 这表明以梵语为代表的印度教文化在巴厘岛有文字记载的历史之前就在当地生根了。夏连特拉王朝衰落后，巴厘国王达尔马·乌达亚纳和东爪哇辛多克王国的公主生的儿子爱尔朗卡成为东爪哇的国王，进一步加强了巴厘与爪哇的联系。爱尔朗卡的弟弟阿纳克·翁苏首次将巴厘岛与爪哇统一，此后又经历了新柯沙里王朝的统一。1343年，爪哇印度教王国麻喏巴歇再次统一巴厘。至此，印度教已经在巴厘岛传播了数百年，奠定了巴厘岛浓厚的印度教传统。

16世纪前后，正当以印度教为特色的麻喏巴歇王朝的封建文化进一步发展的时候，早在7—8世纪就已经在沿海地区开始传播的伊斯兰教带着活力，终止了印度教在印尼（特别是爪哇岛）的繁荣和发展，印尼进入了前所未有的伊斯兰化过程。然而，印度教并没有随着声势浩大的伊斯兰化而销声匿迹，一部分印尼人带着印度教和

---

① Kementerian Penerangan. *Republik Indonesia—Propinsi Sunda Ketjil*. Jakarta:Kementerian Penerangan, 1953: 27.

相应的传统文化，来到了相对孤立的巴厘岛。从16世纪至18世纪，印度教在巴厘岛原有的宗教基础上不断壮大，不但保持了其基本的文化特征，而且与当地本土文化相适应，发展形成了独特的巴厘印度教。

随着荷兰殖民者坚船利炮的到来，巴厘岛这块印度教的净土也为越来越多的人所熟知。但是由于巴厘人对印度教的执着，为避免刺激当地人的宗教感情，殖民当局认为基督教、天主教不宜传入。另一方面，殖民者为了阻挡印尼早期民族运动的蔓延，也千方百计地让巴厘岛远离外界（主要是爪哇岛）的影响，“让巴厘社会在风俗和宗教有关的一切方面，保留独特的原貌。”①

印尼独立后，巴厘岛作为国内外旅游者的主要目的地，在旅游业的地位越显重要。而最能吸引大量游客的还是巴厘岛独特的自然风景和印度教习俗的完美统一。因此，印尼政府也十分重视印度教在巴厘岛的传承和发展，1982年正式把印度教列入官方认可的五大宗教之一。

二、巴厘印度教的特点

巴厘印度教不仅具有印度教的基本特征，而且延续了印尼湿婆教的特点，把印度教和佛教杂糅在一起，同时还融入了巴厘岛的原始信仰，如精灵崇拜和祖先崇拜等。

（一）复杂多样的神祇崇拜

首先，湿婆至上。巴厘印度教依然信奉由梵天、毗湿奴、湿婆三大主神合一的至高神，和一般的印度教没有太大的区别。但是有时湿婆的地位要远远高于其他两位主神，一些重大的宗教仪式都是

① Kementerian Penerangan. *Republik Indonesia—Propinsi Sunda Ketjil*. Jakarta:Kementerian Penerangan，1953: 31.

围绕湿婆举行的。其次，湿婆和佛陀一体。例如：同属于巴厘印度教的婆罗门祭司就分为湿婆派祭司和佛陀派祭司。巴厘人似乎不怎么在乎印度教和佛教的区别，而是将二者轻而易举地融合在一起。再次，巴厘人的原始信仰至今还流行着，他们崇拜自然力，日月山石都是祭拜的对象。如：巴厘人日常生活中所供奉的神是“太阳神”、“稻母神”和阿贡山等等。最后，巴厘人也举行祭拜祖先的仪式，巴厘岛村村有祭祖神庙，家家有祭祖神龛。

（二）神秘主义的宗教文化

巴厘印度教文化所体现的风格之一就是神秘性，这种神秘性不仅与印度教本身的神秘论思想有内在联系，而且源于巴厘人头脑中固有的传统有神观念。巴厘人认为，神灵无处不在，可以幻化在石头、树木、房屋等事物之中；神灵们无时无刻不在人周围，监督人的言行举止；人与神之间是可以通过祭祀或某种宗教方法合二为一的。人们还可以运用正确的咒语，借助神力，驱害避难。这些思想都刻印在巴厘人的观念中，体现在他们的日常行为之上，构成了巴厘文化神秘主义的基本风格。

（三）种姓制度的松散化和表面化

巴厘印度教种姓制度不像印度那样严格。虽然巴厘人也分为四个种姓，但将前三个都视为贵族种姓，只有最后一个是平民种姓。巴厘人的种姓中，婆罗门、刹帝利和吠舍占印度教徒总人数的15%，其余85%的广大群众属于平民种姓——首陀罗。“种姓之间的矛盾也不像在印度那样尖锐。在日常生活中，种姓差别只表现在一些不十分重要的规则和禁忌方面。”[①]也有学者认为，巴厘印度教区分种姓不是由于宗教本身造成的，而仅仅是受了个人主义思想和封建社会结构影响。这表明，巴厘印度教的种姓制度仅仅是一个宗

① 陈鹏:《东南亚各国民族与文化》，北京. 民族出版社，1991年版，第159-160页。

教的表面形式而已。

（四）印度教成为巴厘人的生活核心

印度教是巴厘人生活的核心，他们认为生存和宗教是不能分开的。宗教信仰与仪式的庆祝活动是巴厘人从诞生到死亡并且关系到死后境界的重要因素，可以说印度教仪式贯穿了每一个巴厘人的一生。巴厘人的社会交往也以宗教为纽带，巴厘人一般只在某个特定的庙宇活动，“因此在巴厘岛的社群划分的基本单位，是以庙宇的分布为依据，从而构成一个完整的网络。”[①]这说明巴厘人的生活已经宗教化。

三、巴厘印度教对社会文化的影响

巴厘岛的社会生活建筑在巴厘印度教之上，巴厘岛社会运转也都是以巴厘印度教为中心，巴厘岛的最大魅力就在于它独一无二的宗教文化表现。巴厘人认为，神灵不是远离自己的偶像，神在巴厘人的生活中无时不在，无处不有。这种宗教思想形成了传统习俗的根基，且深深烙印在语言文学、艺术活动和日常生活之中。

（一）传统习俗

印度教广泛而深入地浸入到巴厘人社会生活的各个方面，所以巴厘人的传统习俗带有浓厚的印度教色彩。巴厘人生活的各个方面无一不与印度教有着千丝万缕的联系，从出生、成年、结婚到死亡，要进行各种宗教礼仪。当巴厘人的婴儿呱呱坠地时，他的宗教生活便开始了，种类繁多的出生仪式、代表成人的锉牙仪式、隆重的婚礼、严格的印度教火葬……宗教仪式点缀了巴厘人的一生。

① 黄跃民. 宗教背景中的巴厘历史和文化 [EB/OL]. (2003-02-17) [2003-02-17]. http://life.sohu.com/94/88/article206428894.shtml.

（二）语言文学

梵语是大乘佛教和婆罗门教经典所用的语言，是印度教文化的外化。梵语对巴厘岛的影响巨大。巴厘语中有相当数量的梵语词汇和深受梵语影响的古爪哇语词汇。特别是近些年来，在印尼又出现梵语复现的现象，梵语词缀和词汇不断丰富巴厘岛上的语言，使词义表达更加完善确切。巴厘人的文学创作也深受印度教影响，许多写在贝叶上的文学著作就是用古爪哇语或梵语写成的。巴厘岛的作品内容多取材于印度史诗《摩诃婆罗多》和《罗摩衍那》，其中的英雄人物成了人们的楷模，英雄们的行为方式成为人们的处世准则，因此印度教文化极大地影响了巴厘人的价值观。

（三）艺术

巴厘人的艺术仍保留着最初的功能——为宗教服务。巴厘社会是艺术的海洋，舞蹈、雕刻、皮影戏是巴厘人宗教生活的重要组成部分。印度教对巴厘人当今的文化艺术、建筑风格都有很大的影响。特别值得一提的是巴厘岛的印度教神庙。神庙建筑是巴厘岛建筑艺术的主要形式，其建筑风格与印度教有密切关系。神庙内梁柱和屋顶雕刻的符号和各种形象都具有浓厚的宗教色彩。印度教有众多祭祀仪式，而且祭祀要在专门的场所举行，为此，巴厘人修建了众多的印度教神庙，庙内有许多祭神用的庙堂，也有各式各样的神龛。

（四）历法

巴厘岛的历法主要有两种：巴厘印度历和巴厘爪哇历，这两种历法都与印度教有密切的联系。[①]巴厘印度历和印度流行的萨迦历（Saka）基本相同，以月亮盈缺一次为一月，全年12个月，共355天（也有354或356天）。巴厘印度教的新年就是巴厘印度历的10月1

① Koentjaraningrat. *Manusia dan Kebudayaan di Indonesi*. Jakarta: Penerbit Djambatan, 1983: 293-294.

日，也叫静居日。另一种是巴厘爪哇历。这种历法深受爪哇麻喏巴歇王朝的影响，全年分为30周，每周7天，共210天。许多大大小小的印度教节日是按照巴厘爪哇历来计算的，最重要的有加隆安节和库宁安节。

第三节　佛　教

佛教是印尼官方承认的五大宗教之一。2005年印尼佛教徒约有130万人，占总人口的0.6%。在印尼的佛教信徒中，大约有70%信仰大乘佛教，20%信仰小乘佛教，其余的则信仰近年来新传入的一种佛教——新密宗（tantrayana）。新密宗已被印尼宗教部佛教事务处所认可。据印尼佛教理事会称，60%的佛教信徒为印尼华人。

一、佛教的传入

公元1世纪，印度佛教文化传入印尼。佛教正式进入印尼则在公元5世纪。在印尼的佛教派系主要是大乘佛教。佛教最早传入的地区是印尼的苏门答腊。

公元7世纪，在苏门答腊巨港兴起的室利佛逝佛教国，是印尼历史上第一个强大的帝国，既是东南亚国际贸易的中心，也是印尼佛教文化的中心。当时有许多高僧和学者在此讲学，研究佛法。在巨港还成立了佛教学校，教授有关佛教、梵语和古爪哇语的课程，大乘佛教因此得到大力的宣扬，巨港因而成为东南亚各国研究佛教的中心。公元671年，中国唐代著名高僧义净在室利佛逝学习梵文和研究佛法长达14年之久。他撰写的《南海寄归内法传》和《大唐西域求法高僧传》，成为研究佛教史的珍贵资料。

8世纪后期，室利佛逝王国出兵爪哇，在马打蓝建立了夏连特拉王朝。夏连特拉王朝时期把大乘密宗奉为国教，这是马打蓝地区佛教发展的黄金时期。这一时期佛教教义传播广泛，佛教文化繁荣，佛教的雕刻和建筑艺术达到了相当高的水平。公元850年左右，夏连特拉王国在中爪哇日惹附近建立了世界上最大的佛塔——婆罗浮屠陵庙，之后又陆续修建了巴文佛塔、门都特佛塔、卡拉山佛塔、湿雾佛塔等。佛教建筑的大批出现标志着印尼佛教进入了鼎盛时期。

佛教的广泛传播并没有影响到印度教的盛行，两教常常合流。例如832年爪哇岛甘达苏利的碑铭开头就写道："敬奉湿婆，献身于大乘佛教"。两教似乎"合而为一"。这一特点也可从某些陵庙的建筑风格中看到。例如爪哇的婆罗浮屠、加高陵庙和苏门答腊的宋勃拉宛陵庙都各自兼有佛教和印度教的色彩。在印尼古代史上最兴盛的麻喏巴歇王国时期，印度教和佛教在印尼同时流行并且相互融合、友好发展。这一时期提出的"Binneka Tuggal Ika(殊途同归)"成为了印尼独立后的治国思想。15世纪中叶，麻喏巴歇王国开始衰微。即使在这个时候，爪哇居民中大多数仍信奉佛教，皈依伊斯兰教的不多。一直到16世纪20年代前后，以淡目为核心的爪哇北部伊斯兰教诸王国彻底摧毁麻喏巴歇王朝，才标志着爪哇的全面伊斯兰化。

1934年佛教重新在爪哇岛兴盛。从斯里兰卡来的Y.M. Bhikkhu Narada Thera在爪哇岛进行了一系列传教活动。他在雅加达、西爪哇和中爪哇等地散发传单，宣扬佛教教义。1958年5月3日印尼佛教联合会在三宝垄成立，1965年搬迁至雅加达。此外，印尼还有一些佛教组织，如印尼弥勒佛教徒理事会、全印尼佛教徒联合会、印尼佛教理事会等。随着历史的发展，佛教逐渐演变成为以华人为主的宗教，一直延续至今。

二、当代佛教的发展

印尼的佛教发展与华人的文化发展密不可分。宋、元以来，中国国内就有许多人同时信奉佛教、道教和儒教。在荷兰殖民统治下的1934年，郭德怀创建了印尼的三教会（佛教、道教、孔教），其宗旨在于统一、弘扬和实践三教。印尼独立后不久，不论是苏加诺政府还是苏哈托政府，都承认佛教是印尼的合法宗教之一。1952年印尼成立了三教联合会，苏哈托执政时期改名为印尼三教联合会（Gabung Tridharma Indonesia）。三教联合会是印尼佛教的全国性组织，也是世界佛教联谊会的会员。而印尼佛教最高的领导机构是印尼佛教徒联合会。

20世纪60年代印尼苏哈托政府进行排华运动，规定不得使用中文、禁止中文教育，大乘佛教的传播受到影响，阅读中文佛经的人减少，但英文佛经仍然广为流通，英语成为佛教徒的主要语言。同时，苏哈托政府采取对华人同化的政策，孔教和道教被认为源于中国，不利于华人的同化，因而受到了种种限制，三教联合会主要是开展佛教活动。1967年，分散在印尼各地的佛教徒组织联合成立“印尼佛教徒联盟”，佛教界的活动开始走向统一。

随着20世纪70年代印尼政府放宽对华人的禁令，印尼的佛教有了更大的发展，印尼佛教界的活动逐渐得到政府的肯定。1983年，政府批准把佛教的涅槃日定为全国性的节日，苏哈托总统亲自关心的婆罗浮屠修复工程也于当年全部完成。1984年10月，印尼佛教各大宗派联合在苏门答腊创立“印尼佛教学校”，获得政府批准登记备案，这是印尼第一所佛教学校。在1986—1987年期间，印尼有2 258座佛教庙宇，向佛教徒分发1.75万部佛经。[1] 1989年苏哈托

① 孔远志:《印尼马来西亚文化探析》，香港.南岛出版社，2002年版，第38页。

总统明确指出：印尼官方承认的宗教是伊斯兰教、天主教、基督教、印度教和佛教。印尼宗教部设有佛教事务处。

1998年苏哈托下台后，印尼进入了民主转型时期，历任总统都十分重视各种族文化的和谐发展，佛教也进入了一个稳步发展的新时期。2003年，春节正式成为印尼全国性的公众假日，新春庆祝活动也日渐丰富多彩，而佛教文化也成为印尼春节庆祝活动中的亮点之一。从2000年开始，瓦希德、梅加瓦蒂、苏西洛这几位领导人都分别出席过华人的春节庆祝大会。印尼佛教协会自2006年起开始与印尼文化和旅游部合作，并与泰国、越南、老挝、缅甸和柬埔寨等东盟国家签署了发展佛教传统文化的合作协议，开始在举世闻名的婆罗浮屠佛塔举办各种各样的佛教文化活动。2007年2月前总统瓦希德、雅加达副省长法戊兹·博沃、宗教部佛教司司长布迪·瑟迪亚万等出席了在印尼著名的佛教寺院大丛山西禅寺举行的祈福法会和文艺团拜活动，欢庆中国传统新春佳节。印尼现任总统苏西洛出席了2008年7月25日在婆罗浮屠佛塔举行的“佛教征途文明之旅”大会开幕式，并发表讲话呼吁东盟国家努力发展传统文化，保持其历史特色，以吸引更多外国游客。

佛教、道教和儒教是华人传统宗教文化的主体。在印尼，三教中佛教的影响最大。印尼华人信奉的佛教，已不是原来意义上的佛教，而有自身鲜明的特色。三教合流、华人习俗和地方神灵等因素，使广大华人佛教徒敬奉多元神祇。虽然印尼居民中穆斯林占绝大多数，但伊斯兰教不是国教。现任印尼政府鼓励多种宗教和派别存在，重视多元文化的和谐共存。华人具有较强的经济实力，同时佛教是印尼当局承认的合法宗教之一。因而，以华人传统为鲜明特色的印尼佛教得以在印尼繁荣发展。

第四节 伊斯兰教

印尼大约有88%的居民信奉伊斯兰教，是世界上穆斯林人数最多的国家。尽管印尼没有把伊斯兰教定为国教，但无论是历史上还是现实社会中伊斯兰教对印尼的政治、经济、文化、教育以至风俗习惯都有着极其深远的影响。

一、伊斯兰教在印尼的传播和发展

在伊斯兰教传入印尼之前，该地区要么崇信原始宗教，要么处于佛教和印度教的影响之下。在一些大的岛屿上先后出现了印度教或佛教的国家，如室利佛逝王朝和麻喏巴歇王朝等。伊斯兰教是何时传入印尼的，学界说法不一。有的认为早在七八世纪时已传入印尼，有的认为10世纪时已有穆斯林在印尼的沿海地区生活，可惜都缺乏史料证明。现在学术界比较一致的看法是，印尼伊斯兰教是由印度西部的胡茶辣（Gujarat）（今古吉拉特）和波斯的穆斯林商人在13世纪传入印尼的。他们由海路来到苏门答腊北部经商，在当地与土著通婚并定居下来，苏门答腊成为印尼伊斯兰教最早的传播地，随后又传至马六甲和爪哇等地。在这个时期，伊斯兰教逐渐在苏门答腊岛确立了牢固的统治地位，并建立了第一个伊斯兰教王国须文达那—巴赛。[①]最早记载伊斯兰教在东南亚海岛地区传播的是《马可·波罗游记》。1292年马可·波罗父子从中国回国，路经苏门答腊，他们所到的第一个港口是“法里勒（八儿剌）”，看到那里的穆斯林商人很多，以致当地居民改信伊斯兰教。[②]传入印尼的伊斯兰教主要

---

① 许利平：《当代东南亚伊斯兰发展与挑战》，北京．时事出版社，2008年版，第7页。

② [英] 霍尔：《东南亚史》（上册），中山大学东南亚历史研究所译，北京．商务印书馆，1982年版，第258页。

属逊尼派，而其中又以沙斐仪教法学派为主，并以苏菲主义作为传播手段。

伊斯兰教能在印尼传播，这同当时的国际形势和印尼群岛局势的变化有关。1095至1291年西欧封建主发动了十字军东侵，客观上使东西方贸易急剧扩大，刺激了他们对东方奢侈品，尤其是对香料的需求。盛产香料的印尼群岛此时深深卷入了当时国际贸易的网络中，成为东方商品的重要来源。控制印度洋海上交通的印度、阿拉伯和波斯穆斯林商人为了追逐香料，不再像先前那样航行到中国，而是渗透到印尼群岛各个港口，在那里建立贸易据点，结交当地统治者，劝说其皈依伊斯兰教，并与当地人贸易、通婚，传播伊斯兰教。与此同时，因十字军占领了地中海东岸的叙利亚、巴勒斯坦等地，为避开战祸，亚非之间亚历山大城——亚丁——印度西部古吉拉特港口——印尼的贸易航线日趋活跃，印度古吉拉特地区的穆斯林商人无论从海路前往中国经商或是直接到东南亚做生意，都要先到印尼的外贸中心——苏门答腊北端的八儿剌和巴赛等地，伊斯兰教也首先由古吉拉特人传入这里。这一时期，统治印尼大部地区的佛教王国室利佛逝已经衰落，失去对马六甲海峡的控制，使伊斯兰教得以在印尼立足、扩张和建立政权。

从伊斯兰教传入苏门答腊至印尼主要岛屿伊斯兰教化的完成经历了几个世纪，伊斯兰化的顺序大致由西到东。开始时，伊斯兰教无法进入信奉印度宗教的统治阶层的世袭领地，只能在沿海地带的商业区活动。苏门答腊成了伊斯兰教商人的落脚点，他们边经商边传教，用伊斯兰教影响地方领主，同时借助地方领主的势力从事商业活动。15世纪以后，爪哇岛出现了穆斯林，他们与当地的领主联合，形成强大的伊斯兰教集团，控制岛际贸易，对信奉印度教的麻喏巴歇王朝构成很大的威胁，加上麻喏巴歇王朝内部争权夺利，国内长期陷入混乱状态，致使这一王朝日渐衰亡。这时以淡目为中心的商港领主和新兴的商业地主接受伊斯兰教并利用伊斯兰教作为精神武器迅速扩大自己的势力，终于在1518年建立了爪哇岛的第一个伊斯兰王朝——淡目王国。之后，以淡目王国为核心的爪哇北部的伊斯兰教诸国彻底摧毁了麻喏巴歇王朝，伊斯兰教在爪哇逐渐成为占统治地位的宗教，几世纪以来印度宗教文化影响占统治地位的历史从此结束。到17世纪时，印尼基本完成了伊斯兰化。

伊斯兰教传入印尼不像传入西亚广大地区那样依靠圣战，而是主要通过以下方式传播的：(1)由穆斯林商人扮演传教士角色，他们利用自己的地位与威望，影响来自群岛各地的商人，使他们对伊斯兰教产生兴趣，甚至改宗伊斯兰教，并把新宗教带回其故乡。(2)许多穆斯林商人与当地居民通婚，建立新的穆斯林家庭，生男育女，产生了信奉和传播伊斯兰教的当地人，方便了伊斯兰教的传播。(3)通过印度、波斯和阿拉伯的伊斯兰教传教士与学者在群岛的各种活动，扩大和提高伊斯兰教的影响与地位。(4)借助于王室贵族和地方统治者的扶植，首先在地方上层，再自上而下地传播到各地。(5)依靠先改宗的穆斯林君主向邻近的非穆斯林地区发动战争，迫使他们皈依伊斯兰教。

伊斯兰教能进入印尼并落脚生根，还与印尼的地缘位置有很大关系。伊斯兰教在东南亚的传播主要集中在印尼群岛和半岛地区，而中南半岛上除了极少数沿海地区之外，鲜有主动接受伊斯兰教的地区。其主要原因正在于中南半岛地区远离当时东西方贸易的主要通道，而海岛地区则因扼守这一海上贸易通道而大享其利。因此，伊斯兰教最初传入的都是沿海港口城市，直到16世纪初，伊斯兰教地位巩固的地区仍是那些在国际贸易中最重要的地区——苏门答腊沿海、马来半岛南部、爪哇北岸等。另一方面，由于这些地区与中国东南沿海、印度、西亚、北非的多方面的贸易和交往，印尼伊斯兰教的来源也是多方面的和复杂的，一般认为印度西部的古吉拉特起了重要的作用。

印尼人为什么接受伊斯兰教，这也有多方面的原因。从政治上看，伊斯兰教充当了反抗麻喏巴歇帝国的思想旗帜。13—16世纪，印尼群岛的政治形势发生了变化，随着沿海港口商业的发达，从中得利的地方统治者的力量不断加强，他们与信奉印度教的麻喏巴歇王朝的矛盾日益尖锐。为了摆脱麻喏巴歇中央政府的控制，他们非常需要有一个新的强有力的思想武器来与之抗衡。政教合一的伊斯兰教正好适应他们的这一需要。从经济上看，沿海地区统治者的利益与海上贸易密切相关，如果皈依伊斯兰教，就可以吸引大批穆斯林商人到他们的港口从事贸易，从而获取更多的商业利益。除了政治和经济方面的外在因素，还存在起决定作用的内在原因，那就是伊斯兰教本身的因素。

首先，伊斯兰教的基本教义对印尼本地社会具有广泛的包容性和吸引力。(1)伊斯兰教教义总的出发点和归宿是为了获得理想的、永恒的幸福而归顺安拉。它既论述人间的弊端、世道的不公，探讨摆脱不幸、烦恼与苦难的途径和方法，同时又肯定现实的人生和世界，鼓励人们追求今世的幸福与来世的永恒，或在今世通过自己的行为选择未来的道路和归宿。这种既注重今生也注重来世的教义显然比印尼原先流行的只注重来世的佛教和印度教的教义更为实际，因而更容易被广泛接受。(2)伊斯兰教反对偶像崇拜、简化等级关系的教义为当地人乐于接受。在伊斯兰教传入之前，印尼各地信仰的宗教繁多，大多带有多神教的性质，居民不仅崇拜多种偶像，兴建大量的寺院、陵墓，还要缴纳繁多的宗教税，负担极为苛重。而伊斯兰教则提出了一神教信仰，主张信仰唯一的真主安拉，并宣扬每个穆斯林都可以从真主那里得到一份可以自由使用和买卖的耕地，纳税以课功为主，居民负担较轻。(3)伊斯兰教宣传真主面前人人平等，反对等级制度，提倡以兄弟情谊对待教胞，强调社会的公正、平等和正义，也使人民产生幻想。这种平等的思想和做法比起实行森严等级制的印度教更有包容性和吸引力，能够把不同阶层、不同职业的人都团结到一种共同的信仰之下。

其次，伊斯兰教的沙斐仪学派尊重居民习惯，容易被当地人接受。伊斯兰教的沙斐仪学派认为当某种习惯在长时期内为所有的人所认可和承认时，这种习惯法也就成了“逊奈”(圣训)。[①]这种习惯法也被认为是穆斯林生活和行为的准则。传入印尼的伊斯兰教主要是沙斐仪教派，他们在传播过程中也容忍和尊重当地人的习惯法，包括祭祀祖先和印度教神，所以，对改宗伊斯兰教的条件，要求不太严格，正因为如此，伊斯兰教得以迅速传播。

最后，伊斯兰教的苏菲主义(sufism)充当传播手段，迎合了印尼人的神秘主义传统规念。苏菲派是伊斯兰教的神秘主义派别，在7世纪末已经出现，以苦行、禁欲为修行方法，它既以《古兰经》的某些经文为依据，又深受波斯神秘论的影响，而波斯神秘论又曾经受印度神秘论和哲学思想的影响。12—13世纪以后，苏菲神秘主义与正统主义相结合，在伊斯兰教中居于统治地位，一直到18世纪瓦哈比运动为止。而这一时期正是伊斯兰教在东南亚地区传播和发展时期，所以苏菲神秘主义对印尼伊斯兰教影响最大。对于早已深受印度教和佛教文化熏陶的印尼地区来说，包含着印度神秘论和哲学思想的苏菲派伊斯兰教并不陌生，苏菲派主张的通向安拉的阶梯：悔悟、禁欲、克制、畏惧、守贫、服从等与当地神秘主义的悔悟、畏惧、崇拜神灵等有相通之处，因此容易为印尼人所接受，并能够

① 梁志明:《古代东南亚历史与文化研究》，北京.昆仑出版社，2007年版，第370页。

快速传播。

二、印尼伊斯兰教的特点

其一，伊斯兰教来源的多样性和复杂性以及传播方式多样等因素使印尼伊斯兰教具有“不正统”等特点。印尼远离伊斯兰教的中心阿拉伯半岛，其传播者主要是来自印度、波斯、阿拉伯的穆斯林商人和苏菲派传教士，以及随后在本地产生的宗教职业者。此外，伊斯兰教最初传入的都是沿海港口城市，而这些地区与印度、西亚、北非和中国东南沿海有着多方面的贸易和交往。“印度西南海岸的马拉巴尔，印度东南部的科罗曼德、孟加拉，中国南部，以及阿拉伯、埃及和波斯，都被认为是印度尼西亚伊斯兰教的来源。”[①]来源的多样性和复杂性决定了传入印尼的伊斯兰教已不是正统的伊斯兰教。而伊斯兰教在印尼的主要传播方式是和平方式，穆斯林商人是传播伊斯兰教的主力之一，他们带来实际的经济利益，对当时的地方统治者具有吸引力，从而使他们主动地接受伊斯兰教，然后再自上而下地传播。自上而下的传播方式往往导致传播速度快，但不深入，受本土文化影响大。另一方面，穆斯林商人边做生意边传教，加之本身对伊斯兰教也没有专门研究，所以只能传授简单的教义、五功、背诵《古兰经》经文等，难以回答深奥的问题。由此，印尼的伊斯兰教“不像中东的伊斯兰教兄弟国家那样具有典型的伊斯兰特征”。[②]

其二，印尼的伊斯兰教具有较为广泛的兼容性。这主要表现在印尼的原始宗教和印度教思想等被大量融入伊斯兰教。伊斯兰教传

① 梅·加·李克莱弗斯:《印度尼西亚历史》，北京．商务印书馆，1993年版，第18页。

② [新西兰]尼古拉斯·塔林主编:《剑桥东南亚史》第2卷，中译本，昆明．云南人民出版社，2003年版，第432页。

播到印尼后迎合了当地居民万物有灵的泛灵论和神秘主义观念，允许他们在承认安拉是独一无二的神灵、最高主宰外，还崇拜祖先，崇敬和祭祀某种物体，以求保平安，保丰收。当地的穆斯林既信奉真主也祭拜鬼神，他们对真主的崇拜是出于热爱，而不是敬畏或顺从。因此他们与真主交流的方式并不仅仅局限于念诵《古兰经》或举行祈祷仪式，还有唱歌、跳舞、敲鼓、奏乐、念咒语等。在社会习俗方面，古代农村公社、母权制残余与原始宗教的影响也没有被清除，而且广泛地同传入的伊斯兰教相融合。正因为如此，传统的舞蹈、绘画、雕塑等传统艺术仍然大量保留了下来。

其三，印尼的伊斯兰教带有浓厚的地方色彩。(1)对祖先的崇拜。受原始心灵教的影响，印尼穆斯林还保留着对祖先崇拜的传统。他们每年都要举行固定的仪式对祖先进行祭祀活动，在每年的斋月都会有回乡的扫墓活动。(2)参拜"圣墓"的习俗。据传这原是印度教习俗。伊斯兰教传入后，这种习俗依然保持在当地穆斯林的生活中，从而成为伊斯兰教与印度教相融合的产物。参拜"圣墓"被穆斯林认为是一种获得神秘力量的活动。这种神秘的力量据称能增强人的生活能力，从而除掉邪恶获得幸福。"圣墓"崇拜属于偶像崇拜行为，是被伊斯兰教所禁止和排斥的，但是在印尼的穆斯林中却被认为是正常活动。(3)清真寺的建筑风格。由于印尼属于热带地区，高脚屋十分普遍，因此在该地区的清真寺，特别在农村地区的清真寺大都是高脚屋，屋顶多为圆拱顶或平顶式建筑。虽然寺院建筑的风格、布局、装饰等，具有当地文化的特点，但是寺院的核心仍然体现了伊斯兰的原则。(4)丧葬习俗。按伊斯兰教的教规，穆斯林实行土葬、速葬和薄葬，但在印尼各地的穆斯林中，丧葬形式多种多样，葬礼习俗也各不相同。(5)对稻神的崇拜。印尼地区盛产稻米，因此印尼穆斯林经常举行仪式祭祀稻神，通过这种仪式，来决定种植稻谷和收获稻谷的合适时机。(6)对海神的崇拜。由于捕鱼成为印尼沿海穆斯林维持生计的唯一手段，他们通过对海神的崇拜，希冀平安捕鱼或捕到更多的鱼。

其四，伊斯兰教与各地传统宗教文化融合程度的不平衡造成印尼穆斯林信仰程度的不一致。由于伊斯兰教传播到印尼时渗透程度不一致，伊斯兰教对当地的影响也不一样。在苏门答腊北部、马来半岛等地，伊斯兰教的影响更大些，但是在内地，伊斯兰教对土著的影响非常有限。在爪哇，伊斯兰教信仰就有三种类型：第一种是“桑特里”，其代表者主要是爪哇沿海的商人。他们受伊斯兰文化影响的时间最长，比较强调伊斯兰教的纯洁性，严格履行伊斯兰义务，反对印度教以及其他前伊斯兰信仰。另一种是“阿班甘”，其代表是内地的爪哇人，伊斯兰教对他们的影响较为有限。这些人虽绝大多数也为穆斯林，也信奉伊斯兰的价值观，遵循伊斯兰的传统道德，但他们的信仰更具有多元化倾向，除了伊斯兰教成分之外，受原始宗教和印度教的影响较深。第三种类型为“普里亚伊”(贵族官僚)，其代表者是爪哇政治统治阶层，独立前他们是世袭的王公贵族阶层，而独立后则是官僚统治阶层。他们在宗教方面介于阿班甘和桑特里之间，宗教色彩和宗教意识比较淡薄，比较注意传统的宫廷文化形式。

三、伊斯兰教对当今印尼社会的影响

印尼进入民主转型时期后，举行了1999年、2004年和2009年三届大选，从大选的情况来看，伊斯兰教在后苏哈托时代十分活跃。如果说苏哈托时代伊斯兰教处于印尼政治的边缘，那么，现在它已进入舞台中心，对印尼政治和经济社会的影响在增强。

第一，印尼伊斯兰教的政治作用有较大发展，对印尼政治民主化进程产生积极影响。印尼进入民主转型时期后，解除党禁、修改政党法、选举改革、新闻言论自由等措施的引入为印尼成为一个民主国家提供了必要的条件，与此同时也为伊斯兰势力重返国家政治中心提供了机会。继续推行民主和复兴伊斯兰教这两股政治与社会力量成为后苏哈托时代印尼国内政治发展的两个重要方面。[①]虽然在2009年的大选中伊斯兰教政党获得的成绩呈现出下降的趋势，但这并不表明伊斯兰教政党被排挤出政治舞台中心了。随着现有伊斯兰教政党自身参政议政经验的积累，争取民众支持举措的出台，新的伊斯兰教政党还会不断崛起，而一些政党则会获得更多的支持，如福利公正党就是典型的例子。作为世界上穆斯林人口最多的国家，伊斯兰教政党的参政能有效扩大穆斯林群众的政治参与度，对推进政治民主化是有益的。在民主转型时期，伊斯兰教势力的崛起反映了时代和环境的要求，它的发展壮大也将是印尼政党制度不断走向完善和成熟的标志之一。

第二，印尼伊斯兰教不会朝激进伊斯兰主义发展。印尼伊斯兰教最大的特色是具有广泛的兼容性和多样性，“名义上的穆斯林”占绝大多数，他们被普遍认为是穆斯林世界中最温和、最宽容的。这样的群众基础决定了印尼伊斯兰教不太可能朝激进的伊斯兰主义发展。从民主转型时期的政党政治和选举结果来看，占据印尼政治主流的仍然是潘查希拉而不是伊斯兰教。以潘查希拉为指导思想的政党占绝大多数，即使是民族觉醒党（其成员主要来自“伊斯兰教士联合会”）和国民使命党（成员主要来自“穆罕默迪亚”）这样有深厚伊斯兰背景的政党也主张潘查希拉，说明以协商、合作、宗教平等为宗旨的潘查希拉思想在印尼已深入人心。在2009年的总统选举

① ［印尼］里扎尔·苏克玛：《印尼的伊斯兰教、民主与对外政策》，载《东南亚研究》2009年第6期。

中，苏西洛组合以60.8%高票当选，即使在穆罕默迪亚势力强大的亚齐，也有绝大多数的选民（93.25%）投苏西洛组合的票，而卡拉组合仅获得12.41%。[①]显然，选民似乎不在乎根据宗教来决定政治倾向，他们会独立和务实地做出自己的政治选择，把宗教信仰和政治大事分开，首选能够减轻他们的经济负担，或者能够让他们生活得更好的领袖。所以，大多数穆斯林选择了具有明确现代化目标的世俗民族主义政党。[②]

第三，印尼的经济政策呈现非伊斯兰特点。印尼是世界上穆斯林人口最多的国家，也是比较贫困的发展中国家。因此，发展现代经济，提高人民的生活水平是印尼政府的首要任务。从苏哈托上台开始，印尼政府就将工作重心转移到经济建设上，但从政府制定的经济政策来看，伊斯兰原则从未被考虑，经济政策强调的是效率而不是公平。[③]一方面，这与印尼伊斯兰教弱政治化地位有很大关系，苏哈托执政时期，伊斯兰教对国家政治、经济、外交等领域的影响都被压到最低点；而另一方面，是因为西方现代经济理念和运作方式与伊斯兰经济思想格格不入。随着20世纪80年代印尼伊斯兰复兴运动的发展，印尼社会的伊斯兰认同有所提高，苏哈托为了拉拢穆斯林而对伊斯兰政策有所放松，于1991年建立了伊斯兰银行。但该银行从建立伊始就面临着社会公正和经济效益的两难处境。一方面银行要遵守伊斯兰经济原则，用支持穆斯林中小企业的方式促进社会公正和平等，但另一方面为了生存，要有经济效益，就必须承认市场规律，确保利润，但这与穆斯林希望公平分配国家财富的愿望相抵触。目前印尼伊斯兰银行还只是一种零星的点缀，未来发展

① 崔一生：《2009年总统大选穆斯林投票倾向》，载印尼《千岛日报》，2009年8月3日，第1版。

② Partai Islam Indonesia [EB/OL].（2009-3-30）[2009-11-10] http://nizar6189.wordpress.com.

③ 范若兰：《伊斯兰教与东南亚现代化进程》，北京．中国社会科学出版社，2009年版，第313页。

趋势也不容乐观。因为印尼政府在制定经济政策时一直将能带来国富民强的工业化和经济现代化放在首位，采纳现代经济体制和运作模式，如果过分强调严格遵守所有伊斯兰经济原则，势必与现代经济体系不相适应。所以，从苏哈托到苏西洛，印尼历届政府制定的经济政策都呈现非伊斯兰特点，伊斯兰教既不是印尼政府制定经济政策的出发点，伊斯兰原则也不是经济政策的指导方针。近年来，随着伊斯兰教的政治影响上升，政府在制定“平等与发展”的经济政策时才会提到伊斯兰经济“公正”原则。

第四，伊斯兰势力的未来发展面临挑战。(1)伊斯兰势力要获得更为广泛的认可，需保持其温和性。随着伊斯兰原教旨主义在东南亚地区的发展，印尼也出现了一些激进的伊斯兰团体和势力，试图将伊斯兰教教义纳入政治，把伊斯兰教教规纳入社会公共生活，推动将一些伊斯兰教教规立法，要求妇女戴头巾、禁止瑜珈等。他们的这些政治活动，遭到了以两大主流穆斯林组织穆罕默迪亚和伊斯兰教士联合会为代表的广大穆斯林的反对。因此，今后是否要在政治中继续强化伊斯兰色彩，将成为印尼伊斯兰势力的重要考量。(2)代表伊斯兰势力的绝大部分伊斯兰教政党成立时间短，规模不大，组织化和专业化程度方面难以抗衡现有的民族主义大政党，而且，伊斯兰教政党虽然都以伊斯兰教为建党原则，但始终分裂为几个党派，内部没有结成统一的政治利益共同体，派别竞争激烈，难以形成合力。(3)民主转型时期印尼政治的中心议题是发展经济、加强法治、打击贪污腐败，任何参选的政党或候选人都要靠与民众利益密切相关而且切实可行的政策纲领来争取选民的支持和拥护。因此，如何从伊斯兰教的公正、廉洁角度出发，探讨发展经济、促进公平和消除腐败的治国之路，这对伊斯兰势力而言同样是一大挑战。

第五节　天主教和基督教

一、天主教和基督教的传入

天主教和基督教大约于公元16世纪初传入印尼。印尼独立后，政府实行宗教自由政策，天主教和基督教获得较大的发展，教徒不断增加。据印尼中央统计局2005年的统计，印尼基督教徒和天主教徒共占全国人口的8.86%。其中基督教徒约为1 236万，占全国人口的5.79%，主要分布于米纳哈沙、安汶、南马鲁古、万鸦老和巴布亚等地区；天主教徒为656万左右，占全国人口的3.07%，主要分布于弗洛勒斯、帝汶、马鲁古和中爪哇等地区。

16世纪葡萄牙人和西班牙人把天主教传入印尼东部。1534年，印尼的北马鲁古岛有了第一位天主教的传播者，他是葡萄牙商人肯索罗弗劳索（Gensolo Veloso）。那时葡萄牙的航海家刚刚发现这个富饶的“香料群岛”，大批的商人来到这里，他们在经商的同时也开始把天主教的教义传播出去。传教士弗兰西库斯（Santo Fransiskus Xaverius）的活动使天主教在这一地区的传播有了很快的发展。1546年到1547年期间他在安汶岛、萨帕鲁阿岛和特尔那特岛给当地数千名土著进行了洗礼，使这些人成为最早信奉天主教的印尼土著。到1605年，安汶岛已有4个教堂，1.5万名教徒。

在弗洛勒斯岛和帝汶岛，天主教最早的传教活动开始于1555年。由于那时荷兰殖民者还没有注意到这些偏僻的小岛，因而那里天主教的发展异常迅速。1799年荷属东印度公司垮台解散。1808年荷印政府总督丹德而斯（Jendral Daendels）取代了公司的领导，开始实行宗教自由的政策。当时天主教的传播已陷入困境，宗教自由政策的执行让天主教在印尼的发展起死回生。但是当时这一地区只有五位祭司，却要负责9 000名居住得非常分散的信徒的宗教活动。1847年荷兰殖民当局与印尼天主教教会达成协议，为天主教的广泛传播奠定了基础。直至1889年，情况开始好转，全印尼有大约50名祭司。但是直到1891年，天主教在日惹地区的传播活动仍然是被禁止的。1896年范·李斯神父（F. van Lith）来到穆迪兰，开始了在这里的传教活动。但那时他的努力收效甚微。到1904年，加里巴望（Kalibawang）地区的四位村长突然主动找到李斯神父的家里，希望得到天主教的教义。于是，在1904年12月15日，在塞马贡的一处泉水旁，168个爪哇人接受了洗礼，他们成为接受洗礼的第一批爪哇人，泉水所在的地方也成为爪哇天主教徒朝觐的圣地。

在穆迪兰，李斯神父分别于1900年和1904年建立了两所学校。几乎学校里的所有学生都信奉了天主教，后来他们中的大多数成为使徒，在印尼的各个地区传经布道。1918年两所学校统一为天主教圣徒基金会。印尼历史上的第一位祭司和第一位主教都是前穆迪兰天主教学校的毕业生。20世纪初，印尼的天主教组织发展迅速，载入印尼史册的民族英雄中也不乏天主教的信徒。

印尼的第一位主教是于1940年上任的Sugiyopranoto，第一位红衣大主教是于1967年6月29日上任的Darmojuwono。印尼的天主教在世界很活跃，印尼主教曾于1962—1965年期间参加了梵蒂冈罗马天主教教会大会。

基督教的传播与荷兰殖民主义统治在印尼的建立密不可分。16世纪末期，随着印尼逐渐沦为荷兰的殖民地，基督教也开始得到传播。最初，基督教传教重点在内地和山区，那儿的伊斯兰教势力较沿海和平原地区弱，经济相对落后。1602年荷属东印度公司成立后，为了抵制葡萄牙人在印尼的天主教势力，严禁天主教在其控制的范围内传播，这一政策持续了相当长的时间，加上印尼土著本来就对葡萄牙人抱以仇视的态度，天主教的传播得到了有效的遏制。1640年荷兰殖民者在雅加达建立了基督教教堂，并于1731和1733年，先后将基督教圣经的《新约》和《旧约》译成马来语。因为当时马来语已在印尼各岛屿间广泛传播。自19世纪，荷兰为加强对海外领地的控制，在印尼加紧基督教的传教活动。1802年荷兰海牙成立了“荷属东印度新教会事务委员会”，以统一管理荷兰统治下的印尼基督教活动。

为了避免刺激当地伊斯兰教徒的宗教感情，1855年荷兰殖民政府法规第123条明文规定，基督教、天主教等传教士，未经总督特许，不准擅自在印尼传教。尤其在伊斯兰教势力强大的地区，如苏门答腊北部的亚齐、西爪哇的万丹等地，“须与基督教隔绝”，以防宗教间的冲突，引起社会动乱。

如果说佛教、印度教和伊斯兰教主要是通过文化交流和商业往来和平地传入印尼的话，那么天主教和基督教则是伴随着西方殖民者的侵入而传至这个群岛国家的。由于葡萄牙和荷兰分别利用天主教与基督教作为其扩张的工具，因此17世纪前后印尼天主教与基督教争夺势力的斗争，在一定程度上反映了葡、荷两个殖民主义者之间的争夺。

二、天主教和基督教的发展

在日本殖民统治时期，天主教会和基督教会的活动都受到了严格的控制，外国传教士遭到迫害。印尼独立后，政府实行宗教信仰自由的政策，天主教和基督教开始迅速发展。教会通过成立政党，开办学校、医院、慈善机构等扩大影响。这一时期，两教教会都获得西方国家有关基金会的大量资助，在教徒中青年知识分子的比例不断增加。1965年苏哈托执政以后，要求每一个印尼公民都要在居民身份证上的“宗教信仰”一栏里填上五种合法的宗教之一种，许多人特别是华人都纷纷表示自己有宗教信仰以避免被看作是无神论者的共产党。这期间有很多人信奉了天主教和基督教。在整个苏哈托执政的新秩序时期，天主教和基督教的发展都很快。

在印尼政治生活中，天主教和基督教曾先后成立过自己的政党。印尼天主教党成立于1945年12月，原名为印尼共和国天主教党（Partai Katolik Republik lndonesia），其前身为印尼天主教政治联合会，当时由七个党派和团体合并而成。1949年12月改名为天主教党。50年代，天主教党有1.5万名党员。在1955年第一次普选期间天主教党在议会中获6席。“全国基督教党”（Partai Kristen Nasional）于1945年11月在雅加达成立。1946年11月该党在梭罗举行第一次全国代表大会，改名为“印尼基督教党”（Partai Kristen Indonesia）。当时在苏门答腊成立的印尼基督教党也于1947年4月宣布与爪哇的印尼基督教党合并，成立统一的印尼基督教党。1952年该党拥有32万党员。在1955年的普选期间获得议会中8个席位。印尼天主教党和基督教党都拥护“潘查希拉”（建国五项原则）为印尼立国之本，两党也都是历届政府承认的合法政党。

1965年“9·30运动”后，虽然天主教徒和基督教徒不断增加，但天主教政党和基督教政党的政治作用逐渐被削弱。在苏哈托政府“简化政党”的过程中，基督教党、天主教党与以前的印尼民族党、印尼独立维护者协会及平民党被合并为印尼民主党。在合并前的1971年普选中，基督教党和天主教党在议会中分别获得1.5%和0.7%的席位。合并后，两党原有的独立性日趋减小。在1973年召开的人民政治协商会议中，印尼民主党只有42席，而建设团结党（由若干伊斯兰教政党合并而成）有126席，相当于执政党的“专业集团”则有392席。苏哈托政府还采取了一系列措施，限制建设团结党和印尼民主党的活动。1979年，政府颁布“关于学生运动正常化”的637号决定，旨在割断各政党与学生团体（如印尼天主教大学生运动，印尼基督教大学生运动）的联系。1983年，人协会议通过了一项关于承认建国五项原则为全国各种社会政治势力唯一政治准则的决议，禁止以宗教原则进行竞选运动。凡此种种，再加上印尼民主党内部的争权夺利，印尼基督教和天主教的政治势力明显减弱。①

苏哈托政府为了巩固自身的统治，一方面限制、削弱天主教、基督教的政治势力，另一方面允许天主教、基督教教会正常的传教，并要求各宗教教徒平等、和睦相处。1970年12月和1989年10月罗马教皇先后两次访问印尼，都受到苏哈托的会见。1976年7月苏哈托总统还亲自光临沙拉迪加的全印尼基督教大会，强调印尼各宗教徒之间的和睦相处对于国家建设的重大意义。鉴于印尼天主教和基督教教会得到国外的大量资助，而引起其他宗教组织的不满，苏哈托提出希望国外的资助能交给政府，以便以最妥善的方式用于印尼有关的宗教事业。

尽管目前天主教和基督教在印尼政治舞台上的影响仍然较小，但由于得到西方教会的支持，而且具有传教方式多样化、教徒文化层次高等特点，两教在印尼社会生活中的影响不容忽视，尤其是在天主教徒和基督教徒集中的地区。近年来，由于全球文化交流的增加，西方文化对印尼的影响越来越大，城市中的知识分子和华人信奉天主教和基督教的越来越多。

---

① 梁敏和、孔远志：《印度尼西亚文化与社会》，北京.北京大学出版社，2002年版，第79页。

第五章　文学艺术

第一节　语言文学

一、语言

印尼是个民族众多的国家，每个民族都有各自的语言，甚至同一个民族又有不同的部族语言和方言。据统计，印尼的语言多达五百多种，[①]这在世界上是罕见的。这么多种语言中，爪哇语是使用人数最多的语言，其次是巽达语、马都拉语、巴厘语、米南加保语、亚齐语、马来语、布吉斯语等，使用人数均超过一百万。印尼各民族的语言都属于南岛语系的印度尼西亚语族和美拉尼西亚语族。

作为一个多民族国家，印尼需要一种通用语言，即民族共同语，也叫做国语。印度尼西亚语（Bahasa Indonesia）就是印度尼西亚共和国境内所有民族的共同语言，简称“印尼语”。

（一）印尼语的发展历程

今天的印尼语和马来西亚语都是在古代马来语的基础上发展而来的。历史上，古代马来语是通行于苏门答腊岛的南部、廖内群岛、邦加岛、勿里洞岛及马来半岛的一种语言。马来语发展成为印尼语大致经历了古马来语、中期马来语、马来“混合语”[②]三个阶段。古马来语是指7世纪起至13世纪末的马来语，主要使用印度的跋罗婆字母，并夹杂梵语。中期马来语是指14世纪至19世纪的马来语，特别是指马六甲王国鼎盛时期的马来语。这一时期的马来语吸收了

---

① 武文侠、陆春林：《印度尼西亚》，北京. 世界知识出版社，2001年版，第64页。

② “混合语”是指在语言频繁接触的地区，不同语言集团的人用来作为他们共同交际工具的语言。它是在一定社会条件下形成的两种或多种语言的混合体。

不少阿拉伯语借词，并一度改用阿拉伯字母书写。这一时期马来语随伊斯兰教的传播和商业活动开展而得以广泛传播。马来“混合语”是指19世纪末20世纪初以马来语为基础的“混合语”。这时的马来语融入了外来词，同时也融入了地方民族语和方言，成为印尼各民族间进行商业活动和沟通交流所广泛使用的一种语言。荷兰殖民者为了便于统治，制订了用拉丁字母书写的拼音方案并加以推行。

随着印尼民族独立运动的蓬勃发展，迫切需要进一步动员和团结广大人民参与其中，这就要求有一个为全社会所理解的民族共同语言，此时的马来“混合语”已具备条件成为民族的共同语言。1928年10月28日，第二届印尼青年代表大会通过了著名的“青年誓言”，正式把马来语（确切地说是马来“混合语”）确定为印尼全民族统一的共同语，即印尼语。1938年6月印尼语言学家们在梭罗召开了第一届印尼语言大会，会议对印尼语的发展作出了几项具体决议，提出要求修改荷兰人制订的拼音法，为印尼语编写语法书等等。

日本占领印尼后，由于禁止使用荷兰语，所以需要借助印尼语开展政治宣传，在客观上推动了印尼语的进一步发展。1945年8月17日印度尼西亚共和国正式宣布独立，在《四五年宪法》中明文规定：“国家统一的语言是印度尼西亚语”。1950年公布的《临时宪法》又规定：“印度尼西亚共和国的国家官方语言是印度尼西亚语”。独立后，印尼政府组织人力修改印尼语的拼音规则，先后经历了6次拼音方案的改革，最终于1972年制订了现行的印尼语拼写法。印尼政府还在全国范围内大力推广统一的国语，号召全国人民学习印尼语，运用规范的标准的印尼语。与此同时，政府并不禁止地方民族语的使用和发展，而是采取尊重和支持的态度，这种语言政策得到了不同族群人们的认可和肯定。

古马来语之所以能够发展成为印尼语，客观上是由于马来族分布广泛，马来人善于航海、经商，这些条件都非常有利于马来语的传播，使它成为印尼乃至东南亚各通商口岸的交际语。从语言本身来看，马来语比起爪哇语具有独特的优势。马来语没有爪哇语中纷繁复杂的等级之分，语法结构比较简单易学，词汇没有复杂的形态变化，易于学习和推广。马来语构词手段丰富，词缀灵活多变，能大量派生新词，能迅速适应社会的发展。印尼语产生后，在发展过程中按照自身特有规律和需要，不仅吸收如爪哇语、巽达语、巴厘语等本国地方语，还从其他国家和地区语言中吸收大量词汇，主要有梵语、阿拉伯语、荷兰语、日语、英语和汉语等。这些外来词汇的加入，使印尼语的词汇量日益丰富。目前，印尼语是世界上发展最快的语言之一，词汇量迅速增加，语言在本土的普及率大大提高。同时，作为世界人口第四大国的语言，印尼语在世界上的影响不断扩大，不少国家已经陆续开设印尼语专业，培养印尼语人才。其中，澳大利亚作为印尼的近邻，在学习和使用印尼语方面成果最为突出。

（二）印尼语简介

按照语言的形态分类，印尼语属于粘着语，没有内部的屈折，但词首尾变化多，并有一定的语法作用。印尼语中有颤音，读起来清脆悦耳，语调优美动听，节奏感强，堪称“东方的意大利语”。

音素：从词的语音形式看，印尼语的词是由音素构成的。音素是词的语音形式的最小单位。印尼语共有34个音素，采用拉丁字母书写，其中单元音5个（a，i，u，e，o），复合元音3个（ai，au，oi），辅音25个（b，c，d，f，g，h，j，k，kh，l，m，n，ng，ny，p，q，r，s，sy，t，v，w，x，y，z）。

音节：音素结合起来就构成音节，印尼语一个元音可以自成一个音节，但大多数音节是由一个元音和若干辅音结合而成的。音节中包含的元音音素是音节的主体，元音音素之前的辅音音素称为“起音”，之后的辅音称为“音尾”。一个音节最末的音素是元音的称为“开音节”，最末一个因素是辅音的称为“闭音节”。

重音：在印尼语中词的重音不像英语那么明显，没有区别意义的作用，念单个词的时候不需过分明显念出词重音。一般来说两个音节的词重音落在后一个音节上，两个音节以上的词，词重音落在倒数第二个音节上。

词缀：印尼语中有四种词缀，分别是词首、词尾、词嵌、词夹。词首有me，di，ber，ter，ke，pe，per，se等；词尾有-an，-kan，-i，-nya等；词嵌有el，em，er等；词夹有ke-an，pe-an，per-an等。由以上词缀可以组合成许许多多词汇，这些词缀还具有一定的语法意义，可以表示主动、被动、语态、多次、反复、形容词的极限等。添加不同的词缀还可以构成不同的词类。

二、文学

印尼文学是产生在印尼群岛领域内的从古至今的所有文学，是由过去的各族语文学（其中以爪哇古典文学和马来古典文学最发达和最有代表性）和现当代的印尼文学所组成，是从长期分散的各族语文学于20世纪民族觉醒后走向统一民族语的文学。[①]

1. 古代的口头文学

以集体生产劳动和原始宗教信仰为特征的氏族社会生活是印尼古代文学创作的基本源泉。这些最初的文学主要包括神话传说、民间故事和咒辞歌谣等，属口头创作，尚无文字记载，也很少受外来

① 梁立基：《印度尼西亚文学史》（上册），北京. 昆仑出版社，2003年版，第51页。

文化的影响。

印尼最初的神话大多是古代人为解释人和宇宙万物的起源以及大自然的种种变幻莫测的现象而臆造出来的故事，反映人与自然亲密无间的关系。印尼古代神话主要包括宇宙起源神话、人起源神话和物起源神话。其中宇宙起源神话又包括神的创世神话和物的创世神话。人起源神话同样也可分为神创和非神创两种，此外还有许多人兽易形的神话故事。印尼的物起源神话相当丰富，包括了人类起源之外的各种动植物的起源以及各种自然景象的由来。通过这些神话，可以了解印尼古代氏族社会的生活状况、风俗习惯、原始宗教以及原始人类对自然现象的认识。一些流传至今的神话故事如西爪哇的《桑古里昂》、达雅克族的神话《当基林山的传说》、苏门答腊的《马林昆当的故事》等都是个中翘楚。

在印尼的早期口头文学中民间故事也是丰富多彩的。一般来说，民间故事的主题比较鲜明，曲折地反映社会现实中善与恶、美与丑、正义与非正义的矛盾和斗争，表现劳动人民的思想感情，寓教于乐，代代口耳相传，深受民众喜爱。如巽达族的神话《迷途的黑猴》、苏拉威西的《玛曼努亚和乌兰昆陶》、爪哇的《查卡达洛普的故事》和苏门答腊的《玛林·德曼》以及著名的《聪明的小鼷鹿》系列故事等。

在原始万物有灵信仰的影响下，人们相信人的有声语言具有某种魔力，能召唤神灵为人们效劳，达到趋吉避凶或禳灾祛病的目的，这样便产生了咒辞这种原始诗歌形式。由于没有文字记录，所有的咒辞都是口耳相传，主要有《司谷女神咒》、《猎虎咒》、《驱魔咒》、《战争咒》、《招魂咒》等。

印尼最早的诗歌形式四行诗体班顿诗（Pantun）是印尼和马来西亚人民最喜闻乐见的传统诗体。班顿诗具有悠久的历史，大都是由不知名的歌手即兴口头创作。班顿诗的基本形式为每首四句，每句四言（一般是八至十二个音节，较多的是十个音节）；格律规整，旋律起伏，抑扬顿挫，富有音乐节奏感。班顿诗以发端两句起兴，先言他物，以引所咏之辞；后两句才是正文，即意之所在。班顿诗是印尼的诗歌源头，蕴含着巨大的美学价值和认识价值，对后世文学有着非常深远的影响。

2. 封建社会时期的文学

印尼的早期文学都属口头文学，直至公元5世纪印尼才出现有文字记载的石碑，而见诸文字的文学作品则到9世纪左右才出现。由于印尼是个多民族的国家，其封建社会时期的文学实际上由属于不同语言文化的爪哇古典文学、马来古典文学、巽达古典文学、巴厘古典文学等组成，其中以爪哇古典文学和马来古典文学最发达和最具代表性。

（1）爪哇古典文学

爪哇族是印尼最大的民族，印尼的封建王朝多出现在爪哇，最早和最丰富的早期文献和文学都使用古爪哇语，因此爪哇古典文学可以说是印尼封建社会主流文学的代表之一。爪哇古典文学在相当长的历史时期内一直受印度梵文文化和宗教文学的直接影响。对爪哇古典文学影响最为深远的是印度教经典两大史诗《摩诃婆罗多》和《罗摩衍那》。可以说爪哇古典文学是从移植以印度两大史诗为主的梵文文学作品开始，而后进行仿效和再创作，逐渐发展成为具有爪哇族特色的文学。最初是以翻译和改写印度两大史诗为主，据推测八九世纪时已有《罗摩衍那》的改写本。现已发现最早的改写本是10世纪末11世纪初东爪哇达尔玛旺夏王授命宫廷作家用古爪哇文翻译改写的《摩诃婆罗多》的九个篇章，于此产生了古爪哇语“篇章文学”，这是东爪哇宫廷文学的开端。

公元11世纪初爱尔朗卡王统治时期，宫廷作家以史诗故事为题材来源，结合本民族的特点和歌颂本朝帝王的需要进行加工改编，使之成为具有本民族特色的爪哇古典文学作品，模仿梵文诗的形式和格律创造出一种用卡威文写的梵体诗——格卡温。格卡温诗每节有四行，每行音节数相同，每节韵律也相同。格卡温文学的奠基之作就是著名作家恩蒲·甘哇的名著《阿周那的姻缘》，并深得统治者的赏识，从此进入格卡温文学的鼎盛时代。柬义里王朝时期最著名的两部格卡温作品是恩蒲·塞达和恩蒲·巴努鲁合写的《婆罗多大战记》和恩蒲·达尔玛查的《爱神遭焚》。13世纪新柯沙里王朝时期印度两大史诗的传统影响逐渐减弱，作家们把视线逐渐转移到本国的历史和现实的题材上。这个时期最重要的作品是恩蒲·丹阿贡的格卡温作品《卢甫达卡》。

麻喏巴歇王朝时期以本民族历史和传奇故事为内容的作品大量涌现，宫廷作家直接取材于本民族的历史和王朝的现实来完成歌颂统治者的任务，文学的民族色彩更为浓厚，诗歌和戏剧都有长足的发展，如恩蒲·丹杜拉尔的格卡温《阿周那凯旋》和《输打梭玛》、普拉班扎的《纳加拉克达卡玛》、《尼迪沙斯特拉》等。之后，格卡温诗体逐渐为更具有爪哇民歌情调的吉冬诗体所取代，吉冬诗使用的语言是近古爪哇语，在内容上也基本摆脱了印度梵语文学的传统影响，直接取材于爪哇王朝历史和爪哇民族传奇故事。著名的吉冬诗有《哈尔沙威查耶》、《朗卡·拉威》和《巽达吉冬》等。麻喏巴歇王朝时期文学向民族化爪哇化发展的另一个重要标志是历史散文作品的出现，其中最著名的是《爪哇诸王志》、《丹杜·邦格拉兰》等。

麻喏巴歇王朝时期班基故事的出现是爪哇古典文学朝民族化爪哇化发展的顶峰。班基故事歌颂了戎牙路王子伊努和达哈公主赞德拉之间忠贞不渝的爱情。这个故事后来成了爪哇古典文学作品的主要题材之一。班基故事不仅对印尼的后世文学，而且对东南亚好些国家的古典文学都有深远的影响，可以说是继印度两大史诗之后，在东南亚传播最广、影响最大、最具民族特色的文学作品。

(2)马来古典文学

马来古典文学是在伊斯兰教传入后，在伊斯兰文学的直接影响下产生的。从历史上看，伊斯兰教首先在马来地区占据主导地位，因此伊斯兰文学也首先在这个地区取代印度宗教文学的地位而对马来文学产生直接的影响。首先引进的是伊斯兰教先知、先知伙伴和伊斯兰教英雄故事，如《穆罕默德之灵光》、《阿米尔·哈姆扎传》等。受印度文化影响的故事逐渐地也加入了伊斯兰教的传说，《史篇》、《黑罗摩》就是这一类故事的代表作。

随着马来伊斯兰王朝的建立，文学创作需要为神化和美化马来王族和伊斯兰化服务，由此产生了马来王朝历史传记文学，第一部这样的作品是写于15世纪中叶的《巴赛列王传》。创作于17世纪初的《马来纪年》在马来古典文学作品中具有很高的文学和历史价值，该书的语言文字也被认为是马来古典文学中的典范，对后来的文学发展产生了巨大的影响。

除历史传记文学外，宗教经典文学也同时产生并为确立伊斯兰教意识形态的主导地位服务。亚齐王朝成为马来王朝伊斯兰教经典文学的基地。最早最有影响力的伊斯兰教宗教经典是布哈里·乔哈里的《众王冠》，另一部影响很大的作品是努鲁丁的《御花苑》，是马来伊斯兰教经典著作中最大的一部。

长篇叙事诗“沙依尔”由许多节诗组成，通常每节四行(也有二行或三行的)，长可达数千行。每行的末音节押韵，格律与班顿诗相似。最早采用这种诗体的马来诗人是17世纪上半叶的哈姆扎·凡苏里，代表作有《不死鸟之歌》、《女人海》等。其他各类代表作有

《努尔·穆罕默德》、《猫头鹰》、《庚·丹布罕》、《望加锡战争》、《比达沙丽》等。

传奇小说“希卡雅特”是马来古典文学中最主要的散文形式，多取材于神话故事和民间传说，往往把神话和历史结合起来，带有浓厚的浪漫主义色彩。“希卡雅特”故事中最古老的印度史诗故事是《室利·罗摩传》，此外还有《般度五子传》、《伟大的般度族传》等。伊斯兰教传入后，出现了新旧过渡期的作品，如《布斯巴·威拉查传》、《朗朗·布瓦纳传》、《穷人传》等。随着伊斯兰文化影响的深入，流行于阿拉伯、波斯地区的警喻性寓言和神话冒险故事被移植过来，成为重要的创作素材。最受欢迎的有阿拉伯的神话故事《卡里来与笛木乃》和受波斯文化影响的《巴赫迪亚尔传》、《聪明的鹦鹉传》。此外还有不少从爪哇班基故事中汲取题材，流传最广的是《班基·固达·斯米朗传》、《班基·斯米朗传》等。

代表马来古典文学最高成就的当属《杭·杜亚传》，该作品是一部带有神话色彩的英雄史诗，它并非历史著作，但在一定程度上反映了马六甲王朝兴衰成败的全过程，生动描绘了马来社会的真实生活画面，具有很高的历史和文学研究价值。

马来古典文学的最后一位著名作家是阿卜杜拉·宾·阿卜杜卡迪·门希，他最重要的代表作《阿卜杜拉传》堪称19世纪马来文坛最有分量和最有影响的经典之作。在他去世半个多世纪之后，真正具有近代意识的马来文学才姗姗来迟。

3. 民族独立前的现代文学

一般认为印尼现代文学开始于20世纪初，是在民族觉醒中诞生的，是西方文化直接影响的结果，具有鲜明的时代特征，一开始就带有反帝、反殖、反封建的性质。

（1）二战前荷兰殖民统治时期的文学

20世纪20年代的印尼现代文学出现了四种类型：无产阶级革命文学、民族资产阶级的民族主义文学、个人反封建文学和华裔马来语文学。其中，华裔马来语文学是印尼近代文学通往现代文学的发展链条中主要的一环。

华裔马来语文学是指华人用“马来混合语”创作的文学，这种文学是在印尼特定的历史条件下产生的。它是印尼近代过渡时期的历史产物，是整个印尼近代文学的极其重要的组成部分，对印尼整个社会文化的历史进程，尤其是对印尼文学的现代化进程，起了重要的促进作用。华人作家的作品大多取材于报纸刊登的社会重大新闻，以真人真事为创作素材，在内容上克服了旧文学脱离现实生活的积习，把印尼文学从虚幻的宫廷神话中拉回到印尼社会的现实生活；创作方法和写作技巧都突破了马来古典文学一成不变的传统模式，改用西方文学近代小说的体裁，向现代小说的创作方向迈出了一大步，为印尼文学走向现代的发展开辟了道路。

无产阶级革命文学最有代表性的作家是马斯·马尔戈，他是无产阶级革命文学的主将，是诗人、作家和民族新闻工作者的先驱，他的代表作品是《自由的激情》。此外还有司马温的《卡迪伦传》以及鲁斯丹·埃芬迪的诗剧《贝巴沙丽》和诗集《沉思集》等。这些文学作品都是用马来语创作的，反映了20世纪20年代印尼争取民族解放斗争的时代特征。1926年民族大起义失败后，印尼共产党遭到残酷镇压，所有进步的民族报刊被查封和取缔，无产阶级的革命文学被扼杀。

1928年第二届印尼青年代表大会通过了著名的“青年誓言”，形成了全国统一的民族意识。由此，诞生了资产阶级民族主义文学，代表作家有耶明、萨努西·巴奈、阿卜杜尔·慕伊斯等。耶明也是印尼新诗的最早开拓者之一，他第一个采用“高级马来语”进行诗歌创作，并第一个把西方商籁体诗引进印尼现代诗歌。他的代表作有著名长诗《印度尼西亚，我的祖国》、历史剧《庚·阿洛与庚·德德斯》。在印尼诗坛享有盛誉的诗人和剧作家萨努西·巴奈善于用东方文化的精华对抗西方文化的侵蚀，代表作有诗集:《爱情的火花》、《彩云》和《流浪者之歌》，主要剧作有《克达查雅》、《麻喏巴歇的黄昏》和《新人》等。著名民族主义者阿卜杜尔·慕伊斯倡导以本族文化为体、西方文化为用来实现民族振兴。他的代表作有《错误的教育》和《苏腊帕蒂》等。

图书编译局是荷印殖民政府的文化工具，它对战前印尼文学和语言的发展产生巨大的影响，形成了所谓的图书编译局风格，大量出版个人反封建的文学作品。20年代个人反封建小说的里程碑作品是马拉·鲁斯里的《西蒂·努儿巴雅》。努尔·苏丹·伊斯坎达作为图书编译局最主要的作家，对图书编译局语言风格的形成影响最大。他的作品《错误的选择》是这一时期资产阶级个人主义文学的代表作，描写新一代人在个人反封建斗争中取得全面胜利。

1933年，苏丹·达梯尔·阿里夏巴纳、尔敏·巴奈和阿米尔·哈姆扎发起创办了第一家非官方的全国性文化刊物《新作家》。《新作家》为处于分散状态的印尼作家提供了共同的论坛，成为当时作家创作的中心，为打破图书编译局的局限性、发展印尼现代文学发挥了重要作用。30年代最为活跃且最有成就的作家群体就是“新作家派”。

苏丹·达梯尔·阿里夏巴纳是印尼文化战线上的巨匠，他始终坚持“文艺要有倾向性”，主张艺术为民族建设服务。《扬帆》是他30年代的代表作。尔敏·巴奈主张“艺术是社会的镜子”，比较倾向于现实主义。他的代表作长篇小说《枷锁》是独立前最有创新精神和最有影响力的现代小说。阿米尔·哈姆扎是“新作家派诗歌之王”，主张为艺术而艺术，主要作品有诗集《相思果》、《寂寞之歌》。

(2)日本占领时期的文学

1942年至1945年日本帝国主义占领印尼期间，宣布禁止使用荷兰语和传播西方文化，组织印尼文人为它的“大东亚战争”服务，客观上反而大大促进了印尼语的普及，给印尼作家带来更多的创作机会。这一时期的诗歌、短篇小说尤其是戏剧创作有了较大的发展，不过大部分属于“双刃刀文学”的作品，即一面为民族独立斗争服务，一面为日本的“大东亚战争”效力。这一时期的作家一部分是荷兰殖民统治时期的老作家，如萨努西·巴奈和尔敏·巴奈，另一部分是新涌现的年轻作家，代表了日占时期印尼文学的主流。

日占时期在诗歌创作上最离经叛道和最能代表时代变迁的诗人是凯利尔·安瓦尔，其作品充满对日本占领的不满和警惕，所以许多作品直到日本投降和印尼独立后才公诸于世。在小说和散文创作上，伊德鲁斯的《地下随笔》、《夜市》以其刻画的真实性和语言的独创性为人称道。其他代表作品还有尔敏·巴奈的戏剧集《貌柔内刚》、乌斯马尔·伊斯马义的戏剧集《吉特拉》、《悲与喜》和阿布·哈尼法的戏剧集《亚洲上空的风暴》等。这类作品大多在独立后结集出版。

4. 民族独立后的印尼当代文学

日本占领的三年间出现的一批新的作家和诗人，他们对战后文学的发展产生了深远的影响。代表人物有凯里尔·安哇尔、伊德鲁斯等。凯里尔·安哇尔强调表现自我感受和主观意志，打破了以班顿格调为基础的传统诗歌形式，开创了一代诗风。代表作品有诗集《尘嚣》、《尖石、被剥夺者和绝望者》和《三人向命运吼叫》(与阿斯鲁尔·萨尼、利法伊·阿宾合编)。伊德鲁斯写了不少描述日本法西斯铁蹄下民不聊生的短篇小说，在一定程度上真实地反映了当时人民的悲惨生活。他给当时写的这类小说取名《地下随笔》，收进他的短篇小说集《从阿芙·玛丽亚到通往罗马的另一条路》。

普拉姆迪亚·阿南达·杜尔是印尼独立以来最负盛名和最具代表性的多产作家，他的作品具有浓厚的时代气息和独特的艺术风格。他以一系列反映战争、人性以及乡村、城市的日常生活和社会阴暗面的小说，奠定了在当时印尼小说创作领域无可争议的地位。他的名作有小说《游击队之家》、《不是夜市》，短篇小说集《布洛拉的故事》等。移交主权后，他对黑暗的社会现实感到愤懑不满和彷徨苦闷，写了短篇小说《一片漆黑》，中篇小说《不是夜市》、《雅加达的搏斗》、《贪污》等，属于暴露文学作品，对当时的黑暗现实有所揭露。

1950年8月17日，印尼现当代文学史上第一个有组织有纲领的革命文艺团体“人民文化协会”成立，它第一次提出了明确的“文艺为人民服务”的人民文艺的斗争纲领，许多八月革命时期的重要作家都先后加入了这个组织。在五六十年代的印尼文坛上，无产阶级的革命文学发挥了重要作用。卓别尔的短篇小说集《逐日》，苏吉亚蒂·希斯娃蒂的短篇小说集《天堂在人间》，都比较及时地反映了人民的生活和斗争的现实，发挥了文艺的战斗作用。班达哈罗·哈拉哈普的诗集《来自饥馑与爱情的诞生地》具有强烈的时代气息，曾获全国文化协商机构的诗歌奖。

一些战前的老作家纷纷发表新作。普拉姆迪亚开始用革命现实主义手法反映印尼人民可歌可泣的斗争，作品有《南万登发生的故事》、《铁锤大叔》和长篇小说《渔村少女》等。阿卜杜尔·慕伊斯的历史传记小说《苏拉巴蒂》发扬伊斯兰民族主义精神。

50年代中期一批新的作家和诗人迅速成长起来。代表人物有阿依普·罗西迪、伦特拉、努格罗霍·诺多苏珊托、特里斯诺尤沃诺等。阿依普·罗西迪发表了一系列的短篇小说集《死亡年代》、《在家中》、《重开战》和一些诗集。伦特拉的作品有诗集《亲爱的人之歌》和《四组诗》。努格罗霍·诺多苏珊托的作品有《晨雨》和《三座城市》等。特里斯诺尤沃诺的作品有《男人与火药》、《海风》、《铁丝网》和《在战场上》等。同期的知名女作家以爪哇的蒂妮为代表，她的作品有《平静的心》等。这一批青年作家扎根本民族土壤，使民族化与世界化相协调，大多注意民族革命和地方性生活特色相结合。

"人民文化协会"成立不久，就与以耶辛为代表的文艺思潮就"四五年派"和"普遍人道主义"等问题展开激烈的论战。耶辛是著名的文艺评论家，是"四五年派"和"普遍人道主义"的主要鼓吹者。印尼的作家大都卷入这场意识形态领域的斗争。1963年"人民文化协会"同"文化宣言派"之间的尖锐冲突，仍是这一斗争的继续。1965年"9·30运动"发生后，"人民文化协会"的大批作家或被囚禁屠杀，或被迫流亡国外。新秩序时期"通俗文学"泛滥，"严肃文学"大受冲击，西方现代主义流派影响加深，同时出现回归本土文化的倾向。

1966年文学艺术性杂志《地平线》创刊，印尼当代文学开始逐步活跃起来。通俗作家队伍日益壮大，女性成分显著增加，新作迭出，有人称之为"女性小说"。有代表性的女作家有马尔卡·丁、玛丽亚娜·卡多波、拉·罗丝等。通俗小说填补了60年代末印尼小说界的"真空"。70年代开始，学术空气日益浓厚。这一时期的作家大多是60年代开始创作，他们拒绝现实主义的创作手法，作品更受欧美现代派影响。超现实主义、意识流、荒诞派等现代派作家和作品不断出现。同时，地方性题材的小说也不少。引人注目的是，老一辈作家也不断推出长篇巨著。

印尼“现代派”小说的代表人物有伊万·西马杜邦、布迪·达马、普图·维贾亚和达纳托。伊万·西马杜邦受法国战后哲学思潮影响很大，他的作品追求“反主题”、“反情节”、“反高潮”，情节荒谬，细节捕捉准确。代表作有1976年获“东盟文学奖”的《祭拜》、《红色的红》和《干旱》等。布迪·达马属于学院派作家，主要从事短篇小说创作，深受卡夫卡影响，爪哇传统色彩浓厚，代表作有《批评家阿迪南》和《奥连卡》等。70年代最多产的作家和剧作家普图·维贾亚深受欧美现代电影、戏剧的影响。在他的作品中可以看到“荒诞剧”、“意识流”的影子。他的代表作有长篇小说《电报》、《工厂》和《车站》，短篇小说集《炸弹》等，剧作有《海之歌》、《哎哟》和《哒嘀嘟》等。达纳托是“本土宗教文化特色”最浓厚、作品最难懂的超现实主义的作家。他的代表作有《上帝死了》、《正宗神识》和《膜拜圣寺》等。

一些中老年作家如达梯尔、卢比斯、普拉姆迪亚等仍然保持了旺盛的创作精力。作品大都是挖掘时代大主题的长篇小说，如达梯尔的《蓝色洞穴》和《优胜劣败》，卢比斯的《死亡与爱情》和《虎！虎！》等。普拉姆迪亚在被囚布鲁岛14年期间，他先后创作了十几部长篇小说，其中最杰出的是轰动文坛的四部曲：《人世间》、《万国之子》、《足迹》和《玻璃屋》。“四部曲”深刻地反映了印尼现代民族觉醒的斗争史，讴歌了为民族独立和解放英勇斗争的印尼人民。

这段时期，一些写女性问题的严肃小说受到了文学界的普遍赞誉。20世纪50年代开始创作的恩哈·蒂妮是印尼当代最著名的女作家。她的小说富有情味，柔婉真挚，主要作品有《拉·巴卡》、《在船上》、《我的名字叫广子》、《启程》等几十部。乌马尔·卡亚姆对爪哇传统女性心态及行为机制的揭示入木三分，代表作有短篇小说

《丝莉·苏玛娜》和《芭乌柯》、《曼哈顿的无数流萤》、《给妻子的蓝色和服》等。

70年代地方性题材的文学作品出了不少，作品大都触及了现实中的社会政治和道德问题，但艺术表现手法依然未见很大改进。反映苏门答腊地方生活的作品有凯鲁尔·哈伦的《遗产》，维尔丹·雅提姆的《动荡》和维尔松·纳迭克的《风暴起时》等；反映加里曼丹达雅克族特色的作品有柯里·拉涌·兰班的《仪式》等；反映努沙登加拉一带风情的有普图·阿尔雅·迪尔塔维尔亚的《银色的海沙》、《我的名字叫阿瑞》和格尔松·波耶克的《莎巴娜之恋》、《在巴厘的阳光下》等；反映苏拉威西渔民生活的小说有阿斯巴的《岛》。

80年代"爪哇特色"日显突出，不仅作者是爪哇人，而且反映的是爪哇人的价值观、人生观和道德观。如芒温威查亚的名作《织巢莺雀》，阿赫马·多哈里的三部曲《杜古巴鲁的舞妓》、《清晨的扫帚星》和《月晕》，里努斯·苏尔亚迪的叙事诗《芭利耶姆的自白》等。爪哇化倾向最为突出的诗人是努里斯·苏雅迪，他创作的《巴丽燕的自白》是爪哇化的典型作品。

第二节　音乐舞蹈

一、音乐

印尼民族众多，各民族的音乐各具特色。爪哇族的旋律悠扬、柔和，音调低沉；西爪哇巽达族的曲调与爪哇族的相似，但更缠绵、伤感；巴厘族的音乐气势雄浑；马鲁古和巴达克族的曲调热情奔放；而马来族的曲调活泼明朗，节奏欢快。

在印尼丰富多彩的民间音乐中，加美兰、昂格隆、格朗章和当都特音乐是流传最广、最受人喜爱的民间音乐。

加美兰（gamelan）是爪哇语，既指以金属敲击乐器为主体的合奏音乐，也指演奏这种音乐的乐队。加美兰具有悠久的历史，在建成于9世纪的大型佛教庙宇婆罗浮屠的浮雕上，已可见到现代加美兰乐队中一些乐器的图形。在13世纪末至16世纪初的麻喏巴歇王朝时代，大型加美兰乐队的乐器已基本齐备，16世纪以后形成规模相当大的乐队。此后加美兰乐队被普遍用作皮影戏、戏剧和舞蹈的音乐伴奏，同时也被用到宗教仪式上。

一套加美兰乐器由少则15件，多则23件青铜制品组成，包括锣鼓类乐器、排琴类乐器、管弦乐器等。其中锣类又分为吊锣、锅锣、排锣等；排琴类分为木琴、金属排琴、共鸣筒金属排琴等；管弦乐器类分为列巴布、切连朋和竖笛等。主乐器是各种锣，演奏时起主音和强音的作用。加美兰中使用的鼓都是双面鼓"根当"（kendang），通常置于木架上，用双手分别击鼓的两面，左手击强拍，右手则以掌心和指尖击鼓面的不同部位，奏出音色不同的鼓点。在乐队中鼓的作用非常重要，乐曲的开始与结束以及段落的转换都由鼓来指挥。一个加美兰乐队一般由24名演奏员组成，多的则达60多人。

加美兰音乐流行于印尼各个岛屿，但不同的地区在乐队编制、演奏风格、演奏技巧，以及乐器的形状与大小及音色等方面往往有某些差异。最具有代表性的是爪哇和巴厘的加美兰音乐。爪哇的加美兰由于受宫廷音乐的影响，显得典雅、文静，在演奏力度和速度上的转换是逐渐完成的，音乐柔和细腻；而在信奉印度教的巴厘岛，加美兰音乐充满生活气息，活泼欢快、热情奔放，在演奏力度和速度上的转换对比十分明显。

作为宝贵的文化遗产，加美兰受到上至王公贵族下至黎民百姓各阶层人士的喜爱，即便在一些偏僻的乡村，也有自己的小型加美兰乐队，村民们可以随时参与到这种音乐的表演之中。今天，加美兰已经作为最具印尼特色的音乐形式向全世界推广和传播，世界各地也有越来越多的人关注和喜爱印尼的这种传统表演艺术。

昂格隆（angklung）是加美兰乐队使用的一种竹制摇奏体鸣乐器。它起源于印尼西爪哇和北苏拉威西岛。每支昂格隆由长短、粗细、厚薄、老嫩不同的2～4根竹管组成。演奏时用手抖动放置竹管的框架，竹管和底框相互碰撞发出清脆悦耳的声音。一个昂格隆乐队中的每支昂格隆大小不一，有的只有五六厘米，有的则长达一米，以便奏出强弱不同的乐声，每个竹筒发出的高、中、低音，取决于竹筒的长短、厚薄和老嫩。演奏昂格隆不同于其他乐器，需要抖动竹架发声，得靠多人通力合作才能奏出曲调。不同音阶的竹筒可组成一个单独演奏的乐队，演奏人数少则十余人，多则上千人。[①]

昂格隆乐队既能突出主要旋律，又能奏出丰满的和声，能够演奏各种大型的、现代的乐曲。在西爪哇，昂格隆乐队十分普及，常用来为舞蹈、戏剧伴奏，在中小学音乐教育中也常常采用昂格隆。印尼政府为了宣传印尼音乐文化，多次派出昂格隆乐队到各国演出，受到各国人民的欢迎。

格朗章（keroncong）本是一种类似吉他的四弦琴乐器。格朗章音乐是用这种四弦琴，加上小提琴、大提琴和吉他等乐器演奏的一种音乐，最初由葡萄牙人在16世纪时带入印尼。它的特点是悠扬柔婉，适于抒情。格朗章在印尼的传播发展过程中吸收了印尼各地本土的音乐元素，形成了不同的风格。中爪哇的格朗章受加美兰音乐的影响，马来地区的格朗章则运用马来民歌板顿的韵律。在20世纪四五十年代，以格朗章音乐配曲的抒情歌曲在印尼盛极一时。著名

① 武文侠、陆春林：《印度尼西亚》，北京.世界知识出版社，2001年版，第191页。

的格朗章歌曲《梭罗河》、《格玛腰兰》至今还在印尼和世界各地广为传唱。

当都特(dangdut)原是拟声词，指击鼓时发出的“当—都特”的声响。当都特音乐即是一种用鼓伴奏的音乐。最早流行于马来族，是在伊斯兰乐曲基础上吸收印度歌曲曲调，后来又加入中东、拉美的音乐元素演变而成的。特点是激越流畅，热情奔放，用它配乐的歌曲大多为爱情歌曲。演唱者边歌边舞，身体随着节奏扭动，带有现代气息，深受青年人的喜爱。后来，摇滚乐元素也被运用到当都特音乐中，印尼各地涌现出不少著名的当都特歌手，电台和电视台也经常播放当都特歌曲。

二、舞蹈

从舞蹈的内容和表演手法来分，印尼舞蹈可以分成古典舞和现代舞蹈。古典舞大多取材于印度两大史诗《罗摩衍那》和《摩诃婆罗多》中的传奇故事和印尼各地的历史故事。现代舞多是在印尼民间舞蹈基础上吸收其他国家尤其是西方国家的舞蹈艺术而创编的新型舞蹈，其典型代表是根据《罗摩衍那》史诗及印尼民间故事改编的芭蕾舞。按舞蹈的功能来分，印尼舞蹈可分为礼仪性舞蹈和娱乐性舞蹈。礼仪性舞蹈是在举行各种礼仪活动时跳的舞蹈，其中包括宗教舞、宫廷舞、迎宾舞、婚礼舞、丧礼舞等。娱乐性舞蹈则是人们在喜庆和休闲娱乐时跳的舞蹈。这类舞蹈多为民间舞，有不少是表达庆丰收等欢乐心情的，有的则是模拟自然风物或表现男女爱情的，例如伞舞、扇舞、孔雀舞、盘烛舞等等。[①]

在舞蹈风格上，爪哇的舞蹈比较悠慢、细腻；巴厘舞蹈的基础

① 武文侠、陆春林:《印度尼西亚》，北京.世界知识出版社，2001年版，第200页。

是爪哇舞，因此在风格上有许多相似之处，但巴厘舞蹈的形式更为丰富多样，节奏有缓有急，除用手腕、手指动作外，演员还用又大又圆的双眼来传神达意；苏门答腊马来族的舞蹈以热情、欢快著称；加里曼丹和东部偏远地区的舞蹈相对粗犷、简单，带有原始宗教色彩，尤其是西伊里安各土著民族的舞蹈，节奏感十分强烈，极富感染力。

（一）爪哇舞蹈

爪哇舞蹈通常都以加美兰乐器伴奏，除表演正义与邪恶之间斗争的舞蹈节奏稍快之外，一般都节奏悠然缓慢。动作主要靠两腕和手指，表演时演员保持半蹲姿势或挺直姿势，神情严肃单一，无喜怒哀乐的表情，演员的感情只通过手腕、手指的动作和音乐来体现，十分细腻、委婉。舞蹈的节奏悠然、缓慢、典雅，富有诗意。演员腰间的丝巾，是重要的服饰，男女角色都用。在表演时，演员以手指轻夹下垂的丝巾，然后往外一弹，使舞姿更为优美动人。

著名的爪哇舞蹈有梭罗宫廷舞斯林比舞，原先只有王族成员才有资格欣赏这种舞蹈，后来逐渐在社会上普及。因参演人数的多寡以及表演内容和唱词的不同，斯林比舞又分成若干种。最常见的斯林比舞，其题材主要取自爪哇历史故事，表演者为四名少女。舞者两人为一组，均穿华丽的浅色民族服装，头戴闪光的头饰，手戴金黄色的长指甲套，在加美兰乐器伴奏下款款起舞。演出一般用一小时左右。虽然演出中有时也有战斗场面，但在总体上演员的舞姿始终保持着爪哇舞柔缓优雅的特点。

伯达雅舞也是爪哇著名的舞蹈。作为宫廷舞，伯达雅舞深受当时盛行的宗教文化的影响。该舞在表演内容及舞姿上与斯林比舞大体相同，只是通常都由九名少女表演。数字九在印度文化中非常神圣。对曾经深受印度教影响的爪哇人来说，数字九有着超自然的神力，他们相信“九”能给生活带来好处。因此，跳此舞蹈无疑寄托着人们对美好生活的憧憬和期盼。目前这种舞蹈也已成为一种观赏性的文艺节目。

在中爪哇和东爪哇还盛行一种由单人表演、模仿骑马动作的民间舞蹈，舞者为男性。道具为用竹编制的扁形竹马。为了美观和逼真，一般将竹马漆成黑色或棕色。舞者策“马”扬鞭，以矫健优美的舞姿表演骏马飞驰的情景。

西爪哇的舞蹈属于巽达族舞蹈，在情节、服装和演员的动作、表情上，比中爪哇和东爪哇的舞蹈更丰富多样，也比较紧凑。这与西爪哇更多地接受外来文化影响有关。其主要舞蹈有采彭安舞，是西爪哇巽达族古典舞蹈，该舞优选了部分印尼武术的动作，演员一般为女性，具有温柔、典雅的特点，加上武术动作，可称得上柔中有刚。巽达族的斯林比舞则反映哇扬皮影戏中的故事。在西爪哇流行的舞蹈还有孔雀舞和蝴蝶舞等。表现的是孔雀开屏的五彩缤纷和蝴蝶翩翩的艳丽动人，演员以柔美妩媚的形象，使观众赏心悦目，获得美好的精神享受。

（二）巴厘舞蹈

由于宗教观念的影响，巴厘人的舞蹈具有很浓厚的神秘色彩。巴厘人认为，舞蹈的起源与人们力图取悦神灵是分不开的。至今巴厘人仍然保留有许多纯粹的宗教和灵术的舞蹈，其表演艺术具有明显的特征：一、需要指定演出的地点，一般在认为比较圣洁的地方；二、需要指定合适的时间和时刻；三、需要指定合适的演员；四、需要有祭品；五、演出的目的要大于表演形式；六、需要有特定的服装。除宗教性的古典舞之外，巴厘的传统舞蹈还可分为娱乐性舞蹈、自然性舞蹈和历史题材舞蹈等。巴厘舞蹈中最为著名的有莱贡舞、巴隆舞、盖查舞和山哈央舞等。

莱贡舞是巴厘著名的古典宫廷舞。该舞过去只在宫廷为王公贵族表演，后来走出宫廷成为某些宗教仪式和文艺演出中不可或缺的节目。参加表演的舞蹈演员都是十二三岁的少女，她们通常从五六岁就开始接受严格的专门训练，经过多次淘汰后，最后能登台演出的往往所剩无几。因此，成为莱贡舞演员或曾当过莱贡舞演员是巴厘女性的骄傲。表演舞蹈时，演员们手持秀扇，身穿华丽舞衣，头戴花环等饰物，随着音乐翩翩起舞，肩、颈、腰、指等部位随节奏轻柔地扭动，体态婀娜多姿，双目左右转动，妩媚动人。由于舞姿优美典雅，莱贡舞备受印尼各阶层人士以及外国贵宾和普通观光客的欢迎。

巴隆舞原本是一种宗教舞蹈，现已成为巴厘的一个重要旅游演出节目，在巴厘的巴都婆兰村常年都有巴隆舞表演，吸引着世界各地的游客。巴隆舞的正式全名为"巴隆和朗达舞"，表演的是《摩诃婆罗多》故事中象征正义的神狮巴隆与代表邪恶的巨魔朗达之间展开的激烈战斗。巴隆狮均由两名演员扮演和操纵，一人舞动狮头，另一人摆动狮尾，演出最后达到高潮时，恶魔朗达施展邪术，使围追他的剑手们个个中邪而用短剑连刺自己的胸膛。此时由法师出来破除朗达的邪术，剑手们才得以脱险。整个演出有声有色，扣人心弦。

盖查舞是巴厘的一种传统舞蹈，也称为猴舞，其内容取自《罗摩衍那》，讲述的是神猴哈努曼率领众猴搭桥从魔王手中救出罗摩之妻悉多的故事。该舞一般在夜晚演出，场地多在神坛前的广场上。舞蹈由主舞和伴舞组成。主演者表演故事情节，由数名男女演员担纲，伴舞者扮演群猴，由一二百名成年男子参演。表演时演员们围着篝火或蜡烛，由里向外围成数圈席地而坐，在无任何音乐伴奏的情况下，"猴子"们时而高举双手，时而前仰后合，并有节奏地发出

"吱喳"、"哇哇"等叫声。表演达到高潮时，节奏越来越快，"猴子"们像多米诺骨牌一样，依次一个个、一圈圈向后倒下，气氛紧张而热烈，有时演员们兴奋至极，还起身光脚踩在火上跳。据说他们个个拥有功力，不会被火烫伤。[①]

山哈央舞是巴厘岛流传至今最古老的宗教舞蹈，是发生流行病或遭遇天灾人祸时跳的舞，通过舞蹈表现神和人的联系。伴唱队唱着神的名字，舞蹈者便出场向人们洒圣水，以表示神的保佑。舞蹈常由未满12岁的两个女孩演出。在有些地方山哈央演出时，少女赤脚在火上跳，一直跳到昏昏迷迷、神志不清。也有的是站在男人肩上跳，男人来回旋转，姑娘们却不会掉下来，因此认为是神灵附体。这种舞蹈往往是在晚上表演。

此外，巴厘岛还流行章格尔舞、里岗舞和格比耶舞等历史题材的舞蹈。章格尔舞由12对男女演出，6男6女面对面坐成四方形，舞时不必站起，音乐也很简单，描写《阿周那的婚姻》一书中主人公阿周那修行的故事。里岗舞要求舞者动作敏捷，加美兰伴奏的乐曲时而快如急流，时而缓慢悠扬。演出者多为7～12岁的女孩。这种舞蹈的手部、眼部与臀部动作最引人注意。格比耶舞是一种单人舞，表演时舞者必须一直蹲坐或蹲行，以面部表情表达喜怒哀乐。

（三）苏门答腊岛舞蹈

苏门答腊是印尼的重要岛屿，这一地区的民间舞蹈以其丰富多彩、优美抒情而闻名。分布于该岛东部一带的马来族是富有航海传统的部族。性情开朗活泼的马来人在舞蹈上展示出热情奔放的风格，与爪哇的宫廷舞形成鲜明的对照。著名的马来舞有十二段舞、弄庚舞等。十二段舞也称十二彩舞，是一种群众性的青年男女对舞

① 武文侠、陆春林：《印度尼西亚》，北京. 世界知识出版社，2001年版，第202页。

的集体舞蹈。它由12段舞蹈组合变化而成，以女子表演为主，男子作陪衬，舞步变化迅速，动作活泼轻快，花样繁多。

弄庚舞有悠久的历史，很早以前就是流行于东苏门答腊地区的一种民间舞蹈，该舞如今已传至爪哇岛和加里曼丹等地，成为一种流行舞蹈，其内容和形式也较之以前发生了变化。原来的弄庚舞，一般由一对男女青年边歌(用马来板顿诗对歌)边舞，现今则已发展成一种交际舞。在舞台上演出时，往往由几对男女青年共舞。舞至高潮时，手持披肩的舞女便边舞边离开舞台，将披肩挂在她们选中的男观众肩上，邀其共舞。被挂肩巾的男子如接受邀请，便上台与其共舞。男演员也可邀女观众共舞。此时舞台上演员们全身扭动，做出各种姿态，台上台下气氛格外热烈。因此现在常将弄庚舞作为文艺演出的压轴节目，使演出在演员与观众欢快的共舞中结束。但在某些场合(如有的夜总会、歌舞厅)弄庚舞演出已经被商业化甚至庸俗化了。

赛乌达蒂舞是北苏门答腊亚齐地区的一种民间舞蹈，现在已流传至印尼各地。参加演出者一般为6～12名男青年，他们身穿长袖上衣，头戴丝巾，腰围金银丝线纱笼，有时还在腰间别上弯刀。演出时不用音乐伴奏，表演者站或坐成一排，跟随一名歌手的歌声节奏，边歌边舞，以打响指、拍手、拍胸、拍腿、伸臂、挥臂、身体交叉前仰后合和左右摆动、相互击掌等动作为表演手段。节奏时快时慢，动作整齐划一，达到高潮时，节奏十分急促，但演员们舞技娴熟，动作始终协调一致。该舞的特点是热烈欢快，节奏感强，深受印尼各界民众的喜爱，现在常被列为文艺演出中的保留节目。

盘烛舞是流行于西苏门答腊米南加保族地区的民间舞蹈。关于这种舞蹈的表现内容有多种说法。一说该舞描述一位少女在黑夜中不慎将结婚戒指丢失，担心他人知道说她不忠，于是点上一支蜡烛，借着微弱的烛光四处寻找自己的戒指；另一说该舞为庆丰收舞。现在舞台演出时往往由四名或六名年轻女演员表演，她们手托点着蜡烛的瓷盘，身体和盘烛随着婉转动听的音乐节奏旋转舞动，在复杂动作中保持烛火不灭。演员的舞姿轻盈飘忽，优美动人。

（四）加里曼丹舞蹈

加里曼丹的舞蹈与爪哇和巴厘的舞蹈相比，显得比较原始和粗犷。最著名的舞蹈是古戴面具舞。古戴是东加里曼丹的一个城市，5世纪前后古戴王国曾在该市留下珍贵的石碑。古戴面具舞有的柔和婆娑，有的急促激烈。这种舞过去常在古戴的加达尼加拉王宫演出，目前常见于古戴族婚礼和节日庆典。古戴面具舞可分为马蒂舞、格拉那舞、格民都舞、古农沙里舞等等。

加里曼丹流行的舞蹈还有迎宾舞，如东加里曼丹的大锣舞、南加里曼丹的巴克沙·根邦舞等；宗教舞，如西加里曼丹的莫依舞和扎宾舞、南加里曼丹的西诺曼·哈特拉·罗达舞等；至于东加里曼丹的搏斗舞，是描述两个小伙子争夺一位俊俏姑娘的故事；而中加里曼丹的驱逐偷谷贼舞，则是歌颂为民除害的英雄。

在加里曼丹、南苏门答腊、北苏拉威西、帝汶、伊里安查亚及马鲁古等地民间还流行各类表演战场厮杀场面的土风舞，也叫战斗舞。各地的战斗舞虽然名字各不相同，在风格上也各具特色，但它们之间仍有不少共同之处。跳此类舞的演员一般都是男性，他们按各自民族的传统方式装扮自己。跳舞的道具均为古老的战斗武器——长矛和盾牌。跳舞者随着急促的“征战”鼓点儿，边高呼呐喊，边“追赶厮杀”，舞步刚健遒劲，极具阳刚之美。战斗舞是从实际生活中提炼而成的供自娱自乐的民间集体舞，过去一般只在民间节日或喜庆欢乐时跳，不登大雅之堂。现今，它常被用来欢迎宾客或为宾客表演，一方面表示东道主热情好客，另一方面也向外界展示自己独特的本土文化。

第三节　电影戏剧

一、电影

印尼电影生产起步较晚。20世纪20年代中期开始有荷兰人和华人投资的小电影公司出现，荷兰人所拍影片多模仿好莱坞情节片，华人所摄影片则多为侦探、神话和武侠类，产量不高。30年代期间，出现了印尼第一部影片《黑猴》、第一部有声影片《安佳·达西玛》、第一次起用印尼人演员的表现爪哇农村生活的半纪录性影片《稻米之歌》，这些影片为印尼民族电影的起步创造了条件。1937年发行了商业上最成功的影片《月光曲》，这部影片由华裔、荷兰裔印尼人联合导演，由印尼著名歌唱家鲁姬亚主演。同年，印尼人开始自己组织生产影片。

日本占领时期电影业完全控制在侵略者手中，电影产量不高，比较有印尼民族特色的有《胡基安》和《我的梦》。

印尼独立前最有影响的电影公司是华裔郑锦熙父子的爪哇电影公司，为印尼的电影事业培养了一批人才，摄制了一些受东南亚观众欢迎的影片，如《梭罗河之誓》、《一条手巾》等。1945年印度尼西亚共和国成立后，由于荷兰殖民军卷土重来，电影生产几乎完全中断。直到1948年，在日惹拍出了《铁古泰隆河之泪》之后，电影生产才开始恢复。

1950年，国家电影制片厂在万隆成立，它除自己生产纪录片和故事片外，也对私营公司提供技术服务。50年代至60年代初印尼有进步意义的影片是《残疾人》、《归来》、《不可饶恕的罪行》、《查雅布拉纳》、《战士》、《杜朗》、《小星》等。

“9·30运动”后影片产量减少，为了保护本民族的电影，印尼政府设置了电影管理机构，国产片产量逐年增加。到60年代末，印尼电影在东南亚已有一定竞争能力，1979年设立国家电影委员会，参加管理影片生产、发行和人才培养等。这一时期重要作品有《妈妈》、《无辜的新嫁娘》、《情夫》、《幻想破灭》、《义子》、《绝望的泪》、《1828年11月》、《雅加达、雅加达》、《西堤·珀蒂威医生回到农村》等。

20世纪90年代，由于受到外来影片强力冲击，印尼的本土电影工业一落千丈，近几年来印尼电影出现复兴势头，本土制片的数量、质量和票房成绩都逐渐提高。2008年由制片人兼导演哈农所拍摄的《爱的诗篇》，在全国掀起热潮，创下多项票房纪录。2011年由印尼导演达米·德玛特执导的影片《村里的孩子》，以20世纪30～50年代苏门答腊岛西部的一个内陆小村庄为背景，讲述了印尼第二大伊斯兰教组织“穆罕默迪亚”领导人沙菲仪·玛里夫的成长和奋斗历程。该片一举夺得美国洛杉矶电影奖的最佳主演、最佳剧本、最佳服装设计和最佳国际影片等4个奖项，获美国国际电影节的6项大奖，又在法国举办的跨文化国际电影节中被评为最佳影片。

二、戏剧

1. 哇扬戏

哇扬戏是印尼历史最悠久、影响最深广的民间戏剧，是印尼民族文化，特别是爪哇文化的集中代表，是深受东方文化和爪哇文化理念影响的戏剧表演形式。关于哇扬戏的起源，大多数学者提出哇扬戏是爪哇本土文化产物的假设，起源的直接动因是印尼原始宗教中以万物有灵论为基础的本土祖先崇拜，即古爪哇人的祭祖活动，后演变成娱乐性质的影戏。印尼爪哇哇扬戏的种类繁多、难以计数，按照材质划分，可以分为皮质哇扬、木偶哇扬、格里迪哇扬、人哇扬、布袋戏哇扬等。

皮质哇扬中最有代表性的是布尔哇哇扬（Wayang Purwa，古典哇扬戏），类似皮影戏，是印尼最流行的一种皮质哇扬戏，主要分为爪哇和巴厘两大流派，爪哇流派的傀儡造型抽象，脖子长，肩膀宽，两臂长过膝盖，与常人形象相差甚远；巴厘流派的傀儡则比较写实，形状接近真人。爪哇布尔哇哇扬又分为西爪哇和东爪哇两种风格，西爪哇风格的布尔哇哇扬以井里汶地区最为著名。

布尔哇哇扬的剧目主要源于印尼化的印度两大史诗《罗摩衍那》和《摩诃婆罗多》、班基故事、伊斯兰故事和爪哇民间历史故事等，此外还有部分源于万物有灵和史前传说的剧目。

布尔哇哇扬的表演设施通常包括幕布、照明铜灯、傀儡、傀儡插座、加美兰乐队等。幕布是一大块绷于框架中的棉质白布，质地轻薄，照明铜灯是悬挂于幕布前方中心位置、燃烧椰子油的展翅神鹰状铜灯。摇曳的灯光为傀儡在幕布上投射出纵深感极强、大小可变的阴影，将傀儡勾勒得栩栩如生。傀儡插座由固定于达郎（dalang，操纵傀儡的艺人）身边的细软香蕉树杆充当。表演时一名达郎坐于幕布下方，达郎身后围绕加美兰乐队，乐队中心位置通常安排一至两名女歌唱演员。观看时中爪哇和东爪哇的观众习惯坐在正面，可以直接看见傀儡；巴厘和龙目的观众习惯坐在反面，只能看见傀儡投射在幕布上的影子。

其他皮质哇扬还有：格笃哇扬（Wayang Gedog），创作于巴章王朝时期。这种哇扬与布尔哇哇扬相似，同样使用皮质傀儡，剧目表演的是班基故事；史话哇扬（Wayang Babad），使用皮质傀儡，主要表演伊斯兰教传入印尼后淡目和巴章王朝的英雄事迹；鼷鹿哇扬，现代皮质哇扬，由一名华人后裔创作于1925年，主要运用雕刻绘制的皮质动物傀儡表演印尼传统的鼷鹿故事；天启哇扬，现代皮质哇扬，创作于1960年，雕刻和着色技法比较写实。剧目取自《新约》和《旧约》，演员为天主教徒，语言为爪哇语；革命时期皮哇扬，创作于革命年代的爪哇现代哇扬，用于宣传革命精神，激励革命斗志，主要包括火炬哇扬、革命哇扬和潘查希拉哇扬，现代比较少见。火炬哇扬又称斗争哇扬，创作于1945年，使用皮质傀儡，绘画手法比较写实，用来宣传民族革命历史。在这种哇扬里出现了苏加诺、哈达、夏赫里尔、苏迪尔曼将军等角色；革命哇扬，创作于1945年，使用皮质傀儡，讲述印尼独立战争时期反抗殖民者的故事；潘查希拉哇扬使用皮质傀儡，主要被政府用于宣传革命精神。般度族五兄弟分别代表建国五基中的至高无上的神道、公正和文明的人道、印度尼西亚的统一、协商和代表制下的民主、实现社会的正义与繁荣。

木偶哇扬即格来克哇扬（Wayang Golek），是流行于西爪哇地区的一种木偶哇扬，出现于马打蓝王朝时期。这种傀儡由圆木棍雕刻而成，由头、上身、大臂、小臂等六部分组成，头部制作精致细腻，造型酷似皮质哇扬，下半身则围上纱笼。傀儡头部和大小臂都可以活动，操纵连接傀儡双手的竹棍就能使其做出各种姿势。这种哇扬白天夜晚都可演出，白天不需要幕布，夜晚需要幕布和灯光。根据剧目内容不同这种哇扬分为“巽达格来克哇扬”和“默纳格来克哇扬”两种，前者表演的是源于印度两大史诗的故事，后者也称为登古哇扬，剧目源于以阿拉伯国家为背景、叙述先知穆罕默德进行圣战，传播伊斯兰教的“默纳故事”，尤以先知穆罕默德的叔父阿米尔·哈姆扎的故事最为常见。这种哇扬表演主要使用巽达语，其中夹杂一些现代爪哇语和古爪哇语。

格里迪哇扬是东爪哇泗水一位名叫拉登·朴凯克（Raden Pekik）的人于1648年在皮质哇扬基础上发展起来的，使用具有精巧皮质手臂、木质身躯的平面上色傀儡，一般白天演出，配以加美兰伴奏和歌女伴唱，分为日惹风格、梭罗风格等。剧目多取材于两大史诗和爪哇历史故事，主要是反抗麻喏巴歇王朝的英雄拉登·达玛乌兰的故事。现代比较罕见。

人哇扬出现于19世纪末的爪哇宫廷，是主要表演印度两大史诗的舞剧。演员全部为男性，装束与皮质哇扬相似，要求演员模仿传统哇扬戏的傀儡动作，使用对白，有时还要用爪哇韵体诗演唱。20世纪初起，人哇扬渐渐在爪哇社会中流传开来。人哇扬的表演元素也日益丰富，往往兼具舞蹈、道白、说唱等内容。但在当今印尼社会，人哇扬的爱好者日益减少，这种艺术形式的传承面临着严峻的挑战。

布袋戏哇扬是16—19世纪由中国传入印尼的中国傀儡戏剧。一般单手操纵，傀儡头部中空，由木材雕刻而成，除头、手、足外，躯干与四肢都用布料制成。这种哇扬戏最初在印尼大城市的寺庙或夜市里表演，上演的剧目主要由中国传统民间故事改编而成，如《孙悟空》、《山伯英台》等，由中国乐器伴奏。

2. 画卷戏

画卷戏是一种在长条形布或纸上绘制剧目场景的哇扬形式。这种哇扬卷起时如垂直的圆柱，一卷分为十多个场景。开始讲述故事时展开画卷，讲述完一幕故事后将其卷到另一端的柱子上并出现下一幕画面，直至将画卷全部卷到另一根柱子上，故事也叙述完成。十五世纪明朝永乐年间马欢的《瀛涯胜览》中有其生动描述："有一等人以纸画人物鸟兽鹰虫之类，如手卷样，以三尺高二木为画杆，止齐一头。其人蟠膝坐于地，以图画立地，每展出一段，朝前番语高声解说次段来历。众人围坐而听之，或笑或哭，便如说平话一般。"画卷哇扬题材最初多取自印度两大史诗，后来主要用来讲述印尼本土的班基故事，其鼎盛时期大约在14—15世纪的麻喏巴歇王朝，其人物形象经历了印度化时期的写实风格和伊斯兰时期的抽象夸张化变化后，于马打蓝王朝开始衰落，现代比较罕见。

3. 面具戏

由淡目王朝的穆斯林贤哲创作于1586年，面具形式与布尔哇哇扬相似，逐渐分化为玛琅风格、马都拉风格、爪哇风格、井里汶风格等，演出内容多为十一至十三世纪东爪哇谏义里王朝时期的历史故事，尤以班基故事为主。面具一般由木头制成，形象较为夸张，具有鲜明的性格特征。

4. 列农戏

列农戏（lenong）是流行于雅加达及其周围地区的一种民间戏剧，由于戏中歌唱的成分较重，该戏又有“雅加达歌剧”的美名。列农戏的演出服装和道具都有一定的模式，例如反面角色多穿黑色上衣、光脚，说话声高气粗。表演以演唱板顿民歌为主，配以舞蹈及对白，演唱及对白均使用雅加达方言。演出时由甘梆、木琴、鼓等民间乐器伴奏，乐手全为男性，女演员伴舞。作为集音乐、舞蹈和美术于一身的一种综合艺术，列农戏是雅加达当时实力最雄厚、演技水平最高的一种民间剧种，深受人们的喜爱。但随着时代的发展和观众欣赏水平的变化，列农戏逐渐失去了往日的光彩。如今，雅加达及其周围地区又在列农戏的基础上兴起了一种鲁姆比戏，即白话列农戏。戏中去掉了板顿演唱，只有独白和对话。剧目内容多来自现实生活，新颖活泼，贴近百姓，演员妙趣横生的嬉笑怒骂、插科打诨常能使观众时而情绪激昂，时而捧腹大笑。该戏在城乡民众中具有广阔市场。

5. 克托帕拉戏

克托帕拉（ketoprak）本是一拟声词，是指两个竹、木器碰击时发出的声响。因克托帕拉戏最初在民间演出时是以木杵敲击石臼作为伴奏，发出“克托—帕拉”的声响，所以人们便将该戏称为克托帕拉戏。该戏最初以歌舞表演为主，后来渐渐发展成今天这种融说唱、武功、对白、独白等于一体的剧种。演出中，演员常能不失时机地对时事加以巧妙的评说，用百姓最熟悉的词语说出许多噱头，令观众拍手称绝。有的剧团还常穿插一些与剧情无直接关系的滑稽节目，或启用武打演员进行替身表演，做出不少扣人心弦的武打动作，使演出更加精彩、生动。

6. 鲁德罗克戏

鲁德罗克戏（ludruk）流行于民间，常见于东爪哇。该戏的演员全为男性，表演时由演员自编自演，道具非常简单，只需临时搭起的戏台、一个幕布、两盏汽灯，由加美兰打击乐伴奏。演出时间从晚上十点一直到次日凌晨。演出内容大多反映现实社会状况，贴近大众生活，且情节生动，语言幽默诙谐，内容丰富。鲁德罗克戏曾一度繁荣过，上世纪60年代在东爪哇有30家鲁德罗克剧团，但近年来鲁德罗克戏的影响有所减弱。

第四节　建筑艺术

一、传统民居

印尼地处赤道，炎热多雨，因此印尼人的传统民居除各具特色之外，有一个共同特点，那就是房屋的边墙不太重要，往往只有一层薄薄的竹木结构墙壁即可，而屋顶比较讲究，就是注重遮挡炙热的炎阳和经常性的滂沱大雨，因此印尼的传统民居全都有倾斜的屋脊，有的还相当陡峭，以便于排水；没有屋脊的平顶房在印尼农村如凤毛麟角，极为罕见。印尼林木茂盛，竹子、椰树、棕榈树、竹竿等比比皆是，为建房提供了丰富的原材料，因此各地民宅大都为竹木结构，覆盖屋顶的是厚厚的椰树叶、竹竿叶、棕榈毛之类，既可就地取材，又能达到清凉、隔热、通风、透气的效果，而且印尼传统民居很少使用铁钉，多采用咬合和捆绑等方式。为了防水、防潮、防猛兽，除爪哇岛、巴厘岛一些地区外，印尼绝大多数村民都住“高脚屋”或“浮脚楼”。由于受到不同地域、宗教、历史、审美的影响，印尼各地各部族传统民居之间还是出现了迥然有异的风格和特点。下面介绍几种典型的传统民居。

爪哇地区的传统住宅不同于印尼其他地区，都直接建在地面上，房柱以竹、木为主，尤以柚木为最佳。一般都有宽大的房檐，房内往往用活动的壁席按一定的规格或根据需要隔成若干小房间。爪哇人有着根深蒂固的等级观念，传统房形也能区分房主身份地位的高低。房基为长方形的房子是农村普通居民的住房；而地基为正方形的房子通常是王室贵族后裔的居所，而且在前面都有用作接待宾客、摆设宴席和举行庆典仪式的大厅。大厅四周无墙，中心有四根大柱，周围数根小柱，屋顶呈尖形。地基高于平地，一般坐南朝北，或坐北朝南，只有王宫大厅才可坐西朝东。[①]大厅后为正房，堂屋的台基与大厅齐高，两边房基与地齐平。有的大厅与正房相连，中间有走廊，有的则是相互隔开的。大厅之前一般有宽敞的庭院，种有各种花卉和果树。住宅四周均设有围墙，但院门不居正中，而是设在偏左或偏右的位置上。院门两侧有石雕柱，雕有佛教故事中的人物雕像。

亚齐人通常住在高脚屋里，房屋的模式差别不大，都是一幢房子分三个大房间，居中的一间地板略高于两侧，是主人夫妇的卧室，

① 武文侠、陆春林：《印度尼西亚》，北京：世界知识出版社，2001年版，第113页。

另外两间分别是未成年男孩或女孩的起居室。高脚屋的地板一般离地面2.5~3米，外形呈长方形，东西走向，房梯及家门朝南或朝北。房柱一般选用上好的木料，房子骨架结实，据说起码能用上两代人。房顶铺有编好的竹竿叶，20年以内不必更换。地板选料或竹或木，因人而异。家中厨房通常设在两侧房间的某个角落里，也有的家庭挨着住房另盖。亚齐人家中很少有桌椅板凳，人们习惯于席地而坐。

苏门答腊巴达克族人性格豪爽奔放、剽悍骁勇，这一特点也体现在他们的住房上。巴达克人的传统住宅也是高脚房，但其风格与亚齐族的高脚屋迥然有别。巴达克族传统房按规模大小及屋脊形状一般分为风俗房和普通房。风俗房一般规模较大，长20米左右，宽10米，房脊呈牛头状，它是族长居住及族中举行传统风俗礼仪的地方。风俗房大都分上、中、下三层，象征着上、中、下三重天地。最上层是圣室，存放着家族亡人的骨灰；中间一层分成若干间，是家族几个小家庭的生活空间；最下一层（即地板与地面之间的空间）存放农具、杂物及饲养牲畜。普通房规模较小，房脊呈两头高、中间凹的圆弧形，翘起的两个尖角上装有牛角或人头雕像，一般是普通小家庭的住房。无论哪种房，都是东西走向，四壁与地板不成直角，而是有一定的倾斜度。整个房屋用坚实的大圆木作立柱，房顶和山墙用棕毛编织铺成。东西两侧的墙壁用竹或木料制成，上面都用红、白、黑、黄等色画上图画，有人头像或狮头像，极为醒目。[①]

米南加保族的传统住房是印尼造型最独特的几种传统房之一，当地语里叫作“加当”（gadang）。“加当”房也是一种高脚屋，尖而高大的屋顶压在短粗的木桩上，屋长约几十米，分上下两层。上面住人，下面用作牲口棚，上下楼备有竹梯。房屋是木结构，房基一

① Koentjaraningrat. *Manusia dan Kebudayaan di Indonesia*. Jakarta: Penerbit Djambatan, cetakan ke-18, 1999, p.99-100.

般为长方形，高于地面两米，内有高至屋顶的柱子，用来分隔房间，供小家庭居住。米南加保族一个母系大家庭的各种活动都在这里进行。“加当”房的朝向没有严格规定，但一般都背着道路，以使家庭生活，尤其是闺房内的活动不被外人窥见。它只设一个房梯，设在房前正中央，一上梯子便是一个大阳台，是招待客人及举行各种庆宴的场所。加当屋造型的特别之处表现在其房屋脊上，它的房脊中间凹，两端高高翘起，远看好似一只船，而翘起的部分又酷似尖尖的牛角。在传说中，米南加保民族用斗牛决胜的妙计战胜了来犯者，为纪念这次重大的胜利，他们修建了屋脊两端翘起的房屋，并一直相传至今。房脊上还挂有牛角或木雕牛角，每增加一代人，就增加一对牛角。

加里曼丹岛达雅克族人的传统房是名副其实的长屋。一般屋长五六十米，最长的可达170~180米，当地人称它为“贝当”。这种长屋有两种方向，或与当地的河流平行，或与河流垂直。它是前高后低，呈斜坡形的竹木结构高脚屋。长屋外圈四周都设有阳台和凉台。长屋中间有一条长长的甬道，里面摆放着木床，供客人住宿。甬道两旁是两排单间房，每排分若干间。过去，有的长屋长达200~300米，宽10~20米，可容纳几百人居住，现在这样的长屋已不多见，一般都只住一个有两至三代血缘关系的大家庭，每个单间住着一个小家庭，都有一个独自的门户。房间里又分成几个部分，从进门到后面依次是睡觉、吃饭、做饭、招待客人或养鸡的地方。达雅克人有个传统，喜欢把捕获的鹿和野牛的角割下来挂在长屋的前柱上，有的地方也挂牛头，这一方面显示他们的勇敢，同时也起“辟邪”的作用。

托拉查人的传统民居造型非常独特。不论是普通住宅、谷仓还是风俗房，其方向和外形全都一样，一律坐北朝南，门朝东开，屋脊状似船形。这种布局和造型对托拉查人来说有着特殊的意义。他们相信自己的祖先以前住在南方，后来因受外族排挤才乘船来到苏拉威西中部落脚定居，房屋面向南方及船状屋脊都是为了缅怀祖先。大门朝东则意味着他们向往和平、繁荣和康宁。在托拉查人村落，座座房屋排列得十分整齐，给人以美的享受。盖房材料主要是木、竹、藤三种，所有支架均用藤条捆绑或咬合而成。托拉查人爱装饰，房屋的墙上大都有用红、黑、黄三种颜色的天然染料涂染的美丽花纹。正面墙上通常绘有他们崇拜的圣物——太阳、水牛和公鸡；内壁上则有许多精雕细刻的传统图案；前楹上挂着成串的牛角，这是主人门第与财富的象征，挂的牛角越多，说明主人的地位越高，经济越富裕。

巴厘人的住宅一般都自成院落，院墙一般不高，院门上都有精细的木雕牌楼，院内有住房若干幢，而且每家都有一个家庙，是家中最神圣的地方。家庙的位置固定不变，在巴厘南部，它建在院中最北部；在巴厘北部，则位于院中最南部。这是因为巴厘岛中部有一条横贯东西的山脉，常发生火山爆发，古代巴厘人认为是山神作祟，因而视它为圣地。家庙置于离山脉最近的位置表明巴厘人朝山神祈拜的诚心。为了保存原始淳朴的自然景观，印尼政府严禁在巴厘岛上设立工厂，并规定所有建筑物的高度不得超过椰子树顶。因此巴厘岛的建筑多是宽敞的平房，四五层的楼就算是高楼了。加之巴厘的房屋有固定的格局，一座座院落排列得井然有序，院墙一律涂上白灰，门顶上都有精雕细刻着各式图案的彩色牌楼，因此各个村落显得十分优雅和精致。

印尼人的住房习惯在近半个世纪中受到西方文化的巨大影响，除在农村尚保留一些传统民居外，在城市中几乎已不见它们的影子。印尼城市房屋一般都是现代建筑，但除中心商业区有高楼外，居民区很少有高层建筑，因为印尼城市居民喜欢住独门独户的平房或二三层小楼。

二、宗教建筑

除了各具特色的民居外，印尼还以其灿烂辉煌的历史古迹和宗教建筑闻名于世。

1. 婆罗浮屠佛塔（Candi Borobudur）

婆罗浮屠是印尼现存最重要的佛教建筑，同时也是世界上最大的佛塔群。它工程浩大、气势宏伟，上面布满了佛龛和佛塔，并有上百座佛像和上千幅佛经雕刻，是佛教艺术的代表之作。1991年底，婆罗浮屠被列入联合国教科文组织的世界遗产名录。

据学者考证，该塔建于公元8世纪至9世纪的夏连特拉王朝，是当时的国王为收藏佛祖释加牟尼的一小部分骨灰而修建的。当时曾动用10万奴隶，耗费10多年时间，用了200多万块石头精心垒砌而成。与其他佛教建筑不同，婆罗浮屠是用附近出产的一块块火山岩和玄武岩覆盖在凸起的钵形土堆表面建造而成的，是座实心佛塔，没有门窗，也没有梁柱，外观就是它的真正全貌。整个建筑自下而上共计10层，从底层至塔顶最尖端处高42米（后因塔顶遭雷击而毁坏，高度降至31.5米）。最下层是边长约113米的方形基坛，四周的中间各有一条石阶通道，从基层直通塔顶。第二至第六层是方形高坛，面积逐层减小，各层主壁和栏杆之间共有4个宽约2米的回廊，各层共建有石壁佛龛432个，每个佛龛内安放着一尊如真人大小的盘坐佛像；第七层至第九层为圆形平台，是塔顶的脚座，共建有72座环绕着大塔而立的钟形镂空小塔，塔内亦各置一尊精美佛像。这些佛像按东南西北中五个方位分别摆出“指地”、“施与”、“禅定”、“无畏”、“轮转”等宗教象征浓厚的手势。第十层为塔顶，是一座直径为9.9米的钟形大塔。

鉴于其独特的结构，婆罗浮屠具有世界上最复杂、最完整的宗教象征意义。很多人都尝试着对它的宗教意义作出解释，普遍被认可的是“三界说”。婆罗浮屠的基坛代表欲界，在外层基坛的内部有一个“隐藏的基坛”，上面的浮雕表现了光怪陆离的尘世生活和恐怖的轮回报应场面。基坛上的五层方台代表色界，其回廊幽深狭窄，两侧刻满浮雕，描述着经典的佛教故事。上面的圆台和佛塔代表无色界，与基坛和方台不同的是，圆台和佛塔均没有任何装饰，象征着大彻大悟后自由的精神世界。[1]

更让人叹为观止的是婆罗浮屠回廊石壁上各式各样的浮雕。这些浮雕全部连接起来长度可达近3 000米，其中有描述佛本生故事的浮雕1 460幅，装饰浮雕1 212幅，构成一部“石块上的史诗”。每层回廊浮雕的表现内容不同，连台基最低部也有约160幅浮雕。所雕人物形态逼真、动态各异、情趣盎然，让人感觉到一种和谐、慈祥的氛围，佛陀、菩萨、天神、礼佛者都流露出平和的气息，形象生动地解释了人由尘世走向极乐世界的路程。

2. 普兰班南陵庙（Candi Prambanan）

普兰班南陵庙是印尼最大的印度教遗址。它位于日惹市东18千米处，南面是基多尔火山，北面有墨拉比活火山，由200多座大大小小的陵庙组成。关于它的建造时间和建造者，学术界没有定论，一般认为始建于公元9世纪左右，据说是为埋藏当时国王和王后的骨灰而修建的。关于它的建筑风格，很多人认为它基本上是模仿了印度教神话中描述的众神居住的马哈穆罗山，各种雕刻和装潢都是按照神仙境界的想象完成的。例如，装饰的图案取材于山川、莲花、

① 吴崇伯:《举足轻重的东南亚大国——认识印度尼西亚》，济南．山东大学出版社，2010年版，第158页。

奇异的动物和人物、仙女等，叶片和枝条弯曲缠绕于各种图案之间，整个图案营造出一个梦幻般的神仙世界。

与其他单一陵庙不同，普兰班南是复合式结构的陵庙群，整体布局和谐，规模宏大。整个陵庙群分为内、中、外三个部分，最为醒目的是三座高高耸立的石砌塔形陵庙，南边的为梵天庙，北边的为毗湿奴庙，中央的是最受古代印尼人崇拜的大自在天神湿婆庙。三大神庙气势宏伟、富丽堂皇，尤以高达47米的天神湿婆庙最为壮观。湿婆庙为方形，每一面都有凸出的门廊。门廊在结构上与主庙融为一体，延伸到金字塔形的尖塔上。从侧面看，主庙与门廊相互交错，给人一波三折的感觉。神庙有两层基座，基座四面各有一条台阶通向庙堂。庙堂上方有金字塔形建筑，共分为五层，高耸直入云霄。庙堂内供奉着天神湿婆，他端坐于庙堂的中央，高达4米。他的身后、左右还各有一尊神像，是他的妻子杜尔佳、儿子加尼沙和圣师阿加提亚。据说这些雕像都是仿照当年马打蓝王朝巴里栋国王及其王后、宠臣等人的原形雕刻的。

湿婆庙旁边的毗湿奴庙和梵天庙的外观与湿婆庙完全相同，只不过规模稍小。庙堂内部分别供奉着毗湿奴和婆罗贺摩两位主神，墙壁上装饰着蔓藤花纹、螺旋花纹、器皿图案等。庙堂之外，基坛之上均设有曲折的回廊，廊壁装饰以精美的浮雕。浮雕故事多取材于印度史诗《罗摩衍那》，与充满祥和、慈爱的婆罗浮屠佛教雕刻不同，多以表现紧张激烈的战斗场面为内容，生动而富于戏剧性，人物形态丰富、俊美灵动，既有印度艺术的特点，更有爪哇人的性格与味道。

普兰班南陵庙群是印尼最宏伟壮丽的印度教寺庙，虽然经过千年的风雨，部分神庙已经变成断壁残垣，难现当日辉煌，但经过印尼政府多次清理和修缮，它看起来依旧英姿勃勃，给人以雄浑庄重之感。1991年，联合国教科文组织将普兰班南陵庙群认定为世界文化遗产。

3. 三宝庙

三宝庙坐落在三宝垄市西南郊，庙宇富有浓重的中国建筑风格。入口处耸立着巍峨的三层牌楼，楼檐金碧辉煌，呈扇形翘起。飞檐斗拱、画栋雕梁的高大庙门上盘着两条正在戏珠的蛟龙。大门两侧刻写着一副对联“滇人明史风来世，井水洞山留去思”，横批为“德绥威服”。进入庙内能看到供有郑和雕像的大殿，由四根朱红色的高大圆柱支撑，殿顶像一把撑开的伞，顶上的红琉璃瓦在阳光下特别耀眼。殿四周朱栏环绕，形成一段别致的回廊。殿内设有祭坛、铜香炉，供朝观者上香之用。在主庙附近的一棵大榕树下，矗立着一座小庙，庙内有三个房间，左边房间展示着一个高约2米的铁铸巨锚，相传此锚为三保大人船队的遗物，朝观者把它视为圣物。中间的房间内悬挂着中国圣人孔子的画像，右边房间则为纪念牺牲的百名中国水手而设。

三宝庙内最深处有一处山壁，中间有一小洞可入内，这就是大名鼎鼎的“三宝圣洞”。洞中光线阴暗，仅十多平米大小，“三保大人”郑和的全身塑像便供奉于此。这里香烟缭绕，烛火长明，每逢阴历初一、十五，燃香许愿、祈求保佑的香客络绎不绝。洞中的香案下有一口方形古井，叫做“三宝井”，一股清泉终年潺潺流淌，水清见底。来三宝庙朝拜的不仅仅是华人，还有印尼土著；不仅有佛教徒和道教徒，还有很多伊斯兰教徒。郑和本人就是穆斯林，而现在的三宝庙是由清真寺改建而成的，至今还保持着某些伊斯兰教的特点，例如，负责看管“签诗”柜台的是头戴宋谷帽的伊斯兰教徒。[①]

① 孔远志:《中国印度尼西亚文化交流》，北京.北京大学出版社，1999年版，第68页。

可以说，三宝庙现在已发展成体现多种宗教和文化色彩的庙宇了。

4. 巴厘印度教寺庙

巴厘岛到处林立着石雕神像和庙宇，有器宇轩昂、正气凛然的善神；也有锯齿獠牙、面目狰狞的恶神。巴厘岛的庙宇分类众多，有作为历史文化古迹保存下来的知名庙宇，也有各宗族集团的宗庙和各家供奉祖先的祠堂，还有零星分布在十字路口、大树下、清泉边的诸多无名小庙，让人眼花缭乱。因此，巴厘岛又有“千寺之岛”的美称。在众多的印度教神庙中，最为著名的当数拥有千年历史的百沙基神庙（Pura Besakih）。

百沙基神庙是巴厘岛著名的“圣母庙”，在巴厘人心目中的地位很高，是全巴厘最大的寺庙，也是巴厘岛上最雄伟、最神圣的寺庙，终年香火不断。百沙基神庙建于公元8世纪，位于被称为“世界的肚脐”——阿贡火山的山腰上，以专祀这座间歇喷发的火山之神。陵庙的层级石雕建筑，与柬埔寨吴哥窟相似，庙宇屋顶的级数代表着重要程度，从1级到11级不等，层数愈多，重要性就愈高。寺庙的大门是典型的巴厘“善恶门”：两半对剖的、完全对称的三角形门，锐角朝天，短边着地，直插云霄，门上雕刻装饰着繁复的花纹图案，异常精美。进入神庙的阶梯从中间穿过，十分震撼。这种善恶门是巴厘岛的标志，不仅是百沙基，每座庙宇和村落都有这样的门。这两扇门分别代表善与恶，它们完全对等的形式表达了巴厘人的观念，认为善与恶皆客观存在，不因人的好恶而消长，因此对善恶应持同等重视的态度。百沙基神庙内除供奉梵天、毗湿奴和湿婆三大神外，还建有22座供奉其他神灵的神坛，13座供奉祖先的神坛。它曾是强大的格基（Geigie）和里乌昆（Liungkung）王国的国寺，并作为历代王族的家庙，受王室人员的祭拜，所以在当地有极高的威信，被称为巴厘的“中央寺庙”（Pura Pusat）。

除百沙基神庙外，还有一个让很多巴厘人趋之若鹜的神庙，那就是丹纳乐土的海神庙（Tanah Lot）。海神庙是巴厘岛最重要的印度教庙宇之一，同时也是巴厘岛景点中的标志。该庙始建于16世纪，据说当时一位印度高僧途经此地，发现灵气汇聚，是难得的风水宝地，于是在此讲道并主持修建神庙。该庙坐落在海边一块巨大的岩石上，每逢潮涨之时，岩石被海水包围，整座寺庙与陆地隔绝，孤零零地矗立在海水中，只在落潮时才与陆地相连。巨岩下方与对岸岩壁长期遭海水侵蚀，形成海蚀洞。

5. 伊斯蒂格拉尔清真寺

伊斯蒂格拉尔清真寺于1979年建成，位于雅加达民族纪念碑广场东北边，是东南亚最大的清真寺之一，可同时容纳10万人在此举行会礼。伊斯蒂拉尔清真寺主体建筑分为白色半圆形屋顶、尖塔和附属建筑三部分。寺内主体大殿宽敞明亮，庄严精美，四壁的装饰充分体现了阿拉伯伊斯兰艺术对印尼的影响及印尼伊斯兰教艺术的特点。该寺平时对外开放，每年在寺内举办为期一个月的伊斯兰艺术节，展出印尼各地主要清真寺的建筑模型、伊斯兰教书籍和各种版本的《古兰经》、传统和现代伊斯兰绘画艺术，演出伊斯兰教歌舞，放映有关伊斯兰教的电影，举行诵读和书写《古兰经》经文的比赛，每年有数百万国内外伊斯兰教徒和游客到此参观。

三、现代建筑

1. 独立广场

独立广场位于雅加达中心地区，四周街道宽阔整齐，花草树木点缀其间，绿意盎然。广场中央耸立着民族纪念碑，纪念着印尼民族反抗殖民统治和争取民族独立的斗争历史，是雅加达市的象征。碑体高132米，顶部为镀金火炬，碑底为正方形大厅。广场东南角上有一组根据《摩诃婆罗多》史诗中故事情节塑造的群马拉车的雕塑，十分壮观。广场北为欧式建筑总统府（独立宫），东北方有印尼最大的伊斯蒂赫尔大清真寺；西街上有国防部大院和国家博物馆；东边是火车站。

2. 国家博物馆

国家博物馆位于独立广场西边的独立西街，建成于1868年，是印尼规模最大、收藏最丰富的博物馆。博物馆是一座欧式的白色建筑。馆前草坪石墩上立有一座铜大象，为1817年暹罗王朱拉隆功来访时所赠，故博物馆又称“大象博物馆”或“象屋”。博物馆中设有金银饰物室、青铜器室、货币室、古物展览室、史前展览室、木器展览室、民俗展览室、东印度公司陈列室等。

3. 日惹王宫

日惹王宫为日惹苏丹的王宫，建成于1756年，至今已有二百多年的历史。日惹王宫位于日惹市中心，是由日惹苏丹国首任国王哈孟古·布沃诺一世设计并修造的。王宫分内外两院，后院门口立有两尊守护神雕像。该故宫的独特之处是，印尼独立后政府允许原王族一家继续住在宫内，宫中所用仆人仍着古时服装。日惹王宫以其丰富的藏品而著称。宫内收藏有二十多套加美兰乐器，其中有麻喏巴歇时期的遗物。宫内还收藏有皮影傀儡和各式各样的皇家马车，每逢特定日期要晾晒清洗，吸引不少当地人和游客。

4. 茂物行宫

茂物行宫建于荷兰殖民时期，占地28公顷。在殖民时期这里是荷兰总督的行宫，独立后成为总统行宫，每逢周末印尼首任总统苏加诺常来这里居住。现在这里是印尼举行国内和国际重大会议的场所。行宫是白色建筑，前廊是由五根巨大的圆柱支撑。前廊连接着莲花厅，厅内有装饰着希腊式浮雕的支柱。行宫前有一片广阔的草坪，人工湖和喷水池点缀其间，能看见成群的梅花鹿。

5. 独立大厦

独立大厦位于万隆市中心，是三层高建筑，周围竖立着许多旗杆。该建筑是荷兰人于1879年建造，当时是荷兰人集会场所。会议大厅为长方形，可以容纳数千人。1955年4月18～24日在这里举行亚非首脑会议，产生了著名的和平共处五项原则。此后成为纪念馆，馆内陈列着许多当年拍摄的会议照片和资料。

第五节　传统工艺

印尼的传统手工艺术种类繁多，独具特色，主要有巴迪布、格利斯剑、银制品、铜或铜合金神像、景物模型（如婆罗浮屠佛塔、普兰班南陵庙、日惹王宫等）、彩贝制品、丁香串艺术品、天然宝石饰物、小型宫廷金车、爪哇绢制人像、装饰扇、各种面具、牛角制工艺品、巴达克族榕树手杖、“乌洛斯”肩巾、亚齐族弯剑、达雅克族树皮提袋、龙目岛瓷壶、西伊里安手鼓和弓箭等。

1. 巴迪布

巴迪布（batik）是一种蜡染印花布。“巴迪”一词是由“线条”和“条纹点”两词构成的，而巴迪布的图案就是由线条与点巧妙构成的，它千变万化、绚丽夺目。[①]其色彩一般以黑、红、黄为主色，鲜艳明快；也有以蓝、褐、白为主色的，看上去凝重深沉。图案有几何形状，也有花鸟图案，千变万化，绚丽夺目。

巴迪蜡染布属于印尼古老的传统手工工艺，至今已有一千多年的历史，是印尼文化尤其是爪哇文化不可分割的组成部分。据考证，巴迪布起源于爪哇岛，4世纪时多罗磨王朝出产的蓝靛就是印染的

① 梁敏和、孔远志：《印度尼西亚文化与社会》，北京．北京大学出版社，2002年版，第220页。

主要原料之一，当时就已经用于染制花布。15世纪爪哇男人穿的长袍和女人围的纱笼都属于巴迪的前身。在古代，爪哇女性以制作巴迪为长，并以此谋生，所以巴迪制作工艺曾一度以女性为主，直到铜模印染时期男性才进入这一领域。历史上巴迪是一种极其贵重的织物，用于家族的重要仪式如婚礼、诞辰礼或丧礼中。巴迪布不仅深受印尼人民喜爱，而且早已闻名于世。采用巴迪制作的长袖男衬衣和女士纱笼能够体现民族传统和特色，适用于各种正式和非正式场合，是印尼的“国服”。

印尼蜡染工艺主要有手工蜡染、铜模印染和机器印染三种。传统的巴迪是采用手工蜡染的方式制作的，工艺复杂，耗时较长。首先要洗去硬白布的粉浆，用植物油浸泡，然后洗净油渍并晒干，用木锤将其捶软。将处理好的白布装入特制木框中绷紧，用装着液体蜡的尖嘴壶将白布上不需染色的区域画上蜡液，凝固后投入染缸，第一次是靛青。将布晒干后把蜡刮掉洗净，再进行第二次染色，工序与第一次染色相同。传统蜡染布加底色一般是三种颜色，现代蜡染布颜色多达十几种，都是用上述方法反复进行，所以制作色彩丰富、图案复杂的巴迪布需要很长的时间。

随着时代的进步和技术的发展，巴迪布的制作工艺也有了新的改进。19世纪中叶，印尼开始出现了铜模印染的巴迪布。铜模一般长16厘米、宽7厘米，上面刻有各种花卉和几何图形。染布时先将铜模在蜡液里蘸一下，拿出后印在白布上，就直接形成了图案，然后再将布放入染缸里，其他工序与手工绘染相同。

再后来，随着现代工业的发展，从20世纪开始，这种铜模印染法又逐渐被机器印刷制作法所取代。机器印制法实际上已不是蜡染而是印花，图案不如手工制作细致多样，但产量很高。因其仍然沿用巴迪布蜡染的图案，习惯上仍称之为巴迪布。事实上，新技术虽然提高了巴迪布的生产效率，但手工巴迪布原有的自然气息却荡然无存了。

印尼的巴迪布工业已有数百年的历史。近三十年来，印尼人对巴迪布的图案设计、色彩搭配及制作工艺进行了大胆改革，有了较大突破。2009年9月成功“申遗”使印尼的巴迪布成为联合国教科文组织认可的世界非物质文化遗产，当之无愧地成为印尼的文化符号之一。

2. 格利斯短剑

格利斯剑是一种波刃短剑，是在长矛、弓箭和刀剑的基础上创造而成的。这种神剑有悠久的历史，早在7世纪左右，印尼就有了佛陀格利斯剑。王族和平民的格利斯剑有明显的高贵和平凡之分。在印度教盛行爪哇时期，印尼社会受种姓制的影响，格利斯剑也随种姓分为若干类。供婆罗门（僧侣和学者）用的显示神圣和高尚，供刹帝利（武士和贵族）用的象征勇武和宝贵，供吠舍（手工业者和商人）用的旨在保障做工、经商顺利，供首陀罗（农民和仆役）用的则在于祈求土地肥沃，作物丰收，牲畜肥壮。16世纪上半叶，以淡目王国为核心的伊斯兰教势力推翻了麻喏巴歇王朝，标志着爪哇岛的全面伊斯兰教化，格利斯剑不再受印度种姓影响，但仍分为宫内剑和宫外剑两大类。宫内铸成的格利斯剑工艺精湛，宫外制品一般粗糙。

格利斯剑按形状长短不同、产地不同分成若干种，其中最古老、最著名的是爪哇短剑。这种剑不足一尺长，小巧玲珑。它的剑柄，或用精良的细木雕制，或用珍贵的金、银及象牙雕铸，考究的还镶有各种宝石；剑身用好钢锻造，形状细长，有的平直，有的呈波浪形，双刃锋利无比，挥动起来，寒光闪闪，削铁如泥。爪哇人笃信，祖传的格利斯剑寄附着祖先的英灵，威力无比，能避邪禳灾，扬善除恶。正因为祖传短剑具有这种魔力，因此在爪哇人家庭里，它成了价值无比的传家宝物，备受珍惜，除用丝绒包裹，还经常用安息香烟熏，用茉莉花泡的水来洗刷，使格利斯剑神力永葆。古代帝王将相用过的短剑更是稀世珍宝，大都当作国宝传给后嗣。

格利斯剑最初是一种杀敌自卫武器，但后来则主要用作装饰品，男人们外出或参加庆典时，腰里总要插一把漂亮精致的短剑，以示威严英武，或作护身符用以求赐福禳灾。在印尼独立前的爪哇，格利斯剑往往成为人们社会地位的象征，社会地位不同佩带的短剑也不一样。黎民百姓的短剑，虽工艺也颇讲究，但造价低廉；达官显贵的短剑，不但工艺精良，式样别致，且造价昂贵。如今人们对格利斯剑的迷信已渐渐淡薄。虽仍有一些守旧的老人将它视为圣物，但大多数人，尤其是年轻人，已只将它当作艺术品来欣赏。

3. 银制品

印尼的银制品分为两大类：一类是我们通常熟悉的用纯银或银合金制作的普通装饰品和日常生活用具；另一类银制品则是用一条条纤细的银缕按图案设计焊接而成的精美艺术品。有的大型银制工艺品往往用上千条细如发丝的银缕，经过成千上万次焊接才能做成。制作这种银制工艺品的艺人都怀有高超技艺，其作品做工精细，玲珑剔透。银制工艺品有很多造型，其中大型的车、船模型最为珍贵，常作为贵重礼品赠给贵客。其他造型有花卉、鸟兽、俊男美女、佛塔、寺庙、楼宇等。银制工艺品高贵典雅，是十分理想的家庭装饰品。此外，还有一些小巧玲珑的花形银胸针、银耳环，既美观又便于携带，常成为游客首选之物。

4. 木雕

印尼的木雕艺术历史悠久、技艺精湛、传播广泛。不仅在文化艺术发达的爪哇、巴厘、苏门答腊岛，而且在加里曼丹、马鲁古、西伊里安等地都有造形新颖、风格各异的木雕艺术品。其中最有名气的是巴厘和爪哇的木雕。

巴厘木雕是一种传统工艺品，大都用质地坚硬、纹理细腻、坚韧光洁的乌木、柚木等雕刻而成，其造型千姿百态，有栩栩如生的各种动物和禽鸟，有惟妙惟肖的渔夫、少女，还有民间故事中家喻户晓的传奇人物。由于雕工精美、形象逼真，巴厘木雕早已享誉世界。

爪哇木雕可以说与巴厘木雕齐名。不同的是巴厘木雕更多地用作室内摆设，而爪哇木雕恰恰与之相反，更侧重于建筑物装饰。中爪哇的哲巴拉是闻名全国的爪哇木雕中心，其雕刻作品多为雕梁画柱，用于装饰各地的楼堂馆所。在雅加达“美丽的印度尼西亚缩影公园”的礼仪大厅内，几根数米高的粗大圆形木雕房柱上雕刻着种种图案，其工程之艰巨、雕工之精美，令人赞叹。它们是爪哇木雕杰出的代表作。

5. 亚齐弯剑

亚齐弯剑是亚齐人特有的工艺品，在当地语里叫“刃中”(rencong)。弯剑分长短两种规格。长的类似阿拉伯人的弯刀，是作战打仗的武器，短的佩带在男人腰间作为饰物(婚礼上佩在新郎腰前)。因为亚齐人笃信伊斯兰教，所以“刃中”剑上通常刻着从《古兰经》中摘录的箴言。“刃中”具有四百多年的历史，在抗击荷兰殖民主义者的战斗中立下了不朽战功。亚齐各地不乏制作“刃中”的能手，首府附近铸造的“刃中”为上乘。

6. “乌洛斯”肩巾

“乌洛斯”肩巾是巴达克人用的长肩巾，比爪哇等地妇女的肩巾略长。在巴达克族人的各种礼仪中，如妇女怀胎7月仪式、头胎婴儿出生仪式及婚丧嫁娶等仪式中，“乌洛斯”均不可或缺。此外，在新房竣工仪式及迎宾仪式上，它是主人敬献给客人的吉祥礼物。“乌洛斯”采用传统工艺（手工织布机）用黑、红、白三种颜色的棉线织成，两头带穗。因所用场合及功能不同，其图案也有所差别，有条形的，有格子的，也有其他图案的。

7. 面具

印尼的面具异彩纷呈，历史悠久。面具的产生最初与原始的宗教信仰有关，后来逐渐用于舞蹈、戏剧（包括滑稽戏和面具哇扬戏）等，作为一种精美的雕刻和绘画艺术的珍品，深受人们的喜爱。加里曼丹、巴厘、爪哇和苏门答腊一带的面具受印度文化影响很深，而伊里安贾亚一带的面具受太平洋地区，特别是巴布亚新几内亚的影响较大。爪哇的面具以哇扬戏中的面具为代表，这些面具可代表各种角色，还可显示人物的喜、怒、哀、乐，老百姓一见面具就知道代表哪个角色。西爪哇和马都拉面具色彩鲜艳，中爪哇面具则清秀淡雅。

第六章　科技、教育和文化事业

第一节　科学技术

经历了1998年的危机后，印尼各界百废待兴。2000年印尼经济出现缓慢复苏的势头，但由于政府预算有限，对科学研究的扶持处于相对低位。2000年2月5日印尼政府发表了《2000—2004年印尼科技发展的战略性政策》，作为印尼五年科技发展的指导方针。它包括六大战略目标和十一个优先发展领域。这六大战略目标是：(1)利用现有科技资源作为国家发展的动力。(2)维持社会政治稳定。(3)保持经济持续发展。(4)科技机构的重新定位。(5)提高自给自足能力。(6)与全球发展同步。十一个优先发展领域是：(1)社会和文化，包括现代化对社会结构的影响；中央政府和地方政府的关系。大众对科技发展的支持；对可能发生的区域性社会政治斗争作出预警和应对预案。(2)国家—部门—地区体系的发展，包括建立旅游体系、传统贸易和市场体系、国家科技体系、国家创新体系等。(3)农业和食品，包括将生物技术应用于农、林、牧、渔。(4)医疗卫生，包括开发医疗仪器和材料；完善避孕技术；控制传染病；加强营养；健全心理卫生建设；开发生物药品等。(5)环境问题，包括监测、分析、清洁技术、污染控制、污水的回收和利用。(6)海洋、陆地和空间，包括海洋产业、水供应、采矿和其他自然资源、气候、生物圈—大气层相互作用、生物多样性、自然灾害、遥感信息系统。(7)交通和后勤，包括发展陆、海、空运系统和基础设施。(8)能源方面，包括储藏、输送、分配、新替代能源。(9)制造业，主要是中、小企业和合作社。(10)信息和微电子，主要是系统和硬、软件开发及应用。(11)新材料，包括陶瓷材料、复合材料、聚合物材料、高性能材料等。

2005年，研究与技术国务部颁布了《2005—2009年六个重点领域计划》，内容涉及粮食和农业、能源、运输、信息通讯、卫生与制药、国防这六大重大领域。2006年政府制定了《科学技术研究、发展与应用白皮书》，提出2005—2025年科学技术中长期发展的六个优先领域。国家科技委员会颁布了《国家科研议程书》与《国家科学技术战略政策》，作为白皮书的补充文件。

在能源技术方面，2005年苏西洛总统签发总统令，要求改革全国能源结构，研发和利用其他能源，降低燃油消耗，加大可再生能源的研究和利用。其中生物柴油是印尼发展替代传统能源的首选，目前印尼生产生物柴油的主要原料是棕榈油。印尼政府鼓励种植生产生物柴油的植物，并鼓励建造生物柴油工厂。在核能方面，印尼政府计划在2010—2025年分阶段建成4座核电站。此外，印尼地处多火山带，地热资源丰富，政府对于地热和水利发电的开发也相当关注。

印尼总统苏西洛在2006年印尼产品展览开幕式上说，企业必须要增加研发活动才能提高产品质量。政府优先发展农工业、运输工具和信息技术等一批支柱产业。为在21世纪初实现工业化国家目标，政府采取了一系列战略步骤，主要发展核心产业。

印尼医疗卫生事业发展远远落后于人口增长的需要。卫生部门的预算占国家总预算很少部分，医疗体制不健全，医疗机构条件较差。虽然世界卫生组织、韩国、中国等国家和机构为印尼提供了资金和物质援助，但对于传染病防控的资金缺口还比较大。

近年来印尼一直加强与别国在航空航天领域进行交流合作，积极参加国际组织，开展研究活动。

印尼坚持发展本国的电信、电视转播卫星系统和用于环保、气象、观测资源及测绘的卫星遥感地面站，陆续发射了Palapa卫星、Telkom卫星、LAPAN-Tubsat微小卫星，加入亚太空间合作组织（APSCO）

在大气环境、空气污染和气候变化方面展开研究。建立地震海啸预警系统。2008年11月11日，在造成22万多人死亡的印度洋海啸发生4年后的纪念日，印尼开始运行一个旨在防止海啸造成伤亡的预警系统。2011年3月东盟地区论坛联合救灾演习在印尼苏拉威西省省会万鸦老举行，这是东盟地区论坛继2009年之后举办的第二次联合救灾演习。

在通讯与信息技术领域。印尼信息技术总体水平比较落后，政府与企业希望大力发展信息技术以拉动经济发展。

印尼国营飞机制造公司利用欧美技术自主生产小型客机、小型飞机和直升机，也制造火箭和鱼雷。Maglev Indonesia公司采用磁悬浮技术兴建雅加达—泗水高速铁路。印尼造船公司（PT PAL Indonesia）有能力建造五万吨级DSBC船、军舰、拖船及其他小型船只。2007年11月，第四届东盟东部增长区领导人会议在新加坡举行。东盟东部增长区四国（文莱、印尼、马来西亚、菲律宾）领导人批准开放区内航空备忘录、区内跨境长途客运备忘录和建立及促进统一海运联系的备忘录等文件，并批准设立增长区经济走廊的设想。

印尼中央直属研究机构有：技术评估与应用研究院（BPPT）、印尼科学院（LIPI）、国家核能机构（BATAN）、国家航空航天研究院（LAPAN）、国家测绘局（BAKOSUR- TANAL）、国家标准局（DSN）、核能管理委员会（BAPETEN）。

印尼国际联合研究计划（RUTI）始于2001年，两年为一期，每期批准项目8～10项。该计划的目的是为了激励印尼研究人员与国外合作伙伴进行联合研究，项目面向基础研究与自主创新，取得成果并能投入商业化应用。研究领域主要集中于农业与食品、健康卫生、环境、海洋、微电子与信息技术等方面。2006年2月，由美国、澳大利亚、印尼科学家组成的探险队宣布，他们在印尼巴布亚省的热带雨林中发现了大批新物种。探险队于2005年12月前往印尼巴布亚省考察时进入了一片从未有人涉足的原始森林，结果发现了至少40个新物种和许多珍稀物种。2007年2月，文莱、马来西亚和印尼3国在印尼巴厘岛签署《婆罗洲之心宣言》，3国政府将共同合作，加强对婆罗洲热带雨林的保护。

第二节　文化事业

近年来，印尼的文化事业蓬勃发展，出现了若干较大的传媒集团，下设报刊杂志、广播电视、网络媒体等多方位、多渠道的传媒方式，为印尼人民提供内容丰富、方式多样的文化娱乐资讯。

一、传媒集团

印尼安塔拉通讯社（www.antaranews.com）成立于1937年，1962年正式成为印尼国家通讯社，总部位于雅加达，在印尼每个省以及北京、东京、纽约等地都设有通讯社，与新华社、路透社、法新社等数十个通讯社建立了合作关系。安塔拉通讯社通过卫星、卫星电视、互联网等途径为用户提供大量新闻报道和图片。

爪哇邮报国家新闻网（www.jpnn.com），是印尼最大的媒体网络集团，旗下加盟报刊以《爪哇邮报》及其下属媒体为主。

罗盘报业集团（KKG），业务涉及大众传媒和出版领域，拥有全国第一大报《罗盘报》及其网站（www.kompas.com）。

群岛印象传媒集团（MNC），是印尼最大的综合性传媒公司，旗下拥有印尼最大的私营电视台鹰记电视台（RCTI）、全球电视台（GlobalTV）、印尼教育电视台（PTI）、MNC电视台；广播有Radio Dangdut TPI、TrijayaNetwork等；报纸有Harian Seputar Indonesia、Sindo、Genie、Realita等；杂志有HighEnd、Trust；网站有Okezone.com。

玛哈卡传媒集团（Mahaka Media），旗下拥有报纸《共和国报》和中文版的《印尼日报》；杂志有Golf Digest Indonesia、Arena等；广播有JakFM、DeltaFM、GenFM等；电视有JakTV。

印尼传媒集团（Media Group），旗下拥有印尼第二大报《印尼传媒报》（Media Indonesia）、《楠榜邮报》（Lampung Post）、《婆罗洲新闻》（Borneo News）和美都电视台（Metro TV）。

二、报纸杂志

近年来印尼报刊业发展迅速，并都陆续建立了其对应网站。印尼文报纸主要有《罗盘报》、《专业之声报》、《印尼媒体报》、《共和国日报》、《革新之声报》和《印尼商报》；英文报纸有《雅加达邮报》、《印尼观察家报》等；印尼的中文报刊在民主转型时期陆续创办或复刊，目前影响力较大的有《国际日报》、《印尼星洲日报》、《华文邮报》（中文和印尼文互译）、《印度尼西亚商报》、《千岛日报》等。简要介绍如下：

《罗盘报》，创办于1965年，原是天主教党机关报，1969年起成为印尼最大的日报。该报纸主要刊载国内外时事、财经新闻、体育新闻和时事评论。近年来罗盘报业还开办了网站（www.kompas.com），内容涉及国内外新闻、财经、体育、科技、娱乐等。此外网站还提供电子版《罗盘报》，内容与当日纸质报纸一致。

《时代》(Tempo)杂志，创办于1971年，是印尼第一份私营新闻政治类周刊。该杂志的网站是www.tempointeraktif.com。通过网站还能够浏览《时代》杂志的电子版、《时代日报》电子版、图片库、视频等。

《共和国报》，创办于1992年，是印尼主要的全国性日报之一，以代表印尼穆斯林社会自居，思想比较激进。其报纸网站是www.republika.co.id，内容包括伊斯兰新闻、商业、伊斯兰百科等，还提供电子版《共和国报》。

《雅加达邮报》，创刊于1983年，是印尼发行量最大的英文报纸。《雅加达邮报》网站为www.thejakartapost.com，内容涵盖新闻报道、视频图片、资料广告等，还提供《雅加达邮报》电子版，供网民浏览。

《国际日报》是全国最大的华文日报，2001年1月创办，目前以雅加达总部为中心，用远距离传送，在泗水、棉兰、坤甸等地同时印刷发行，分送全国84个城市，目前发行量近4万份，每天印刷32版。《国际日报》努力以复兴中文报纸为己任。该报网站为www.guojiribao.com，内容有中国和世界新闻、印尼新闻等。《国际日报》下属3地各设地方报纸，在北苏门答腊为《棉兰早报》，东爪哇为《泗水晨报》，西加里曼丹是《坤甸报》，致力刊登地方华社新闻和当地广告。

《世界日报》是台湾《联合报》在印尼创办的华文报，2001年6月出版，主要是向在印尼的台湾工商业者服务。

《印尼商报》于2000年4月创刊发行，最先是印尼文版《BISNISIND》的姐妹版，出版一年多后严重亏损，股权卖给华商独象集团经营，聘用马来西亚原华文报人当执行编辑，只是发行量很难提高。

泗水《千岛日报》2000年10月在泗水创刊，得到泗水华人企业家林文光等赞助，主要在东爪哇和印尼东部城市发行，积极推动中华文化和华文教育。棉兰《印广日报》2001年初出版发行，主要在棉兰和苏北地区发行，属地方报纸，销量有限。

《印尼星洲日报》，创立于2007年，前身是中文报纸《印尼日报》。该报纸网站为www.sinchew-i.com/indonesia。

由于不需要出版准字，全国各大城市都有华文杂志出版，如在首都雅加达先后创刊的华文刊物《印尼与东协》(月刊，现改名为《新印东》)、《东声》(月刊)、《印华之声》(月刊)、《印华文友》(双月刊)、《华中春秋》(双月刊)、《巴中文苑》(季刊)、《二十一世纪》(月刊)、《生活与健康》(月刊)、《印尼风情》(月刊)、《印华妇女》(季刊)等，在泗水有《千岛杂志》、《新中通讯》，棉兰有《拓荒》、《南风》，万隆有《清华艺苑》，井里汶有《虾城放歌》，等等。有条件的华社团体也出版不定期会刊来加强会员间的联系，推动会务更好地发展，如《梅州会讯》等，但人才短缺，读者有限。

三、广播电视

印尼广播电视媒体有国营和私营之分，印尼共和国广播电台和印尼共和国电视台是唯一的国营广播电台和电视台。印尼共和国广播电台成立于1945年，在很多个城市建有分台，信号覆盖印尼大部分地区。该台有四套节目，包括音乐资讯、生活方式、国内新闻和教育文化。其网站为www.rri.co.id，可下载播放的节目。

印尼之声(Voice of Indonesia)，隶属于印尼共和国广播电台，是印尼的国际广播电台，每天用英、汉、阿、德、法、西、日等多种语言播出。网站为www.voi.co.id。

除印尼共和国广播电台外，其他广播电台都是私营的，以播放音乐等娱乐节目为主。

印尼共和国电视台成立于1962年，是印尼唯一的国家电视台，信号可以覆盖印尼全国。该台拥有一家中央台、二十多家地方台和约400个转播台。网站为www.tvri.com。

印尼鹰记电视台（RCTV），成立于1989年，总部位于雅加达，是印尼最大最早的私营电视台。网站为www.rcti.tv。

阳光印象电视台（SCTV），成立于1990年，印尼著名电视台之一，总部在雅加达。网站为www.sctv.co.id，内容以节目表和内容预告为主，其Liputan6新闻频道网可以在线观看并下载电视节目。

此外还有：太阳电视台（1990年8月成立，主要面向爪哇和巴厘，以娱乐节目为主）；教育电视台（1991年1月组建，以文化教育节目为主）；美都电视台（2000年10月开办，是印尼首家新闻电视台，并开创播放中文节目的先例）。

四、互联网服务

印尼互联网服务市场基本上被少数几家公司垄断，主要是TelkomNet、LinkNet、IndonsatNet、CBN。他们的服务依托于印尼三大电信运营商：印尼电信公司、印尼卫星公司和印尼帕拉帕卫星公司。各大ISP提供的互联网接入服务大部分相似，但也各具特色。其中IndosatNet提供注册拨号上网和优质的手机上网业务；TelkomNet覆盖范围最广；CBN业务比较全面；LinkNet资费比较低。印尼互联网行业的行政管理机构是邮政电信总司，该司曾受交通部管理，现隶属于通讯信息部，主要负责制定政策、发放执照、监督控制等。

目前，互联网在印尼逐步得以普及，网站、网吧和网民都很多。截至2012年6月，印尼的网民数量已经超过5 500万。印尼最大的门户网站之一是Detik(www.detik.com)，主要向广大用户提供全面及时的印尼文资讯，设有新闻、财经、热点、网络、运动、健康等频道栏目。Okezone(www.okezone.com)网站主要报道国内外新闻热点、体坛赛事、时尚娱乐等内容，与印尼MNC电视台合作，受到网民的欢迎。

第三节　教育事业

一、教育发展简况

早在独立战争时期，印尼的革命倡导者和独立缔造者就已经意识到教育是提升民族智慧、挣脱殖民枷锁的关键因素，但由于当时印尼社会的殖民教育体系属于少数精英阶层，具有强烈的歧视性质而且专门为殖民政府服务，所以为了更加广泛地保障人民的利益，急需壮大和完善为人民服务的教育体系。当时印尼的教育途径主要包括带有宗教性质的传统教育机构、少数具有国家性质的教育机构和一些私立教育机构。

印尼宣布独立后，国家教育的方向更加清晰，但是其性质和目标还是有所局限。1946年3月的教学和文化部长令中规定教育目标的主要方向是“树立爱国主义精神”。这是因为当时印尼国家还未真正摆脱被外敌控制的命运，这就需要激发民族的爱国热情，保卫独立成果。1950年第4号法律作为独立后第一部教育和教学法没有为教育、国家教育和国家教育体系提供明确定义，仅仅在前言里由当时的教学教育和文化部长耶明(Yamin)提出国家教育是国家社会建设的基础，所以旧有的国家教育和教学体系必须逐渐被民主的国家教育和教学体系所取代。同时上述法律重新定义了教育目标，即“教育目标是培养能干且道德高尚、民主及肩负社会和祖国繁荣昌盛重任的公民”。其重点在于培养民主和负责任的公民，与殖民社会公民形成反差。1965年根据当时印尼的政治气候，第145号总统令将国家教育目标总结为“不论由政府还是私人实施，从学前教育直到高等教育，旨在培养有道德的印尼社会主义国家公民，对建设印尼社会主义社会、物质与精神的正义和繁荣负责，并以建国五基为灵魂，即：至高无上的神道；公正和文明的人道；印度尼西亚的统一；协商和代表之下的民主；实现社会的正义与繁荣。”

“9·30运动”发生后，苏哈托政权迅速崛起，印尼的教育目标又发生了变化。根据1966年印尼共和国临时人民协商会议第XXVII号决定，教育目标被归纳为“根据四五年宪法总则和内容的规定，培养真正以建国五基为本的人”。1973年第4号人协规定（即“印尼国家方针大计”）将国家教育目标进行了新的修改，即“教育实质上是在校内和校外为发展个性和能力并保持终生学习而进行的意识工程。因为教育可以被所有人根据其各自能力而接受，所以教育是家庭、社会和政府的责任。根据写入四五年宪法的规定，教育建设以建国五基国家哲学为基础，并培养信奉建国五基的建设者和身心健康、拥有知识和技能、能够发扬创造力和责任心、富于民主精神和宽容理念、更加智慧、道德高尚、热爱民族、热爱全人类的印尼人”。1989年第2号法律将国家教育目标（第4条）总结如下：“国家教育目标是提升民族生存智慧，使印尼人民全面发展，即信仰并敬畏独一无二的真主、精神高尚、拥有知识和特长、身心健康，成为具有坚定和独立的个性、对社会和民族负责的人。”

苏哈托下台后，为迎接印尼国内、亚洲地区和全球的挑战，印尼重新认识到教育的重要性。经过2000年第二次修正和2002年第四次修正，印尼四五年宪法修正案规定：每位公民有权接受教育；每位公民有权利接受初等教育，政府有义务支付学费；政府根据法律建立并管理国家教育体系，使其在健全全民族生活的基础上加深信仰，提高品德；国家优先从国家收支预算和地方收入预算中提取至少百分之二十作为教育预算以满足管理国家教育体系的需要；政府在尊重宗教价值观和民族团结的基础上发展科学技术，以促进人类文明进步和繁荣昌盛。这些规定作为当时印尼国家教育建设的突破性进展是印尼民族对教育重要性的集中认识，也是对自身曾经忽略教育发展的承认和补救。同时，以宪法规定为基础，国家教育体系必须进行计划缜密、方向明确并稳定持续的改革，以达到保障人民获得均等的教育机会并且提高教育部门的协作性和工作效率的目的。鉴于此，印尼于2003年颁布了《教育体系法》。这部法律是印尼教育改革的滥觞，是当今印尼教育理念和实践的基础。

2003年第20号《教育体系法》将"教育"界定为"通过营造学习气氛和教学过程而进行的有计划性地加深认识的努力，使接受教育者积极地开发自身潜力，以便拥有自身、社会、民族和国家所需的宗教精神力量、自我约束能力、个性、智慧、高尚品德以及特长"(第1条第1款)；将"国家教育"定义为"以建国五基和一九四五年印尼共和国宪法为基础，根植于印尼宗教价值体系、国家文化和时代需要的教育"(第1条第2款)；将"国家教育体系"定义为"互相紧密联系，用以实现国家教育目标的所有教育组成部分"(第1条第3款)。这样，国家教育体系可以视作通过紧密联系而形成的教育单位网络，使之可以实现国家教育目标。在第二章第3条中，国家教育目标被定位成："发展受教育者的潜力，使之成为信仰和敬畏独一无二的真主、品德高尚、健康、博学、智慧、有创造力、独立、民主和有责任心的国家公民。"

印尼教育方针的制定和实施由印尼国家教育部主持，教育部是印尼最高教育管理机构，负责印尼教育政策的规划、制定、落实和监督以及教育成果的总结和评估。从独立至今，印尼的教育部门已经七次更名：1945年8月19日—1948年1月29日建立教学部；1948年1月29日—1959年7月10日印尼政府设立的是教学教育和文化部（Kementerian）；1959年7月10日—1962年3月6日更名为教学教育和文化部（Departemen）；1962年3月6日—1966年3月27日印尼的教育分属高等教育和科学知识部（PTIP）及初等教育和文化部（PDK）管理；1966年7月25日—1999年10月26日合并为文教部。根据1974年总统第44号和第45号决议，"政府文教部下设秘书处、督察署、办公厅、科研与开发署、基础与中等教育总司、高等教育总司、校外及体育教育总司和文化总司。在地方上，设省文教厅、市县文教局、区文教局等。"① 1999年10月26日开始称为国家教育部。2011年苏西洛政府进行第二次政府改组，将国家教育部改为教育和文化部，除部长外增设两名副部长，部长为M. Nuh，主管教育的副部长为Musliar Kasim，主管文化的副部长为Wiendu Nurhayati。

二、教育性质和类型

（一）教育性质

从性质上看，印尼国家教育分为普通教育、专门技能教育、学术教育、职业教育、行业教育、宗教教育和特殊教育。

1. 普通教育

各教育阶段的一般性质的知识学习和学习方法的掌握。

2. 专业技术教育

培养就业所需的一些专门技能，如职业中学等。

3. 特殊教育

为身体残疾、心智失常或有特别天赋的学习者提供的教育，如

① 汤平山：《印度尼西亚》，北京．当代世界出版社，1998年版，第161页。

特殊小学、特殊初中、特殊高中等。

4. 职业教育

技术密集型职业技能教育，其中包括由部门或非部门政府机构举办的公务教育，旨在提高政府公务员执行公务的能力。

5. 宗教教育

由政府或信教社会团体举办，使受教育者理解和履行宗教教义，有正规、非正规和校外教育三种形式，以伊斯兰教育为主。

6. 学术性教育

旨在提高掌握科学技术方面知识的教育。

7. 行业教育

旨在接受某行业方面的专业知识教育。

（二）教育类型

在印尼教育体系法的定位下，印尼教育的类型由正规教育、非正规教育和校外教育组成，三者互相联系、互为补充，都可以采取面授和/或远程教育开放体系进行。

1. 正规教育

20世纪初荷兰殖民者出于自身利益的需要，在雅加达等一些大城市开办使用印尼语和荷兰语的两种学校。前者招收印尼人，用以提高土著的劳动技能；后者以荷兰中学为主，学生主要是荷兰人子女，也接受少量印尼贵族子弟。这是印尼现代正规教育的发端。但是直到印尼独立前，印尼的教育仍然十分落后，普通百姓绝大多数无法享受接受正规教育的权利。1945年独立后，印尼政府开始发展教育事业。经过几十年的努力，印尼的教育已初具规模，建立了大量各级教育机构，受教群体越来越多。

正规教育是在各级正规学校所接受的教育，是具有结构性和梯次性的教育途径，包括初等教育、中等教育和高等教育。在印尼的正规学校中分为公立和私立两种，中小学和职业学校以公立居多，大学则以私立居多。

(1)初等教育

初等教育是中等教育的基础，其教育构成包括：小学(SD)、伊斯兰教小学(MI)或其他同级机构；初中(SMP)、伊斯兰教初中(MTs)或其他同级机构。具体来说，实施初等教育的机构包括(小学程度)：正规小学、小小学(为偏僻地区建立的小学)、家长和教师合办小学、综合小学、伊斯兰教小学、伊斯兰教学馆、特殊小学(SDLB)和A组学习班。主体是正规小学。宗教小学归印尼宗教部管理。初中教育分普通学校和技能学校两种。实施初中教育的单位包括：正规初中、小初中、开放初中、综合初中、伊斯兰教初中、伊斯兰教学馆、特殊初中(SMPLB)和B组学习班，主体是正规初中。宗教初中学校归印尼宗教部管理。另外，为了解决更多小学生升入初中的问题，于1979年开始设立开放初中。开放初中接受正规初中容纳不了的学生。开放初中的课程设置与正规初中相同，授课方式强调学生以自学为主，按住地编排学习点，并组织教师辅导答疑(包括电话通讯辅导)，通过媒体(电视、录音带、录像带等)进行教学。通过课本中的自测题了解学习情况。这种学校不必建校舍，利用已有的初中校舍、清真寺、教堂，甚至在居民家中辅导，原则是就近学习。

1950年政府颁布的基础教育法旨在实行小学六年制义务教育，并开展大规模的扫盲运动以提高国民素质。1994年印尼政府开始实行的9年义务教育涵盖整个初等教育阶段，每位七至十五周岁的公民都有权利接受初等教育，以获得阅读、书写、计算和语言基本能力，教育经费由中央政府和地方政府共同承担。但是由于印尼经济危机、地震海啸等种种内外困境，至今仍旧没有完全实现。

自从1997年印尼遭受经济危机后经济建设一蹶不振，导致社会贫困人口居高不下、贫富差距加大，所以学生中途辍学的现象比较严重。为了改善现状，苏西洛政府于2005—2007年为推行九年义务教育筹措了大量教育基金，进行教育援助，用以减轻家庭负担，降低辍学比例。另外，印尼初等教育教师严重缺编，主要原因是工作待遇低和生活条件差。虽然国家做出种种努力提供岗位津贴、生活补助和优惠条件，但是印尼经济发展不乐观的现状将长期制约其师资力量的改善。

（2）中等教育

中等教育是初等教育的延续，一般是三年。中等教育使受教育者为成为社会的一员做好准备，使其具备相应的知识水平，并具备进入更高一级教育机构接受教育的能力。中等教育分为普通中等教育和职业中等教育，职业教育是中等教育中的一类，它以扩展学生某方面的技能为主，准备今后就业。教育单位包括普通高中（SMA）、伊斯兰教高中（MA）、职业高中（SMK）、伊斯兰教职业高中（MAK）或其他同级机构（如特殊高中[SMALB]、经济高中[SMEA]、家庭福利事业高中[SMKK]和中等工艺学校[STM]）等。

在授课内容方面，政府将初等教育和中等教育中的普通教育、职业教育和特殊教育所教授的课程分为五个课程组，包括：宗教和品德培养课程组、公民素养和个性教育课程组、知识和技术课程组、美学课程组、体育健康课程组。宗教和品德修养课程组包括宗教课、公民素养课、个性课、知识技术课、美学课、生理课、体育课和健康课；公民素养和个性教育课程组包括宗教课、品德修养课、公民素养课、语言课、艺术和文化课、生理课；美学课程组包括语言课、艺术和文化课、特长课和区域性课程；体育健康课程组包括生理课、体育课、健康课、自然科学课和区域性课程。

小学、伊斯兰教小学、特殊小学、A组学习班或其他同级机构的科学和技术课程组包括语言课、数学课、自然科学课、社会科学课、专业技术课和区域性课程；初中、伊斯兰教初中、特殊初中、B组学习班或其他同级机构的科学和技术课程组包括语言课、数学课、自然科学课、社会科学课、专业技术课、信息和通信技术以及区域性课程；高中、伊斯兰教高中、特殊高中、C组学习班或其他同级机构的科学和技术课程组包括语言课、数学课、自然科学课、社会科学课、专业技术课、信息和通信技术课以及区域性课程；专业技术中学、伊斯兰教专业技术中学或其他同级机构的科学和技术课程组包括语言课、数学课、自然科学课、社会科学课、特长课、专业技术课、信息和通信技术课以及区域性课程。学校可增加符合当地环境和特色的课程，但不得减少全国性课程。政府对学校的建设发展、教育质量和有关问题实施监督和评估。

初等教育和中等教育的终期考试体系曾经进行多次改革和完善。1965—1971年终期考试称为国家考试（Ujian Negara），由政府在印尼全境实施，几乎涵盖所有课程；1972—1979年由每学校自行组织学校考试，考试各项事宜由学校自主确定，中央政府仅提出纲领性方针；1980—2000年为提高教育质量，为同级学校提供可比性，开始实施国家性质的终期考试，称为全国终期阶段学习评估（EBTANAS）；2001—2004年全国终期阶段学习评估先后更名为全国性学习成果评估和全国终期考试（UAN，2002年），考试合格标准做了相应变更；2005年至今，中央政府对初中、伊斯兰教初中、特殊初中和高中、伊斯兰教高中、特殊高中及同级机构实施全国考试（UN），对小学、伊斯兰教小学、特殊小学及同级机构实施的考试称为全国标准学校终期考试（USDBN）。

全国考试是初等教育和中等教育科学技术课程组内特定课程的

全国性评估，在一个学年内至少举行一次，最多举行两次。由政府授权国家教育标准机构（BSNP）组织实施，参加者是正规初等和中等教育学生和同级非正规教育学生，且不需要支付费用。在小学、伊斯兰教小学、特殊小学或其他同级机构层次内，全国考试包括印尼语、数学和自然科学（IPA）；在A组学习班（相当于小学教育程度）中，全国考试包括印尼语、数学、自然科学、社会科学（IPS）和公民素养；在初中、伊斯兰教初中、特殊初中或其他同级机构中，全国考试包括印尼语、英语、数学、自然科学；在B组学习班（相当于初中教育程度）中，全国考试包括印尼语、英语、数学、自然科学、社会科学和公民素养；在高中、伊斯兰教高中、特殊高中或其他同级机构中，全国考试包括印尼语、英语、数学和教育计划涵盖的特殊课程；在C组学习班（相当于高中教育水平）中，全国考试包括印尼语、英语、数学和教育计划涵盖的特殊课程；职业高中、伊斯兰职业高中或其他同级机构中，全国考试包括印尼语、英语、数学和教育计划涵盖的特殊专门技术课程。

受教育者完成初等和中等教育的条件包括：完成所有教学任务；满足宗教和道德修养课程组、公民素养和个性课程组、美学课程组、体育健康课程组所有课程最终评价的最低通过条件；通过学校组织的知识和技术课程组课程考试并通过全国考试。

印尼的中等教育学校数量不能完全满足初等教育毕业生的升学需要，每年有大批小学生因无法升学而辍学，这也是印尼政府急需解决的问题。

（3）高等教育

印尼高等教育的历史不太长。荷兰殖民时期，为了适应其殖民统治及经济发展的需要，1920年在万隆建立了殖民时期第一所高等教育学校，即万隆技术学院。1924年在雅加达建立的法学院于日本占领时期停办后，1943年恢复办学，并于1947年成为印度尼西亚大学的法律系。1851在巴达维亚（雅加达）成立的“印尼医生训练学校”于1926年改为印尼医学院。在日本占领时期，该院停办，尔后恢复办学。独立后，先后成立了印度尼西亚大学、爱尔朗卡大学、茂物农学院等院校，1948年印尼伊斯兰教大学在日惹成立，这是印尼第一所私立大学，此后国立和私立高等院校数量大增，但仍无法满足社会需求。

1961年12月的高等院校法明确了印尼高等院校的三大职责，即教学、科研和为社会服务。该法也规定每省至少建立一所国立大学。1975年印尼又出台了1975—1985年高等教育的长期发展战略，要求高等教育服务于现代化建设。为提高办学质量，印尼政府于七十年代推行联合办学的模式，即由教育部牵头，由几所不同大学的相同学科部门组成学科联合会，在每个联合会中最具实力和最完善的大学被指定为负责提高和改善较落后大学的教师素质和办学条件的中心。

很长一段时间内印尼高等教育实行高度中央集权。实践证明，这种管理体制越来越不适应印尼社会经济的发展，下放高等教育管理权成为印尼应对新世纪教育发展的新趋势；同时，高等教育结构也在积极调整，加强大学自治，强调办学绩效。在管理层面上，先后建立了高等教育委员会（设教育、研究和发展三个委员会）、国家评估委员会（NAB）等。高等教育委员会的主要职能是为国家教育发展提出一些建设性建议，管理国家课程和审查高等教育发展规划，尤其是与外部投资有密切关系的机构提出的计划。国家评估委员会的主要职责是评估各类高校的办学质量。

当代印尼的高等教育是中等教育的延续，并由高等院校涵盖文凭教育（大专层次）、学士教育（本科层次）、硕士教育、专门人才教育和博士教育，以开放的体系实施。

实施高等教育的机构为高等院校，包括专科学院、高等技能院校、高级学校、学院或综合大学。高等院校从教人员必须满足的最低教育资格包括：专科教育者具备大专（D4）或本科（S1）文凭；本科（S1）教育者具有硕士文凭（S2）；硕士（S2）和博士（S3）教育者具有博士（S3）文凭。高等教育的任务是教育、科研和服务社会，类型分为学术性教育和专门/普通职业性教育。只有满足特定办学条件并有权实施特定教育计划的高等院校才具有学位等级和职业等级授予权。学术性教育在高级学校、学院或综合大学三种高等院校进行。职业性教育在上述5种院校都可进行，其目的是引导学生做好专业准备，提高工作技能。高等院校在进行教育和科研时拥有自主权。

在印尼，受教育者的最终成绩证明分为毕业证书和资格证书。毕业证书是由初等、中等教育以及高等教育单位颁发的、相关受教育者从该教育单位毕业的证明。资格证书是获得授权的教育单位或独立机构颁发的、证明相关受教育者通过相关资格考试的证书。

高等教育中的学术性教育培养的是能获得学衔的毕业生，即本科学士、硕士研究生和博士研究生。本科四年，硕士研究生二年，博士研究生三年。

印尼的高等院校课程框架和结构由相应高校参考国家教育标准制定，但必须包括宗教教育课、公民素养课、印尼语课和英语课。高等教育普遍实行学期学分制，学生可自选课程，积累学分，加速完成学业。在4～6个学期内能获得80～90学分者可获得大专文凭（D2）；在6～10个学期内能获得110～120学分者可获得D3大专文凭；获得110～120学分者可获得副学士学位（SM）；在8～14个学期内能获得144～160学分者可获得学士学位；在12～23个学期内能获得180～194学分者可获得硕士学位；在18～23个学期内能获得228～233学分者可获得博士学位。

印尼的学士、硕士、博士在学业结束时都要进行最后任务的考试，其形式是做论文。只有符合条件才能写论文，有辅导教师（2～3个，其中一个主要导师）。最后论文记入学分，如论文合格，至少学士论文计6学分，硕士论文计9学分，博士论文计12学分。

印尼的高校经过多年建设，逐渐在亚洲和世界范围排名中占有一席之地，但数量不多，排名靠后。在印尼比较著名的大学有万隆工学院、卡查玛达大学、印度尼西亚大学、茂物农学院、迪波内戈罗大学。

万隆工学院（ITB，http://www.itb.ac.id）位于印尼西爪哇的万隆，正式成立于1959年3月2日，是印尼最早的工业技术学校，万隆工学院也是印尼最有成就的高等学府，印尼首任总统苏加诺就毕业于此。2010—2014年校长为阿玛罗卡教授（Akhmaloka）。万隆工学院始建于20世纪初，当时由于一战时期荷兰本土与印尼殖民地交通不畅，为满足殖民者对技术人员的需要于1920年在万隆设立了技术学校，当时只有一个系一个专业。日本殖民时期及独立后时期，技术学校几易其名，数迁校址，最终于1959年由技术系、数学系和物理系共同成立了万隆工学院。经过几十年的发展，该学院已经发展成为拥有学士、硕士和博士授予资格的，涵盖科学、技术、艺术、经济和人文学科的学院。该学院现有制药学院、地球科学和技术系、电子和信息科学技术学院、艺术和设计系、石油和矿产技术系、贸易和管理学院、数学和自然科学系、政策规划和发展学院、生命技术科学院、工业技术系、环境和民用技术系、空间和机械技术系、研究生院等。

卡查玛达大学（UGM，http://www.ugm.ac.id）位于印尼日惹，正

式成立于1949年12月19日，是印尼独立后成立的第一所大学，它是将几个已有的高等院校合并而成的，是全国规模最大的大学。成立之初该大学只有六个系，即技术系、医学系、农业系、兽医系、法律系、文学和哲学系。经过多年发展该大学现有生物学系、经济和贸易系、制药系、哲学系、地理系、法律系、文化学系、社会学和政治学系、医学系、牙医系、兽医系、林学系、数学和自然科学系、农业系、畜牧业系、心理学系、技术系、农业技术系等。2010年泰晤士报世界高等教育大学排名中卡查玛达大学排在第250位。卡查玛达大学中的经济和贸易系、社会学和政治学系、法律系、心理学系、文化学系、哲学系、医学系等闻名于亚洲。

印度尼西亚大学（UI，www.ui.ac.id）是印尼的一所著名文理科综合大学，规模宏大，学科齐全，师资力量雄厚，是目前印尼培养高层次人才的主要摇篮。印度尼西亚大学主校区位于西爪哇的德波（Depok），其他校区位于雅加达中区。印尼大学于2007年在世界大学排名中位于第395位，2008年第287位，2009年第201位。印尼大学的历史可以追溯到1851年，但正式诞生于1950年2月2日。最初印尼大学拥有九个系和三个机构，包括医学系、法学系、文学哲学系、数学系、技术系、农业系等，遍布于五个城市。1959年位于万隆的技术系和自然科学系共同成立了万隆工学院。1963年位于茂物的农学系和兽医系共同成立了茂物农学院。在泗水的医学系等共同成立了爱尔朗卡大学。所以印尼大学是印尼许多著名大学的前身。目前印尼大学拥有12个系，即医学系、牙医系、公共卫生系、护理系、数学物理系、技术系、计算机系、法律系、经济系、文化学系、心理学系、社会学和政治学系。

为了让更多的公民尤其是已经参加工作和身处边远地区的人们接受高等教育，根据1984年第41号印尼总统令，印尼开放大学于

1984年9月4日正式成立。它是印尼第45所国立高等院校，相当于中国的函授大学。开放大学是一种开放的远程教育，通过新闻媒体，如书籍、录音带、录像带、电脑、因特网、广播和电视等进行教学。开放大学没有年龄和文凭的限制，但学习者的知识储备必须相当于高中水平。学生以自学为主，交学费后便得到书籍和录像带，组织他们在小组学习，如遇到困难，学生可得到最近的一所地区大学辅导老师的辅导，形式可以是当面询问或打电话、发送电传或电子邮件等。此外还通过全国卫星系统授课。开放大学实行学分制，取得一个学分就要求一个学期内每周要学习三个小时的教材。印尼开放大学在有国立高等院校的每个城市设立远程教育学习机构，该机构作为辅导单位，帮助编写必要教材，组织实习或考试。

2. 非正规教育

非正规教育是正规教育之外的教育，由政府或非政府机构、社会或私人举办，同样具梯次性。这种性质的教育提供给需要接受教育的社会公民，是正规教育的替代、补充和完善。

非正规教育包括生活技能教育、儿童早期教育、青年教育、妇女能力教育、读写能力教育、工作专长和培训教育、与ABC组学习班同等教育以及其他旨在发展受教育者能力的教育。非正规教育机构包括：专门机构、训练机构、学习组织、社会学习活动中心、诵经会以及同类教育单位。这些机构可以为民众提供所需的知识技能、提升自身潜力并奠定继续深造的基础。另外，如果通过相应的考试，学习成果可以得到教育部门的承认。其中儿童早期教育是初等教育的基础，同样有正规性质、非正规性质和校外性质的教育之分。正规性质的儿童早期教育机构包括幼儿园（TK）、伊斯兰教幼儿园（RA）或其他同级机构。非正规教育机构包括同乐班（KB）、托儿所（TPA）或其他同级机构。印尼的儿童早期教育普及面不够广，这是因为印尼许多妇女属于家庭主妇，可以自己抚养孩子。

3. 校外教育

校外教育又叫自学教育，是指家庭教育和环境教育，以自学为主要学习途径，如果学习者通过相应考试，学习成果同样能够得到教育部门的承认。如果通过相关授权机构的资格考试，可以获得与正规教育资格证书同级的资格证书；如果通过授权教育机构的水平考试和全国考试，可以获得与正规初等和中等教育同等的毕业证书。

三、宗教教育

印尼的宗教教育是印尼教育体系中的重要组成部分，分担了大量教育任务。由于绝大部分印尼人信仰伊斯兰教，伊斯兰教在广大民众中有牢固的根基，所以在印尼最主要的宗教教育是伊斯兰教育，其次还有基督教教育和天主教教育。

自8—9世纪在印尼有伊斯兰教徒传播宗教起，诵读《古兰经》的学馆（pesantren）就开始形成，17世纪后得以发展，在民众中扎根数世纪。这种学馆蕴涵着伊斯兰教的特色和印尼的本土特色。据努尔霍里斯·马基特研究，“pesantren”一词有的说来源于梵语“santri”（识字）；有的说来源于爪哇语，词义是“跟着老师到处走的人”，pesantren的含义是“学生识字的地方”，它还有“伊斯兰教学生住宿的地方”的意思。伊斯兰教学馆是最早出现的伊斯兰教寄宿学校，有人译为“伊斯兰教私塾”。伊斯兰教学馆主要是学习诵读《古兰经》。学校的中心是伊斯兰教学者，他们在学校周围的民众中享有很高的威望。伊斯兰教学者教学生阿拉伯语，讲授伊斯兰教的起源、法规、教义、圣训等，但不传授普通学校的文化知识。学生没有学习年限，也不交学费。伊斯兰教学馆和学者在印尼民族历史上有十分重要的作用，正逐步成为传播伊斯兰教的中心。

20世纪初，玛德拉萨（madrasah）学校开始出现。“madrasah”一词，出自阿拉伯语，在阿拉伯国家，泛指学校，在印尼则专指伊斯兰教学校。玛德拉萨学校有课程表和教学计划，学生有年龄限制，要交纳学费。它分为：伊斯兰教小学，学制6年；伊斯兰教初级中学，学制3年；伊斯兰教高中，学制3年。初等和中等教育阶段的伊斯兰教学校由宗教部管理。印尼独立前，玛德拉萨学校的课程比例是75%的宗教课，25%的一般学科课。从新秩序时期开始，文化课程已大于宗教课程，它是伊斯兰教教育制度与西方现代教育制度的结合。自1975年实施伊斯兰教综合高中教育以来，一些应用教育课程补充到学校中。按照2003年的全国教育体系法的课程要求，又完善了统一的课程，既包括了宗教方面的科目，又包括创业能力的科目。

伊斯兰教学校还有以下的教育：幼儿园，主要针对5～6岁或上不了学的学龄儿童进行宗教启蒙教育，教他们学会阿拉伯语基本知识，会流利诵读《古兰经》；伊斯兰教寄宿学馆；伊斯兰教工艺专科高等学校。伊斯兰教学校有官办和社会团体办两种，以后者居多，这类学校得不到政府财政上的支持。大部分伊斯兰教学校在农村，学生多数来自生活不富裕的家庭。因此，伊斯兰教学校办学困难重重，缺少基本设施、教学设备，更缺少有水平的师资，也没有教学的质量标准。教师的工资来源是基金会，教师工资与普通中小学的教师无法相比。

除上述伊斯兰教的初等和中等教育外，伊斯兰教高等院校早在第二次世界大战前夕就开始兴办，后因战乱而停办。印尼独立后，首先在日惹创办国立印尼伊斯兰高等院校，以后在全国各大城市纷纷建立起该种大学。伊斯兰教高等院校中，只有少数是国立伊斯兰教高等院校，如国立伊斯兰教学院，大多数是私立的高等院校。现在已有伊斯兰教高等院校几百所，分布在印尼的各个省。

国立伊斯兰教学院（IAIN）是在1950年日惹成立的伊斯兰教高等学院的基础上建立的，1960年在全国开办了许多分校，至1963年已有11所分校。这些分校又陆续改成自立的学院，并在各县或没有伊斯兰教高等院校的省份设立高等院校，这样国立伊斯兰教学院已成为几十所伊斯兰教高等院校。学院设立的系多数是伊斯兰教法律系、教育系、神学系、宗教传播系和文学系。2002年6月该学院已批准改名为国立伊斯兰教大学（UIN）。

四、教育改革

印尼政府在2005—2025年国家长期建设规划中将提高民族素质，增强竞争力作为发展重点。为实现这一目标，印尼必须进行教育改革，使现行教育制度符合经济发展和社会进步的需求。

根据印尼国家教育理念，教育部希望在2025年实现塑造“健全和有竞争力的印尼人（Insan Indonesia Cerdas dan Kompetitif）”的目标。所谓“健全的印尼人”是指具备综合素质的人，包括精神健全、情绪健全、社会能力健全、智力健全和体能健全。为此，教育部在国家教育建设领域做出相应规划，辅助国家长期建设规划的稳步推进和积极落实，主要有三个重点，即首先，拓展教育覆盖面，均享教育权利；其次，提高教育质量、适应性和竞争力；第三，加强教育体系管理和审计，提升公众形象。

目前，虽然还面临许多亟需解决的障碍，但是不可否认，印尼教育建设已经取得不少突破性进展。

首先，印尼已经募集大量教育基金，这是教育部在印尼人民协商会议支持下取得的重要突破性进展之一。2007年教育筹资政策是业已实施的2005和2006年教育筹资政策的延续，包括推行学校运转援助（BOS）计划、学校图书运转援助计划、学生特殊援助（BKM）计划、质量管理运行援助（BOMM）计划、奖学金和助学金计划，在2007年上述五项计划资金总量达到115 324.84亿印尼盾。

其次，提高从教人员和教学辅助人员的从业资格、能力和从业证持有水平。印尼教师法规定教师属于独立职业，从事初等和中等教育的教师必须至少获得本科或大专文凭，从事大专或本科教育的大学教师最低须获得硕士学位，从事研究生教育的大学教师最低必须获得博士学位。此外，所有层次的教师都必须具备执教资格证书。该法律的实施将大规模提升教师队伍素质，并有利于提高教师的福利待遇。

再次，印尼教育系统还大规模运用信息和通信技术进行网络学习和网络管理。2006年印尼“全国教育网”（Jardiknas）建成使用，它可以连接印尼各地所有教学单位和所有政府教育办公室，这也是2007年组建的国家信息和通信技术局属下的最大网络。该网络的应用对于扩大教育覆盖面、提供均等教育机会、提高教育质量和竞争力、加强教育管理和审计以及提升公众形象有十分重要的意义。此外，教育部门大规模修缮并兴建教育基础设施设备，包括修缮受灾学校教室，建立新学校、新国立高等院校、新教室、图书馆和实验室。

最后，倡导建设和加强非正规教育和自修教育途径。印尼人口众多、领土情况复杂、经济发展不平衡、贫富差距较大，政府不可能为所有的人民提供正规性质的教育，所以非正规教育对于印尼人民尤其是处于贫困阶层、偏远地区的人们具有重大意义。其中，印尼劳工及其家庭成员是这种教育的重点受惠者。印尼海外劳工遍布海外，他们之中绝大部分只有小学文化水平。教育部与劳动部合作，通过国外工作培训局为印尼劳工提供B组学习班教育，教育方式更多是通过小组辅导和自学。同时，将教育输送到印尼东部，包括加里曼丹、苏拉威西、努沙登加拉和巴布亚这些由于地理障碍、设施匮乏、条件艰苦等原因使正规教育无法开展的地区，采取“流动学习车”，灵活机动，方便有效。

由于意识到教育滞后已成为印尼发展的瓶颈，印尼政府，尤其是苏西洛政府组建以来，对教育领域的投入不断加大，教育事业得到快速发展。但是，印尼领土分散、地区发展不均衡、经济发展水平不高以及贫富悬殊等因素，导致教育资源相对短缺、师资质量不高、教育质量较差等问题在短期内无法完全解决，教育建设任重道远。

第七章　政治制度

第一节　国旗、国徽、国歌

一、国旗

图7-1　印度尼西亚国旗

印尼国旗又叫红白旗（Sang Merah Putih），由红白两种颜色组成，上红下白，两部分大小相等。整个旗子呈长方型，长宽比为3∶2。红白旗看似简单，但是寓意深刻：红色象征勇敢，白色象征纯洁；红色象征人的肉体，白色象征人的精神；两者相辅相成，是印尼民族精神的体现。

自古以来，红白两色在印尼被视为神圣的颜色。红色是爪哇红糖的颜色，而白色则是大米的颜色，而这两种食品与印尼人的生活密不可分。在印尼强盛的麻喏巴歇时代，王室和军队非常推崇红白两色的旗帜，把红白两色视为强大的象征。1825—1830年的爪哇人民大起义中，迪波内戈罗曾高举红白旗反抗荷兰殖民统治。20世纪初，印尼民族主义者经常使用红白旗表达渴望民族独立的诉求。尽管荷兰殖民者禁止红白旗，但是由于荷兰国旗恰好是红、白、蓝三色，进步的大学生们经常撕掉荷兰国旗最底下的蓝色，把它改造成为红白旗，有力地表达了对荷兰殖民者的愤怒和对印尼独立斗争的支持。

印尼独立后，红白旗理所当然地成为了国旗。印尼第一面国旗由苏加诺总统夫人法玛瓦蒂亲手制作。时至今日，印尼每年的8月17日国庆节，这面珍贵的国旗都要从国家博物馆取出，见证印尼共和国的生日。当然，正式升起的并不是这面国旗，而是复制品。印尼的2009年第24号国旗、国语、国徽、国歌法对红白旗的使用和尺寸都有明确的规定，要求政府机关和学校必须每天升挂国旗。

印尼、摩洛哥、波兰三国的国旗有几分相似，常被人误会。摩洛哥的国旗也是红白两色，上红下白，呈长方形；但是长宽比一般是5∶4，而且尺寸更小。而波兰的国旗，是上白下红，长宽比是8∶5。

二、国徽

图7-2 印度尼西亚国徽

印尼国徽是一只昂首挺立的金色神鹰，它双翼伸展、头向右看、胸挂盾牌，双爪抓着一条飘带，飘带上有一行古爪哇文：Bhinneka Tunggal Ika，殊途同归。

印尼国徽由坤甸苏丹哈米德二世设计，苏加诺总统修改完善，1950年正式使用。该国徽构思巧妙，身体的每个部分都有独特的象征意义。神鹰本身就是印尼神话中的神物，是毗湿奴神的座驾；神鹰通体金色象征着印尼民族的伟大和国家的富强。神鹰两翼各有17根羽毛，尾巴上8根羽毛，盾牌下方19根羽毛、脖子下45根羽毛，合在一起代表印尼宣布独立的日子——1945年8月17日。神鹰胸前的盾牌由金链系在脖子上，象征着国家安全。盾中间的黑色横线代表着印尼群岛分布的赤道线。盾分为5格，代表着印尼的建国五基：中间的金星象征“至高无上的神道”，右下方的圆形链条象征“公正和文明的人道”，右上方的榕树象征“印尼的统一”，左上方的雄牛头象征“有领导的民主”，左下方的棉花和稻子代表“社会公正”。由于其突出的象征意义，因此印尼国徽也叫做“五基神鹰”(Garuda Pancasila)。

飘带上的“殊途同归”源自印尼的一则神话。相传古代印尼有一位叫普鲁沙达的国王很喜欢吃人，百姓们非常恐慌。有位名叫苏达索玛的武士，非常同情人民的不幸遭遇，愿意牺牲自己，代民受罪。国王非常愤怒，拒绝了武士的请求，随后两人之间展开了殊死搏斗。神仙们也加入了他们的战斗，湿婆进入了国王的体内，而佛陀则潜入了武士的身躯，各自施展法力，谁也无法战胜对方。最后梵天出面，呼吁双方停战，并提醒他们，虽然双方外表各异，但本质却是一体的，即“殊途同归”。印尼是个多民族国家，国徽借用这个故事的目的就是希望各族人民能求同存异，消除分歧，和睦共处，维护印尼的团结和统一。

三、国歌

印尼的国歌为《大印度尼西亚》(Indonesia Raya)，它气势磅礴，优美动听，歌词情真意切，感人至深，强烈地抒发了印尼儿女对祖国母亲的无比热爱和由衷赞美之情，充分表达了印尼人的理想、信念和愿望。全歌共分三段，每段最后均为重唱。这里重点介绍和翻译经常吟唱的第一段：

Indonesia Tanah Airku Tanah Tumpah Darahku
印度尼西亚，我的祖国，生我养我的土地，
Di sanalah Aku Berdiri Jadi Pandu Ibuku
在这里我昂首挺立，做母亲的卫士，
Indonesia Kebangsaanku Bangsa Dan Tanah Airku
印度尼西亚，我的国家，我的民族和祖国，
Marilah Kita Berseru Indonesia Bersatu
让我们振臂高呼：“印度尼西亚团结统一”。

Hiduplah Tanahku Hiduplah Negeriku

万岁，我的祖国，万岁，我的国家，

Bangsaku Rakyatku Semuanya

我的民族，我的人民，所有一切，

Bangunlah Jiwanya Bangunlah Badannya

让我们振奋精神，让我们挺起胸膛，

Untuk Indonesia Raya

为着伟大的印度尼西亚。

Indonesia Raya Merdeka Merdeka Tanahku Negeriku Yang Kucinta

伟大的印度尼西亚，独立，独立，我亲爱的祖国，亲爱的国家，

Indonesia Raya Merdeka Merdeka Hiduplah Indonesia Raya

伟大的印度尼西亚，独立，独立，万岁，伟大的印度尼西亚。

《大印度尼西亚》与印尼民族独立斗争有着密切的联系。歌曲的词曲作者是印尼著名爱国诗人瓦格·鲁道夫·苏普拉特曼（Wage Rudolf Soepratman）。在1928年10月28日的第二次印尼青年代表大会上，他首次用小提琴将这首歌介绍给与会代表，并且很快在群众中传唱开来。当时很多印尼早期政党召开会议时，都要奏唱《大印度尼西亚》，这首歌成为了团结和独立的象征。

第二节　宪　法

一、宪法的历史发展

（一）《四五年宪法》的诞生

1945年8月17日印度尼西亚宣布独立，成立印度尼西亚共和国。早在印尼独立之前，印尼“独立筹备调查委员会”就已经任命

九人的起草委员会[①]负责制宪工作。1945年6月1日，印尼民族主义领袖苏加诺在“独立筹备调查委员会”第一次会议上发表了《潘查希拉的诞生》的演说，提出了建国五项基本原则，又称“潘查希拉”，即民族主义、人道主义、民主、社会繁荣和至高无上的神道。6月22日，起草委员会草拟了宪法序言，采纳和完善了苏加诺“潘查希拉”的思想，成为“至高无上的神道、公正和文明的人道、印尼的统一、协商和代表制指导下的民主以及印尼全体人民的社会公正”。由于伊斯兰势力不满建国原则中没有突出伊斯兰教的地位，迟迟不愿签署。为了早日制定宪法，印尼民族主义阵营决定妥协，与伊斯兰势力达成君子协定，同意“至高无上的神道”后增补七个印尼语单词，成为“至高无上的神道，有义务对穆斯林实行伊斯兰教法”[②]。这次妥协后产生的宪法序言被称为《雅加达宪章》（Piagam Jakarta）。但到宪法成文时，宪法序言并未遵照《雅加达宪章》，增加对穆斯林实行伊斯兰教法的内容。8月9日，“独立筹备调查委员会（BPPK）”被“印尼独立准备委员会（PPKI）”所取代。8月18日，“印尼独立准备委员会”通过了印尼共和国第一部宪法——《一九四五年宪法》，简称为《四五年宪法》（UUD 1945）。《四五年宪法》规定，印尼是一个单一制共和国，实行总统内阁制。苏加诺和哈达分别当选为首任正副总统。

（二）《印度尼西亚联邦共和国宪法》

印尼先后颁布过三部宪法。除《四五年宪法》外，另两部宪法为《印度尼西亚联邦共和国宪法》（Konstitusi RIS）和《印度尼西亚共和国临时宪法》（UUDS 1950）。

---

① 这九人分别是：Soekarno、Hatta、Mr. A.A. Maramis、Abikusno Tjokrosujoso、Abdulkahar Muzakkir、Haji Agus Salim、Mr. Achmad Subradjo、K.H.A. Wahid Hasyim和Mr. Muhamaad Yamin。

② 印尼文的原文是：“dengan kewajiban menjalankan syari' at Islam bagi pemeluk-pemeluknya”。

印尼独立后，荷兰殖民主义者先后于1947年7月和1948年12月向印尼发动两次名为“警卫行动”的侵略战争，企图继续控制并维持在印尼的殖民统治。1949年11月2日印尼作出妥协，同荷兰在海牙签订《圆桌会议协定》。根据协定，荷兰于1949年12月27日将主权移交给印尼联邦共和国，而印尼共和国则成为了印尼联邦共和国的一部分。印尼联邦共和国实行印尼联邦共和国宪法，而《四五年宪法》只在印尼共和国内部生效。根据印尼联邦共和国宪法，印尼联邦共和国是联邦制共和政体，由各个加盟国（negara bagian）、独立的自治邦（satuan kenegaraan yang tegak sendiri）和非邦地区（daerah yang bukan daerah bagian）组成。联邦政府的主要机关有：总统（无副总统）、部长、参议院、国会、最高法院和财政监督委员会。总统和部长们共同组建政府内阁，国会不能强迫部长辞职；同时设总理一名，主持部长会议，当总统无法行使职权时，总理代行其职权。各加盟国和自治邦分别推荐2名参议员组成参议院。国会负责立法，共有150名议员，其中50名来自印尼共和国；国会议员构成必须照顾少数族裔，华裔（9名）、欧裔（6名）、阿拉伯裔（3名）。印尼联邦共和国主权由政府和国会共同行使。由于印尼联邦共和国宪法本身是一部临时性质的宪法，它还规定由国会议员、参议员和特别议员组成制宪会议，和政府共同起草新宪法。

（三）《印度尼西亚共和国临时宪法》

印尼联邦共和国的成立实际上是荷兰人以退为进的策略。根据印尼联邦共和国宪法，印尼将与荷兰王国、荷属苏里南和库拉索组成荷印联邦共和国，以荷兰女王为最高元首，印尼仍是荷兰的自治领。这显然违背了印尼人民争取民族独立的理想。不久之后，除了东印尼共和国（NIT）和东苏门答腊共和国（NST）之外，大部分联邦成员纷纷主动加入印尼共和国。1950年5月19日，印尼联邦共和国政府代表东印尼共和国和东苏门答腊共和国与印尼共和国政府谈判，双方签署协议决定建立“统一的印尼共和国”，并在《四五年宪法》的基础上，吸收印尼联邦共和国宪法的合理成分，制定新宪法。8月15日，印尼联邦共和国参议院和国会组成联合会议，以联邦法律的形式批准了印尼共和国临时宪法草案，并于8月17日开始实施。这就是印尼的第三部宪法——《印度尼西亚共和国临时宪法》。在本次会议上，苏加诺总统正式宣布废除联邦制，成立统一的印度尼西亚共和国。根据临时宪法，印度尼西亚共和国是单一制国家，国家主权属于人民，由政府和国会共同行使。印度尼西亚共和国疆域涵盖前荷属东印度的全部领土，包括西伊里安。国家主要机关有：正副总统、部长、国会、最高法院和财政监督委员会。印度尼西亚共和国采取一院制，国会代表全体人民，每30万人口选举产生一名议员；其中华裔议员至少9名、欧裔6名、阿拉伯裔3名，如果大选没有达到最低数量，政府将增补少数族裔议员。临时宪法实行国会内阁制，内阁由国会中的多数党派联合组成，内阁直接向国会负责，国会有权迫使内阁和部长辞职，总统权力受到削弱。鉴于宪法的过渡性，印度尼西亚共和国临时宪法同样包括了成立制宪会议的条款。在特定的历史条件下，印尼的这种议会民主制虽然有助于防止独裁政权的出现，但是给不同派别无节制的权力之争提供了理想的舞台。从表现形式看，印尼内阁频繁更迭，政治乱象不断。

（四）恢复《四五年宪法》

1954年8月10日印尼和荷兰达成协议，取消“荷印（尼）联邦”。1956年4月21日，印尼废除《圆桌会议协定》，同年11月10日在万隆成立了制宪会议，负责制定新宪法。这是印尼历史上第一次通过大选产生的代表会议，共选举代表514名。由于各党派在许多重大问题上存在分歧，制宪会议无法完成制宪工作，在1959年初，苏加诺和“工作”内阁提议用《四五年宪法》取代《印尼共和国临时宪法》。但总统的建议没有得到制宪会议批准，三次投票都无法通过，许多代表表示将不再参加制宪会议。7月5日，在印尼武装部队的支持下，苏加诺总统下令解散制宪议会，重新恢复《四五年宪法》，同时宣布1950年《印尼共和国临时宪法》失效。

二、宪法的修改

《四五年宪法》包括序言、正文（16章37条）和宪法解释。宪法序言属于原则性序言，规定了印尼立国的基础是“潘查希拉”（Pancasila，也被译为“建国五基”）。印尼的国家机构包括：人民协商会议、正副总统、国家部门、国会（亦称人民代表会议）、最高评议院、最高法院及司法机关、地方政府。宪法还规定：印尼是共和政体的单一制国家，实行总统内阁制；总统是国家元首，又是最高行政首脑和武装部队最高司令；总统由人民协商会议选出，总统及其领导下的内阁只对人民协商会议负责而不对国会负责，国会无权推翻总统；内阁成员均由总统任免，协助总统工作；最高评议院是总统的咨询机构，对总统无任何约束力。总的看来，《四五年宪法》制定时仓促，恢复时也仓促，其条文较少，很多地方都不完善，例如对国徽都没有规定，人民基本权利的规定也很少。

1965年“9·30运动”后，苏哈托逐渐取代苏加诺执掌政权。苏哈托当权后，进一步强调印尼应不折不扣地忠于《四五年宪法》和建国五基，宪法被神化和绝对化。1983年，印尼人民协商会议甚至通过一项法案，规定如人协欲修改宪法，须事先以公民投票方式征得多数印尼人的同意。事实上意味着人协主动放弃了宪法赋予的修宪权力。于是在长达30年的“新秩序”时期内，针对宪法的任何修正和增补都只存在于理论。显而易见的事实是，该宪法规定的总统内阁制赋予了总统极大的权力，所以苏哈托在长期的执政中，一直坚持并维护《四五年宪法》。

1997年的金融危机摧毁了印尼数十年的经济建设成果，也彻底暴露出苏哈托集权统治的弊病，修宪工作在这位强权者下台后迅速提上了议事日程。为了适应国内政治关系调整和政治改革的需要，从1999年至2002年间，印尼人民协商会议对《四五年宪法》做了四次修正，每一次修正都有浓厚的强调民主和制衡权力的色彩。1999年10月第一次宪法修正案中规定，总统和副总统职位只可连任一次；2000年8月第二次修宪增加了地区自治和尊重人权等重要条款；2001年11月第三次修宪设立地方代表会议，并把过去总统“必须是印尼土著”改成“必须生为印尼国民”，产生方式由原来的人民协商会议投票选举改为由全国选民直选产生。2002年8月第四次修宪进一步对总统直选做出了规定，并取消军队和警察在人协和国会中的预留席位，从法律上终结了印尼军警长期存在的“双重职能”现象。舆论认为，这些举措是印尼民主改革过程中的最重要的步伐之一。随着改革进程的进一步深化，2007年后印尼国内又出现了第五次修宪的呼声。

修改后的《四五年宪法》由序言、正文两部分组成，但不再包括宪法解释。其正文部分，通过增附章条和存目的方法，仍然维持了原来16章37条的结构。

第三节　代议机构

一、人民协商会议

（一）人协的地位和权力

人民协商会议（MPR）简称人协。原《四五年宪法》第一条（2）

款规定："主权掌握在人民手中，并全部由人民协商会议行使"，由此可见，人协是国家的最高权力机关。然而，修改后现行的宪法将此款表述为："主权掌握在人民手中，并依照宪法行使。"人协不再有"全部行使主权"的资格，其集权地位受到制约。印尼官方也不再称人协为"最高国家机关"。根据2009年第27号人协、国会、地方代表会议、地方议会法，"人协是具有国家机关地位的人民协商机构"。

根据2009年第27号法律以及2010年第1号关于"人协组织规程"的决定，人协的权力有：修改和制定宪法；委任大选产生的正副总统；如果正副总统职位空缺，依照宪法之规定选举正副总统；修改和制定人协组织章规和道德规范；选举和确定人协领导人；组建人协机构。

（二）人协的会议、表决和决议

人协的会议分为七种：人协全会、人协领导人、党团领导人和代表团体领导人联席会议、人协领导人会议、人协领导人与总统或其他国家机构领导人磋商协调会、人协特委会会议、人协机构会议、党团或代表团体会议。人协每五年在首都至少召开一次人协会议。

人协会议表决有两大原则：协商一致和多数通过。人协原则上尽一切可能地通过协商一致的方式作出决定；万不得已，则按照多数原则作出决定。但是，在人协领导人、党团领导人和代表团体领导人联席会议和人协领导人会议上则必须按照协商一致原则。代表们立场无法拉近或事出紧急无法协商一致，则通过多数票作出决定。如果人协会议就国会罢免正副总统的建议进行表决时，须至少四分之三的代表出席会议且至少三分之二的与会代表同意才能罢免成功。如果人协会议对于修改和批准宪法进行表决时，须至少三分之二代表出席会议且超过半数的与会代表同意才能通过。

人协决议书的形式有三种：宪法修正、人协决议和人协决定。宪法修正具有宪法的法律效力，没有人协决议书编号；人协决议内含治国方针，在人协内外均有法律效力[①]，有人协决议书编号；决定是对人协的内部规定，仅在人协内部具有法律效力，有人协决议书编号。

（三）人协的机构和现任领导人

人协的机构有人协领导人、特别委员会以及人协全会组织的其他机构[②]。其中人协领导人还可以设立人协工作组，如社会化工作组、道德规范组、预算组等。此外，人协还有一个总秘书处，负责事务性工作。

人协领导人由主席和副主席构成，由人协全会选举产生。根据2009年第27号人协、国会、地方代表会议、地方议会法，人协由1名主席和4名副主席组成，其中人协主席来自国会，国会和地方代表会议各推举两名副主席。[③]2009—2014年人协的领导人如下：主席是来自斗争民主党的陶菲克·基马斯（H. Taufiq Kiemas）；副主席有民主党的茉拉妮·蕾莫娜·苏哈尔莉（女）（Hj. Melani Leimena Suharli）、专业集团党的哈吉利延托·Y·多哈利（Drs. Hajriyanto Y. Tohari，MA.）、建设团结党的卢克曼·哈基姆·赛福鼎（Drs. H. Lukman Hakim Saifudin）以及亚齐的地方代表会议议员的阿赫玛·法尔汉·哈米德（Dr. Ahmad Farhan Hamid，MS.）。

人协特别委员会是人协全会上执行特定任务的人协机构，主要

---

① 宪法修改后，由于人协不再具有“最高国家机构”的地位，也不担负宪法之外的立法职能，因此在改革时代之初，人协决议被排除在印尼法律体系外。但是2011年第12号关于制定法律法规的法律重新明确了人协决议仅次于宪法，高于其他法律的法律地位。

② 2009年之前，人协和国会一样还设有委员会（Komisi）。

③ 该法颁布实施后，有地方代表会议议员将该条款提交宪法法院审查是否违宪。他们认为该条款剥夺了地方代表会议议员出任人协主席。结果宪法法院裁决，此条款不具有强制性的法律效力（tidak mempunyai kekuatan hukum mengikat）。

任务是筹备人协会议和起草人协决议书。人协特别委员会由人协领导人和不少于5%、不多于10%的人协代表组成。人协特别委员会的人员构成要反映国会和地方代表会议的比例，照顾到每个党团和代表团体。

（四）人协的代表和党团

人协代表是人民嘱托的肩负者和呐喊者。人协代表有权参加人协所有的活动，有权提出修改宪法的建议，对人协决议进行表态和选择，有选举权和被选举权、自卫权、言论豁免权；享受礼仪、经费和行政待遇的权利，但是不得散布会议规定的保密内容和公开现行法律法令规定的国家秘密。

人协代表有义务恪守和践行建国五基，履行《四五年宪法》和法律法令，捍卫和维护民族和睦和保卫国家完整，置国家利益于个人、团体、集团利益之上，发挥人民和地方代表的作用，遵守人协组织章程和道德规范，维护人协的团结。此外，人协代表不得兼任其他国家官员和法官，不得兼任国家公务员，军警人员，国有企业、地方企业或其他国家预算供给单位的职员，不得从事私立教育机构行政管理工作，不得从事公共会计师、咨询师、律师、公证员职业或其他与代表职责和权利有关的工作。

回顾人协历史，人协代表名额和构成多有变化。苏哈托时期规定：人民协商会议由国会议员、地区代表和职业团体代表组成，共约1 000人。1999—2004年人协代表人数从1 000人减少到700人；其中国会保留500席、地区代表135席、职业团体代表65席。同时还取消人协主席和国会主席由一人兼任的规定。

根据修改后的《四五年宪法》，人协代表由通过大选选举产生的国会议员和地方代表会议议员组成，这使得人协初步具备了两院制特征。2004—2009年人协代表共为678人：其中国会议员550席、地方代表会议议员128席。从2004年起，军队和警察不再拥有人协和国会的代表地位。由于人口数量和省级行政区的变化，2009—2014年人协代表共692人：其中国会议员560席、地方代表会议议员132席。人协代表任期5年，直到新一届人协代表宣誓就职时结束。

为了提高人协的工作能力，每位人协代表都要加入党团或代表团体。党团是反映政党布局的代表组织，由获得国会席位的政党组成，来自国会的每一位代表必须加入一个党团。而来自地方代表会议的全体代表则加入代表团体。

表7-1 2009—2014年人协的党团情况

	党团/代表团体名称	席位数
1	民主党Partai Demokrat	148
2	专业集团Golongan Karya	106
3	斗争民主党Partai Demokrasi Indonesia Perjuangan	94
4	繁荣正义党Partai Keadilan Sejahtera	57
5	国家使命党Partai Amanat Nasional	46
6	建设团结党Partai Persatuan Pembangunan	38
7	民族觉醒党Partai Kebangkitan Bangsa	28
8	大印尼运动党Partai Gerakan Indonesia Raya	26
9	人民心声党Partai Hati Nurani Rakyat	17
10	地方代表会议团体Kelompok DPD	132

二、国会

（一）国会的地位、职能、权力和任务

国会（DPR）又称人民代表会议，是具有国家机关地位的人民代表机构。宪法规定：国会拥有立法、预算和监督三大职能；在行使职能的过程中，国会还拥有质询权、调查权和表达意见的权力；

国会有权制定法律；每项法律草案由国会和总统讨论以达成一致；如果未就法律草案达成一致，该草案不得在应届国会会议中再行提出；总统批准已达成一致的法律草案成为法律；如果已达成一致的法律草案在通过之日起30天内未得到总统批准，该法律草案正式成为法律并应当颁布执行。修改后的《四五年宪法》完善了印尼的国会制度，进一步明确了国会的权力，使其在政治舞台上的地位更加突出，成为制衡总统行政权力的重要工具。

根据2009年第27号人协、国会、地方代表会议、地方议会法，国会的任务有：与总统共同讨论法律以达成一致；通过和反对总统的政府替代法令；接纳并与总统共同讨论地方代表会议提出的关于"地方自治，中央与地方关系，地方的设立、扩大与合并，自然资源和其他经济资源的管理，中央与地方财政平衡"的法律草案；与地方代表会议共同讨论总统提出的与地方有关的法律草案；考虑地方代表会议对国家收支预算以及关于税收、教育、宗教方面法律草案的意见；与总统共同讨论地方代表会议的意见，并通过总统提出的国家收支预算；监督法律和国家预算的实施；讨论和进一步处理地方代表会议提出的关于地方自治，地区的建立、扩展与合并，中央与地方关系，自然资源和其他经济资源利用，国家收支预算以及涉及税务、教育、宗教的法律执行监督报告；同意总统与他国宣战、媾和和缔结条约，同意总统缔结其他因涉及国家财政负担并（或）需要修改或制定相关法律而对人民生活产生深远影响的国际条约；就实行大赦、赦免死刑、委派大使、接受他国大使，向总统提出参考意见；参考地方代表会议的意见，选举财政审计局成员；讨论和进一步处理财政审计局提交的国家财政审计报告；通过总统提出的司法委员会成员任免；通过司法委员会的大法官提名建议并交总统批准；选举提名3位宪法法官并交总统任命；依法批准职权范围内的国家资产移交；聆听、收集、汇总和处理民众的呼声；执行其他法律规定的任务。

（二）国会议员的权利和义务

国会议员来自参加大选的政党，通过选举产生。2009年第27号法律规定，议员总数为560名，议员名单以总统命令书的形式批准，议员须居住在雅加达，任期5年，直到下届国会宣誓就职。

国会议员（县市议员）参选资格如下[①]：居住在印尼年满21岁的印尼公民，信仰神道，会说、读、写印尼语，至少高中毕业或同等学历，忠于建国五基、1945年宪法和独立宣言的理想，不曾因犯有5年监禁以上刑事罪行而被判处监禁，身心健康，登记为选民，愿意全职履行使命，不担任或兼任国家公务员、军警人员、国有企业/地方企业或其他国家财政供给单位的管理人员，愿意不再担任公共会计师、律师、公证员、土地证签发官和不从事与国家财政有关的商品和劳务供应或其他与议员职权和责任相冲突的工作，成为参加大选政党的党员，只参选一个代表机构的议员和只在一个选区参选。

根据2009年第27号法律，国会议员有权提出法律草案的建议，有质询权，发表意见和建议权，选举权和被选举权，自卫权，豁免权，享受礼仪、经费和行政待遇的权利。

国会议员有义务恪守和践行建国五基，履行《四五年宪法》和遵守法律法令，捍卫和维护民族和睦及国家完整，置国家利益于个人、团体、集团利益之上，致力于提高人民福利，在治国中遵守民主原则，遵守组织章程和道德规范，在与有关机构的工作交往中保

① 2004年之前，人协代表（含国会）资格中还有一条是"不是印尼共包括其群众组织的成员，没有直接或间接参与'9·30/印尼共反革命运动'，不是其他被禁组织成员"。2004年2月24日宪法法院裁定本条件不再有效。

持道德操守，通过定期的工作访问聆听和收集选民心声，汇总和处理民众的呼声和疾苦，在道义上和政治上对所在选区的选民负责。

此外，为了更好地行使人民代表的权力，减少滋生腐败，国会议员（地方代表会议议员、地方议会议员）不得兼任其他国家官员、法官、民政公务员、军警人员、国有企业/地方企业或其他国家预算/地方预算供给单位的职员。不得从事私立教育机构行政管理工作，不得从事公共会计师、咨询师、律师、公证员职业或其他与议员职责和权利有关的工作。议员不得贪污、腐败、搞裙带关系，不得收受钱财。对于不履行义务的议员，荣誉委员将会视情形进行口头批评、书面批评和撤销领导职务。违反兼职规定和贪污腐败的遭罢免。

国会议员（或地方代表会议议员、地方议会议员）可以在任期内停职或罢免。停职的情况是："逝世、提交书面申请辞职或相关政党提议"[①]。罢免的情况是：连续3个月无法履行议员职责且无任何说明；违反了誓词和国会道德准则；具有最终法律效力的法院判决证明犯有刑事罪行且求处5年（含）以上监禁；无故连续6次不参加全会和职责范围内的国会机构会议；所属政党依法提出建议；不再符合大选法规定的议员候选人资格；违反禁令；依法开除党籍；或加入其他政党。

（三）国会的党团

根据国会组织规程，党团是根据大选产生的政党布局而形成的议员集团。党团由跨过选举门槛的政党或政党联盟组成。每个国会议员都要加入某个党团。党团有责任协调所属议员的活动，提高议员执行国会任务的能力、纪律意识和工作效率。党团要对所属议员

① 对于地方代表会议议员，无政党提议停职的规定。

的绩效进行评估并向社会公布，每年至少一次。党团自行选择领导人，并依法制定内部工作流程。

2009年10月1日国会全会上，9个在国会取得席位的政党组建了9个党团，其中有7个党团是上届国会原有的，只有大印尼运动党党团、人民心声党党团是新成立的。

表7-2 2009—2014年国会党团情况

	党团名称	名称缩写	席位数
1	民主党 Partai Demokrat	FPD	148
2	专业集团 Golongan Karya	FPG	106
3	斗争民主党 Partai Demokrasi Indonesia Perjuangan	FPDI-P	94
4	繁荣正义党 Partai Keadilan Sejahtera	FPKS	57
5	国家使命党 Partai Amanat Nasional	FPAN	46
6	建设团结党 Partai Persatuan Pembangunan	FPPP	38
7	民族觉醒党 Partai Kebangkitan Bangsa	FPKB	28
8	大印尼运动党 Partai Gerakan Indonesia Raya	F-GERINDRA	26
9	人民心声党 Partai Hati Nurani Rakyat	F-HANURA	17

（四）国会的会议年

每年8月16日开始，至次年的8月15日止为国会的会议年。如果8月16日恰遇公休，那么会议年则提前一个工作日开始。会议年可以分为四个会议期。会议期包括开会期和休会期。逢开会期，国会主要在国会大楼内进行活动；而在休会期，议员们一般单独或集体外出，进行工作访问。

每个会议年第一天最重要的议程就是国会和地方代表会议共同听取总统的国情咨文，回顾过去一年的发展情况和面临的问题，展望来年的工作。该会议由国会和地方代表会议轮流举办。如果总统无法出席全会，则由副总统代其做国情咨文报告。国会大楼位于雅加达的塞纳扬区，因此也习惯将国会谐称为“塞纳扬”。

（五）国会的机构

1. 国会领导人

国会领导人是国会会议的主持人和协调者，其主要职能是制定领导人工作计划，协调国会机构的活动，代表国会发言，执行和宣传国会的决定，代表国会与其他国家机关开展交往，与总统和其他国家机关的领导人进行磋商，在法庭上代表国会，依法执行国会对议员的制裁或平反，与内部事务委员会一道制定国会预算计划，向全会述职。法律规定，国会领导人对国会全体会议负责。国会领导人包括1名议长和4名副议长，分别来自国会议席数最多的前五个政党，实行集体领导。现任国会议长是来自民主党的马尔祖基·阿里（Marzuki Alie）。

2. 协商委员会

协商委员会是微缩版的国会，大部分国会的重要决议都事先在协商委员会中讨论，是国会的常设机构。协商委员会中的政治互动就是全体会议的反映。只有国会全会才能改变协商委员会的决定。国会在就职之初成立协商委员会，其委员数不超过议员总数的

10%[1]。委员名单由全体会议根据各党团议席数确定。国会领导人直接领导协商委员会，机构设秘书处。

协商委员会的任务有：确定国会一个会议年、一个会议期或某开会期的日程安排，预计某个问题的解决时间和法律草案的完成时间；向国会领导人提出建议，以确定涉及履行国会职责的政策路线；要求国会其他机构或给与其机会，就各自任务执行情况作出说明或解释；对处理法律事务作出进一步的规范，决定政府和其他机关必须与国会就某个问题进行磋商和协调；决定由国会机构处理某个法律草案或执行国会其他任务；执行全体会议交给协商委员会的其他事务。

3. 国会委员会

委员会是国会主要工作单位和常设机构，国会的实质性工作都在委员会中进行。国会在就职之初和会议年初，确定委员会的数量，并通过国会全会，按各党团议席比例确定委员会的构成和委员名单。每个委员会设主任1名，副主任最多3名，实行集体领导。除国会和人协领导人外，每位议员必须根据自身专长和知识结构加入一个委员会。各委员会下设秘书处。委员会承担三大任务：立法任务、预算任务和监督任务。每一个委员会都有自己的对口行政职能部门。在执行任务中，委员会可以与部长和部门领导人举行工作会议；与地方代表会议进行磋商；举行政府官员的听证会或公众听证会；进行工作访问等。

4. 立法委员会

立法委员会的主要职责是：计划和编列一个国会任期和每个国会预算年度须讨论法律草案的计划和优先顺序，并考虑到地方议会

① 2004年之前，该比例为20%，且委员会领导和党团领导也是协商委员会的当然成员，后该规定被废除。

的提案；协调国会与政府之间的立法项目；根据协商委员会批准的优先项目，准备国会建议的法律草案；完善议员、委员会、联合委员会或地方代表会议对法律草案的最初意见后，将该草案提交给国会领导人；考虑议员、委员会、联合委员会或地方代表会议提出的不在当年立法计划内的法律草案；对法律草案进行讨论，修改或完善，尤其是对协商委员会特别交代的法律草案；通过与委员会或特别委员会协调，关注草案进展，评估草案内容；向国会领导人提交地方代表会议对法律草案的意见；在国会议员任期结束时，对法律问题和各项法律进行调查，供下任立法委员会使用。

5. 预算委员会

预算委员会是国会的常设机构。国会在就职之初和会议年初的全体会议上，按各党团议席比例和党团的建议确定预算委员会的委员构成。每个委员会（Komisi）在预算委员会中都要有代表。预算委员会实行集体领导，设主任1人和副主任最多3人，从委员中选举产生。预算委员会的主要职责是讨论国家收支预算的制定和实施情况。

6. 国家财政审计委员会

国家财政审计委员会是根据2009年第27号法律，在2009—2014年国会中新设立的机构，也是国会的常设机构。国会在就职之初和会议年初的全体会议上，根据党团的建议确定该委员会的委员构成。国家财政审计委员会最少7人，最多9人，实行集体领导，设主任1人和副主任1人，从委员中选举产生。

国家财政审计委员会的主要职责有：研究财政审计局提交给国会的审计报告内容；向国会委员会报告研究结果；根据委员会的要求，进一步处理国会委员会对财政审计局审计报告的讨论意见；向财政审计局就年度审计工作计划、审计的困难以及报告的质量给出建议。

国家财政审计委员会可以要求财政审计局、各级政府、其他国家机构、印尼央行、国有企业、公共服务部门、地方企业及其他管理国家财政的机构进行说明。该委员会可以向国会委员会建议，让财政审计局进行后续审计。国家财政审计委员会在国会全会上向领导人报告工作情况。

7. 议会间合作委员会

议会间合作委员会在与他国议会开展友好交往、共同合作方面扮演重要角色。国会在就职之初和会议年初的全体会议上，根据各党团议席比例确定该委员会的委员构成。委员会实行集体领导，设主任1人和副主任最多3人，从委员中选举产生。

8. 荣誉委员会

荣誉委员会是国会最新设立的纪律检查部门。它的前身是一个国会临时机构——荣誉院（Dewan Kehormatan）。2004年国会组织规程把其升格为常设机构。设立荣誉委员会主要原因是部分国会议员政绩拙劣，违反道德准则的事件层出不穷。国会在就职之初和会议年初的全体会议上，根据各党团议席比例确定该委员会的委员构成。荣誉委员会共有委员11人，其中设主任1人和副主任2人，从委员中选举产生，实行集体领导。

荣誉委员会的主要职责是：根据举报，对议员违规行为进行调查和取证；评估和完善国会的道德准则条例；传唤有关方面，与其他机关开展合作；在任期结束时述职。如果议员被证明违规，荣誉委员会制裁的种类有：口头批评、书面批评；罢免国会领导人或国会机构的领导人；罢免议员。如果议员被证明没有违反法律法规和道德准则，荣誉委员会将在国会全会上公布平反决定书，并分发给全体议员。

9. 内部事务委员会

内部事务委员会是国会的常设机构，其职能只涉及国会内部事务，与国会主要职能基本无关。国会在就职之初和会议年初的全体会议上，根据各党团议席比例确定该委员会的委员构成。委员会实行集体领导，设主任1人和副主任最多3人，从委员中选举产生。

内部事务委员会的主要职责是：制定国会内部事务政策；监督国会总秘书处执行国会内部事务政策，包括执行和管理国会预算；根据协商委员会会议结果，经国会领导人指派，在内部事务问题上与地方代表会议机构、人协机构进行协调；将内部事务委员会的决定和政策告知每一位国会议员；向国会全会述职。

10. 特别委员会

国会可以根据需要组建临时性的特别委员会。委员构成由全体会议按各党团议席比例确定，最多30人。特别委员会设主任1人和副主任最多3人，实行集体领导。特别委员会在全体会议规定的时间范围内行使职权，向国会负责。国会全会根据特别委员会的工作结果采取进一步措施。从实际情况看，全体会议和协商委员会都可以延长或缩短特别委员会任期。但国会组织规程并没有明确规定协商委员会有权改变特别委员会任期。当任期结束或是任务完成后，特别委员会即告解散。

三、地方代表会议

地方代表会议（DPD）是具有国家机构地位的地方代表机构，类似美国的参议院。如果说国会议员是一定数量国民的代表，那么地方代表会议议员则是某个地区的代表。在地方代表会议出现之前，地方利益是通过人协地区代表反映出来的。可是人协5年才召开一次会议，地方利益实际上得不到有效传达。因此，2001年第三次修改的宪法增设了新的国家机关——地方代表会议，2004年10月正式成立。

根据宪法，地方代表会议议员经大选从各省选举产生。各省议员席位相同，均为四名。地方代表会议议员总数不超过国会议员总数的三分之一，议员名单以总统命令书的形式批准，任期5年，直至下一届议员宣誓就职。地方代表会议每年至少开会一次，地方代表会议全体会议是最高级别会议。2004—2009年地方代表会议议员为128名，分别代表印尼32个省级行政区。由于2004年10月5日新成立西苏拉威西省，2009—2014年地方代表会议议员增至132名。地方代表会议议员的权利和义务与国会议员基本相同。

地方代表会议议员参选资格如下：居住在印尼年满21岁的印尼公民，信仰神道，会说、读、写印尼语，至少高中毕业或同等学历，忠于建国五基、1945年宪法和独立宣言的理想，不曾因犯有5年监禁以上刑事罪行而被判处监禁，身心健康，登记为选民，愿意全职履行使命，不担任或兼任国家公务员、军警人员、国有企业/地方企业或其他国家财政供给单位的管理人员，愿意不再担任公共会计师、律师、公证员、土地证签发官和不从事与国家财政有关的商品和劳务供应或其他与议员职权和责任相冲突的工作，只参选一个代表机构的议员，只在一个选区参选且获得该选区选民的支持门槛。

地方代表会议的职能主要是立法建议和执法监督。地方代表会议可以向国会提交法律草案。法律草案可涉及地方自治，中央与地方关系，地区的建立、扩展与合并，自然资源和其他经济资源的利用，以及中央和地方财政平衡。地方代表会议参与讨论上述法律草案，并就国家收支预算法律草案和涉及税务、教育、宗教的法律草案向国会提出意见；监督上述法律和预算的执行，并向国会上报监督结果，作为下一步行动的参考依据。

根据2009年第27号法律，地方代表会议下设的机构有：领导人（Pemimpin）、协商委员会、工作委员会[①]、法律草案委员会、内部事务委员会、荣誉委员会，以及其他全会设立的机构。如，2009—2014年地方代表会议还设有议会间合作委员会、公共审计委员会。各机构的职能和任务与国会机构的基本相似。

地方代表会议领导人设主席1名，副主席最多2名，由全体会议选举产生。一般而言，地方代表会议领导人要分别代表印尼的西、中和东部地区[②]。2009—2014年领导人是：主席伊尔曼·古斯曼（H. Irman Gusman S.E.，MBA.，来自西苏门答腊省），副主席拉奥德·伊达（Dr. La Ode Ida，来自中苏拉威西省），古斯蒂·甘晶·拉杜·赫玛丝（Gusti Kanjeng Ratu Hemas，女，来自日惹特区）。

地方代表会议的主要工作单位也叫委员会。除了地方代表会议领导人之外，每一位地方代表会议议员都要加入一个专设委员会。2009—2014年共有4个委员会，每个委员会设主任1名，副主任2名。

四、地方议会

地方议会是印尼地方立法和代议机构，分为省议会和县/市议会，均由大选产生。地方议会和国会没有直接的隶属关系。

（一）省议会（DPRD Provinsi）

省议会是省级地方政权机关，具有立法职能、预算职能和监督职能，有质询权、调查权和发表意见权。省议会的职责是：与省长共同制定地方法令；讨论和批准省长提交的地方预算；监督地方法令以及地方预算的执行；通过内政部长向总统提出正副省长的任命和免职的建议；当副省长空缺时选举副省长；就涉及地方利益的国

① 但是从实际情况看，2009—2014年的工作委员会叫做komite。

② 一般来说，印尼西部地区是苏门答腊岛、廖内群岛、邦加—勿里洞群岛；中部是爪哇岛、巴厘岛、加里曼丹岛；东部是苏拉威西岛、马鲁古群岛、巴布亚岛和努沙登加拉群岛。

际条约计划向省地方政府提出参考意见；要求省长对地方政府的管理情况提交述职报告；批准将加重社会和地方负担的与其他地方或第三方的合作计划；推动地方履行法定的义务等等。

在执行任务中，为了维护地方、民族和国家的利益，省议会有权要求省级国家官员、省政府官员、司法机关或社会民众对某些需要处理的事情作出说明；上述有关人员必须服从省议会的要求，否则将依法强制传召；无合法理由拒绝传召者将依法羁押，最长达15天；被羁押官员任职期满或停职，将依法释放。

省议会下设机构有领导人、协商委员会、委员会、地方立法委员会、预算委员会、荣誉委员会等，设议长1名，副议长最多2至4名（根据省议会议员人数而定）。省议员由参加大选的政党按照选举结果产生，人数为35～100名。议员名单由内政部长决定书批准。省议员须居住在省首府，任期5年。省议员权利和义务与国会议员的基本相似。省议会也设有党团。55人（含）以下的省议会设4个委员会，超过55人的设5个委员会。

（二）县/市议会

县/市议会是县/市地方政权机关，具有立法职能、预算职能和监督职能，有质询权、调查权和发表意见权。县/市议会的任务职责是：与县/市长共同制定地方法令；讨论和批准县/市长提交的地方预算；监督地方法令以及地方预算的执行；通过省长向内政部长提出正副县/市长的任命和免职的建议；当副县/市长空缺时选举副县/市长；就涉及地方利益的国际条约计划向县/市地方政府提出参考意见；要求县/市长对地方政府的管理情况提交述职报告；批准将加重社会和地方负担的与其他地方或第三方的合作计划；推动地方履行法定的义务等等。

县/市议会下设机构与省议会基本相似，设议长1名，副议长2

至3名（根据县/市议会议员人数而定）。县/市议员由参加大选的政党按照选举结果产生，人数为20～50名。议员名单由省长决定书批准。县/市议员须居住在相关县市，任期5年。县/市议员权利和义务与省议员的基本相似。县/市议会也设有党团。35人（含）以下的省议会设3个委员会，超过35人的设4个委员会

第四节　行政机构

一、总统

总统是印尼政治生活中最重要的角色，他（她）掌握行政权力，组织政府内阁，在一名副总统和国家各部门的协助下，依法行政。总统既是国家元首、政府首脑，又是武装力量最高统帅。

修改后的《四五年宪法》对总统的权力、资格、选举和罢免方式等都做了基本规定。总统有权向国会提出法律草案，有权制定政府法令。总统任免各部部长。总统经国会同意与别国宣战、媾和、缔约和签署国际条约。总统宣布紧急状态，参考国会意见委派大使和接受外国大使，委派领事。总统参考最高法院意见颁布赦免和平反，参考国会意见颁布大赦和废除死刑。总统依照法律规定授予称号、勋章和其他荣誉。但是，总统不能关闭和（或）解散国会。

总统和副总统以组合的形式由人民直接选举。其候选人必须是一出生即获印度尼西亚国籍，从未自愿加入其他国籍，从未背叛国家，身心健康能够行使总统和副总统职责的公民。竞选组合在大选开始之前由参加大选的且获得相应资格的政党或政党联盟推举[①]。得票超过大选总票数50%，且在印尼一半以上的省份中取得各省

① 在国会议员大选中至少获得20%的国会席位，或是至少25%全国有效选票的政党或政党联盟才能推举竞选组合。

至少20%选票的竞选组合当选为总统和副总统。如果没有竞选组合当选，由人民在大选中得票数占前两位的竞选组合之间进行直接选举，得票数最多的竞选组合被任命为总统和副总统。总统和副总统任期五年，期满后可连任，但仅限一次。总统和副总统就职前，要在人协或国会上按宗教仪式宣誓（bersumpah）或庄严承诺（berjanji）；如果人协或国会无法举行会议，可以在人协领导人面前宣誓或承诺，并由最高法院领导人监誓。

总统和（或）副总统因叛国、贪污、受贿、其他重罪、玩忽职守而被证明触犯法律或被证明不再符合担任条件时，经国会建议，可由人民协商会议在任期内罢免。罢免程序如下：

（1）国会先形成一个罢免意见，向宪法法院申请意见的裁定；向宪法法院提出申请至少需要征得出席全体会议国会议员的支持，且出席全体会议的议员人数至少要达到国会议员总数的三分之二。（2）宪法法院在收到国会申请后最迟90天内，最公正地调查、审理和裁定国会的意见。（3）如果宪法法院认为总统和（或）副总统触犯法律和（或）不再符合任职条件，国会则举行全体会议，向人协提出罢免建议。（4）人协在收到国会建议后最迟30天内举行会议，对国会的罢免建议作出决定。（5）人协决定罢免总统和（或）副总统至少必须征得出席全体会议三分之二代表的同意，且出席全体会议的代表人数至少要达到代表总数的四分之三；在全体会议作出罢免决定前，给予总统和（或）副总统解释的机会。

如果总统在任职期间逝世、停职、被罢免或不能履行职责，则由副总统代任至期满为止。如果副总统空缺，人协最迟60天内举行会议，在总统提名的两位候选人中选出副总统。如果总统和副总统在任职期间同时逝世、停职、被罢免或不能履行职责，则由外交部长、内政部长和国防部长共同担负总统职能。人协最迟在此后30天内举行会议，在两对竞选组合之间选出总统和副总统至期满为止。这两对竞选组合需由此前大选中得票数占前两位的竞选组合所属的政党或政党联盟推举。

《四五年宪法》经过四次修改后，对总统的权力和资格，以及选举和罢免总统的方式和程序等都做了更为详细和严格的规定，从制度上避免了总统权力扩大而造成高度集权，确保了“后苏哈托时代”印尼民主政治的延续和发展。

二、内阁

内阁是总统行使行政权力的机构，是政府的表现形式。内阁成员构成并不固定，一般由国家部门法和相关的总统法令确定[①]。从印尼的行政实践来看，内阁一般包括正副总统、正副总理、统筹部长、部长[②]和最高检察长、武装部队司令、银行行长、国务秘书、内阁秘书等部长级官员。

其实《四五年宪法》中并没有关于内阁或是部长会议的条款。印尼的内阁是按照国家惯例建立起来的。从印尼独立到2012年，印尼一共建立了40届内阁（含总统内阁、紧急内阁和联邦共和国内阁），大致可以分为总统制内阁和议会制内阁。一般而言，实行《四五年宪法》时，内阁是总统制；而实行《印尼联邦共和国宪法》和1950年临时宪法时，内阁则是议会制。但是，历史上也出现过内阁制度与宪法不符的情况。1945年11月14日至1949年12月20日期间，虽然实行《四五年宪法》，但是由国会中的多数党组阁，是议

① 目前现行的是2008年第39号国家部门法和2009年第47号关于国家部门设立和组织的总统法令。

② 部长（menteri）是总统的助手，领导着国家部门（kementerian）。根据2008年第39号国家部门法，印尼部长可以分为三类。第一类是宪法明确的部长，包括内政部长、外交部长和国防部长；第二类是宪法涉及该部门事务的部长，如司法和人权部长、财政部长、农业部长、宗教部长等等；第三类是强化和协调政府事务的部长，如国务秘书部长、研究与技术部长、国有企业部长等等。

会制内阁；而危急情况下，总统则临时接管权力，另立新内阁。

印尼的每届内阁都被命名。议会制内阁的名字通常沿用组阁人的名字。而总统制内阁则按照内阁的职责和作用命名。有领导的民主时期，苏加诺曾组建了“工作内阁”、“两项人民命令内阁”、“人民疾苦的呼声内阁”；苏哈托历届内阁叫“建设内阁”；哈比比内阁叫“建设改革内阁”；瓦希德内阁叫做“民族团结内阁”[①]；梅加瓦蒂内阁称为“互助合作内阁”；苏西洛的叫“团结内阁”。

由于苏西洛在2009年总统大选中成功连任，他延用了上一届内阁的名字，因此新内阁叫做“第二届团结内阁”。新内阁也基本保留了原有的框架，苏西洛的执政理念得到较好的延续。新内阁中再次起用了原内阁的11位阁员，特别是原国务秘书部长哈达·拉加沙（Hatta Radjasa）任经济统筹部长，而财政部长穆燕妮（Mulyani Indrawati）和贸易部长冯慧兰（Mari Elka Pangestu）更是官拜原职，显示出苏西洛经济政策的稳定。

2009年苏西洛竞选连任，在第一轮就获得了60.80%的选票，可谓是人气直线上升。近年来，印尼粮食价格上涨，人民负担不断加重。然而政府工作效率低下并没有得到改变，特别是新内阁中青年和体育部长、教育文化部长、劳工和移民部长等多名部长均涉嫌贪污丑闻，民众对政府的满意度从2010年1月份的52.3%降至10月份的37.7%。因此，为了在剩余3年执政期内扭转日益滑坡的民众支持率，同时为民主党2014年参加总统大选积累资本，苏西洛在2011年10月19日进行内阁改组。

此次内阁改组涉及12个职位，包括贸易部、国有企业部、能

① 瓦西德拒绝为其内阁命名，他说：国家不再需要象征主义。但是他又说，他的内阁具有“民族团结”的特性，因此被称为“民族团结内阁”。瓦西德曾经在2000年8月23日和2001年6月1日两次改组内阁。

源和矿产资源部等重要部门。苏西洛在此次改组中起用了大量新人担任部长，并新增13名副部长。但是，以上涉嫌贪污的部长并没有得到撤换，新任阁员仍然是民主党等6党执政联盟中的政治官员，改组后内阁构成的政党属性仍然很明显。有分析人士认为，本次内阁改组并不会产生预期的效果。首先，苏西洛在内阁部长涉嫌贪污的问题上坚持无罪推定原则，并不是明智之举，会让公众怀疑政府的反腐决心。其次，新增13名副部长将使政府机构更加膨胀并加重预算负担，引起民众反感。新内阁要想在未来3年不再让人民失望恐怕还需要做更多的努力。

表7-3　第二届团结内阁名单[①]

总统	Susilo Bambang Yudhoyono
副总统	Boediono
政治、法律和安全统筹部长	Djoko Suyanto
经济统筹部长	Hatta Radjasa
人民福利统筹部长	Agung Laksono
国务秘书部长	Sudi Silalahi
内政部长	Gamawan Fauzi
外交部长	Marty Natalegawa
国防部长	Purnomo Yusgiantoro
司法和人权部长	Patrialis Akbar
	Amir Syamsuddin
财政部长	Sri Mulyani Indrawati（女）
	Agus Martowardojo
能源和矿产资源部长	Darwin Zahedy Saleh
	Jero Wacik

① 如无特殊说明，在同一职位栏中，上者为内阁就任之初的部长，下者为内阁改组后的部长。

续表

工业部长	Muhammad Sulaeman Hidayat
贸易部长	Mari Elka Pangestu(女)
	Gita Wirjawan
农业部长	Suswono
林业部长	Zulkifli Hasan
交通部长	Freddy Numberi
	Evert Ernest Mangindaan
海洋和渔业部长	Fadel Muhammad
	Syarip Cicip Sutardjo
劳工和移民部长	Muhaimin Iskandar
公共事业部长	Djoko Kirmanto
卫生部长	Endang Rahayu Sedyaningsih(女)
教育和文化部长①	Mohammad Nuh
社会部长	Salim Segaf Al-Jufri
宗教部长	Suryadharma Ali
旅游和创新经济部长②	Jero Wacik
	Mari Elka Pangestu(女)
通信和信息部长	Tifatul Sembiring
研究和技术部长	Suharna Surapranata
	Gusti Muhammad Hatta
合作社和中小企业部长	Syarifuddin Hasan
环境部长	Gusti Muhammad Hatta
	Berth Kambuaya
促进妇女发展和保护儿童部长	Linda Amalia Sari(女)

① 内阁改组前叫做国家教育部长(Menteri Pendidikan Nasional)。

② 内阁改组前叫做文化和旅游部长(Menteri Kebudayaan dan Pariwisata)。

续表

发展国家机关效能和官僚改革部长	E.E. Mangindaan
	Azwar Abubakar
加速落后建设部长	Helmy Faishal Zaini
国家建设计划部长/国家计委主任	Armida Alisjahbana(女)
国有企业部长	Mustafa Abubakar
	Dahlan Iskan
人民住房部长	Suharso Monoarfa
	Djan Faridz
青年和体育部长	Andi Mallarangeng①
	Roy Suryo
总检察长	Hendarman Supandji②
	Darmono
	Basrief Arief
印尼国民军司令	陆军上将Djoko Santoso③
	海军上将Agus Suhartono
印尼警察总长	Bambang Hendarso Danuri④
	Timur Pradopo
监督和管理建设事务总统工作组长⑤	Kuntoro Mangkusubroto
内阁秘书	Dipo Alam
国家情报局长	退役警察上将Sutanto
	陆军中将Marciano Norman

① Andi Mallarangeng于2012年12月7日因涉嫌贪污被迫辞职。

② 2010年9月24日Hendarman Supandji不再担任总检察长一职，由副总检察长Darmono代理。2010年11月26日，Basrief Arief正式接任总检察长。

③ Djoko Santoso于2010年9月28日退役。

④ Bambang Hendarso Danuri于2010年10月22日退役。

⑤ 其实，该部门属于非行政序列机构（Lembaga Nonstruktural）。非行政序列机构是帮助某一政府机构执行部分任务或给总统或部长提供决策参考的国家机构，不属于政府行政序列，如APEC执行委员会、电影审查局等。据国家行政局统计，2009年中期，非行政机构多达92个。

三、非部门政府机构

非部门政府机构（LPNK）是执行总统特定行政任务的中央政府机构，对总统负责。因此，历届总统会根据习惯和面临的特殊任务，设置非部门政府机构。最初，设25个非部门政府机构，到2011年11月为止，先后就机构个数、各机构编制进行了8次修改和调整，目前非部门政府机构数为29个。

四、地方政府

（一）地方政权体制

修改后的《四五年宪法》第六章对建立地方政权和中央政府与地方政权关系作了基本的规定。

宪法规定：单一的印度尼西亚共和国划分为各个省级区域，省级区域下划分县和市；各省、县市分别依照法律规定设立地方政权。省、县和市政权依照自治原则和协助任务原则自行安排和管理政务。省、县市政权设立地方议会，其议员经由大选选举产生。省长、县长和市长分别作为省、县、市的地方政府首长通过民主方式选举产生。地方政权行使最广泛的自治权，但法律明文规定属于中央政府事务的除外。地方政权为进行自治和执行协助任务有权制定地方法令和其他各项法令。地方政权的组织结构和工作程序由相关法律规定。

宪法还规定：中央政府和省、县市地方政权间的职权关系，以及省、县市之间的职权关系，在考虑地区的特殊性和多样性后依照法律作出规定。中央政府和省、县市地方政权之间在财政、公共服务和利用自然资源及其他资源方面的关系将根据法律公正和谐地作出规定和处理。国家承认和尊重依照法律规定具有特殊或特别性质的地方政权单位。国家承认和尊重法律规定的习惯法社会集团，承认和尊重一直延续且符合社会发展的传统权利，承认和尊重一直延续且符合印尼共和国单一制国家原则的传统权利。

此外，根据2004年第32号地方政权法，自治是指地方政权有权利和义务根据法律法令自行安排和管理政务和当地民众的利益。根据自治原则，中央政府和地方政权之间不是直接的隶属关系。协助任务是指上级政府指派任务给所辖地方政权执行。

（二）地方政府设置

地方政权包括地方政府和地方议会，地方政府则由地方首长和地方机构组成。

2004年第32号地方政权法规定：地方首长（省长、县市长）由一名副手（副省长、副县市长）协助工作。地方正副首长搭档参加选举，由当地人民直接选举产生。地方首长的任务有："根据地方议会确定的政策，领导行使地方政权；提出地方法令草案；批准已经和地方议会达成共识的地方法令；制定并向地方议会提出地方预算草案，共同讨论制定；努力履行地方义务；在法庭内外作为地方的代表，也可以根据法律法令授权他人作为自己的代表；执行其他法律法令规定的任务。"省长既是省的地方首长，又是中央政府在本地区的代表，对总统负责。

地方机构分为省地方机构和县市地方机构。省地方机构包括：地方秘书处、地方议会秘书处、地方厅局、地方技术单位；县市地方机构包括：地方秘书处、地方议会秘书处、地方厅局、地方技术单位、乡、村。

五、国有企业

印尼的国有企业是指国家掌握全部资本或部分资本的企业，主要为民众提供商品和服务。印尼的国有企业也是政权体系中的重要组成部分，分为机构性国有企业、普通国有企业、国有合资企业。此外，印尼地方政府也拥有自己的地方政府企业。

机构性国有企业是为社会民众提供高水平服务的非赢利国有全资企业，启动资本和资本运转都反映在国家预算中。如：印尼的国有医院和印尼国家广播电台。普通国有企业是为社会民众提供高水平商品和服务且兼顾赢利的国有全资企业。企业资本可以依靠国家预算拨款，也可以自行筹款或向银行贷款。如：国家抵押公司、国家住房开发公司、国家电影制片公司、后勤事务局、远洋渔业设备公司、国家林业公司、国家印刷公司、国家印钞公司等。国有合资企业是指国家控股在51%以上，主要以赢利为目的的国有企业。如果企业上市，则成为国有合资上市企业。

印尼国有企业是通过没收外国资本建立起来的，为印尼经济发展作出了重大贡献。但是很长一段时间里，军事首长直接管理国有企业，走私、贪污等现象严重，饱受人民诟病。民主转型时期，印尼对国有企业实行大规模的股份制改制，减少机构型国有企业和普通国有企业的数量。

第五节　司法机构

修改后的《四五年宪法》规定："司法权是为维护法律和正义，进行审判的独立权力；司法权由最高法院及其下属各系统法院机关（一般法院系统、宗教法院系统、军事法院系统、国家行政法院系统）和宪法法院行使；其他职能与司法权相关的机构由相关法律规定。"

一、法律体系和构成

印尼的法律体系以大陆法系为主，同时也融合了宗教法和习惯法。现行的法律主要由4部分组成：(1)按照传统习俗保留下来的习惯法，主要已经吸收进入印尼的各种法律。(2)荷兰殖民统治时期沿袭下来的法典。(3)印尼独立以后制定的各种法律法令。(4)规范穆斯林婚姻、家庭和遗产事务的伊斯兰教法。

独立以后，印尼政府积极吸收和借鉴荷兰殖民时期的法律。有12部法典(含16部法律)经修改沿用至今，如1847年第23号法典(含印尼法律通则、司法组织和审判政策、民法典和商法典)、1915年第732号刑法典等。除此之外，以《四五年宪法》为基础的法律法令也逐步完善，形式也多种多样，大概有以下几种：

决议是人协、国会、地方议会或最高法院等国家机构制定大政方针或重要规定的文件，如人协决议、省议会决议、最高法院决议等。法律是总统和国会共同制定的全国性的法律文件。政府替代法令是中央政府紧急制定应对突发状况的法律，危机过后需要得到国会批准方可称为法律。法令是中央政府、地方政府、总统、部门首长或地方首长颁布的规范行政制度的法律文件，如政府法令、地方法令、总统法令、林业部长法令等。

根据2011年第12号立法法，印尼的各种法律法令的效力由高至低如下：四五年宪法、人协决议、法律或政府替代法令、政府法令、总统法令、省法令、县市法令。如果有任何法律疑似违宪，由宪法法院进行裁决。如果任何法令法规疑似与法律发生冲突，则由最高法院进行裁决。

各种法律法令一般都以颁布的先后顺序按年度编号。全国性的法律法令还都以国家公报的形式加以公布；公报的编号有两种：

一种是当年编号，一种是累计编号。例如："2002年第31号政党法（2002年第138号印尼共和国国家公报，国家公报累计编号4251）"，表示该法是2002年颁布的第31部法律，它的公布是印尼政府在2002年第138次发表国家公报，也是印尼共和国历史上第4251次。

此外，在印尼还有各种机构颁布的决定或是指导意见，虽然不属于法律法令，但也起很重要的规范作用。决定是人协、总统、部门首长或地方首长颁布的规范本机构内部事务的法律文件，如人协决定、总统决定、县长决定等。指导意见是总统、部门首长或地方首长颁布的指导本机构工作的文件，如总统指导意见、财政部长指导意见等。

二、最高法院

最高法院（Mahkamah Agung）是国家最高司法机构，与最高立法机构（国会）、最高行政机构（总统）地位平等。《四五年宪法》对最高法院的基本权力和大法官作了基本规定："最高法院有权撤销司法审判，审查下位法律法令是否符合上位法律，并行使法律赋予的其他权利。大法官必须刚正不阿，人格上无可指责，专业并富有法律经验。大法官候选人由司法委员会向国会提名，获得国会通过后由总统批准为大法官。最高法院院长和副院长由大法官在其内部选举产生。最高法院及其下属司法机构的组织结构、等级地位、人员构成及司法程序由相关法律规定。"

根据修改后的1985年第14号《最高法院法》[①]，最高法院是《四五年宪法》司法权执行人之一，是所有法院系统中的最高法院，独立执行任务不受政府影响。最高法院由领导人、高院法官、书记长、秘书长等组成。其中，领导人和高院法官都是大法官，大法官

① 到目前为止最高法院法已被修改两次。一次是2004年第5号法律，另一次是2009年第3号法律。

人数不得超过60名。

最高法院领导人由1名院长、2名副院长和若干名院长助理组成，任期5年。截止到2011年12月，最高法院一共有大法官43名，现任院长为哈达·阿里（Hatta Ali），任期从2010年2月8日起。印尼法院可以分为一般法院系统、宗教法院系统、军事法院系统，国家行政法院系统、税务法院，均接受最高法院指导。

三、司法委员会

根据修改后的2004年第22号《司法委员会法》[①]，司法委员会（Komisi Yudisial）是免受其他权力干涉独立行使职权的国家机构。修改后的《四五年宪法》规定："司法委员会性质独立，有大法官提名权，还有权维护、树立法官的尊严、崇高地位和监督法官行为。司法委员会成员必须具备法律知识和经验，刚正不阿，人格上无可指责。司法委员会委员由总统在征得国会同意后任命或罢免。司法委员会组织、等级地位及人员构成由相关法律规定。"司法委员会通过国会对公众负责。要成为司法委员会委员除了宪法规定的条件外，还必须获得法学及相关专业学士文凭或从事法律工作满15年，年龄在45至68岁之间，没有受过刑事处罚，不得担任国家官员、法官、律师、公证员、企业主等。

司法委员会有7名委员，均为国家官员，其中设主任1名，副主任1名，任期5年，可连任一届。这7名委员构成必须多样，2名法官出身，2名律师出身，2名法学学者出身，1名群众代表。现任司法委员会（2010—2015年）主任委员是埃曼·苏帕尔曼（Prof. Dr. H. Eman Suparman, S.H., M.H.）。

① 该法于2011年11月9日由2011年第18号法律所修改。

四、宪法法院

根据2003年第24号《宪法法院法》，宪法法院（Mahkamah Konstitusi）是为了管理维护司法和正义的审判制度而独立行使司法权的国家机关。修改后的《四五年宪法》规定：宪法法院在审查法律是否符合宪法时有初审权和终审权，其审判结果视作最终裁决，有权裁定宪法赋予职权的国家机构的职权纠纷，有权裁定解散政党和大选结果争议。宪法法院必须根据宪法对国会关于总统和（或）副总统涉嫌违法的意见作出裁定。宪法法院由9名总统批准的宪法法官组成，最高法院、国会和总统各提名三人。宪法法院正、副院长由宪法法官在其内部选举产生。宪法法官必须刚正不阿，人格上无可指责，是精通宪法和国家制度的国务活动家，不可兼任国家公职。宪法法官的任命和罢免，与宪法法院相关的司法程序及其他规定由相关法律规定。除宪法规定的条件外，宪法法官还必须是信奉神道、身心健康、年龄在47至65岁之间的印尼公民，且在法学及相关专业学士学位的基础上进一步获得硕士和博士文凭，拥有15年以上的法律从业经验或曾担任过国家官员等。

宪法法院设院长1名，副院长1名，任期5年可连任一届，70岁退休。宪法法院院长、副院长的任期则为2年半，可连任一次。本届宪法法院任期为2008—2013年，现任院长是马福（Mahfud MD）。

第六节　政党[①]与大选

一、印尼大选及政党的历史沿革

印尼宣告独立之后不久，当时政府在1945年11月3日颁布政府

① 本文所指政党是向政府申请参加大选的党。不是广义上的政党团体。

法令，号召成立政党，希望在1946年1月组织国会议员选举之前组建完毕。根据政府的建议，印尼迅速成立了10个政党，成为印尼政党政治的开端。但由于新政党组织尚未成熟，加之荷兰人卷土重来，大选未能如期进行，直到1955年印尼才举行历史上首次大选。当时获胜的政党是：印尼民族党（PNI）、马斯友美党（Masyumi）、伊斯兰教士联合会（NU）、印尼共产党（PKI）和印尼伊斯兰联盟党（PSII）。由于党派林立，各党意识形态和政治利益悬殊，在议会制基础上的内阁经常是几个党派之间妥协的结果，因而更迭频繁。1959年7月5日总统命令书宣布恢复《四五年宪法》，并解散了制宪会议。12月31日，苏加诺颁布"政党条件和简化政党"的总统法令，只有10个政党符合条件继续活动。1960年6月4日，苏加诺决定解散1955年大选产生的国会，成立总统任命的互助合作国会（DPR Gotong Royong）和临时人协。互助合作国会共130席，只允许印尼民族党（44席）、伊斯兰教士联合会（36席）、印尼共产党（30席）等9个政党参加，充分反映出苏加诺"纳沙贡"的思想。整个"有领导的民主"时期，印尼没有再进行过大选。

"9·30运动"后，苏哈托逐渐掌握政权。为打压政治对手，他在1966年3月27日宣布印尼共产党为非法，并进行严厉的镇压。1967年苏哈托颁布简化政党条例。在组织1971年大选时，印尼政府号召各政治组织按照三种类型重新组合：第一类是"中立"、"非政治"的专业集团；第二类是"突出精神"的各伊斯兰政党；第三类是"突出物质"的民族主义政党。但是1971年大选时政党合并尚未完成。

1971年7月5日，在苏哈托的主导之下，印尼进行了第二次大选。本次大选最大的赢家是苏哈托倚重的专业集团。专业集团脱胎于1964年10月陆军组织建立的"专业集团联合书记处（Sekber

Golkar)”，其成立之初的目的是对抗当时政治上极其活跃的左派力量。苏哈托也凭借专业集团的胜利，进一步巩固了执政地位。1973年，根据人协制定的大政方针，政党简化正式拉开序幕。以伊斯兰教为思想基础的印尼穆斯林党、伊斯兰教士联合会、印尼伊斯兰教联盟党、白尔蒂党合并组成建设团结党(Partai Persatusan Pembangunan)。以民族主义为思想基础的印尼民族党、印尼基督教党、印尼独立维护者联盟、天主教党、平民党合并组成印尼民主党(Partai Demokrasi Indonesia)。尽管专业集团始终声称自己不是政党，但是它于1973年9月召开了第一次全国代表大会，选举了总主席，标志着专业集团成为了一个以军人和国家公职人员为主、成员遍及各行各业、完整统一的政党组织。

1975年8月，印尼颁布1975年第3号《政党和专业集团法》，苏哈托将重新洗牌后的政党格局正式确定下来。印尼只有两个政党，即印尼民主党和建设团结党，专业集团不是“政党”而是超党派的政治组织，其他政党均为非法组织。一切未经允许的政党活动都是反国家、反五基、反宪法的，一切政府官员不得参加任何政党活动。县以下基层实行非政治化，禁止政党大选期间到县以下的乡村进行竞选活动。

如此一来，苏哈托政权从制度上得到了巩固，整个新秩序时期的大选显得平淡无奇，印尼民主党和建设团结党存在的意义不过是作为陪衬。在苏哈托领导下，印尼又在1977年、1982年、1987年、1992年和1997年举行了大选。由于印尼民主党和建设团结党是通过行政手段(不是自愿)合并而成的两个松散的联合体，成员之间相对独立，代表不同的政治利益，分歧和矛盾也很深，而且苏哈托还经常插手这两个政党的内部事务并安插代理人，因此专业集团在历届大选中大获全胜，赢得超过60%以上的国会席位。

印尼进入改革时代后，哈比比取代被迫辞职的苏哈托继任总统，原本任期可以到2002年。但面对国内外要求建立民主政治的巨大压力，哈比比宣布解除党禁（印尼共除外），并于1999年7月7日再一次举行大选投票。经遴选，有48个符合条件的政党参加大选。国会议员选举五大获胜政党是：印尼斗争民主党（PDI-P）、专业集团党、建设团结党、民族觉醒党（PKB）、国家使命党（PAN）和星月党（PBB）。

在1999年大选中，专业集团党尤其值得一提。此前人们曾一度预测将随着苏哈托下台走入历史的专业集团，出人意料地获得了22.44%的选票，仍然是名副其实的大党。更具戏剧性的是，虽然梅加瓦蒂领导的印尼斗争民主党在国会获得多数席位，但是当人协（包括国会、地区代表和职业团体代表）选举总统时，民族觉醒党的幕后领袖瓦西德却以多数票当选。不过，瓦西德邀请梅加瓦蒂任副总统。2001年，瓦西德被人协弹劾罢免，梅加瓦蒂接任总统职务。

2001年印尼第三次修改《四五年宪法》，把印尼总统选举方式由之前的人协选举变为全民直选，并增加地方代表会议的条款。因此，印尼大选不仅仅是国会议员的选举，还包括了总统大选和地方代表会议议员选举。之后，印尼又颁布2003年第12号《国会、地方代表会议、地方议会议员选举法》和2003年第23号《总统选举法》，进一步规范了印尼的大选制度。

根据上述法律，2004年印尼大选分议会（国会、地方代表会议和地方议会）选举和总统选举两步进行。3月11日到4月30日，由24个符合条件的政党参加国会和地方议会选举，16个政党分获国会550个席位。5月1日到10月20日由符合条件政党或政党联盟推举的总统竞选组合角逐总统宝座。一共有5组竞选组合获准参加总统选举，第一轮的得票率如下：维兰托和沙拉胡丁·瓦希德

22.15%、梅加瓦蒂和哈希姆·穆扎迪26.61%、阿敏·莱斯和西斯沃诺14.66%、苏西洛和优素福·卡拉33.57%、哈姆扎·哈兹和阿古姆·古梅拉尔3.01 %，没有竞选组合能在第一轮胜出，因此第二轮的角逐在苏西洛和梅加瓦蒂之间展开。最终苏西洛和优素福·卡拉在9月20日的第二轮投票中获得60.62%的选票胜出。2004年大选同1955年大选一样，是印尼政治史上具有里程碑意义的事件，它不但实现了总统直选，而且政权交接顺利平稳，没有发生骚乱流血事件，为印尼民主政治奠定了新的基础。

2009年印尼再一次举行大选。这次由于新增西苏拉威西省和人口数量增加，国会席位数增至560人，地方代表会议席位数增至132人。有38个政党参加了国会议员选举，其中有16个政党是2004年选举中获得国会席位的，可以直接参加2009年大选；另有18个政党经大选委员会确认符合参选政党资格；还有4个政党因为参加过2004年大选，经宪法法院裁定，也获得了参选资格。本次国会选举共划定77个选区，每个选区3至10个席位。经过4月9日的投票，最终民主党（20.85%）、专业集团（14.45%）、斗争民主党（14.03%）的得票数分列国会选举的前三位。

2009年大选在地方议员选举方面也有所不同。根据《亚齐政府法》和2005年《赫尔辛基协定》，6个亚齐的地方政党获准参加亚齐特区议会选举，特别是亚齐党（Partai Aceh）获得亚齐特区议会全部69席的33个席位，力压民主党（10席）和专业集团（8席）。

总统选举部分才是2009年大选的高潮。2008年第42号《总统选举法》规定，在国会选举中至少获得20%席位或是至少25%全国有效选票的政党或政党联盟才能推举竞选组合。可是国会选举还未开打，各路人马纷纷摩拳擦掌。其中引人关注的焦点有：副总统优素福·卡拉表示要脱离苏西洛，角逐总统宝座；前任总统瓦希德和梅加瓦蒂都要再度出山；专业集团党内阋墙，优素福·卡拉、前国会议长阿克巴·丹戎、日惹苏丹哈孟库布沃诺十世均要参选。不过到最后，只有梅加瓦蒂和普拉博沃·苏比延托、苏西洛和布迪约诺、优素福·卡拉和维拉托三组总统候选人登记参选。

梅加瓦蒂的主要支持政党是斗争民主党和大印尼运动党，优素福·卡拉的主要拥趸是专业集团和人民心声党，其余具有较大实力的政党，特别是很多伊斯兰政党都支持苏西洛，也难怪苏西洛的支持者打出"总统选举，一轮就好"的文宣，引起了其他候选人的反弹，指责苏西洛违反民主精神。布迪约诺妻子的宗教信仰也被人拿来做文章，挑拨苏西洛和伊斯兰教势力之间的关系。这些人宣称，苏西洛没有挑选伊斯兰势力代表作为副手，而是选择妻子是异教徒的布迪约诺，显示苏西洛轻视伊斯兰势力。不过这种挑拨关系的做法，不仅收效不大，还帮苏西洛赢得很多同情分①。

2009年7月8日，印尼1.71亿登记选民中有1.28亿人参加投票，投票人数创历史记录。最终，苏西洛组合以60.80%的得票率超过梅加瓦蒂组合（26.79%）和卡拉组合（12.41%），果真在第一轮就获胜。尽管失败的候选人在选举结束后向宪法法院提交申述，但宪法法院确认苏西洛当选有效后，梅加瓦蒂和卡拉都向苏西洛表示祝贺，而苏西洛也赞扬各位参选人为印尼民主作出了杰出贡献。

二、现行大选制度

大选是以建国五基和1945年宪法为基础的单一制印尼共和国行使人民主权的手段，其目的是选举国会议员、地方代表会议议员、总统和副总统、省议员、县市议员、省长、县市长。印尼大选是全民直选，即每个符合条件的选民都可以直接进行投票。

① JPNN. Isu Agama Istri Boediono Picu Simpati [EB/OL]. (2009-07-10) http://www.jpnn.com/berita.detail-19350.

修改后的《四五年宪法》规定：大选每五年直接、全面、自由、保密、诚实、公正地举行一次；大选选举产生国会、地方代表会议、总统和副总统以及地方议会；由政党参选国会议员和地方议会议员；由个人参选地方代表会议议员；由一个全国性的、长期的、独立的大选委员会组织大选活动；大选相关事宜将依照法律作进一步规定。

目前印尼大选可分为议会选举、总统选举、地方首长选举三大部分。议会选举就是国会议员、地方代表会议议员、省议员和县市议员的选举，这4类议员选举投票同时进行。经大选委员会审查，符合资格的政党参加议会大选。国会和地方议会的议员席位数分配到各个选区。参选政党在各选区分别提出国会和地方议会议员候选人名单角逐各类议员席位。地方代表会议议员席位数是固定的，每省4名，由符合条件并取得规定数量提名的个人参选。每位选民在每类议员选举中只能选举一位候选人。总统大选的主要任务就是选举印尼的正副总统。在议会大选结果公布后三个月内必须要举行总统大选。只有在国会议员大选中获得规定的国会席位数或有效选票数的政党或政党联盟才有资格提出总统候选人。总统候选人以竞选组合的形式成对参选。每位选民只能选举一对竞选组合。地方首长选举自2005年6月开始实行直接选举，地方首长候选人以竞选组合的形式成对参选，一般由政党推举，但是也可以由获得一定数量提名的个人参选。下面简要介绍印尼大选中较为特别的规定。

1. 大选组织者

大选委员会（Komisi Pemilihan Umum）是组织大选的全国性常设的独立机构。为保证大选顺利进行，在省、县市、乡、村、投票点和驻外代表机构都设有相应的大选组织单位。大选委员会负责确定大选步骤，确定参选政党、个人或竞选组合，确定选区和候选人，确定竞选活动和投票的时间和程序，公布大选结果。

总统推荐大选委员会委员候选人，经国会同意后当选。大选委员会成立的考察组推荐省大选委员会委员候选人，经大选委员会同意后当选。省大选委员会成立的考察组推荐县市大选委员会委员候选人，经省大选委员会同意后当选。各级大选委员会委员候选人应是委员编制的两倍。委员任期5年，财政来源是国家收支预算和地方收支预算。

2. 选民资格和登记

在投票日当天年满17岁或已婚/离异的印尼公民具有选举权。为了能行使选举权，必须登记为选民。每个登记的选民将领取一个登记证，选举时再换发选民证。选民登记必须在投票日前6个月完成。

3. 参加议会选举的政党资格

根据2008年第10号《议会选举法》，参加大选的政党必须满足以下条件：根据政党法合法存在；至少在三分之二的省份且这些省三分之二的县市里设有分部，并有固定的办公场所；中央党部女性党员不得少于30%，每个分部至少有1 000名党员或分部辖区内每1 000居民中有1个党员，以党员证为凭；向大选委员会提交政党名称和图徽。之前参加过大选的政党可以参加此后的大选。

预计参选政党资格在2014年大选之前将发生变化，因为2011年第2号法律修改了2008年第2号政党法，提高了组建政党门槛。新法案规定：政党要在每个省份拥有至少30名党员，党员必须年满21岁或已婚；政党要在每个省份、各省至少75%的县市且这些县市至少50%的乡设有分部；在选举结束之前，政党省、县市级的分部都必须有固定办公场所等等。新法案旨在减少参加2014年议会选举的政党数量。

4. 参选地方代表会议议员的提名条件

参选地方代表会议议员，需要满足提名条件。参选100万以下

(含)人口省份的地方代表会议议员需要得到本省1 000人提名支持，100万以上500万以下(含)省份需要2 000人，500万以上1 000万以下(含)省份需要3 000人，1 000万以上1 500万以下(含)省份需要4 000人，1 500万以上省份需要5 000人；且所获支持要来自至少本省50%的县市；以支持者签名/摁手印且附有其身份证复印件的支持表为凭。

5. 议会选举的选区和席位

国会议员选区是省或省的部分地区，由大选委员会根据每个选区3～10个席位来确定；省议会选区是县市或是县市联合区，每个选区3～12个席位；县市议会选区是乡或乡联合区，每个选区3～12个席位。

地方议会议席数根据人口数量决定，并作适当的平衡。省议会最少35席，最多100席；县市议会最少20席，最多50席。

6. 议员候选人资格和推举

国会议员、地方代表会议议员、省议员、县市议员候选人都必须满足以下条件：居住在印尼年满21岁的印尼公民，信仰神道，会说、读、写印尼语，至少高中毕业或同等学历，忠于建国五基、1945年宪法和独立宣言的理想，不曾因犯有5年监禁以上刑事罪行而被判处监禁，身心健康，登记为选民，愿意全职履行使命，不担任或兼任国家公务员、军警人员、国有企业/地方企业或其他国家财政供给单位的管理人员，愿意不再担任公共会计师、律师、公证员、土地证签发官和不从事与国家财政有关的商品和劳务供应或其他与议员职权和责任相冲突的工作，成为参加大选政党的党员，只参选一个代表机构的议员和只在一个选区参选。

每个参选政党可以在每个选区推举国会议员、省议员、县市议员候选人，女性候选人比例不得少于30%。每个参选政党最多可按照120%的选区席位数推举候选人。参选政党向大选委员会推举国会议员候选人；向省大选委员会推举省议员候选人；向县市大选委员会推举县市议员候选人。而地方代表会议议员候选人则由本人通过所在省份的省大选委员会向大选委员会登记。

7. 竞选活动和安静期

参选者（政党、个人或竞选组合）可以组织竞选活动。在竞选活动期间，人民可以自由参加竞选活动。印尼是对竞选活动规定最复杂、最细致的国家，包括竞选内容、活动类型、禁止的行为和处罚、竞选宣传和广告、政府军警的角色、竞选资金等等。

竞选活动为期3周，在投票日前3天结束。投票日的前3天是安静期，安静期内禁止一切竞选活动。这个制度的设计初衷是为了强行让人们从热闹的竞选争斗中得到暂时休整，给选民一个理性思考的时间。

8. 选票和投票方式

由于印尼采取国会、省议会、县市议会和地方代表会议的四合一选举，因此每个选民投票时都将领取4张A1大小的选票。在国会、省议会、县市议会的选票上根据抽签的顺序印有各参选政党栏，每一栏都有该政党的名称、党徽和其提名的候选人名单。地方代表会议选票则印有候选人栏，栏内有其照片和名字。

根据2009年大选的最新规定，选举国会议员、省议员、县市议员的方法是选民在选票中的某一个参选政党栏内用笔划对勾（centang）[①]。选举地方代表会议议员则是在选票中的某一位候选人栏内用笔划对勾。

① 根据补充规定，如果不是划对勾而是做其他记号，或是记号不只一个，只要所有记号位于同一栏内，选票也被认为有效。如果对勾的一提稍稍跨栏，经选票管理组认可也视为有效选票，计为对勾主体部分所在政党的选票。2009年之前的投票方式为在选票上戳孔（coblos）。

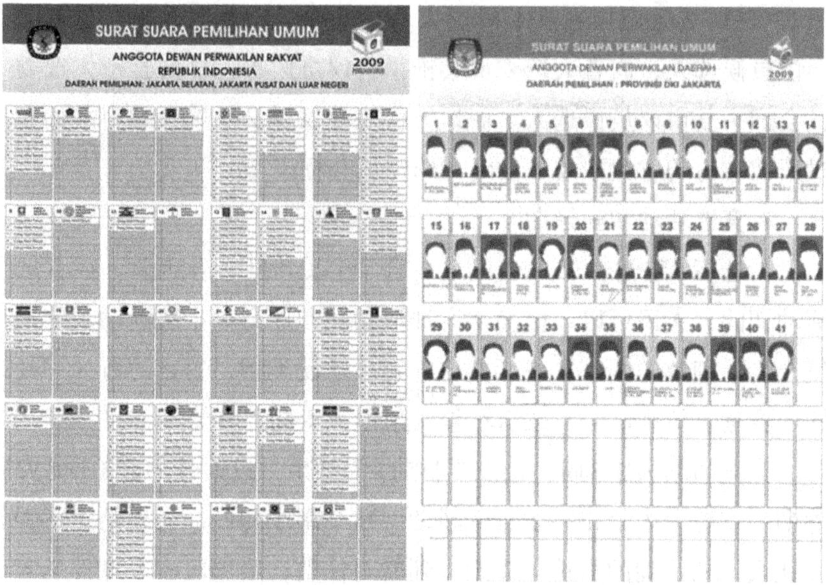

图7-3　国会选票和地方代表会议选票票样

选民在勾选完选票之后，将四张选票分别投入不同颜色的投票箱中。每个已投票选民离开投票点之前还须在手指上涂抹不退色墨水，表示已参加选举。每个投票点设选票管理组，负责最多300位选民的投票。待投票结束后，每张选票上必须经选票管理组长签字方才有效，计入票数。

9. 确定席位和当选议员

当大选委员会正式宣布计票结果后，根据各参选政党在某选区获得的全部有效票数确定各参选政党获得的国会议员、省议员、县市议员席位数。

国会席位分配进行三轮，步骤如下：首先，确定有资格分配国会议席的政党名单。只有获得至少2.5%全国有效选票的政党才算跨过国会门槛，取得分配议席的资格。[1]其次，确定各选区的议席分配基数。议席分配基数是某选区已取得资格政党所获的全部有效选票除以该选区席位数所得到的整数值（四舍五入）。再次，用各政党在该选区的有效票数除以议席分配基数确定各党的议席数。如果某政党在该选区的有效票数大于或等于议席分配基数，那么该政党在第一轮分配中即获席位，并可能留有剩余票数供第二轮分配使用；如果某政党在某选区的有效票数不足议席分配基数，那么在第一轮分配中不获席位，其有效选票可供第二轮分配使用。在第一轮分配后，该选区如果尚有剩余席位则进行第二轮分配；如果该选区某政党剩余席位数大于或等于议席分配基数的50%，那么该政党在第二轮分配中得到1个席位，且该政党在该选区的选票数清零。两轮过后如果选区仍有剩余的席位，还要在全省范围内统一进行第三轮分配；先把本省所有选区中仅在第一轮获得席位的政党的剩余选票和两轮中均未获席位政党的选票相加得到总剩余选票数，再除以本省所有选区的剩余席位数，得到一个新的全省议席分配基数；如果有政党的剩余选票数超过新议席分配基数，即获得席位；如果没有任何政党超过，则按照剩余票数的多寡顺序将席位逐个分配到政党；第三轮分配到席位的政党在哪个选区的剩余票数较多，则优先得到该选区的剩余席位；如果某政党在本省的第三轮分配中得到1个席位，却在两个或两个以上的选区剩余票数靠前，只能获得剩余票数相对较多选区的席位。三轮过后，政党的选票都已经转化为席位了。如果还有剩余席位，就按照政党在本省所获总票数的多寡顺序将席位分配出去。参选政党不能协议合并剩余选票分配政党席位。

当各政党在某选区的国会席位数确定后，再确定当选国会议

① 这是2009年议会大选的最新规定。设置国会门槛（ambang batas parlemen）的目的是减少国会中政党的数量，提高工作效率。

员，规定如下[1]：获得席位的政党所提名的得票数靠前的候选人当选该选区的国会议员；如果有该政党多个候选人得票数相同，那么得票区域分布更平均的当选；如果得票区域分布也一样，各得票区域的票数相差最少的当选。

地方议会议员的情况与国会议员相似，但相对简单。首先，没有2.5%的门槛限制，所有参选政党都参加选区议席分配。其次，只进行两轮分配，即第一轮是通过议席分配基数确定；第二轮按照剩余票数的多寡顺序逐一分配。确定地方议会的当选议员的方式与国会议员相同。

相关省份得票数为前四位的候选人确定为地方代表会议当选议员。如果得票数为第四位的候选人票数相同，那么在相关省份各县市中，获得提名分布更平均的候选人确定为当选议员。五至八位的候选人为候补议员。

10. 总统竞选组合的推举和当选时间

在国会选举中至少获得20%的席位，或是至少25%全国有效选票的政党或政党联盟才能推举竞选组合。最迟在公布国会、地方代表会议、省议会、县市议会大选结果后三个月举行总统大选的投票。最迟在总统任期结束前14天确定当选总统和副总统。

① 这是2009年大选的最新规定。2008年12月24日，宪法委员会裁定现行的2008年第10号议会选举法依照提名顺序确定当选议员的做法不符合宪法精神而无效。随后大选委员会对确定当选议员作出了新的规定，预计要写入新的议会选举法中。

第八章　国民经济

第一节　经济发展简史

一、苏加诺时期的经济

在苏加诺总统执政初期，印尼经济建设可谓举步维艰。独立后，印尼国内接二连三发生了西爪哇和南苏拉威西地区的“伊斯兰教国运动”、分裂印尼共和国的“南马鲁古共和国”叛乱和多起陆军政变，苏加诺政府的内阁也几经更迭。在这样的情况下，政府的当务之急是结束国内政治混乱的局面，镇压地方武装叛乱，发展经济的任务不得不放到次要的位置。与此同时，独立初期印尼的经济仍然受到以荷兰为首的外国资本的控制，印尼依旧是西方资本的投资场所、原料和廉价劳动力的供应地和商品的市场。荷兰是印尼最大的投资者，控制着印尼的银行和重要企业，垄断了印尼主要的工业。同时美国资本也大举进军印尼，主要用于石油方面的投资。

针对当时的国情，苏加诺政府在经济领域主要致力于改变旧的生产关系，在经济建设中强调自力更生，拒绝外资和西方援助，以确定印尼的民族经济在国民经济中的主导地位。这个时期印尼政府经济发展的计划是通过一系列的国有化运动建立国营经济，扶助民族私营经济，促进土著经济的发展。通过国有化运动，印尼政府建立了大批国营企业，掌握了主要的经济部门，包括银行、外贸、交通运输、公用事业以及重要的工、矿、农等生产部门，基本上实现了国民经济命脉由国家掌握的目标。

同时，印尼政府实行积极扶持土著私营经济的政策，给予印尼民族私营资本各种优先权，使民族私营经济获得了快速发展。1950

年开始推行“堡垒政策”，优先把进口许可证和进口信贷分配给土著进口商。这一政策可以使土著进口商积累足够的资金，然后再投资到其他部门和行业。到50年代中期，印尼进口贸易有70%是由土著商人经营；在金融和运输行业，印尼政府帮助建立了50多家私营银行和60多家船运公司；在工业部门，政府为小型企业提供贷款和机械设备来促进它们的发展；在农村则大力推动合作社的发展，使合作社的数量由1950年的1 153个快速增长到1954年的9 340个。[①]

这些经济政策调动了各方面的积极性，印尼的经济在独立后特别是50年代初期得到了快速恢复和发展。1956年，苏加诺政府制定并开始实施“五年建设计划”(1956—1960年)。该计划的基本目标是：通过五年建设计划，基本改变殖民地经济结构，进一步促进工农业生产的发展，逐步提高人民的文化和生活水平。通过五年建设计划的实施，印尼的经济取得了一些发展，但是从整体上来看，该计划却是失败的。虽然部分工农业生产有所发展，但五年计划结束时，不少指标都没有实现。从1961年起，苏加诺政府又开始实施“八年全面建设计划”(1961—1968年)。由于在1965年发生了“9·30运动”，八年建设计划只实施了四年就夭折了。

在苏加诺执政的20年间，印尼的国内生产总值增长缓慢，1953年到1959年年平均增长率仅为3.2%，1961年到1965年则降为1%。1965年到1966年，工厂开工率只有20%，财政赤字高达15 656亿盾，外债高达23.58亿美元，年人均国民收入仅90美元，通货膨胀率高达650%，印尼经济濒临崩溃的边缘。

① 余亚克：《当代印度尼西亚经济》，昆明．云南大学出版社，1995年版，第7页。

二、苏哈托时期的经济

（一）苏哈托政府的经济措施

苏哈托上台后推出了稳定经济的方案，对财政体制、银行体制、流通体制和外贸体制进行综合治理。在财政体制上，开始实行预算平衡的政策，依靠外债来弥补财政收入的不足。1966年，印尼在东京与主要的债权国（前苏联未被邀请）达成了谅解，允许印尼延期偿还外债。政府同时采取增收节支的措施来确保收支平衡；在银行体制上，着手建立科学的银行体制，确保中央银行的独立性和监管职能，同时提高利率鼓励储蓄，使通货膨胀得到遏制；在流通体制上，着手解决粮食供应短缺的问题，把实现大米自给自足作为经济发展的目标之一，水稻的产量稳中有升，1967年之后每年均持续增长；在外贸体制上，简化了多重汇率制度，外汇牌价与汇率不再由政府规定，而是更多地依靠市场调节，增加外贸自由度，放松外汇政策，以鼓励出口。除此之外，印尼政府改变了过去盲目排斥外资的政策，于1967年1月通过了《外国资本投资法》，鼓励外商到印尼投资。

通过上述政策和措施，印尼政府利用两年的时间恢复和稳定了经济。通货膨胀率1967年底降为120%，1968年底降为85%，1969年底进一步降为9.9%。1966年至1970年之间国内生产总值平均每年增长5.8%。在经济恢复增长的同时，物价指数在紧缩政策实施后回落，物价得到稳定。由于债权国同意印尼延期还债，并愿意提供新的贷款，印尼度过了债务危机。外贸与外汇政策的改变刺激了印尼的出口，传统农产品和石油出口的增加在一定程度上缓解了入不敷出的困难境地。与此同时，印尼政府先后制定和实施了六个五年建设计划，并取得了很好的成效。

第一个五年建设计划（1969年4月—1974年3月）的重点是发展农业，同时积极发展与农业有关的辅助性工业及其基础设施。主要目标是解决粮食生产的不足。其实施结果主要体现在大米的产量上，大米产量由1969年的1 052万吨，上升到1973年的1 452万吨，增长46.5%，超过了计划的指标。

第二个五年建设计划（1974年4月—1979年3月）的重点仍然是农业，目标是大力提高大米产量和发展农产品加工工业。大部分产品的产量如棕油、椰干、木材和纺织品等达到了预定的指标，大米和玉米虽有增长，但未达到预定的指标。石油的产量虽未达到预定的指标，但是由于国际石油价格暴涨，石油产品的出口收入仍未减少。印尼经济也从此时开始进入石油繁盛期。

第三个五年建设计划（1979年4月—1984年3月）的主要目标是提高全体人民的生活水平和教育水平，提高经济弱势群体的能力，争取实现社会公正，继续加强粮食生产以达到完全自给的水平。但是第三个五年建设计划执行中，由于受到国际市场上石油价格下跌的影响，印尼的经济受到了巨大的打击。政府财政收入减少，经济增长速度放慢，目标难以实现。

为了摆脱过分依赖石油和天然气产品的出口，印尼政府在第四个五年建设计划（1984年4月—1989年3月）中调整了经济发展战略，在继续大力发展农业的基础上，积极促进非石油天然气产品的出口，调整经济结构，并为此制定了一系列相应的政策。四五计划的实施过程中，制造业的发展较快，年均增长率超过了13%；1987年非石油天然气的出口额首次超过了石油天然气的出口额占出口总额的51.8%，1989年进一步上升为60%；1984年粮食产量达到2 583万吨，首次实现了粮食自给。

到了第五个五年建设计划（1989年4月—1994年3月）时期，印尼政府的主要任务是继续进行经济结构改革和产业调整，进一步发展制造业和推进非石油天然气产品的出口，尤其是制造业的生产和出口；扩大对外贸易以及加强基础设施建设；在分配方面，注意克服社会分配不均，提高低收入阶层的生活条件，维护社会的稳定。这一时期印尼的国内外投资增长较快，经济增长加快，进出口贸易扩大，非石油天然气的出口实现了翻番。

第六个五年建设计划（原计划1994年4月—1999年3月）由于受到亚洲金融危机和印尼政治危机的影响而没有完全实施。五年间的平均经济增长率只有2.8%，但是危机前的1994年到1996年，由于苏哈托政府采取了一系列措施，包括进一步放宽投资限制、吸引外资、简化进出口手续、降低关税、大力扶持中小企业、发展旅游、增加出口等，印尼的经济增长率仍然维持在7.5%以上的水平。1997年金融危机爆发后到1998年，印尼经济增长率急剧下滑到负13.1%。

（二）苏哈托时期经济建设的主要成就

1. 经济持续快速稳定增长

苏哈托执政后，在1967—1969年的经济恢复和稳定阶段，经济年均增长率为6%。从1969年开始实行第一个五年建设计划到1994年第五个五年计划完成，这一个时期是印尼的第一个25年长期建设计划，此间的年平均经济增长率为7%，通货膨胀控制在10%以内，为世人所瞩目。1994年4月印尼进入第二个25年长期建设计划即经济起飞阶段。从1994年到1997年经济危机爆发之前，印尼的经济持续发展，保持7.5%以上的高速增长，走在了发展中国家的前列。随着经济的发展，印尼人民的生活水平显著提高，人均国内生产总值从1968年仅为70美元，到1995年已超过了1 000美元，而贫困人口则由1970年的7 000万人减少到1996年的2 250万人，贫困人口比重由60%下降到11.3%。人均寿命从独立前的42岁提高到1996年的64.5岁。1997年受到东南亚金融危机重创以后，印尼经济情况迅速恶化，印尼盾贬值、通货膨胀高企，企业倒闭。

2. 经济发展战略得当，经济结构得到改善

经过三十多年的建设，印尼自殖民地时期形成的畸形的经济结构得到了明显的改善。苏哈托成功地实现了印尼经济的两次转型，为印尼国民经济的发展和起飞奠定了基础。

印尼拥有丰富的石油和天然气资源，苏哈托政府凭借资源优势，利用70年代国际市场油价上涨的良机，推行重点开发石油资源以带动整个国民经济增长的发展战略。印尼的油气产量因此迅速上升，在1971年至1981年间，石油、天然气的出口额高达出口总额的82%，约占政府税收的三分之二，是印尼政府财政收入的主要来源。它为印尼国民经济的发展提供了大量的资金，同时也促使印尼建立起了从勘探、采掘、冶炼到石油化工的比较完善的石油天然气工业体系。在发展油气工业的基础上，苏哈托政府重点发展进口替代工业，特别是轻纺工业，以满足人民穿衣和对其他消费品的需求。同时，由于有了巨额的油气收入，政府还大力发展了资本密集型企业，建立诸如石化、钢铁、汽车、造船等工业。为了鼓励发展进口替代工业，政府向生产厂家提供各种优惠和保护，实行关税和非关税壁垒如提供低息贷款、补贴、进口许可证等。通过这一系列的政策和措施，印尼促进了本国工业的发展，初步建立起了一个较为完整的工业体系，同时也减少了对外国工业品的依赖。

进入80年代以来，由于国际市场上石油价格暴跌，初级产品的价格也一路走低，使印尼外贸收入一度急剧减少，国际收支状况迅速恶化。苏哈托政府意识到仅仅依靠石油和天然气不能保持经济的稳定增长，为了扭转经济下滑的局面，印尼政府果断地推行发展

非石油产品的生产和出口以带动整个国民经济增长的发展战略，进行经济的第二次转型和升级。转型的重点是实行经济结构改革，由过去实行“进口替代”改为重点实行“面向出口”的战略，大力促进非石油天然气的生产和出口以及进一步提高工业化水平，增强国民经济的应变能力。这一时期印尼的工业得到了快速发展，基础工业特别是机器制造业得到了重点发展。此外，政府还大力发展了出口加工制造业以实现“以出口为导向的目标”，包括木材、橡胶、藤业、食品和纺织业等在内的出口加工制造业得到了迅速发展。在90年代初印尼继承并加强了“出口导向”工业的发展，在多元工业的基础上，鼓励发展高附加值工业以及应用印尼本国竞争优势的工业，给予它们更优惠的政策与特别的帮助。经过努力，印尼的经济转变为外向型经济，经济结构得到优化。

从20世纪80年代初到90年代中期是印尼自独立以来经济发展最重大的改革和转折时期，印尼的经济发展模式由内向型变为外向型，经济结构由农业占主导地位变为工业占主导地位。

3. 合理利用外资和民族私人资本，经济国际化取得成效

为了解决国内建设资金短缺问题，苏哈托政府实行对外开放，大力引进外资和利用外援。为了取信于外国政府和外商，政府宣布放弃对外资实行国有化的政策，把前政府接管的外资企业全部归还原主，对已经被国有化的荷兰企业予以补偿。1967年1月，苏哈托政府颁布了《外国投资法令》，为外商投资创造条件和提供优惠待遇。随着《外国投资法令》的颁布，外商投资者开始积极进入印尼，在各产业部门进行投资。据统计，外国投资额由1967年的2.07亿美元逐年增加到1975年的11.45亿美元。到了70年代后期，由于印尼国内的民族主义情绪的复活，同时石油出口收入激增也减少了印尼经济对外国投资的依赖，1974年以后政府颁布了新的投资法令和方

针来限制外国投资，1977年2月苏哈托政府出台了《外国资本投资优先顺序表》来加强对外资的投资范围、方式、地点等的限制，继而又在1984年颁布《所得税法》来取消外资企业的种种优惠。但到了80年代中期，由于印尼经济受石油价格下跌的冲击，苏哈托政府决定把经济发展模式由内向型转为外向型，从1985年起对外资的政策又重新进行了调整，改善了投资环境，逐步减少了对外资关闭的领域，把投资的最低限额由100万美元降低到25万美元，并于1989年废除了《外国资本投资优先顺序表》。到1993年对外国资本关闭的领域减少到主要是涉及国家安全和环境问题的6个领域。1993年10月，政府还宣布放弃过去长期实行的对外资持股的限制，允许外资占有企业100%的股份。与此同时，还放宽了对外资出让股权的要求，允许外国企业在20年内将其股份减少到51%。1996年政府又同意恢复某些行业外资企业的免税期待遇。总的来说在80年代中期苏哈托政府对投资政策实施了一系列的改革之后，印尼吸引了越来越多的外资，经济国际化取得了初步的成效。

苏哈托政府积极扶持国内私人资本的发展，特别是注意发挥华人资本在经济建设中的作用，改变了苏加诺政府时期对华人资本采取的以限制为主的方针，转而采取以利用为主。1967年6月，苏哈托政府颁布了《解决华人问题的基本政策》(第37号法令)，为华人资本在印尼的发展创造了有利条件。1968年又先后制订和颁布了《国内资本投资法令》和《国内资本优先顺序表》。这两个法令为国内私人资本从经营领域、税收豁免、财政优惠，到产品销售、原料、技术和信息等各方面提供了许多优惠政策，这些政策同时也适用于华人资本。从此，印尼的国内资本迅速发展起来，并在印尼经济建设中发挥了重要的作用。

（三）苏哈托政府经济建设中存在的主要问题

1. 外债负担沉重

印尼政府在进行经济建设的过程中，把利用外国贷款作为国家建设资金的重要来源。这些资金为印尼经济持续稳定快速发展提供了可靠的保障。但是，长期不断的借贷使国家的外债不断增加，印尼政府每年偿还本息的数额很大，外债负担非常沉重。

2. 经济发展不平衡

一是国内的产业发展不平衡。虽然苏哈托政府的几个五年计划都强调要大力发展农业生产，但是印尼工业和农业的发展一直不平衡，由于各种原因农业生产一直受到忽视。虽然经过努力，印尼在1984年实现了粮食自给，但是1991年以后又再次沦为大米进口国，并且进口的数量逐年增长，到1998年进口量达到了410万吨。粮食问题已经成为影响印尼社会和政治稳定的重要因素。二是国内各地区发展的不平衡。政府的经济发展战略导致了爪哇岛和外岛之间，印尼东部和西部之间经济发展水平的巨大差距。例如，爪哇岛拥有全国80%的工业产值，50%的国内生产总值，75%的铁路里程。正是政府有失偏颇的经济政策导致了外岛和东部地区经济的相对落后，也使一部分人找到了分裂活动和独立运动的借口。三是社会各阶层的贫富差距越来越大。由于苏哈托统治时期取得的巨大经济成就，印尼人民的生活水平得到了极大提高，贫困人口的比率迅速下降，但与此同时，印尼社会各阶层之间的贫富差距却在不断扩大，高收入者占全国人口的比例过小。贫富差距成为印尼一个越来越严重的社会经济问题，也是印尼历次宗教和种族冲突的根源之一。

3. 贪污腐败问题严重

虽然苏哈托执政的32年印尼的经济建设取得了巨大的成就，但是这一时期同时滋生了印尼的“三歪风”（KKN：贪污、官商勾结、裙带作风)，并形成了印尼独特的腐败文化。根据瑞士洛桑管理学院发布的《1998年全球竞争力报告》显示，印尼政府官员的贪污程度在被调查的53个国家和地区中排名第二。[1] 在“新秩序时期”苏哈托高度集权，掌握了一切国家权力，其党羽和亲友大肆进行贪污腐败活动，同时由于印尼军队的双重职能，军队利用特权经商成风，加速了种种腐败现象的滋生。可以说贪污腐败渗透到了印尼所有的政治官僚阶层和法律机构。这也是导致1998年印尼政治危机发生的一个重要原因。

三、民主转型时期的经济

苏哈托“新秩序时期”政权结束后，印尼进入了民主转型时期，历经了哈比比、瓦西德、梅加瓦蒂和苏西洛四位总统的领导。尽管四位总统的任期长短不一，施政方针也不尽相同，但在动荡和危机中稳定经济发展都是他们的头等大事。虽然同其他遭受危机的邻国相比，印尼经济的复苏相对缓慢，但通过几届政府的工作，印尼宏观经济得到了巩固，基本保持了温和的增长。金融机构的不良贷款问题正在得到解决，外汇储备已经大大增加，而短期外债所占比重大幅降低。梅加瓦蒂曾把印尼的经济发展划分为三个阶段：从1997年到2001年为危机时期，从2001年她开始执政到2004年为稳定时期，从2005年开始应为增长期。其间虽然有一些不确定的因素使印尼恢复经济发展的步伐受到了阻碍，但大体上她的这一划分还是符合实际情况的。2004年苏西洛接任后，印尼社会较为稳定，政府把发展经济作为工作重心。虽然印度洋海啸、日惹大地震、墨拉比火山喷发等接连不断的严重自然灾害分散了政府工作的部分精力，同

① 《东南亚南亚信息》，1999年第13期。

时，由美国的次贷危机以及后来出现的欧债危机问题对全球经济都带来了巨大的影响，印尼的经济发展再度面临严峻的挑战。但在危机和困难面前，印尼积极应对，出台了一系列措施促进经济的平稳增长。整体上苏西洛执政后印尼经济恢复速度较快，经济发展呈现加速的趋势。尽管苏西洛偏向渐进方式的改革，有人认为他在改革体制方面所取得的成效不大，但印尼经济的稳健增长为印尼持续吸引外来投资，印尼仍然是东南亚最大、发展最稳健、发展速度最快的经济体，并且是东南亚国家中唯一的G-20成员。进入民主转型时期印尼的基本经济数据如下图所示：

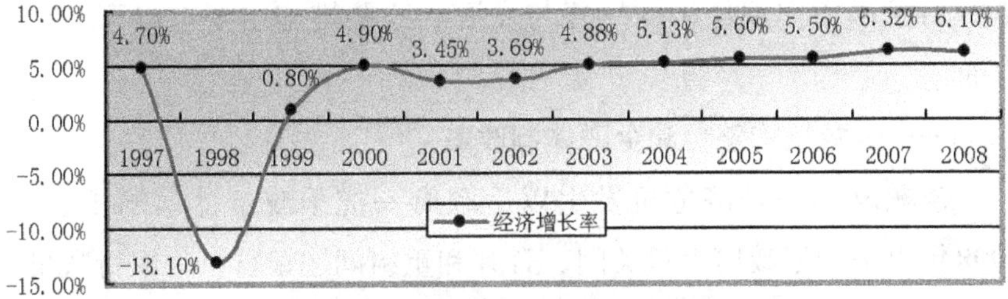

图8-1　民主转型时期年度经济增长率示意图　单位：%

（资料来源：印尼工商会报告 ）

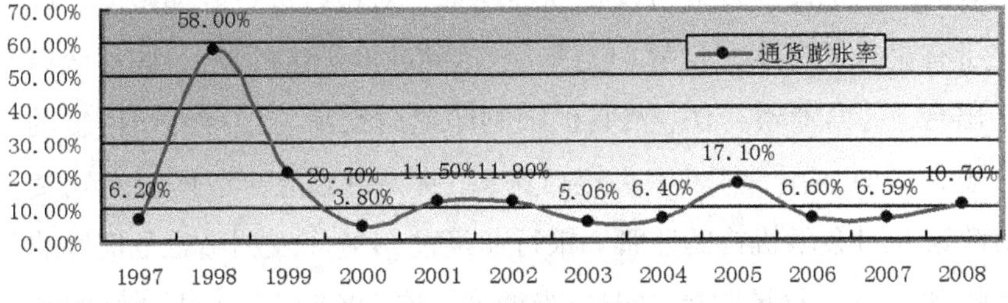

图8-2　民主转型时期年度通货膨胀率示意图　单位：%

（资料来源：印尼工商会报告）

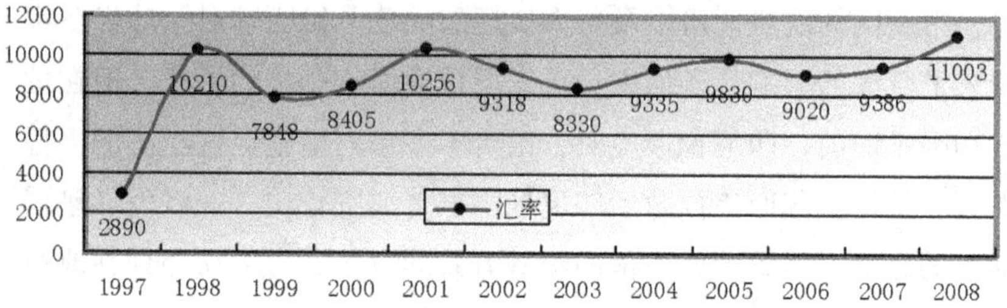

图8-3 印尼民主转型时期印尼盾与美元汇率变化示意图

单位：印尼盾/美元，年度平均中间价

（资料来源：印度尼西亚中央统计局）

在摆脱经济困境的过程中，印尼历届政府都采取了一系列措施，力求尽快实现经济的恢复与发展。这些措施主要有以下几个方面。

（一）金融机构整顿和金融体制改革

金融改革是经济危机发生以后政府一揽子改革计划的核心。1998年以来印尼政府大量关闭、合并和重组问题银行，将银行数量从危机前的238家减至2004年8月的136家。苏西洛政府成立团结内阁后，要求全国的银行进行进一步的合并和重组，增强资产额和竞争力。印尼政府还通过发行债券注资，对银行进行限期整改，以使所有银行的资本充足率（CAR）能达到政府规定的8%。印尼政府还出台了《商业银行法》及其他限制印尼盾交易与银行外币信贷的法规，同时还出台了《中央银行法》，使央行独立于政府，专司货币政策及对金融机构的监管。银行业经过1997年亚洲金融危机后的整顿和改革，抗风险能力进一步增强。在2008年下半年开始的新一轮国际金融危机中，印尼只有少数的中小金融机构受到影响，但政府部门对其进行了严格监管。由于贷款不良率高、资金周转困难、资本充足率在8%以下，2008年11月印尼世纪银行被印尼政府通过存款保证机构接管，2009年4月印尼金融投资银行被吊销营业许可，并被清算。印尼央行对金融投资银行作出清盘决定时，也评估了此举对印尼国内银行业、证券业、投资者和实体经济部门等各方面的影响，确定不会产生系统性效应。印尼没有出现像1998年亚洲金融危机时那样引发印尼银行倒闭的连锁反应。

（二）重组国有企业，扶持中小企业

1998年印尼成立了"银行重组局"和"雅加达倡议小组"，分别负责重组政府接管的破产企业及私企债务。国企私有化是企业改革的重要内容，印尼政府公布了为期四年的国企改革计划，将159家国企中的145家、约822亿美元资产列入私有化范畴。鉴于大企业债务累累短期内很难正常运营，印尼政府对占企业总数95%以上的中小企业提供特别帮助，引导商业银行对其放贷，并协助重组其呆账，鼓励中小企业投资。梅加瓦蒂政府在全力发展经济的过程中，其经济政策也向中小企业和合作社倾斜，这些企业本身的外债不多，原料、劳动力和市场都在印尼国内，对印尼的经济复苏起了很大的作用。印尼政府在东南亚经济危机后把争取到的亚洲开发银行提供的8 000多万美元优惠贷款，专门用于扶持中小企业。苏西洛政府延续了这一做法，并推进了银行扶持中小企业的措施。1997—2007年间，印尼央行规定商业银行贷款的20%必须是中小企业贷款。2007年以后，印尼央行将该做法修改为政府设立担保基金，为中小企业贷款提供担保。如果贷款不能偿还，政府将承担损失的70%。此外，在政府提供担保后，银行中小企业贷款的风险权重减半计算。由于提高了银行的资本收益率，在很大程度上调动了商业银行开展中小企业贷款业务的积极性。2007年，印尼政府拨出预算资金135亿盾，由印尼合作社和中小企业国务部启动了四个中小企业推广中心的建设项目，分别是室利佛逝推广中心（南苏门答腊巨港）、中小企业商务推广中心（西爪哇）、婆罗洲推广中心（西加里曼丹）和天堂推广中心（北苏拉威西）。2012年初，合作社与中小企业国务部表示，将努力促使印尼政府实施向每年营业额在3亿盾以下的微型企业免税。据澳大利亚注册会计师协会2011年11月对印尼、澳大利亚、马来西亚、新西兰、新加坡和香港等国家或地区的中小型企业营业状况展开调查的结果显示，印尼中小型企业对他们业务发展最为乐观，在接受调查的印尼中小型企业之中，58%的企业都相信他们的业务能在2012年取得快速成长，该比例在接受调查的六个国家或地区中最高。①

（三）调整经济结构，转换经济发展模式

为摆脱经济危机前出口导向型经济对国外市场过分依赖的局面，印尼政府在金融危机爆发后开始调整经济结构，转而以扩大内需来刺激经济发展。这是过去十年在外国投资者观望，外债负担沉重的情况下印尼经济稳定增长的最重要因素。

梅加瓦蒂执政时，重新启动了被冻结的电力、水泥、基础设施等10项重大工程项目，涉及资金总额数十亿美元。2003年印尼政府又批准了总投资额约20亿美元的石油天然气工程。同时，社会消费也有效地拉动了经济增长，印尼的消费复苏明显。苏西洛上台后，同样把恢复经济作为中心工作目标，竭力把印尼建设成为“富裕的社会”。在苏西洛政府第一任期时制定的《团结内阁五年建设计划》中就把加快基础设施建设作为重要的一项措施。2005年1月召开了印尼基础设施峰会，印尼政府与19个国家和国际组织代表签署了联合公报，推出了91项基础设施建设工程，涉及资金1 450亿美元。这些建设工程有效地拉动了内需，刺激了经济的发展。印尼财政部将2009年的道路和其他投资工程的政府开支增加三分之一

① 《澳洲会计协会：印尼中小企业对业务前景很乐观》，中国新闻网，2011年11月29日，http://www.chinanews.com/gj/2011/11-29/3495174.shtml.

至91亿美元，以基础设施建设来带动就业和经济发展。同时，印尼政府通过税务津贴刺激实体经济的发展，并通过中央与地方、地方政府与企业界的统筹合作防止大规模裁员事件的发生，将焦点放在可迅速制造就业机会的小型和中型工程。另外，为了减少出口减退对国内经济的负面影响，印尼政府同时采取发放社会自立贷款、学校经营援助金、贫民卫生保险援助金，提升公务员薪金，降低所得税，大力控制通货膨胀等措施，提高市场购买力，扩大内需，刺激国内消费。自2009年起，印尼经济增长主要来自于内部需求的扩张，主要依靠居民消费、政府支出和国内固定资产投资，特别是居民消费已经成为拉动GDP增长的强大牵引力。根据印尼中央统计局的统计，2009年，印尼私人消费达到 3 291万亿盾，比2008年增长419%，占GDP的比重为58.6%，2010年和2011年居民消费又增加至 3 643.4万亿盾和 4 053.4万亿盾，占GDP比重分别为56.6%和54.6%(参见表8-2)。

特别值得一提的是，在传统的制造业出口受严重影响的情况下，印尼政府正倡导大力发展“创造型经济”。有没有新颖的创意和深厚的文化底蕴，是现代产品打入国际市场的重要条件之一。苏西洛总统认为印尼的创造型经济很优秀，特别是在弘扬传统文化方面的创造型产品，更在世界市场上占有重要的一席。换个角度来看，此次美国和欧洲的经济危机也是印尼转换经济发展模式，发展创新型经济的好机会。2009年被确定为“印尼创造年”，作为印尼2009—2025年创造型经济发展规划社会化实施的第一步。为此，贸易部推出了包括展览会、时装节、电影节、艺术展在内的一系列活动，旨在提高印尼产品特别是非油气产品的美誉度和国际竞争力。创造型经济自2009年起全面展开，目前已经在市场竞争中崭露头角。苏西洛还在2010年12月改组内阁时特别成立了旅游与创造型经济部，华裔贸易部长冯慧兰改任该部部长。在国际金融危机的大环境下，此举使印尼在旅游、传统文化、现代艺术、工业、科技等领域大力发展创造型经济，同时促使印尼经济特别是中小型企业继续保持发展的活力，避免大规模失业的发生。据报道，印尼中小企业有8 540万就业人员，其中60%是妇女。创造型工业经济对印尼国内生产净值的贡献率为6.3%。

（四）寻求国际组织和其他国家的援助和贷款

为帮助印尼克服困难，国际货币基金组织为印尼制定了一揽子援助计划。自1997年开始，国际货币基金组织与印尼政府总共签订约20个协助计划。这些计划实施后收到了一定成效，使得印尼盾币值开始回升，通货膨胀的压力日趋缓和。在印尼盾币值回升的推动下，国家财政付息的负担得以减轻。根据国际货币基金组织和印尼政府达成的协议，印尼接受了国际货币基金组织的援助条件和50多项改革方案，印尼政府筹设了“印尼银行重建局”和“印尼外债重建局”，重建印尼的经济与银行体系，为印尼经济从危机中复苏奠定了基础。

通过几年的实践，国际货币基金组织总额430亿美元贷款分批到位，到2003年已完成对印尼经济形势的10次评估审议，对印尼在稳定经济方面取得的进展表示肯定。评估报告认为，印尼在金融部门、公共财政和宏观经济等各个方面采取的措施均取得了成效，这将巩固印尼的宏观经济基础，有助于经济恢复增长，扩大就业。

由于印尼政府中许多官员反对国际货币基金组织的援助计划，这一计划在2003年12月底期满后，已经不再延续，但印尼政府同意接受国际货币基金组织对印尼采取“计划后监督安排”。因此，自2004年，印尼政府开始自行安排每年的经济改革计划、自行筹措资金。印尼经济刺激方案的资金大部分来源于国际援助和海外借贷，因此，印尼积极寻求国外的贷款和援助，以缓解印尼商业领域外汇短缺的现象以帮助其维护金融市场安全和促进经济发展。中国、日本、澳大利亚、亚洲开发银行、世界银行等国家和组织都积极为印尼政府提供资金以帮助其恢复和发展经济。此外，印尼政府还通过东盟10＋3框架下的双边货币互换协议获得资金支持，以应对流动性短缺。2008年12月22日中国与印尼签署买家信贷协议，中国向印尼提供总额达10亿美元的贷款，用于印尼购买基建、能源及其他领域所需的中国产品。在印尼面临流动性紧缺问题的情况下，此举带动了印尼经济引擎的发动。

（五）惩治贪污腐败

在哈比比和瓦希德的任期内，反贪污的主要任务是调查苏哈托家族的贪污罪行，而这两任总统对此并没有太大的作为。瓦希德更是因为自己的腐败丑闻而最终遭致弹劾下台。梅加瓦蒂上任后，加大了反贪工作的力度，批准了2002年第25号法令，成立了反贪污委员会。委员会完全运作后，开展了一系列的反贪行动，顺应了民意，同时也为印尼经济的恢复奠定了基础，被公认为印尼建国以来表现最有效的反贪污机构。苏西洛总统上任后则把反贪污当作其施政的主轴之一，民调显示，印尼现政府的反贪成效获得民众普遍肯定。印尼司法当局加强侦办众多前任高级官员，一批退休高官受到严惩。印尼反腐败法庭于2008年10月29日对印尼前任央行行长布尔汉丁·阿卜杜拉贿赂议员案作出判决，以贿赂罪名成立判处他5年有期徒刑并罚款2.25万美元。布尔汉丁成为苏西洛政府的严厉反贪行动中受严惩的最资深官员之一。这一案件显示了苏西洛政府惩治贪污腐败的决心。

2010年12月，苏西洛敦促反贪污委员会以五管齐下的方法来对付腐败，包括加强调控和监测系统来监控掌管国家财产和收入的政府机构，如国有企业、税务局和海关等等，并要求该委员会监视在反腐斗争中站在最前线的执法人员，同时也要确保那些改善公共福利的政府工程的负责人不会贪污。[①]2011年3月22日，印尼反贪污法庭判处前社会事务部部长巴赫蒂阿贪污罪名成立，入狱20个月。2011年10月，苏西洛改组内阁时誓言铲除贪腐，以提升投资者的信心及民众的支持率。2012年2月15日苏西洛总统在雅加达外交部大厦向128位外国使领馆代表、常驻东盟代表和国际组织驻雅加达代表发表演讲时表示，虽然国际组织认为印尼在最近7年以来的肃贪工作取得好成绩，但印尼贪污活动仍然盛行。因此，印尼仍需继续解决官僚制度和瓶颈问题，继续改善执政业绩。[②]

梅加瓦蒂和苏西洛的反贪工作为印尼树立了更好的国际形象，建立了更好的投资环境，从而为经济的稳步发展奠定了基础。在国际透明组织对178国的透明度评估年报中，印尼2008年的廉洁程度排名从2007年的143上升到126，2012年进一步上升至第118位。

（六）鼓励外来投资和国内投资

印尼政府通过法律逐步改善投资环境。在1997年亚洲经济危机发生后，出台了《关于外资银行在印尼开设分行、分支机构、办事处的规定及程序》的1999年第24号政府条令，开始执行开放资本账户政策，旨在改善金融基础设施，支持直接投资和组合投资的资本流入。2007年4月26日正式颁布了新的《投资法》，是印尼关于投资政策的一次全面改革。印尼原来涉及投资的法律主要由《外国投资法》和《国内投资法》及相关条例组成，内外资的法律待遇完全不同。新的《投资法》使二法合一，明确规定“公正地、无差别地

① 2010年12月2日 新加坡《联合早报》网络版，http://www.zaobao.com/yx/yx.shtml.

② 2012年2月16日 印尼《国际日报》网络版，http://www.guojiribao.com/shtml/gjrb/20120216/index.shtml.

对待外来投资”，外资和内资享有同等法律地位，外资的待遇得到了重要提升。另外，新法大幅延长土地权法定期限，其中商业用途土地使用权最长95年，建筑物土地使用权最长80年，其他土地使用权最长70年；旧法对应期限依次为60年、50年、25年。土地权法定期限大幅延长增强了投资者对未来风险的可预期程度和投资信心。新《投资法》明确“投资协调委员会”负责协调和执行“一站式综合窗口服务”批准公司成立和核发执照，协助投资者获得服务救济、财政便利和投资资讯，将大大简化投资批准程序，提高行政效率，减少部门掣肘，克制程序性腐败，保护投资者积极性。新法还明确了争端解决机制，规定出现争端时应通过协商解决；如协商不成，可由双方同意的国际仲裁机构仲裁或通过诉讼程序解决，在相当大程度上保护了投资者特别是外国投资者的利益。

此后，为了创造更佳投资环境，以及克服造成高成本的经济因素，印尼政府2008年撤销了2 121项有关地方税务及服务费的地方条例，这些条例与其他条例重叠，实际上等于税捐的服务费名目繁多，与地方政府的权限不符，违反公众利益，严重妨碍人力、货物及劳务流通，结果造成高成本经济，抑制了投资和经济的发展。

2009年苏西洛连任后，再次承诺加强投资法规建设，让投资者更放心地进军印尼市场。为解决国内投资和国外投资税收政策不同而造成的国内投资下降的问题，印尼实施了新的税收政策，即在2009年把企业所得税降到28%，2010年再降到25%，以推动投资者加大投资力度。2011年12月15日，国际评级机构惠誉（Fitch Ratings）将印尼的主权信用评级从非投资级别的“BB+”上调到投资级别的“BBB-”，这是印尼自1997年亚洲金融危机之后首次获得投资级评级。据印尼雅加达观察网站报道，惠誉认为印尼已经较好地摆脱了全球经济衰退影响的困境，宏观经济政策适合印尼基本国情，经济基础稳固，经济实力增强，增长相对稳定，公共债务比率逐年降低，流动性得到加强。①

2012年1月19日，印尼又获穆迪（Moody's）调升主权信用评级至投资级（Baa3）。主权信用评级上调对印尼来说是一个具有历史意义的里程碑。投资信誉升级，预示着投资风险最小化，借贷成本降低。印尼央行表示，印尼将继续维护印尼的投资环境，继续减少国内生产总值对债务的比率。2012年2月，苏西洛总统批准了2012年关于投资总体规划的第16号总统条例，该条例是印尼直至2025年投资计划的主要指南，其主要目的就是进一步提升印尼的投资环境，增强印尼经济竞争能力和投资力度。该规划主要对投资工作提出了7项指导意见，即继续改善投资环境，推动投资的分布范围，着重发展粮食、基础设施和能源方面的建设，加强生态环境方面的投资，发挥微型、中小企业投资建设的作用，为国内外投资提供方便或津贴，大力宣传吸引外资的政策和优惠条件。② 据印尼投资统筹委员会的报告，印尼2011年实现的投资总额约为283万亿盾，前三季度实现外国投资总额147.9亿美元，前5名依次为新加坡51亿美元，日本15亿美元，美国15亿美元，荷兰14亿美元，韩国12亿美元。印尼政府希望外资流进印尼的趋势更加明显，今后几年能更多地加入印尼基础设施建设。预计2012年外国直接投资目标为150亿至160亿美元。③

① 2011年12月19日，Fitch Lifts Indonesian Banks' Ratings，http://www.thejakartaglobe.com/business/fitch-lifts-indonesian-banks-ratings/485765.

② 2012年2月28日，Pemerintah Siapkan Arah Penanaman Modal Sampai 2025，http://economy.okezone.com/read/2012/02/28/20/583931/pemerintah-siapkan-arah-penanaman-modal-sampai-2025.

③ 印尼投资统筹委员会，2011年12月19日，Target Investasi Rp 283 Triliun Lebih Mudah Tercapai，http://www7.bkpm.go.id/contents/news/1005/target-investasi-rp-283-triliun-lebih-mudah-tercapai.

（七）组建有力的经济领导班子，重视华人在经济中的作用。

梅加瓦蒂上任后组建了一个由15名懂经济的内阁成员和经济学家组成的经济班子，具体负责经济政策的制定。苏西洛组建的团结内阁中，起用了有丰富的经济工作经验并与主要经济大国有良好关系的前工商总会主席巴利克担任经济统筹部长，任命了华裔女学者冯慧兰出任新内阁的贸易部长，这既表示了对印尼华人的重视，也向外界展示了新政府经济改革的决心。在2009年苏西洛连任后，内阁人事的安排倾向于保持与政党和国会之间的良好关系，使日后财政预算等法案的审议更为顺利。这样，印尼内阁的人事安排既有利于印尼与世界经济接轨，又能顾及各方的利益和关系，有利于促进印尼经济的复苏。2011年10月19日苏西洛宣布进行连任总统以来内阁的首次改组，此次印尼内阁改组主要涉及12个部长职位，包括贸易部、国营企业国务部、能源和矿产资源部等重要部门。此次改组中，大量政坛新人被任命部长一职，并且新增了13名副部长，这其中有不少专业技术人才。贸易部、国营企业国务部两名新任部长此前在各自的专业领域均具有丰富的经验和突出的表现，预计将对印尼经济带来积极作用。此外，自梅加瓦蒂上任起，印尼政府能正确认识华人在印尼经济中的重要作用，全力维护社会稳定，希望华人企业家能发挥优势和作用，推动印尼的经济发展。

第二节 当前经济发展概况

由美国次贷危机引发的全球金融风暴自2007年下半年开始影响到世界各国，而且逐渐蔓延为全球性的经济衰退，直到2012年，美国经济不景气仍未好转，欧债危机久拖未决，但在这种情况下，印尼经济逆势而上，成就斐然。在印尼政府稳健的经济政策作用下，印尼宏观经济稳定发展，各项经济指标基本符合政府的财政预算，国民生产总值实现了较快增长，印尼盾的汇率比较稳定，通货膨胀率控制在较低的水平，财政赤字也在安全界限内。尽管失业率依然较高，但也呈现出逐年下降的趋势，贫困人口依然较多，但情况已相对好转。印尼基本经济数据如下：

表8-1　2011年印尼社会经济数据统计表

<table>
<tr><td rowspan="2">总人口</td><td rowspan="2">贫困人口</td><td rowspan="2">贫困率</td><td rowspan="2">失业率</td><td colspan="4">入学率（2010年）[1]</td></tr>
<tr><td>7～12岁</td><td>13～15岁</td><td>16～18岁</td><td>19～24岁</td></tr>
<tr><td>240 343 712人</td><td>30 018 930人</td><td>12.49%</td><td>6.8%</td><td>97.96%</td><td>86.11%</td><td>55.83%</td><td>13.67%</td></tr>
<tr><td colspan="2">GDP总量</td><td colspan="2" rowspan="2">GDP增长率</td><td colspan="2" rowspan="2">人均GDP
（现价）</td><td colspan="2" rowspan="2">通货膨胀率</td></tr>
<tr><td>现价</td><td>2000年不变价</td></tr>
<tr><td>7 427.1万亿盾</td><td>2 463.2万亿盾</td><td colspan="2">6.5%</td><td colspan="2">3 080万盾
（3 542.9美元）</td><td colspan="2">3.79%</td></tr>
</table>

（数据来源：综合印尼中央银行和印尼国家统计局报告[2]）

一、GDP及构成

2011年印尼国内生产总值（GDP）达到7 427万亿印尼盾（约8 200亿美元，若按2000年不变价格计算为2 463.2万亿印尼盾），增长率达6.5%，人均GDP为3 080万印尼盾（3 542.9美元），人均国民生产总值（GNP）增加至2 990万印尼盾（2 441.9美元）。

① BPS-RI, Susenas 2003—2010, Indikator Pendidikan 1994—2010.

② Berita Resmi Statistik No.13/02/Th. XV, 6 Februari 2012, PERTUMBUHAN PDB TAHUN 2011 MENCAPAI 6，5 PERSEN.

表8-2　印尼2009—2011年GDP构成

项目	GDP总量（万亿盾）			拉动2011年GDP增长（%）
	2009年	2010年	2011年	
私人消费	3 291.0	3 643.4	4 053.4	2.7
政府支出	537.6	581.9	667.4	0.3
国内固定资产投资	1 744.4	2 065.0	2 378.3	2.1
债券投资	−7.3	31.6	55.6	0.5
统计差异	−116.8	6.3	167.5	—
出口	1 354.4	1 584.7	1 955.4	6.3
进口	197.1	1 476.6	1 850.5	4.8
GDP总计	5 606.2	6 436.3	7 427.1	6.5

（数据来源：印尼中央统计局①）

表8-3　2009—2011年印尼人均国内生产总值（GDP）和人均国民生产总值（GNP）

项目		2009	2010	2011
人均GDP	总值（万盾）	23.9	27.1	30.8
	总值（美元）	2 349.8	3 010.1	3 542.9
	增长率（%）	11.6	13.3	13.8
人均GNP	总值（万盾）	23.1	26.3	29.9
	总值（美元）	2 267.6	2 925.4	3 441.9
	增长率（%）	11.7	14.1	13.7

（数据来源：印尼中央统计局②）

二、部门经济结构和产值

2011年印尼所有的经济部门都实现了正增长，其中运输和通讯

① Berita Resmi Statistik No.13/02/Th. XV，6 Februari 2012，PERTUMBUHAN PDB TAHUN 2011 MENCAPAI 6，5 PERSEN.

② Berita Resmi Statistik No.13/02/Th. XV，6 Februari 2012，PERTUMBUHAN PDB TAHUN 2011 MENCAPAI 6，5 PERSEN.

业以10.7%的增幅位于榜首，增幅最低的矿业也实现了1.4%的增长，如果只计算非石油和天然气的产业部门，2011年国内生产总值实际增长率为6.9%(参见表8-4)。

表8-4　2009—2011年各产业国内生产总值，2011年增长率及对GDP贡献率

产业类别	国内生产总值(万亿盾)			2011年增长率(%)	2011年拉动GDP增长(%)
	2009	2010	2011		
农业、畜牧业、林业、渔业	857.2	985.4	1 093.5	3.0	0.4
矿业、采掘业	592.1	718.1	886.3	1.4	0.1
制造业	1 477.5	1 595.8	1 803.5	6.2	1.6
电、气、水业	46.7	49.1	55.7	4.8	0.1
建筑业	555.2	660.9	756.5	6.7	0.4
贸易、酒店、餐饮业	744.5	882.5	1 022.1	9.2	1.6
运输、通讯业	353.7	423.2	491.2	10.7	1.0
金融、房地产业	405.2	466.6	535.0	6.8	0.7
服务业	574.1	654.7	783.3	6.7	0.6
国民生产净值	5 606.2	6 436.3	7 427.1	6.5	6.5
非油气产业国民生产净值	5 141.4	5 936.2	6 794.4	6.9	—

(数据来源：印尼中央统计局①)

从国民经济各产业在GDP中所占的比例来看，2011年农业、制造业在国民经济中的比率降低，而矿业、采掘业、贸易、酒店、餐饮业以及服务业在国民经济中的比例正不断上升，其他产业发展

① Berita Resmi Statistik No.13/02/Th. XV，6 Februari 2012,PERTUMBUHAN PDB TAHUN 2011 MENCAPAI 6，5 PERSEN.

比较平稳。可以看出，印尼经济仍在探索发展模式的转型的过程中（参见表8-5）。

表8-5　国民经济各产业在GDP中所占的比例　单位：%

产业类别	2004	2005	2006	2007	2008	2009	2010	2011
农业、畜牧业、林业、渔业	14.3	13.1	13.0	13.7	14.5	15.3	15.3	14.7
矿业、采掘业	8.9	11.1	11.0	11.2	10.9	10.6	11.1	11.9
制造业	28.1	27.4	27.5	27.1	27.8	26.4	24.8	24.3
电、气、水业	1.0	1.0	0.9	0.9	0.8	0.8	0.8	0.8
建筑业	6.6	7.0	7.5	7.7	8.6	9.9	10.3	10.2
贸易、酒店、餐饮业	16.1	15.6	15.0	14.9	14.0	13.3	13.7	13.8
运输、通讯业	6.2	6.5	6.9	6.7	6.3	6.3	6.6	6.6
金融、房地产业	8.5	8.3	8.1	7.7	7.4	7.2	7.2	7.2
服务业	10.3	10.0	10.1	10.1	9.7	10.2	10.2	10.5
总计	100	100	100	100	100	100	100	100

（数据来源：印尼国家统计局报告[1]）

从2011年第4季度印尼经济运行的数据来看（见表8-6），印尼经济受全球金融风暴的影响正在增大，特别是农业、畜牧业、林业、渔业、矿业和采掘业等行业环比出现了负增长，虽然这些行业的发展跟时间的周期性关系较大，但也显示出世界经济的不景气对印尼经济的影响。相比之下，2011年贸易、酒店、餐饮业以及运输、通讯业同比2010年出现了较快的增长。总体看来，印尼经济发展的不确定因素正在加大，前景不容乐观，如果国际经济形势仍不能好转，印尼经济增长必然会减缓。一些国际金融机构最近纷纷下调印尼2012年的经济增长预期。据印尼安塔拉通讯社2012年1月19日的报

① PERTUMBUHAN PDB, Statistik dari Badan Pusat Statistik.

道，渣打银行经济学家法武基·伊克山（Fauzi Ichsan）表示2011年全球经济增长在3%左右，但是美国和欧洲的问题将带来全球经济的二次探底，预测全球2012年经济增长只有2.2%，这必然会影响到印尼经济，2012年印尼经济增长可能会降至5.8%。但如果欧洲的经济衰退没有恶化，印尼的经济增长率将达到6.3%。可能印尼经济在2013年才能回升到6.5%的增长水平。[①] 虽然印尼政府的态度显然比国际组织或民间机构的观点要乐观一些，但也已于2012年2月14日将2012年经济增长预期从6.7%下调至6.5%～6.6%。[②]

表8-6 2011年第4季度国民经济各产业增长率 单位：%

产业类别	2011第3季度对2011第2季度	2011第4季度对2011第3季度	2011第4季度对2010第4季度
农业、畜牧业、林业、渔业	5.0	–20.5	1.9
矿业、采掘业	3.1	–0.1	–0.3
制造业	3.1	1.4	6.7
电、气、水业	1.3	2.2	5.8
建筑业	3.2	3.9	7.8
贸易、酒店、餐饮业	3.7	1.9	10.2
运输、通讯业	3.8	2.7	9.2
金融、房地产业	1.9	1.0	6.7
服务业	3.1	1.2	6.5
国民生产净值	3.4	–1.3	6.5
非油气产业国民生产净值	3.4	–1.2	7.1

① Ekonom: pertumbuhan ekonomi Indonesia 2012 melambat，2012年1月19日，http://www.antaranews.com/berita/293453/ekonom-pertumbuhan-ekonomi-indonesia-2012-melambat.

② Target Pertumbuhan Ekonomi RI Bakal Dikoreksi，2012-2-15，http://ekonomi.inilah.com/read/detail/1830619/target-pertumbuhan-ekonomi-ri-bakal-dikoreksi.

三、区域经济

从区域来看，爪哇岛在印尼经济发展中仍然占有绝对的主导地位，2011年对印尼GDP的贡献率达57.6%，苏门答腊岛以23.5%的贡献率位居第二，其余各岛合计不足20%(参见表8-7)。从省级行政单位来看，2011年第4季度的GDP贡献率三甲排名分别是雅加达首都特区（16.5%）、东爪哇省（14.7%）、西爪哇省（14.3%），均位于爪哇岛，可见印尼地域经济的不平衡仍然非常突出。

表8-7　国内生产总值构成的区域分布　单位：%

区域	2009	2010	2011
苏门答腊	22.7	23.1	23.5
爪哇	58.6	58.1	57.6
巴厘及努沙登加拉	2.8	2.7	2.6
加里曼丹	9.2	9.2	9.6
苏拉威西	4.4	4.5	4.6
马鲁古及巴布亚	2.3	2.4	2.1
全印尼	100	100	100

（数据来源：印尼中央统计局①）

四、对外贸易

在对外贸易方面，根据印尼中央统计局2012年2月1日公布的数据，虽然受全球经济危机影响，但2011年印尼进出口贸易仍然强劲增长，进出口额创历史新高。印尼全年贸易进出口总额共计3 809.2亿美元，实现贸易盈余263.2亿美元。

出口数据表明，受中国和印度等新兴市场需求带动，印尼2011

① Berita Resmi Statistik No.13/02/Th. XV，6 Februari 2012，PERTUMBUHAN PDB TAHUN 2011 MENCAPAI 6，5 PERSEN.

全年出口额超过政府预定2 000亿美元的目标，达到2036.2亿美元，同比增长29.05%，其中非油气类产品出口额达到1620亿美元，同比增长24.88%(参见表8-8)。出口下降的产品主要是动物油和脂肪，减少4.9亿美元，出口增加的产品主要是矿石、金属渣和灰，增长1.4亿美元(参见表8-9)。

表8-8 印尼2010—2011年出口数据

项目	出口额(百万美元)				增长率(%)		2011年全年出口额占比(%)
	2011年11月	2011年12月	2010年全年	2011年全年	2011年12月环比	2011年全年同比	
出口总额	17 235.5	17 197.8	157 779.1	203 616.7	–0.22	29.05	100.00
油气产品	3 522.8	3 601.2	28 039.6	41 593.2	2.22	48.34	20.43
原油	1 285.0	1 400.5	10 402.9	13 824.0	8.98	32.89	6.79
石油产品	361.6	477.0	3 967.3	4 897.7	31.89	23.45	2.41
天然气	1 876.2	1 723.7	13 669.4	22 871.5	–8.12	67.32	11.23
非油气产品	13 712.7	13 596.6	129 739.5	162 023.5	–0.85	24.88	79.57

(数据来源：印尼中央统计局[①])

① Berita Resmi Statistik No. 08/02/Th. XV, 1 Februari 2012, PERKEMBANGAN EKSPOR DAN IMPOR INDONESIA DESEMBER 2011.

表8-9　印尼2010—2011年十类主要非油气产品出口数据

商品种类	出口额（百万美元）		2011年非油气产品出口额占比（%）
	2010年	2011年	
矿物燃料	18 725.7	27 443.9	16.94
动物油和脂肪	16 312.2	21 655.3	13.37
橡胶及橡胶产品	9 373.4	14 352.2	8.86
电机、电子设备	10 373.2	1 148.3	6.88
金属矿石、矿渣、矿粉	8 148.0	7 342.6	4.53
机器、机械	4 986.7	5 749.6	3.55
纸、纸板	4 186.2	4 169.1	2.57
有机化学原料	2 690.1	3 815.9	2.36
铜	3 305.8	3 810.7	2.35
木材及木材制品	2 936.0	3 374.7	2.08
10类商品合计	81 037.3	102 862.3	63.49
其他商品	48 702.2	59 161.2	36.51
非油气商品出口总计	129 739.5	162 023.5	100.00

在进口方面，2011年全年进口总额1 773亿美元，所有种类货物进口额都比2010年有所增加，其中消费品进口增加34.01%，原料增加32.49%，机器增加22.85%（参见表8-10）。主要进口产品有机械、电机、电子设备、钢铁、机动车及零配件、塑料及塑料制品等（参见表8-11）。

表8-10 印尼2010—2011年进口数据

项目	出口额（百万美元）				增长率（%）		2011年全年进口额占比（%）
	2011年11月	2011年12月	2010年全年	2011年全年	2011年12月环比	2011年全年同比	
进口总额	15 393.9	16 339.3	135 663.3	177 299.3	6.14	30.69	100.00
油气产品	3 450.1	3 631.6	27 412.7	40 685.8	5.26	48.42	22.95
原油	1 130.6	1 157.3	8 531.3	11 154.4	2.36	30.75	6.29
石油产品	2 216.1	2 332.5	18 018.2	28 118.9	5.25	56.06	15.86
天然气	103.4	141.8	863.2	1 412.5	37.14	63.64	63.64
非油气产品	11 943.8	12 707.7	108 250.6	136 613.5	6.40	26.20	77.05

表8-11 印尼2010—2011年十类主要非油气产品进口数据

商品种类	进口额（百万美元）		2011年同比增长（%）	2011年非油气产品进口额占比（%）
	2010年	2011年		
机器、机械	20 019.0	24 675.0	23.26	18.06
电机、电子设备	15 633.2	18 228.9	16.60	13.34
铁、钢	6 371.5	8 579.4	34.65	6.28
机动车及配件	5 737.4	7 585.5	32.21	5.55
塑料及塑料制品	4 817.1	6 686.5	38.81	4.90
有机化学原料	5 326.4	6 634.2	24.55	4.86
谷类	2 159.2	4 753.1	120.13	3.48
钢铁制品	3 451.0	3 562.6	3.23	2.61
飞机及其配件	3 528.1	3 418.5	-3.11	2.50

续表

商品种类	进口额（百万美元）		2011年同比增长（%）	2011年非油气产品进口额占比（%）
	2010年	2011年		
棉花	2 232.1	3 169.1	41.98	2.32
10类商品合计	69 275.0	87 292.8	26.01	63.90
其他商品	38 975.6	49 320.7	26.54	36.10
非油气商品进口总计	108 250.6	136 613.5	26.20	100.00

从对外贸易伙伴来看，印尼非油气类产品最大的出口市场依次是中国、日本、美国、印度和新加坡，这5个国家进口的非油气商品价值约达印尼非油气出口总值的49.38%(参见表8-12)。其中，中国和印度等新兴市场对印尼出口增长带动明显。2011年印尼对华出口额达到216亿美元，比2010年增长53.36%，占出口总额的13.33%。印尼对印度出口132.8亿美元，同比增长34.8%。

表8-12　2011年印尼十三大主要非油气产品出口贸易伙伴

国家和地区	金额（百万美元）	占比（%）
中国	21 595.1	13.33
日本	18 331.8	11.31
美国	15 685.2	9.68
印度	13 279.0	8.20
新加坡	11 116.0	6.86
马来西亚	9 198.6	5.68
韩国	7 566.2	4.67
泰国	5 246.1	3.24
中国台湾	4 205.0	2.59
德国	3 304.1	2.04
澳大利亚	3 078.3	1.90

续表

国家和地区	金额（百万美元）	占比（%）
英国	1 719.1	1.06
法国	1 284.2	0.79
十三大伙伴合计	115 608.9	71.35
其他国家和地区	46 414.6	28.65
非油气产品出口总计	162 023.5	100.00

从进口伙伴来看，印尼非油气类产品最大的进口国依次是中国、日本、美国、新加坡和泰国，这5个国家进口的非油气商品价值约达印尼非油气出口总值一半以上，达55.79%(参见表8-13)。其中，印尼对华2011年出口额达到255.3亿美元，同比增长26.69%，占进口总额的18.69%。2011年12月印尼全国进口163.4亿美元，较11月增加6.14%，当月贸易盈余由11月的15.3亿美元收窄至8.6亿美元。

表8-13　2011年印尼十三大主要非油气产品进口贸易伙伴

国家和地区	金额（百万美元）	占比（%）
中国	25 532.6	18.69
日本	19 311.4	14.14
美国	10 674.7	7.81
新加坡	10 435.4	7.64
泰国	10 263.5	7.51
韩国	7 433.1	5.44
马来西亚	5 766.2	4.22
澳大利亚	5 121.9	3.75
印度	3 978.4	2.91
中国台湾	3 840.4	2.81
德国	3 384.1	2.48

续表

国家和地区	金额（百万美元）	占比（%）
法国	1 971.1	1.44
英国	1 169.9	0.86
十三大伙伴合计	108 882.7	79.70
其他国家和地区	27 730.8	20.30
非油气产品进口总计	136 613.5	100.00

在欧债危机以及世界经济下滑的影响下，欧元区国家和美国对印尼商品的需求量下降，对印尼出口的副作用开始显现。印尼2011年12月出口环比出现萎缩，出口额171.9亿美元，较11月下降0.22%，创2009年9月以来的最低增长纪录（参见表8-8）。因此，中国和印度的市场也越来越受到印尼的重视。印尼国家计划委员会国际经济合作、贸易和投资局主任阿玛莉亚（Amalia Adininggar Widyasanti）2012年1月13日在雅加达表示，“我们一直在关注中国等市场的动向。按照当今趋势看来，印尼五大出口市场从去年第四季度直至今年第一季度的订单还算不错。”她认为，因为有预先的合同或订单的保证，印尼2012上半年的贸易应该可以正常运转，“我们最大的出口市场——中国，该国所吸收的印尼商品价值占据了我国出口总值的15%，今年上半年的吸收价值也预估能保持在14%至15%的总值占据比率。”阿玛莉亚说：“印尼与中国的贸易已经开始获得顺差，而且我们从该国进口的商品绝大部分是机器和生产原材料，对我们非常有利。”①

① KINERJA EKSPOR: Perkembangan di 5 negara tujuan positif，2012-1-12 http://www.bisnis.com/articles/kinerja-ekspor-perkembangan-di-5-negara-tujuan-positif.

第三节 经济发展前景

尽管2011年是全球经济动荡的一年，但印尼强劲的发展势头加固了它作为世界最重要新兴国家的地位，印尼政府对良好的发展势头很有信心。印尼总统苏西洛2011年底在内阁工作会议上表示，印尼经济的发展令人感到欣慰，不但抵挡住了国际金融危机的冲击，而且还能保持经济的高速增长。但是印尼仍然存在着阻碍经济健康快速发展的问题和矛盾，政府决心在未来3年内大力整治官僚作风严重、基础设施建设落后和贪污腐败三大问题。政府将努力提高人民的社会福利，创造更多的就业机会，消除贫困，加强基础设施建设，提高教育、卫生和公共服务水平。另外，印尼政府认为印尼经济增长模式至少有两个必须调整的地方：一是增长地区不均衡；二是增长部门过于集中在非贸易部门。这两个问题不解决，贫富悬殊、地区差距会越来越大，影响社会稳定，最终经济发展也会受到阻碍。[①] 因此，印尼将着力开始解决经济发展不平衡的问题，希望逐渐实现全国各地经济均衡发展的目标。

其实，苏西洛2009年连任后就已经开始着手为未来15年的经济发展谋篇布局。2010年4月6日，印尼出台了《2010—2014年国家中期建设计划》(Rencana Pembangunan Jangka Menengah Nasional，简称RPJMN)，按照该计划，2011年到2014年的印尼建设总投资将达到4 000万亿盾(约合4 700亿美元)，各项工程投资为3 348万亿盾，其中基础设施工程投资就达1 551万亿盾。《2010—2014年国家中期建设计划》还规定，为实现繁荣富强的建设愿景印尼必须实施“三条路线的战略”，即保持宏观经济的稳定，加强实体经济发展，

① 经济增长模式有待调整改善，2012年2月15日，印尼《国际日报》网络版，http://www.guojiribao.com/shtml/gjrb/20120216/index.shtml.

特别是加强基础设施建设和扶持中小型企业发展，加强农业和农村建设。[①] 为了实现社会的共同繁荣，印尼政府已经广泛实施了“富民工程”，如实施了“扶持自立百姓全国计划”（PNPM）和“百姓创业贷款”（KUR）等等。为实现地区经济的平衡发展，印尼《2010—2014年国家中期建设计划》中提出以土地规划为基础，重点发展183个落后县区，实现183个落后县区的发展需要投资1 200万亿盾。

2011年5月27日苏西洛又批准了国家《加速与扩大全国经济建设蓝图》（Masterplan Percepatan dan Perluasan Pembangunan Ekonomi Indonesia 简称MP3EI），为印尼2011—2025年的经济发展作出了规划。MP3EI中提出将刺激印尼经济快速持续增长，为印尼在2025年迈入经济大国行列、在2050年跻身全球六大经济体铺平道路。为落实MP3EI，印尼政府选择了6个地区作为经济建设的重点地区，称为六大经济走廊，希望通过发展这六个地区当地的优势产业，带动印尼全国经济蓬勃发展，同时可解决印尼地域经济发展不平衡的问题。这六大经济走廊在地域上涵盖了爪哇、苏门答腊、加里曼丹、苏拉威西、巴厘、巴布亚和马鲁古等印尼主要的大岛。这六大经济走廊发展的重点产业分别为：爪哇走廊，以服务业和高科技产业为主，东爪哇省沿海地区将发展成化工工业中心与造船业中心，而内陆地区将发展为食品及饮料生产中心；苏门达腊岛走廊，重点发展农业种植园以及矿产加工和开采等，南苏门答腊省及廖内岛将发展成棕榈油加工中心；加里曼丹走廊，以农业种植园和采矿业为主；苏拉威西走廊，主要发展渔业、农业种植园以及采矿业；巴厘和努沙登加拉走廊，重点发展旅游业及手工业，将巴厘和龙目岛打造成旅游休闲中心；巴布亚和马鲁古走廊，以发展渔业、矿业及

① 印尼共和国国家建设计划局：《2010—2014年国家中期建设计划》，2010年4月6日。

林业为主。[①]

2011年印尼还提出了未来15年加快经济建设的三大纲领：一是在印尼发展六大经济走廊，使每一个经济走廊都能形成具有产业特色的工业中心；二是加强岛际间联合，使各岛产业中心都能够直接参与国际市场竞争；三是加快人才培养，为六大经济走廊提供人力资源支持和动力。

据报道，正在规划建设的六大经济走廊仅2011—2014年期间就需要超过3 720亿美元的投资。这些资金需要中央和地方，国企和地方企业，以及私营企业等各方通力配合，大力支持。印尼的国企已经承诺要筹集大约1 000亿美元，苏西洛总统希望私企方面也能大力支持印尼的宏观经济建设。[②]当然，由于恰逢印尼主权信用评级从非投资级别的“BB+”上调到投资级别的“BBB–”，预计将有更多的国际资金看好印尼。

作为世界第四大人口大国，印尼拥有宏伟的经济发展蓝图，稳健的财政、货币和投资政策，增长迅速的国内市场，结构合理的劳动力。进入2013年，国际经济形势依然充满不稳定因素，但是印尼有充足的理由保持乐观，经济发展潜力巨大。

---

① *Peluncuran Masterplan Percepatan dan Perluasan Pembangunan Ekonomi Indonesia*（*MP3EI*），印尼经济协调部网站，2011年5月27日，http://www.ekon.go.id/news/2011/05/27/peluncuran-masterplan-percepatan-dan-perluasan-pembangunan-ekonomi-indonesia.

② 余歌沧《印度尼西亚3000亿美元建六大经济走廊》,《亚洲周刊》网络版，2011年5月28日，http://www.yzzk.com/cfm/Content_Archive.cfm?Channel=ef&Path=3522319462/18ef1a.cfm.

第九章　军事与国防

第一节　军队简史

一、军队的诞生和发展

1830年，荷兰“皇家荷印军队”（KNIL）开始征召和训练印尼人，以利用其镇压当地人民的反殖民斗争。皇家荷印军队主要是维护当地的安全，其军官由荷兰人和极少数印尼人担任，士兵则是印尼土著。当太平洋战争威胁到东南亚时，皇家荷印军队经过训练准备对付外部的入侵，为此建立了万隆军事学院，也招收了一批印尼人。从1942年1月12日起，日军先后在加里曼丹、苏门答腊和爪哇登陆，皇家荷印军队未能进行有效抵抗。3月12日，荷兰总督和荷军司令向日军投降，日本占领了整个印尼。

为了巩固其军事统治，日本人拉拢利用民族主义的领袖人物和宗教界的上层人物，释放了被荷兰监禁的苏加诺，组建了“印尼穆斯林理事会”（简称“马斯友美党”）。苏加诺幻想利用日本人来实现民族独立，在同日本占领军的合作中，成立了“人民力量动员中心”和准军事组织“爪哇乡土义勇军”（简称“卫国军”）。

印尼获得独立后，爪哇和苏门答腊人民纷纷从日本人手中夺取各级政权。各青年组织成立了“行动指挥部”，建立“印尼青年队伍”。1945年8月22日宣布成立“战争受害家庭救助机构”，下设“人民保安队”。人民保安队表示“要与人民及有关国家机构共同维护治安”，来参加登记的主要是前卫国军成员，领导权落入他们手中。人民保安队在雅加达设有总指挥部，但实际上无法开展工作。8月29日，“印尼独立筹备委员会”改组为“印尼中央国民委员会”，人民保安队由该委员会领导。9月2日苏加诺领导的第一届共和国内阁成立，希望通过外交活动使盟国支持印尼的独立，所以并未立即组建军队，内阁也未设国防部长。

1945年9月29日，英军在雅加达登陆，并发布声明称，其任务是恢复“社会秩序”和“保护人民”，同时等候“合法的荷印政府”回来接管。荷兰殖民军队在盟军的庇护下卷土重来，荷印民政管理署（简称“尼加”）在雅加达设立了机构。各地的民兵组织决心抗击荷兰军队的入侵。此时，人民保安队已经不能应付日益复杂的安全形势。局势迫使印尼政府不得不认真考虑建立军队来反抗荷兰的入侵。

1945年10月5日，苏加诺宣布“为了加强公共安全感，特建立人民保安军”，成立人民安全部。从此，印尼有了自己真正意义上的军队，而10月5日成为了建军节。前荷印皇家军队少校乌立普·苏莫哈尔佐被任命为人民保安军总参谋长，并晋升为少将。领导勿里达卫国军起义的传奇人物苏普里亚迪被任命为人民保安军司令。10月7日政府发表公告，号召青年人、前卫国军的成员、兵补和先锋队青年参加军队，反抗荷兰殖民主义者。1945年建立人民保安队的同时成立了人民保安队航空局，局长是苏尔亚迪·苏尔亚达尔玛空军准将。1946年4月9日撤消人民保安队航空局，成立印尼空军。印尼空军组建之初，所装备的是日军遗留下来的50多架飞机。

人民保安军主要由3部分人组成：一是日本占领时期成立的“卫国军”、“兵补”的成员，他们只接受过最初步的军事训练，日本投降时在爪哇和巴厘大约有69个营的兵力。他们是最早加入人民保安队的，人数也最多，后来成为印尼军队的主力。他们中的突出代表人物有苏迪尔曼、加蒂库苏莫、阿赫马德·亚尼、加托特·苏布罗托、苏哈托等。二是前荷印皇家军队中的印尼军官，大约有30名左右。他们受过正规的军事训练，懂得西方军队的管理与技术。这些军官中有一半毕业于荷兰的布雷达（Breda）皇家军事学院，其中突出的代表人物有迪迪·加尔达沙斯米达、苏尔亚迪·苏尔亚达尔玛、希达亚特·帕得马迪纳塔等。另一半毕业于万隆皇家军事学院，突出的代表人物有纳苏蒂安、西马图庞、加威拉朗、卡尔塔库苏玛、摩科金塔和阿卜杜尔·贾迪尔等。他们为印尼军队的建立和发展作出了重要的贡献。三是独立后各地出现的游击队和民兵组织，他们后来逐步并入印尼军队。

印尼军队军官的社会背景各不相同，一小部分出身贵族，还有一小部分出身于农村家庭，大多数则出身于低级官员、职员、教师等中产阶级家庭。因此，他们的政治倾向也各不相同。军官中绝大多数是爪哇人，因为爪哇不仅是印尼的政治经济中心，也是抗荷战争的主要战场。这种成分来源的复杂性导致了军内激烈的矛盾与冲突。

二、苏加诺时期的军队

（一）在反抗新老殖民主义的斗争中发展壮大

由于印尼军队在建设之初是靠自己的力量发展起来的，所以对政府有很强的独立性。军队主张通过坚决的斗争击败外国侵略者以获得国家的独立，而政府则寄希望于通过外交和谈判途径争取国家的独立。

1945年10月25日英军第49旅在泗水登陆，遭到印尼军民的强烈反抗。英军出动了坦克、飞机、军舰，经过一个多月才占领了泗水。在泗水保卫战中，印尼军民重创英军，英军司令也被击毙。11月底，印尼军队同英军在安巴拉瓦展开激战，在第五师师长苏迪尔曼的指挥下击退了英军的进攻。1946年6月26日苏加诺任命苏迪尔曼为武装部队总司令。这一任命大大加强了苏迪尔曼的地位，因为海军和空军也归他指挥。1947年5月5日，苏加诺发布命令，宣布把印度尼西亚共和国军和民兵组织合并为印度尼西亚国民军(简称印尼国民军)，6月3日正式建立印尼国民军，苏迪尔曼任总司令。1947年5月27日，荷兰政府向沙里尔总理发出最后通牒，要求必须在印尼联邦成立之前，建立一个由荷兰代表享有决定权的“临时联邦政府”，将印尼军队并入“联合警察部队”，设立荷、印尼“联合经济局”等要求，限印尼共和国14天内答复。6月20日沙里尔接受通牒，向荷兰作出了更大的让步。由于遭到印尼人民的强烈反对，沙里尔内阁6月27日倒台。

7月3日由阿米尔·沙里弗丁组成新一届内阁。内阁拒绝荷兰组建联合警察部队的建议。荷兰于1947年7月21日对印尼发动了第一次军事侵略，并称之为“警卫行动”。荷兰在苏门答腊迅速扩大了他们的占领区，在东爪哇打退了印尼国民军的进攻，在西爪哇占领了绝大多数的重要城市和交通线。荷兰企图消灭印尼国民军，从而摧毁印度尼西亚共和国。印尼国民军虽然遭受重大损失，但主动撤到内地，展开游击战。

亚洲国家和社会主义国家纷纷谴责荷兰的侵略行径，根据澳大利亚和印度的提议，荷兰的侵略问题，提交联合国安理会讨论。8月25日，安理会通过美国提案，建立所谓调停荷、印(尼)冲突的“斡旋委员会”。1948年1月17日，在联合国“斡旋委员会”干预下，印尼与荷兰在美国运输船的甲板上签订《伦维尔协定》，该协定使荷兰得以占领印尼具有重要政治、战略意义和最富庶的地区，使印尼共和国又丧失了大片领土和更多的主权。1月23日阿米尔·沙里弗丁内阁倒台。随后组建了以哈达为总理，以马斯友美党成员为主的新内阁。哈达新内阁上台后，延续上届内阁的计划，实施了精简军队。

但裁军计划仅仅实施了一部分，就遭到军内外的强烈反对。因为根据纳苏蒂安的方案，不仅要解散民兵组织，而且也包括海军和正在战区作战的正规军。被裁减的部队基本上是左翼的，而纳苏蒂安的西利万吉师不仅不减，而且还要配备更齐全的装备。拒绝裁军的印尼国民军第四师师长被杀，许多军官失踪，驻梭罗的左翼部队不断同亲政府的部队发生冲突。9月15日苏加诺宣布梭罗处于战时紧急状态，9月18日，哈达政府诬蔑印尼共产党在茉莉芬实行“军事政变”和建立苏维埃政权，下令调动西利万吉师占领茉莉芬，大肆逮捕和屠杀印尼共产党和爱国军民，制造了“茉莉芬事件”。不久荷兰发动了第二次“警卫行动”，裁军被迫停止。

1948年12月19日凌晨，荷军轰炸机袭击了日惹玛古窝机场，一小时后荷军伞兵占领了机场。当日下午，印尼政府包括苏加诺、哈达在内的全体内阁成员全部落入荷兰人的手里。荷兰企图通过突然袭击打掉印尼政府的目的达到了，但摧毁印尼共和国的目的却未能得逞。临时政府仍在运转，军队仍在战斗。荷军兵力有限，只能占领重要的城市和主要的交通线，而印尼国民军则控制着广大的乡村。除空军司令苏尔亚达尔玛被俘外，军队的绝大多数领导坚持战斗。总司令苏迪尔曼在担架上指挥部队不断袭击荷军的车队，破坏铁路，切断电话线。1949年3月1日，苏丹哈孟库·布沃诺和苏哈托中校指挥部队对日惹发动大规模进攻，占领日惹达六小时。除了同荷军作战外，印尼国民军还要同“巴巽丹邦”的保安营和“伊斯兰教国运动”的印尼伊斯兰教军作战。

荷兰的侵略行径遭到世界的谴责，联合国安理会1949年1月28日决议要求立即停火并释放印尼共和国政府成员。根据安理会的决议，印尼政府与荷兰恢复谈判，双方于5月7日签订《五·七停战协定》。协定规定，印尼政府要下令停止游击战争，荷兰则应交还进占区；印尼政府还将参加在荷兰海牙召开的圆桌会议，讨论荷兰向印尼移交政权和组织联邦政府等事宜。苏迪尔曼总司令强烈反对这一协定，因为该协定根本不承认印尼共和国武装部队的存在。7月13日政府任命苏丹哈孟库·布沃诺为国防部长并行使总理的职权。8月3日，印尼政府下令停战。苏迪尔曼发布命令，在爪哇最迟于8月11日停火，在苏门答腊最迟于8月15日停火。在停火日之前，印尼国民军不得停止战斗。因此对梭罗的进攻一直持续到最后一刻。由于军队从根本上反对同荷兰谈判，所以在以后的谈判中，军队并未起多大的作用。

1949年12月19日，根据印（尼）、荷《圆桌会议协定》，印度尼西亚联邦共和国成立，苏加诺为总统，哈达任内阁总理，苏丹哈孟库·布沃诺任国防部长。印尼联邦共和国的成立实际上是荷兰人以退为进的策略，印尼人民普遍对此感到不满，各地群众掀起了反对联邦制的运动。1950年5月19日，各邦代表经过协商谈判，一致同意取消联邦制，建立统一的印度尼西亚共和国。1950年6月21日荷兰军队撤离，印尼军队用荷兰留下来的武器装备扩充了海陆空军的力量。

（二）军队积极参与国内政治事务，粉碎分裂势力

在获得真正意义上的独立之后，印尼军队开始积极参与国内政治事务，粉碎分裂势力。同时，为收复西伊里安和反抗马来西亚的新殖民主义，军队进行了整编和扩充。1961年，苏加诺决定改组印尼武装部队的领导体制，于当年12月11日成立了国防委员会（DPN）。该委员会负责制定政策，动员全国一切力量来收复西伊里安。随后又成立了最高统帅部，总统为最高统帅，原陆、海、空军参谋长改为司令。12月19日，苏加诺在日惹发布了著名的“三项人民命令”。印尼希望依靠强大的现代化军队在外交上可以有更大的话语权，迫使荷兰交出西伊里安。印尼国民军积极进行作战准备，在短时间内组建完成了进攻力量，包括1个空降旅，1个海军陆战队旅和1个步兵旅，并积极展开各种渗透活动，通过海上和空中运送部队和自愿人员到西伊里安，袭扰荷军。在此期间发生了著名的阿鲁海战。由于反对新殖民主义，印尼政府不承认马来西亚联邦，并于1963年9月17日断绝了同马来西亚的一切外交关系。1964年5月3日，苏加诺向印尼人民发布了粉碎马来西亚的“两项人民命令”。为了在军事上对抗英国和马来西亚，最高统帅部5月16日决定成立“警备司令部”，印尼武装部队积极训练北加里曼丹和沙巴的青年，支持北加里曼丹国民军开展游击战，并不断派出小股部队渗透到马来西亚境内。1960年以后，由于解放西伊里安和对抗马来西亚军事斗争的需要，印尼武装部队的兵力逐年增加。1968年其总兵力已超过48万人，其中陆军27.5万人；海军5万人，各型舰艇278艘，总吨位13万吨；空军3.6万人，飞机550架；警察部队约12.5万人。

军队在进行建设的同时开始积极尝试参政。早在1952年陆军就发动过“10·17事件”，苏加诺面对坦克临危不惧，拒绝陆军提出的要求。军队右翼分子便宣布首都戒严，实行宵禁，逮捕议员。在各政党和人民团体的反对下，他们的企图未能得逞。实际上这是统一的印尼共和国成立以来军人第一次干政的尝试。1958年在军队利用紧急状态法登上政治舞台的同时，纳苏蒂安提出了“中间道路”理论作为军队干预政治的理论基础。根据这一理论，印尼军队不像西方军队那样成为政府手中的工具，也不像拉丁美洲的军队那样热衷于政变以及接管政府，而是走一条中间道路，参与政治和社会各个领域的事务，但又不取代政府。

印尼军队进入政治权力核心完全是由于苏加诺和以纳苏蒂安为首的陆军之间进行的一场政治交易。陆军支持苏加诺实现了对地方反叛势力的镇压，在恢复秩序、维护国家的政治稳定中发挥了积极作用。作为交换，苏加诺向陆军出让了一部分权力。陆军打着总统的招牌，使其政治作用合法化，开始向权力中心渗透，并逐步控制了政府的一些经济部门。军队对经济的大规模渗透主要是在军事管制期间。军队获得了直接管理和控制一部分国营企业和经济部门的权力，许多军官成为企业的厂长和经理。在解放西伊里安运动中，陆军的经济实力又迅速得到膨胀。荷兰、英美企业被没收后，实际上落入了陆军手里。为了解决部队经费不足的问题，各军种、军区纷纷办企业。高级军官实际上成为官僚买办资本家集团。

到1963年，军队不仅基本平息了地方叛乱和伊斯兰教国运动，还成功地从荷兰人手里收复了西伊里安。1964年，在对抗马来西亚运动中，苏加诺再次授予军队广泛权力，使得军队直接参与了政府决策。在这个时期，军队领导人成为苏加诺决策核心“最高指挥部”的主要组成部分，内阁中有1/3的部长来自军队，政府各部的许多高级官员都有军人背景。在全国24个省中，军人省长从1960年的5名增加到1965年的12名，而且均为重要省份，如雅加达、西爪哇、东爪哇等。大批军人被任命为国会和省议会的议员。

20世纪60年代初，苏加诺看到陆军势力膨胀的危险，于是从两个方面采取措施来抑制这种局势的蔓延：一是加强对陆军的控制；二是提高共产党的地位，以制约陆军的势力。在正式接管了西伊里安后，立即废除了紧急状态法，取消了陆军在紧急状态下所享有的广泛权力。苏加诺还通过改组和重新任命的办法培养空军、海军以及警察部队对陆军的独立性，将纳苏蒂安明升暗降。不仅把印尼共产党的主要领导人艾地等拉入国家领导机构内，还利用各种机会对印尼共产党的影响加以宣传，同意印尼共产党成立“第五兵种”(独立于陆、海、空军和警察的一支民兵组织)以对抗陆军。所有这一切都不可避免地导致了印尼共产党同陆军右派势力的矛盾急剧尖锐化，并最终导致“9·30运动”的爆发。

三、苏哈托时期的军队

“9·30运动”后，时任陆军战略司令部司令的苏哈托少将迅速崛起。1968年3月，苏哈托被正式授予总统衔。至此，以苏哈托为代表的右派军人完全掌握了国家权力，开始了印尼历史上的“新秩序时期”。

当时，印尼武装部队主要使用苏式武器装备和较老式的美、英武器装备。1969年9月，原海、空军司令分别提到印尼海军的舰艇80%和空军的飞机60%是苏联制造的。在“9·30运动”爆发之前，苏联给印尼的军援总数达11.2亿美元，由于“9·30运动”，苏联军援急剧减少，使得许多舰艇和飞机无法使用。此时，美国恢复执行“美国军事援助计划”，向印尼派驻“防务联络小组”，派出特种部队教官培训印尼军队的军官。印尼武装部队改组后，国防部和武装部队司令部合二为一。

20世纪70年代时，印尼武装部队认为主要的威胁是来自国内的“颠覆”和“叛乱”。80年代初，鉴于越南侵占柬埔寨，东南亚形势紧张，又将防御重点由对付“内乱”转向抵御“外敌”。自1983年起，印尼政府调整国防战略，针对军队机构的庞杂和高层领导的老化，对军队进行了一系列重大改革，旨在建设一支“精干、机动和具有战略打击力量”的军队。为此而将武装部队司令部和国防安全部分开，明确两者的职责。对陆军高层领导进行更换，动员老一代将领退役，把大批年轻的军官安置在重要的岗位上；加强陆军地区性机构的建设，将原陆军的16个军区改组成10个军区；撤消海军军区，组建东部、西部2个舰队司令部和5个基地；撤消空军军区，组建东部、西部两个作战司令部和6个基地；撤消4个防区、4个警察区司令部、全国战略司令部和恢复治安和秩序行动指挥部。

苏哈托以军队为基础组建了专业集团党，从而确立了印尼武装部队不仅作为一支军事力量，更重要的是作为一支政治力量的“双重职能”。所谓“双重职能”，是指自20世纪60年代起印尼武装部队对自身角色的定位。其起因是以陆军参谋长纳苏蒂安为首的印尼军队领导人认为50年代的文人主政的议会民主制已经失败，同时也不认为军事独裁的政府是理想选择，因此印尼军队应当走“中间道路”。在此基础上，1966年8月在印尼万隆召开的研讨会上确立了军队的“战斗信条”，指出印尼武装部队“从来不是政权的被动工具，也不是单纯的治安维护者。对国家的总路线，对政府的好坏，对国家的安危，对建国五基和社会的维护不能保持中立，它不仅对军事战术负有主要责任，同时对社会生活的各个领域也负有责任”。简而言之，军队不仅要保家卫国，也要参与国家政治和社会领域的事务。1973年，印尼临时人民协商会议赋予这种双重职能以合法的地位。1982年，国会通过法律规定军队不仅是一支军事力量，也是一支社会力量，“双重职能”的原则就以法律的形式固定下来。

对于依靠军事政变起家的苏哈托来说，一个强势的、能对社会进行全方位控制的军队无疑符合其统治利益。印尼军队的政治职能因此得以不断发展和巩固。军人合法地出现在政党和国家机构当中，并取得特殊地位。专业集团的核心成员便是以军人为主。该集团对应各级政府有一整套组织机构，处于最上层的是监督委员会，由军人和部分文官组成；在省和县则设有执行委员会、评估委员会或顾问委员会，委员会由驻军指挥官控制。印尼政府同时规定，政府公务员只允许加入专业集团而不能成为其他政党党员。这样，通过控制专业集团的各级委员会就达到了控制政府的目的。军人也直接出现在从中央到地方各级行政机构中。在1983年产生的内阁37位部长中军人就占了19名，国防、内政、司法等要害部门的部长均由军人担任，全国27个省的省长有21名是军人，军队的势力甚至渗透至乡村一级的地方政府部门。在国家最高权力机构人协和国会中，军方势力也格外突出。修正前的宪法规定国会由460名议员组成，其中有100名是由政府指定，包括来自军方的75人。人协920名议员名额中，三分之一由政府从军队中任命，1987年后人协代表增至1000人，其中二分之一由政府指定。

此外，苏哈托还将大批在职和退休的军官安插在国家石油公司、航空公司等重要的国营经济部门中。以至有人认为群岛上没有一个村庄不是由中士或军士领导，没有一个国营企业的经理不是由上校和将军担任的。[①]军政一体的威权体制有效地压制了政治上的反对声音。在历次大选中，专业集团均以压倒性优势获胜。1987年选举时，第二大政党建设团结党得票率仅为15.97%。在占据政治主导权的同时，军队也活跃于经济领域，掌控着各大国有经济部门的领导权。集权对社会生活的全面强制干预引发了印尼许多深层次矛盾，矛盾的累积为苏哈托的下台做了铺垫。1998年亚洲金融危机爆发，国内局势进一步恶化，苏哈托在国内民众的谴责声中宣布下台。

四、民主转型时期的军队

苏哈托下台后，印尼进入了民主转型时期，军政关系也逐渐发生了质的变化。鉴于“新秩序”时期军人政治的主导地位，印尼的

① 贺圣达、王文良、何平:《战后东南亚历史发展》，昆明.云南大学出版社，1995年版，第161页。

政治转型不仅涉及政治体制的转换和政党制度的变更，也涉及军队的整体改革。印尼国民军也意识到军队改革对印尼民主化进程的重要性，因此对改革采取的基本态度是：支持国家的民主化进程，支持对军队进行改革与民主国家的要求相适应。由于得到军队的支持，改革取得了很大进展，逐步实现了国民军与警察部队分离，取消了军队的政治社会作用，军队代表退出人协和国会，逐步购买先进武器装备，更新升级现有装备提升军队战斗力等等。

（一）改革进程

印尼是按照西方发达国家的民主理念来进行军队的改革，一是逐步将军队置于由文官组成的政府的绝对控制下来执行其职能；二是军队自身的现代化改革，即军队的职业化。总体上来说，印尼军队正在沿着政府所希望的改革路线前进，但改革的进程并不是一帆风顺的。瓦希德时期是军队改革最为迅速的阶段。之后，改革速度相对放缓，同时延续了瓦希德时期制定的相关政策措施。

1. 军队职能的转变

军队的改革是伴随着当时的印尼武装部队总司令维兰托签署发布《印尼国民军政治社会作用新范式》(Paradigma Baru TNI) 开始的。1999年10月5日维兰托签署了由印尼国民军司令部发布的《印尼国民军政治社会作用新范式》，从名字中就可以看出，此时的印尼国民军还在执行“双重职能”。“新范式”主要由以下四条组成：第一，印尼国民军的位置不需要一直处于最前方；第二，将“控制”的概念转变为“影响”；第三，将直接影响的方式转变为间接影响；第四，与国家的其他团体进行政治社会职能的共享。“新范式”的制定是军队根据形势发展所做出的积极调整。

但到2000年4月20日《印尼国民军政治社会作用新范式》即宣告失效，在印尼国民军领导人会议上，时任印尼国民军总司令维多多海军上将宣布印尼国民军将专注于国防的基本任务上，不再担负政治社会作用，这就意味着国民军“双重职能”的结束。随后印尼国民军于2001年10月5日发布《印尼国民军作用新范式》，由五条组成：第一，印尼国民军执行任务的目的永远是为了国家的繁荣稳定，在民主转型时期是为了提高国家各职能部门的执行能力；第二，国民军应在国家的要求下发挥作用；第三，与国家的其他机构协调配合；第四，国民军是国家系统的一部分；第五，遵循宪法并执行相关规定。

另外在法律层面上也对军队的职能进行了明确。根据2002年通过的《国防法》，国家国防政策由国防部和政府制定，并在总统颁布命令后由国民军执行，确定了国防部和政府的领导职能。在2004年通过的《国民军法》中，进一步确定了国民军的职能，即军队作为国家的军事力量，任务是维护国家主权，保卫国家领土完整，在总统和国防部的领导下执行任务，并为国家的稳定、繁荣贡献自己的力量。同时，印尼国民军不能参与任何形式的政治活动。

2. 军队体制改革

1964年印尼警察部队与印尼国民军合并，由武装部队司令部领导，称为“印尼共和国武装部队”（ABRI）。在“新秩序”时期，由于警察和军队处于一个司令部的领导下，而军队又在“武装部队”中占有绝对的统治地位，军队插手国内治安，使警察部队到处受到压制，作用受到了很大限制。根据人协2000年第六号决议，印尼国民军正式同警察部队分离。接着人协2000年第七号决议中又确定了国民军和警察部队各自的职责：军队和警察部队是国家的两个职能部门，有各自的职能和作用，警察的职责是维护国内治安，而军队的职责是保卫国家的领土完整，抵御外敌入侵。印尼国民军同警察部队分离是印尼军队改革的重要步骤之一，为今后的改革奠定了基础。

在印尼国民军同警察部队分离之后，印尼军队体制的改革主要围绕着去政治化和职业化的要求进行，新秩序时期遗留下来的一些军队在政府中设立的部门先后撤销。国家稳定援助协调机构（Bakorstanas）以及特别研究机构（Litus）在新秩序时期被用来压制和排除与政府有不同政见的政治团体。国家稳定援助协调机构在建立之初是为了与国家其他部门和机构协调消除任何对国家稳定造成的威胁。在后来被苏哈托用来消除不同政见。特别研究机构的成立是为了监视并清除印尼共成员，以及一些印尼政府认定的非法组织成员，并以同情共产主义分子的罪名来控告一些政治活动家。这两个部门的存在限制了政治自由。瓦希德在任时决定撤销这两个部门，以鼓励更广泛的政治参与，树立政治民主在印尼转型时期的重要地位。

在转型时期的军队改革中海空军开始逐步受到重视，地位逐步提高。在军事上，加大对海空军的投入，更新武器装备，提高海空军的作战能力。在军队领导人任命上，印尼国民军总司令开始由海空军将军担任。瓦希德上任后，任命海军上将维多多担任国民军总司令，结束了印尼陆军一直以来对国民军总司令的垄断，苏西洛上任后延续了瓦希德的政策，任命佐科·苏延托空军上将担任国民军总司令。在2004年通过的《国民军法》第13条中在法律层面对国民军司令的担任条件做了规定，国民军司令由各军种曾经或正在担任军种参谋长的高级军官交替担任。

印尼的国防部长一直以来都是由军人担任，瓦希德组阁时任命文官尤沃诺·苏达尔索诺担任国防部长，首次由非军人担任国防部长，这样就在体制上确定了军队在文官的管理之下，具有非常重要的意义。在之后的梅加瓦蒂和苏西洛内阁，先后由非军人马福德、马道里·阿卜杜尔和尤沃诺·苏达尔索诺[①]担任国防部长。

在新秩序时期，现役军人大规模担任内阁部长、省长、市长等政府部门的职务。军队脱离政治社会职能，一项重要的要求就是军人不允许再担任文官的职务。在政府机构各部门担任职务的军人如果选择继续留任，那么就必须脱下军装，如果要继续在军队工作，那么就必须放弃所担任的文官职务。

军队体制改革中还有一个重要的步骤就是撤销军队在人协（MPR）和国会（DPR）中的席位。在“新秩序”时期，军队不需要通过选举就拥有固定的国会席位。在90年代中期，军队还在国会中占有100个席位。在苏哈托下台后，军队的席位由75个减至38个。瓦希德在任时于2001年发布总统令，宣布将于2009年撤销军队在人协和国会中的席位。到了梅加瓦蒂政府，在2002年人协年会上决定解除瓦希德的总统令，提前撤销军队在人协和国会中的席位，军队的特权在2004年大选后就宣告结束，在国家的立法机构中军人不再占有席位。

3. 国家立法改革

印尼2002年初通过2002年第3号法案，称作《国防法》。《国防法》由九章构成，分别规定了国防体制，国防建设细则，国防建设的本质、目的、作用，国防系统的管理、监督机制，国防能力的加强，国防建设资金等等。在《国防法》中还明确了国家的国防政策，规定了国防部的职能以及国防部长的权力和责任。在该法中还规定了印尼国民军应处在国防部的管理之下。

关于国家安全政策的制定，《国防法》第15条至第17条做了明确的规定，即总统在国防委员会的帮助下制定相关的国家国防安全

① 尤沃诺·苏达尔索诺于瓦希德内阁时期担任国防部长后，在苏西洛内阁中再次被任命为国防部长。

政策。国防委员会由总统领导，由常任委员和非常任委员构成。常任委员由副总统、国防部长、外交部长、内政部长以及国民军司令担任，非常任委员根据需要由政府或非政府人员担任。国防部长协助总统制定基本的国防政策。

《国防法》是梅加瓦蒂当政时期一个重要的立法改革措施之一，是瓦希德政府军队改革政策的延续以及在法律上的确立。通过《国防法》的颁布实施，在法律层面明确了印尼的国防体制。

2004年10月16日正式通过了关于印尼国民军的2004年第34号法案（称作《国民军法》）。该法由九章构成，分别规定了印尼国民军的性质、地位、作用、功能、任务、机构、运行机制、军队力量的使用、士兵、经费、机构间协调等内容。

关于军队力量的使用，在《国民军法》的第17条中规定，动用国民军力量的权力握在总统手中，同时总统要经过国会的同意。在紧急情况下，总统可以直接动用国民军力量，但是在48小时内要向国会报告，如果国会不同意，总统必须停止对军队的调动。

对军队参与政治经济活动的问题，《国民军法》在法律层面做出了明确的规定。按照《国民军法》第2条d款的规定，职业化的印尼国民军应训练有素，装备精良，不参与政治，不进行经济活动，遵循根据民主、文官治国、人权、国家法律规定、国际法规定等原则制定的国家政策。《国民军法》的通过为处在改革中的印尼军队指明了方向，对处于改革中的印尼军队具有里程碑的意义。

除了上述两部法律以外，还有几部有关军队的法律草案受到了社会的广泛关注。《国家安全法草案》（RUU Kamnas）是作为印尼国民军同警察部队分离后的后续法律规定，用来协调国民军和警察部队机构间的职能关系，确定国民军负责国防，而由警察部队负责国内安全，以防止出现机构职能的重叠。该草案的前身是2004年末国防部设想的《国防安全法草案》(Perundang-undangan Hankamneg),2005年没有通过。在2008年再次提交到国防学会(Lemhannas)研究并在下一步由国会进行审批。

关于军事审判立法的问题在最近几年引起了社会越来越多的关注，特别是不断发生军队人员与地方人员间的冲突，印尼民众强烈要求对关于军事审判的1997年第31号法案(称作《军事审判法》)进行修改。根据该法案，所有武装部队人员犯罪将由军事法庭审判。如果武装部队人员同地方人员共同犯罪，则根据1999年第32号法案中的要求举行联合特别法庭审判，在军事法庭还是在民事法庭举行由最高法院判定。在该《军事审判法》中的第9条还规定非军队人员在经过司法部长的同意后国民军司令可以指令其在军事法庭审判，在第123条和第126条甚至规定可以让犯罪的军人免于审判。根据已通过的《国防法》和《国民军法》，该法的规定已不再适用。特别在人协2000年第7号法令中明确规定，军人犯罪如果违犯军事法律由军事法庭审判，如果违犯民事法律则由民事法庭审判。在近几年经常发生军人违犯民事法律由军事法庭审判后往往轻判甚至不判，引起了社会的强烈不满。对于《军事审判法》的修正案已经讨论了多年，由于其中涉及多方利益，还没有通过，但是可以肯定的是，旧的法律已经过时，必须要进行修改。另外，对于军队人员违反人权、战争法等问题在1997年的法律中并没有提及，如果修正案得到通过，那么这也将作为很重要的一部分内容列入其中。

4. 军队参与经济活动的改革

印尼独立后，印尼国民军接管了荷兰殖民者遗留下来的大部分企业，军队直接参与到经济活动中。在新秩序时期，军队成为国家的主导力量，在国家各部门几乎都有军队人员，这就给军队参与经济活动打开了方便之门。除了给国民军带来经济利益这个根本原因以外，印尼国民军参加经济活动还有一个重要的原因是国家军费预算不能满足军队的需要。

印尼国民军的上下各级机构通过各种途径进行经济活动，总结起来大致有以下几种方式：一是军队官方的经济活动，即印尼国民军以部门的形式参与的经济活动，包括基金会、实业、制造业等；二是非军队官方的经济活动，即印尼国民军个人参与的经济活动，比如开办企业等；三是非法经济活动，即通过利用印尼国民军的特殊地位，进行走私、非法砍伐、赌博等非法的经济活动。

印尼国民军参与经济的改革是军队改革的一项重要内容。印尼政府坚决反对军队参与经济活动。在2004年通过的《国民军法》中明确规定了在五年内（到2009年）军队的经济部门必须由政府接管。在苏西洛上任后，对军队经济活动的改革继续进行，苏西洛制定了很多政策来规范印尼军队的经济部门，最终要将军队的所有经济部门置于政府管理之下，即由国防部或财政部管理。根据2008年第7号总统令，成立一个由文官担任领导的接管军队经济活动的国家特派组来执行国家的相关政策，对军队所参与的经济活动进行整治。

5. 军队现代化改革

印尼国民军认为在当今爆发大规模战争的可能性越来越小的情况下，战争的主要形式将是局部战争，军队的武器装备将起到至关重要的作用，特别是远程打击力量。印尼国民军现在发展的重点是海空军力量，预算中的大部分资金都用到了提高海空军的装备水平上，通过向外国购买先进武器、发展本国国防工业、更新升级现有武器装备等措施提升国民军的战斗力。同时，由于反恐等现实需要，印尼还大力发展各军种的特种作战力量，增加特种作战部队人员数量，为特种部队装备各式先进武器。

（二）改革面临的挑战

1. 军队对政治的影响力还很大

苏哈托下台后，印尼政府相继制定了很多军队改革政策，但并不是所有的政策都得到根本的落实，“纸上是一套，实际又是一套”的情况还存在，军队政策执行力不足的问题还困扰着军队的改革。虽然通过立法和行政措施，印尼军队已经在机构上脱离了与政治的联系，但是军队对政治的影响力依然存在。军队对印尼各级政府的影响还依然存在，军队的态度对国家法律规定的制定也有着间接的影响。进一步消除国民军的政治影响力对国民军的去政治化改革有着很重要的意义。

2. 财政投入有限

虽然印尼政府对军队的财政投入在不断增加，但是军费本来就只能满足军队日常开支的三分之一，而且印尼在最近几年不断购买新武器，其中大部分是靠向外国贷款或者延期付款进行的，还有一部分要在军费开支中扣除，这样一来就更不能满足部队的需要。印尼在最近几年加大了军队装备的采购力度，但由于财力所限，很多落后的装备得不到更新。

一直以来印尼军队通过经济活动获得大量经济利益，虽然政府决心整治军队参与经济活动，但是情况还很不乐观。首先，国家给军队拨的军费只够军队支出的三分之一，远远不能满足军队的需要。其次，一些印尼军队的经济机构是由退役军官经营，对这些机构的治理面临很大的困难。最后，军队通过经济活动大量谋取经济利益，特别是有很多个人从中谋取利益，很难让这些既得利益者放弃。由于国防预算不能满足军队日常的需要，军队一直以来靠进行经济活动来弥补，政府明确要求军队放弃进行经济活动，但是另一方面又不能弥补军队开支的缺口，这也对改革造成阻碍。虽然在

《国民军法》中明确规定了在五年内（到2009年）军队的经济部门必须由政府接管，但是根据现在的情况来看，这是不可能完成的任务。

3. 文官自身实力不足

在最近几次的大选中可以看到，各个政党都积极拉拢军人来增强自己的实力，需要一两个有军人背景的社会知名人士来扩大政党的影响力，从根本上来说还是因为印尼的非军人政治家势力还比较弱，并没有强过军人。2004年印尼大选就是一个鲜明的例子，苏哈托时期的武装部队司令维兰托、在瓦希德和梅加瓦蒂政府担任部长的苏西洛等退役军人接连参加大选，并最终由苏西洛获得了大选的胜利。印尼政治不能完完全全脱离军人的作用还体现在内阁任命上，在瓦希德、梅加瓦蒂和苏西洛这几届政府内阁中都有退役和现役将军担任部长。在瓦希德的内阁中有四名现役将军，一名退役将军，在梅加瓦蒂内阁中有三名退役将军，而在现任总统苏西洛上任后的第一届内阁中有五名退役将军。

印尼军队的“去政治化、职业化”的改革进程，从根本上来说就是建立文官对军队的强大领导，现在这种主导作用还没有体现出来，文官还需要时间来增强自己的实力，这样军队才能从根本上远离政治。

第二节　国防体制与军事制度

一、国防体制

印尼实行多层次的“全面国防体系”，即针对不同程度和种类的安全威胁，动用相应层次的人力物力资源，分为军事性防御和非军事防御两大类。印尼国防体系包括主体力量、预备力量和支援力量三个层次。国防主体力量是印尼国民军陆、海、空三军；预备力量是指准备妥当且一经动员即可加入印尼国民军的预备役部队及相应的各类资源和设施，预备役部队的成员主要从满足条件的公务员、职员和工人中招募，印尼国民军退役士兵经征召必须加入；支援力量指可以用来提升印尼国民军和预备役部队实力的一切人力物力资源和设施，如准军事组织、各类专业技术人员、战略工业等。印尼的准军事组织包括：警察部队、地方协警、民防组织、保安、大学生军团以及各种青年组织和自卫团体。

印尼国民军是国防体系的核心，承担军事性防御的职责，主要开展各种战争军事行动和非战争军事行动。宪法规定，总统掌握陆军、海军、空军的最高权力，总统通过国防部和国民军司令部对印尼国民军实施领导和指挥。国防部是由国防部长领导的有关国防事务的执行机构，设国防部长一名，向总统负责。印尼国民军司令部是印尼国民军的军事领导机关，设国民军司令一名，主要负责作战指挥，同时代表军队参与国家的各项建设任务。

宪法赋予了国防部特殊的法律地位。总统不能解散国防部，当正副总统均不能履行职责时，国防部长与外交部长、内政部长一道可以代行总统权力。国防部具体职责有：协助总统制定和实施国防领域的各种政策；编制和执行国防预算；制定符合基本国防政策的技术性和操作性条令；开发和利用国家资源以满足国防需要；研究和发展国防以履行本部职责；培训国民力量以履行本部职责；搜集国防情报；监督和领导履行本部责任；与有关机构进行协调和合作；发布国防白皮书等。现任国防部长是普尔诺莫·尤斯吉安托罗（Purnomo Yusgiantoro，2009— ），副部长是沙夫里·沙姆苏丁（Sjafrie Sjamsoeddin，2010— ）。国防部下设机构有：总秘书处、5个专业参谋、总监处、国防战略总司、国防计划总司、国防潜力总司、国防力量总司、国防设施局、研究发展局、教育训练局、数据信息中心、财务中心、公共传播中心、伤残康复中心等。

印尼国民军司令部设在雅加达东区的芝郎卡（Cilangkap），2010年9月28日，海军上将阿古斯·苏哈托诺（Laksamana TNI Agus Suhartono）担任印尼国民军司令。印尼国民军司令直接指挥各主要作战司令部，包括陆军战略司令部、陆军特种部队司令部、陆军各军区司令部、海军各舰队司令部、军事海运司令部、防空司令部、空军各作战司令部等。印尼国民军司令由总参谋长（中将衔）和国民军总监（中将衔）协助日常工作，现任总参谋长为空军中将达尔亚莫（Daryatmo，2012— ），国民军总监为吉尔汗·兰达拉（Geerhan Lantara，2012— ）中将。此外，印尼国民军司令还配有总体计划、情报、作战、人事、后勤、国土防御及通信和电子七位司令助理（少将衔），专业参谋协调长（少将衔），宪兵特种高级参谋（准将衔）。

印尼国民军司令部下设的执行机构有：国民军参谋指挥学院、国民军教育训练司令部、国民军军事学院、战略情报局、军需局、精神指导局、法制建设局、新闻中心、卫生中心、财务中心、军史中心、信息和数据处理中心、维和任务中心、战略研究中心、领导能力发展中心、总统警卫部队、救灾快速反应部队、快速打击部队、卫戍部队等。印尼国民军司令部的服务机构有：总秘书处、作战控制中心、通信和电子分队以及司令部直属分队。

二、军事制度

（一）兵役制度

根据印度尼西亚共和国宪法规定："国家的每个公民都有权利和义务参与保卫国家的事业。"印尼的兵役制度，实行义务兵和志愿兵相结合的兵役制。义务兵服役2年；义务兵服役期满后转为预备役，或于申请订立合同后转为志愿兵。陆军服役3年，海、空军服役6年。军官的最高服役军龄为58岁，最低退休年龄为48岁。

（二）军官制度

1. 印尼现役军官的种类

印尼军官分为现役军官和候补军官两种。现役军官包括：(1)指挥和参谋军官；(2)政治军官；(3)军需和财政军官；(4)专业技术军官；(5)军医军官；(6)军法军官；(7)行政军官；(8)军事院校军官。

2. 印尼现役军官的来源

(1)军事院校毕业生；(2)地方驻军和作战部队中的军士；(3)军内从事专业技术的军人；(4)候补军官。

（三）军衔制度

在1973年之前，印尼的军衔并不统一。警察部队仍然使用荷兰时期的警衔，陆军军衔的等级比其他军种多。根据1973年政府有关印尼武装部队军衔的第24号条例，各军种的军衔才统一，并一直沿用至今。2000年7月警察部队从印尼武装部队独立出去，不再使用陆军军衔。

印尼陆、海、空现行编制职务与军衔的对应关系大体上是：少尉、中尉为排长；中尉、上尉为连长；少校为营长；中校为团长；上校为团长、旅长；准将为旅长；少将为师长、军区司令及各军种参谋长助理；中将为各军种副参谋长；上将为各军种参谋长及以上高级军官。印尼国民军现行的军衔级别如下：

表9-1 印尼国民军现行军衔级别表

军官			士官		士兵	
高级军官	中级军官	初级军官	高级士官	初级士官	高级士兵	初级士兵
上将 中将 少将 准将	上校 中校 少校	上尉 中尉 少尉	一级准尉 二级准尉	军士长 上士 一级中士 二级中士	下士长 一级下士 二级下士	上等兵 一等兵 二等兵

（注：海军陆战队军衔级别名称随陆军，军衔标志随海军）

军衔的佩戴分为三种：日常（常服军衔）、作训（野战军衔）、礼仪（礼服军衔）。其中常服军衔又分陆、海、空军军衔；而礼服军衔和野战军衔则不分。

印尼的军衔还分指挥军衔和参谋军衔。常服军衔、礼服军衔和军士长（含）以下的野战军衔中，镶有红边的为指挥军衔，不镶红边的为参谋军衔。军士长以上的野战军衔中，军衔中央镶有红杠的为指挥军衔，不镶杠的为参谋军衔。陆海空军总司令的各类军衔均为指挥军衔式样。士兵军衔（包括伍长、一等兵、二等兵）无指挥参谋之分。礼服军衔和野战军衔中，下士长以下（含）军衔以颜色区分陆、海军，陆军为红拐（杠），海军为蓝拐（杠）。

三、军费开支

20世纪80年代初，印尼的国防开支平均每年占国家财政支出的3.7%（1979/1980）。进入90年代后，国防预算逐年上升。1990年至1997年，印尼的军费一直处于上升状态，每年军费开支增长率保持在10%以上。1996年印尼的军费开支排名在全球前11名之内。1997年印尼的军费开支增加到了33亿美元。1997年东南亚金融危机爆发，印尼经济遭受重创，军费开支有所减少，国防预算一直处于较低水平。苏西洛上台后军费有一定幅度的增长，2005年度约为25亿美元，2008年度约为47.4亿美元。2012年，国防部将获得72亿美元（约64.4万亿印尼盾）的国防预算，该预算额比2011年相比增加36%。增加的军费将主要用于武器装备的现代化改造和提高军队福利。

军费开支由国防部提出申请，在国会批准后从国家财政预算中支出。需要指出的是，印尼国民军的实际支出要高于国家财政所拨的财政支出，各个军队部门都有自己的资金来源，包括合法和非法的收入。但随着军队的职业化建设和改革，印尼国民军收入的来源逐年减少，这也是军费开支增幅较大的原因之一。尽管2012年印尼国防预算增幅超过三分之一，但还是低于国防部长和军队高级官员的预期。2011年6月份印尼国防部提交的预算申请中，要求将国防预算增长52%，增至72.5万亿印尼盾，以更新一些老化的武器装备。据印尼2008年《国防白皮书》的说明，印尼军队的现役武器装备平均寿命为25～40年，只有30%～35%的武器装备的操作状况是令人满意的。造成这些武器装备状况不佳的原因正是多年来印尼军费开支的不足。

第三节　当前军情概述

印尼军队曾长期拥有国防安全和社会政治双重职能，现在主要担负国防安全任务，同时保卫和实践1945年宪法和建国五基，积极参加国家建设，支援政府解决国内问题，积极支持人道主义行动，维护民族团结和统一，积极参加联合国维和行动。近些年来，印尼政府加大对军队的投入，通过列装各式先进武器装备、维修升级已有武器装备等措施提高军队战斗力，军队建设的重点是海空军。

印尼陆、海、空三军分别设军种参谋长负责部队日常管理和训练。截至2009年，印尼国民军现役总兵力432 129人，其中陆军约33万人，海军约7万人，空军约3万人。

一、陆军现状

印尼陆军是印尼武装部队中成立最早、规模最大、最有权势的军种。印尼陆军的任务是保卫印尼共和国的主权和统一，长期担负着维护国内安全和抵御外敌入侵的任务。国家警察部队于2001年1月完全从军队编制中分离出去后，陆军开始重新确定自己的任务。

（一）指挥体系

陆军现有约33万人（2009年数据），设陆军司令部，由陆军参谋长对陆军实施管理和训练。陆军部队根据区域防御的结构，编成战略司令部、特种部队司令部、教育训练司令部和13个军区司令部。其中陆军战略司令部和特种部队司令部为中央部队，他们是印尼陆军训练有素的精锐部队。

印尼陆军司令部位于雅加达中区的退伍军人大街。现任陆军参谋长为普拉莫诺·艾迪·维博沃（Pramono Edhie Wibowo）上将，副参谋长为布迪曼（Budiman）中将。陆军参谋长配有陆军总监（少将衔），安全、作战、人事、后勤、国土防御、计划与预算6位参谋长助理（少将衔），专业参谋协调长（少将衔）和若干专业参谋。

陆军司令部下设执行机构有：宪兵中心、国土防御中心、陆航中心、情报中心、工兵局、新闻局、通信局、装备局、军需运输局、卫生局、行政事务局、测绘局、司法局、财务局、体能局、精神指导局、心理局、研究发展局、军史局、信息和数据处理局。司令部服务机构有：总秘书处、教育训练中心、司令部直属分队。陆军所属主要院校有：军事学院、陆军参谋指挥学院、陆军预备军官学院。

（二）军事力量

步兵师是印尼陆军的基本战术单位，每个步兵师编制为：师部，2个步兵旅（每旅编有3个步兵营），1个空降旅，1个炮兵团，1个防空导弹营，4个独立营（坦克营、工兵营、汽车运输营和医疗卫生营）和4个独立连（侦察连、通信连、宪兵连和补给连）。总兵力约1.5万人。

陆军使用的轻武器主要有：印尼制P1/P2手枪、PM2冲锋枪、SS系列突击步枪、SPR-1/3狙击步枪、SPR-2反器材狙击步枪、系列SM3轻机枪、SM2通用机枪、SMB-QCB重机枪、SPG系列榴弹发射器，另外也部分装备德制西格绍尔手枪、德制MP5系列冲锋枪、美制M16突击步枪、美制M79榴弹发射器、俄制AT-13反坦克导弹、前南斯拉夫制M80火箭筒。

坦克及装甲车有：法制AMX-13轻型坦克325辆、英制FV101“蝎”式轻型坦克100辆、法制AMX-VTT装甲运兵车200辆、韩制K21装甲运兵车22辆、美制V-150“突击队员”装甲运兵车200辆、法制VAB装甲运兵车46辆、英制Alvis Stormer装甲运兵车约70辆、印尼国产APS-3“倭水牛”装甲运兵车226辆和APR-1V（APS-3早期型号）装甲运兵车40辆、英制FV601“萨拉丁”装甲车69辆、英制“白鼬式”装甲车55辆、美制卡迪拉克·盖奇康曼装甲车26辆、苏制BTR-40装甲车约100辆。另外，2012年陆军已向德国订购一大批坦克，其中加装“革命”套件的“豹”式主战坦克61辆、“豹-2A4”主战坦克42辆、“黄鼠狼-1A3”中心坦克70辆。

火炮和防空系统有：巴西制Astros II MLRS 300毫米多管火箭炮42门、印尼国产NDL-400 77毫米多管火箭炮50门、瑞典制Bofors 40毫米防空炮若干、南斯拉夫制M48 76毫米山炮144门、俄制AZP S-60 57毫米防空炮256门、美制M101（含韩国仿制型号）105毫米牵引式榴弹炮54门、波兰制“眼镜蛇”防空导弹70座、英制“长剑”防空导弹120座、瑞典制RBS-70防空导弹45座、法制AMX MK61 105毫米自行榴弹炮57门、法制CAESAR 155毫米卡车车载榴弹炮36门。

（三）主要编制序列

1. 陆军战略司令部

陆军战略司令部的兵力约3.5万到4万人，下辖第一步兵师、第二步兵师以及第三空降旅。其中第一步兵师下辖第十三步兵旅、第十七空降旅以及第二野战炮兵团；第二步兵师下辖第六步兵旅、第九步兵旅、第十八空降旅以及一个野战炮兵团；第三空降旅位于乌戎潘当。除了上述三支部队，陆军战略司令部还下辖一些支援作战单位。

2. 特种部队司令部

特种部队总部位于东爪哇省齐尖东，因佩戴红色贝雷帽而又称作红色贝雷帽部队，总兵力6 000多人。虽然特种部队的成员一般都是从步兵中选拔，但是编制组成与普通步兵编制不同，成员的数量根据需要而定。特种部队的编制单位称作“大队”，有别于普通的步兵旅。陆军特种部队由5个特种作战大队组成。其中第一特种作战大队（Para Komando）位于万丹省西冷，负责作战任务；第二特种作战大队（Para Komando）位于中爪哇省卡尔达苏拉，负责作战任务；特种部队教育训练中心位于西爪哇省巴杜查查，负责教育、训练特种部队成员；第三特种作战大队（Sandhi Yudha）位于东爪哇省齐尖东，负责情报作战和秘密行动；81特遣队（Satuan 81）位于东爪哇省齐尖东，负责反恐行动。

3. 训练司令部

编有司令部、司令部连、9个兵种训练中心、1个侦察与反侦察中心和11个后勤支援中心。其主要任务是培训士兵和士官掌握相应的专业知识和技能。

4. 后勤支援司令部

编有司令部、司令部连、五个部（军事建设部、物资技术部、食品被服保障部、军事运输部和科研部）、一个工程建设团和两个军需营。

5. 理论、训练、教育指导司令部

位于万隆，由印尼陆军参谋长直接领导，下设战斗训练中心，教育分中心以及战斗模拟中心等机构。任务是对军队进行研究和发展，指导发展陆军的陆地作战理论、教育系统、训练体系，组织军校教育以外的教育工作。

6. 陆军司令部中央直属部队

包括独立陆航大队和独立宪兵营。独立陆航大队编有大队部、队部连、一个陆航中队和两个直升机中队（1个武装直升机中队和1个通用直升机中队），担负战场联络和有限的运输任务。陆军航空兵标志，机徽为红白五边形。五边形外沿为红色，中间白色区域添加一黄色五角星。

7. 军区

陆军分为13个军区，军区司令一般为少将军衔，参谋长为准将军衔，军分区司令为上校军衔。各军区都有自己的作战部队。军分区一级配有的作战部队为1个或几个军区营。印尼陆军军区共有60个独立步兵营、10个独立装甲营、8个独立炮兵营、9个高炮营、8个机械化营、8个坦克营。

军区机动步兵营的编制与步兵师的步兵营和机动步兵营相同。军区机动步兵营编有营部、营部连、四个机动步兵连（每连编有三个机步排）。全营兵力约700人，配有装甲运输车。

军区独立高炮团编有团部、团部连、两个57毫米高炮营和1个40毫米高炮营。每营又编有1个指挥连和4个高炮连。每个高炮营编有450人，全团共编有1 500人。

表9-2　印尼陆军军区表

序列/番号	所辖军分区	司令部驻地
第一军区/布吉巴里山	辖五个军分区，防区包括北苏门答腊、西苏门答腊、廖内、廖内群岛四省。	棉兰
第二军区/斯里维查亚	辖四个军分区，防区包括明古鲁、占碑、南苏门答腊、邦加—勿里洞群岛、楠榜五省。	巨港

续表

序列/番号	所辖军分区	司令部驻地
第三军区/西里万吉	辖四个军分区，防区包括西爪哇、万丹两省。	万隆
第四军区/迪波内戈罗	辖四个军分区，防区包括中爪哇省和日惹特区。	三宝垄
第五军区/布拉维查亚	辖四个军分区，防区为东爪哇省。	苏腊巴亚
第六军区/穆拉瓦尔曼	辖四个军分区，防区包括南加里曼丹东、东加里曼丹四省。	马辰
第七军区/威拉布瓦纳	辖四个军分区，防区包括苏拉威西岛上的六省。	望加锡
第九军区/乌达亚纳	辖三个军分区，防区包括巴厘、西努沙登加拉和东努沙登加拉三省。	巴塘
第十二军区/丹戎普拉	辖三个军分区，防区包括中加里曼丹、西加里曼丹。	坤甸
第十六军区/帕提穆拉	战区、防区包括马鲁古和北马鲁古两省。	安汶
第十七军区/特里戈拉	辖四个军分区，防区包括巴布亚和西伊里安查亚两省。	查亚普腊
查亚军区	辖八个军分区，防区包括大雅加达首都特区、勿加泗和当俄兰三个地区。	雅加达
伊斯坎达·穆达军区	战区、防区是亚齐达鲁萨兰特区。	班达亚齐

（四）陆军直属军事院校

1. 陆军参谋指挥学校（Seskoad）

陆军参谋指挥学校位于万隆（Bandung）。根据1989年2月21日陆军参谋长第四号命令，陆军参谋指挥学校是直属陆军司令部的单位，由陆军参谋长直接领导。入学条件十分严格。基本条件是少校以上军官，入学时年龄不得超过44岁，无犯罪记录。其主要任务是：为陆军培训领导干部，进行全面的发展教育，对陆军战略、战术理论发展进行研究，从战略战术上研究陆上防务问题，制订和准备研究陆上安全防务、建设等问题的计划。

学校的教育主要包括：思想、普通军事学、战略战术理论、行政管理、法律和人权、军区事务和管理。主要的教学方式是授课、研讨会、模拟演练、论文和自习，学习时间为10个月，分三个阶段。

2. 军事学院(Akmil)

(陆军)军事学院位于中爪哇省马格朗(Magelang)。学员主要来源于高中毕业生，学制四年，学习费用由国家承担，自然科学的毕业生学习公共课程，社会科学的毕业生学习管理课程。学员分三个阶段，第一阶段进行基础性学习，在第三阶段将学员分到作战专业，工兵技术、武器技术以及通信技术专业，管理专业。学员毕业后分配到各个技术部门以及作战部门。

3. 陆军候补军官学校(Secapa)

陆军候补军官学校于1972年1月8日在万隆成立，学校建立的目的是为了从优秀士兵中选拔培养军官。学员主要来源于陆军编制序列中满足条件的士官(Sersan)，学员毕业后授少尉衔。

二、海军现状

印尼海军的使命是保卫印尼共和国的主权和统一，确保国家的海洋主权不受侵犯，保证国家海洋建设的安全。积极参加区域或世界范围内的维和行动。

印尼海军提出在注重质量和规模双效的基础上，以近海防御为主，取得相关海域、海岛和有争议地区的控制权。海军的远程航海和海上防卫能力提高较快，除数目众多的常规巡逻艇、进攻快艇和登陆艇外，还有导弹快艇。主要作战舰普遍只安装了舰对舰导弹。

印尼将防御重点向海洋倾斜，海军就成为了军队建设的重点。印尼特殊的群岛海洋环境决定了海洋对印尼的重要作用，印尼认为海上威胁是印尼所面临的主要威胁。但是兵力部署分散、机动作战能力较弱、舰艇老化等问题一直严重困扰着印尼海军。印尼最近几年不断加大对海军的投入，海军所占军费的比例年年攀升，是三个军种中所占用军费最多的军种。海军开始列装先进舰船、两栖作战装备、直升机等，印尼海军的实力得到了一定提升。

（一）指挥体系

海军现有约7万人（2009年数据），海军参谋长对海军实施管理和训练。印尼海军司令部下设5个主要司令部：东部舰队司令部、西部舰队司令部、海军陆战队、军事海运司令部、发展和训练司令部。各舰队还拥有蛙人部队和海军航空兵。

印尼海军司令部位于雅加达东区的芝郎卡。现任海军参谋长为苏巴尔诺（Soeparno）海军上将，副参谋长为马尔塞迪约（Marsetio）海军中将。海军参谋长配有海军总监（少将衔），计划和预算、安全、作战、人事、后勤5位参谋长助理（少将衔），专业参谋协调长（少将衔）和若干专业参谋。

海军司令部下设执行机构有：安全局、新闻局、海洋水文局、电子通讯局、司法局、海洋潜力局、人事行政局、教育局、疗养局、卫生局、心理局、物资局、武器装备和电子器材局、物质适应性评估局、基地设施局、采购局、军需局、财务局、研究发展局、信息和数据处理局、宪兵中心、海航中心。司令部服务机构有：总秘书处、教育训练中心、司令部直属分队。海军所属院校有：海军参谋指挥学院、海军学院。

（二）军事力量

由于印尼海军舰船的来源比较复杂，所以类型多样。印尼海军舰船中的二手舰船主要买自前东德、澳大利亚、荷兰、韩国、英国等国家。由于大多数舰船服役时间过长，已不能正常运行。受资金的限制，印尼海军当前的主要目标是维持现有设施，而非采购新的装备。最近几年印尼在本国继续生产小级别巡逻艇外，还积极寻求同其他国家合作来充实其海军力量，比如同俄罗斯、韩国所进行的舰艇制造合作。据俄罗斯媒体报道，2007年6月29日俄罗斯国防出口公司在圣彼得堡的一次海军展览会上发表声明说，印尼同俄罗斯达成协议，俄方将为印尼海军设计和建造印尼的首艘轻型巡洋舰，协议中规定了双方在设计和建造轻型巡洋舰领域展开进一步合作的相关事宜，轻型巡洋舰将仿俄罗斯Project 20382护卫舰建造。这艘轻型巡洋舰舰身将在西班牙建造，而关键的武器系统和电子设备则将在圣彼得堡的一处船厂安装。另外2008年7月据《韩国时报》报道，韩国希望用两艘1 300吨的209型柴—电攻击潜艇与印尼和西班牙联合建造的CN-235运输/巡逻机进行交易。

印尼海军航空兵属海军飞行处管辖，任务是进行作战、搜救和人道主义援助，引导外国船舶通过印尼水域，保护海洋免受有害物质污染，与空军或警察部队合作打击偷渡、盗取海洋资源等犯罪活动。海军航空兵装备有各型飞机80余架，其中50余架固定翼飞机用于运输和巡逻，型号包括CN-235海上巡逻机，NC-212航空汽车以及Nomad；30余架直升机，型号包括贝尔-412，欧直NBO-105，Super Puma（超级美洲豹）以及Colibri。各式陆战车437辆，但是其中大部分服役年限已经超过30年，只有100辆左右是最近十年所产。

印尼海军先后于2004年7月、2006年1月向荷兰订购总计4艘西格玛级护卫舰，前两艘于2007年交付完毕，后两艘于2009年交付完毕。2007年9月6号，印尼向俄罗斯订购了两艘被西方称作“海洋黑洞”的基洛级柴油动力潜艇。截至2010年底，印尼海军有军舰（编号以KRI开头）148艘，另有长度小于36米的海军舰艇（编号以KAL开头）317艘。

表9-3 印尼海军现役舰船表

舰型	舰船级别，数量及舷号
训练艇	训练帆船3艘
驱逐舰	阿哈迈德·亚尼级（Ahmad Yani）6艘，舷号351—356； 德宛达拉级（Ki Hajar Dewantara）1艘，舷号364； 法塔希拉级（Fatahillah）3艘，舷号361—363。
护卫舰	西格玛级（Sigma）4艘，舷号365—368； 帕尔西姆级（Parchim）15艘，舷号371—379，381—386。
潜艇	扎克拉（Cakra）级2艘，舷号401，402。
巡逻艇	克鲁伊特（Clurit）级导弹快艇2艘，舷号641—642； 曼道（Mandau）级导弹快艇4艘，舷号621—624； 卡卡普（Kakap）级巡逻艇4艘，舷号811—814； 安道级（Andau）巡逻艇4艘，舷号650—653； 班德垄（Pandrong）巡逻艇2艘，舷号801，802； 道达克（Taodak）级巡逻艇4艘，舷号803—806； 布瓦（Boa）级快艇9艘，舷号807—810，815—819； 眼镜蛇（Kobra）级快艇4艘，舷号867—869（无KRI Kalagian的舷号）； PC-40级巡逻艇5艘，舷号827，829—832； 尖吻鲈（Sibarau）级巡逻艇9艘，舷号847，848，857—859，861—864； 鲨鱼（Cucut）号巡逻艇，舷号866。
扫雷舰	T43级1艘，舷号701； 棱阿特（Rengat）级2艘，舷号711，712； 科恩道尔（Kondor）级9艘，舷号721—724，726，727，729，826，828；721号和723号还用于测量；

续表

舰型	舰船级别，数量及舷号
两栖登陆	浪萨湾（Teluk Langsa）级坦克运输船7艘，舷号501，503，504，508—511； 塔科马（Tacoma）型6艘，舷号512—517； 弗洛斯奇（Frosch）Ⅰ级108型坦克运输船12艘，舷号531—542； 弗洛斯奇（Frosch）Ⅱ级109型坦克运输船2艘，舷号543，544； 多任务舰5艘，舷号990，590—593；
辅助舰船	指挥舰1艘，舷号561； 豪比（Khobi）级海岸运油船2艘，舷号901，902； 罗贝尔（Rover）级运油船1艘，舷号903； 格隆河（Sungai Gerong）号小型运油船一艘，舷号906； 梭龙（Sorong）号油料补给船1艘，舷号911； 拖船2艘，舷号923，924； 赫克拉（Hecla）级测量船1艘，舷号932； 支援船4艘，舷号952，959，960，961； 客船改装运兵船4艘，舷号971—974； 轮渡改装运兵船4艘，舷号981—983，985

（三）海军编制序列

1. 西部舰队司令部

司令部位于雅加达北部港口丹戎布禄，编有3个舰艇大队（驱逐舰、护卫舰和辅助舰艇大队），下设4个海军主基地，具体情况如下：

第1海军主基地（Lantamal I）位于北苏门答腊省棉兰，下设沙璜、杜迈、西莫鲁、洛克肖马韦和阿沙汉5个海军基地，在沙璜设有一个海军飞行基地，在沙璜和勿老湾设有舰船维护设施。

第2海军主基地（Lantamal II）位于巴东，下设实武牙和明古鲁两个海军基地。

第3海军主基地（Lantamal III）位于雅加达，下设巨港、井里汶、潘姜、万丹、万隆和邦加—勿里洞6个海军基地。在雅加达的波恩达克设有舰船维护设施，并且具备生产12～40米型号巡逻艇的能力。

第4海军主基地（Lantamal IV）位于丹戎槟榔，下设巴淡、坤甸、达仁巴、拉奈、丹戎巴来和新及6个海军基地，在门丁基设有舰船维护设施，并且具有生产12米、28米和35米型巡逻艇的能力。在纳吐纳群岛的马达克和丹戎槟榔设有两个海军飞行基地。

2. 东部舰队司令部

司令部位于东爪哇省泗水，编有3个分舰队（驱逐舰、护卫舰和登陆舰分舰队），4个舰艇大队（潜艇、扫雷、导弹快艇和辅助舰艇大队），海军航空兵3个中队（巡逻、运输和直升机中队）。主要基地有：泗水、比东、安汶、望加锡和查雅普拉。

第5海军主基地（Lantamal V）位于泗水，下设特加尔、芝拉扎、三宝垄、日惹、玛琅、外南梦和博诺阿7个舰船基地。

第6海军主基地（Lantamal VI）位于望加锡，下设肯达里、帕卢、巴厘巴板、哥打巴鲁和马辰5个舰船基地。

第7海军主基地（Lantamal VII）位于东努沙登加拉省古邦，下设马打蓝、马乌迈尔、古邦、图阿尔和阿鲁5个舰船基地，在古邦设有一个海军飞行基地。

第8海军主基地（Lantamal VIII））位于哥打比东，下设打拉根，努努甘、商阿达和道力—道力4个舰船基地，在万鸦老设有一个海军飞行基地。

第9海军主基地（Lantamal IX）位于安汶，下设特尔纳特舰船基地。

第10海军主基地（Lantamal X）位于查亚普拉，下设梭龙、比亚克、迪米卡和马老奇4个舰船基地，在马诺夸里设有舰船维护设施，并且可以生产12米、28米型号的巡逻艇。

第11海军主基地（Lantamal XI）位于马老奇。

3. 军事海运司令部

下辖若干个登陆舰大队、运输船大队和海岸装卸站，司令部驻在北雅加达的丹戎布碌。军事海运司令部的基本任务是提高海军运输系统的能力，并且对印尼国民军和印尼共和国警察部队的人员、武器装备和军需物品在全印尼的水域内进行运送。军事海运司令部负责制订相应的运输计划，并负责建设相关的运输设施。军事海运司令部装备有坦克运输舰、多功能运输舰、普通支援船、支援运兵船等。

4. 海军陆战队

印尼海军陆战队是和印尼东西部舰队平行的单位，司令部设在雅加达中心的克维当路上。海军陆战队分为两支海军陆战部队（Pasmar I和Pasmar II）。每支海军陆战部队下设海军陆战步兵旅、海军陆战战斗支援团、海军陆战炮兵团、海军陆战装甲团。当前海军陆战队编有3个海军陆战步兵旅，下辖9个海军陆战步兵营，其中第一海军陆战步兵旅下辖1、3、5海军陆战步兵营，第二海军陆战步兵旅下辖2、4、6海军陆战步兵营，第三海军陆战步兵旅下辖7、8、9海军陆战步兵营。除了上述部队以外，海军陆战队还下设战斗尖兵小组和两栖侦察营。战斗尖兵小组的成员来源于各海军陆战步兵营，通过严格的挑选产生，训练中心位于西爪哇省苏卡布米。两栖侦察营被称为海军陆战队特种部队，成员是海军陆战队的精英。

5. 蛙人部队司令部

蛙人部队成立于1962年，口号是“没有不能跨越的障碍”。蛙人部队兵力只有300人左右，由两个大队组成，分属于印尼的两大舰队，每个大队由六个特遣队组成，第一特遣队的任务是对敌设施进行破坏，对本方设施实施反破坏；第二特遣队的任务是执行特种任务；第三特遣队的任务是进行搜救行动；第四特遣队的任务是排爆和扫雷；第五特遣队的任务是进行水下爆破；第六特遣队的任务是进行特种船艇作战。

6. 海军特遣队

海军Jala Mengkara特遣队被称为印尼海军特战队，队员选拔自蛙人部队和海军陆战队两栖侦查营，队员需要经过层层选拔和培训。特遣队队员必须接受一门名叫“海事反恐”的课程培训。特遣队下设一个特遣队司令部、一个司令部小组、一个技术小组和三个战斗小组。Jala Mengkara特遣队的主要任务是反恐，特别是海事反恐。

（四）海军直属军事院校

1. 海军参谋指挥学校（Seskoal）

海军参谋指挥学校，成立于1962年11月26日，是印尼海军培训海军中级军官的最高教育机构，直属海军参谋长领导。学校位于雅加达南区，占地27公顷。学校设司令部、财务部、教育局、研究局、建设局。学校的主要任务是：进行全面的发展教育，从战略战术上研究海上防务问题，制订和准备研究海上安全防务、建设等问题的计划。学校的教育主要分成六部分：思想、战略、战术、管理、后勤和公共关系。主要的教学方式是讨论、研讨会、模拟演练、实际演练、论文和自习，学习时间为11个月。

此外，从1995年起开设参谋指挥班，负责为国防部、总司令部、海军司令部及海军陆战队培训参谋指挥人员。参谋指挥班每期6个半月。

普通学员的军衔是少校、中校，年龄最大不得超过42周岁。参谋指挥班的学员的年龄，最低42岁，最高48岁。

2. 海军学院（AAL）

海军学院位于东爪哇泗水，是培养印尼海军初级军官的最高学院。为了建设海军，在海军军官学校和海军陆战队干部学校的基础上，1946年5月12日，苏加诺总统在直葛宣布正式成立海军学校。

现在学院设有5个系：水兵、机务、电子通讯、行政管理、海军陆战队。院训为“知耻，尽忠，仁和”。学制为四年，分为三个阶段。第一阶段5个月，进行基础军事教育；第二阶段三年，主要是理论与专业学习；第三阶段7个月，进行实习。学院的课程采用学分制。

招收学员的标准：印尼籍男性公民，信仰宗教，年龄18到22周岁，高中毕业，身高不低于160厘米，参加入学考试合格，签定至少为期10年的服役合同。

三、空军现状

印尼空军主要担负的职能是利用空中力量，确保领空安全。反击空中入侵，防空，进行战略空袭、搜索与救援、空中支援等行动，做好情报、作战、人员、后勤、行政管理和审计等方面建设，粉碎国外敌人各种形式的威胁，摧毁敌军，保证国家和民族的完整。

（一）指挥体系

印尼空军现有约3万人（2009年数据），空军参谋长对空军实施管理和训练。印尼空军司令部下设6个主要司令部：空军第一作战司令部、空军第二作战司令部、空军训练司令部、空军特种部队、全国防空司令部、空军维修与物资司令部。

印尼空军司令部位于雅加达东区的芝郎卡。现任空军参谋长为伊曼·苏发特（Imam Sufaat）空军上将，副参谋长为德德·鲁萨姆西（Dede Rusamsi）空军中将。空军参谋长配有空军总监（少将衔），计划和预算、安全、作战、人事、后勤5位参谋长助理（少将衔），专业参谋协调长（少将衔）和若干专业参谋。

空军司令部下设执行机构有：安全局、新闻局、电子通讯局、作战局、司法局、航空研究局、人事行政局、教育局、卫生局、宪兵局、装备局、采购局、航拍航测局、财务局、研究发展局、建筑设施局、航空潜力发展局、信息和数据处理局、飞行安全工作局。司令部服务机构有：总秘书处、控制和指挥中心、司令部直属分队。空军所属院校有：空军参谋指挥学院、空军学院。

（二）军事力量

由于印尼空军规模较小，兵力有限，在执行支援陆、海军作战和国土防空作战双重任务中，一般只能遂行战术性空中掩护、截击、侦察及突击陆上、海上目标行动。印尼空军强调集中使用兵力于关键地区和关键作战阶段，主要是担负支援战略预备队的作战。空军主要基地的防护任务由6个特种防护中队（相当于营）担负。

目前印尼空军共拥有各类飞机306架，其中可执行任务的约238架，另外还订购了120多架。

可执行任务教练机有：意瑞联合生产的FFA AS/SA-202 18A Bravo螺旋桨初教机28架、韩制KAI KT-1B螺旋桨初教机11架、美制T-34C螺旋桨初教机14架，英制Hawk 53初教机2架、Hawk 109高教机7架。另订购韩制KAI KT-1B初教机5架。

战斗机有：英制Hawk 209轻型攻击机26架，巴西制EMB-314“超级巨嘴鸟”轻型攻击机4架，美制F-16A多用途战斗机7架、F-16B战斗机3架、F-5E/F战斗机6架，俄制苏-27SKM战斗机3架、苏-30MK战斗机1架、苏-30MK2战斗机6架。另订购韩制T-50金鹰轻型训练/攻击机16架、F-16战斗机24架，苏-30MK战斗机6架，韩印尼联合研制K/IF-X隐形飞机50架。

各类运输机、巡逻机有：美制波音737-2Q8客机1架、波音737-2X9海上巡逻机3架、C-130B大力神运输机8架、KC-130B加油机2架、L-100-30运输机6架，荷制福克 F27-400M运输机6架、福克F28运输机5架，加拿大制DHC-5D运输机3架，西班牙制CASA C-212运输机28架，西班牙印尼联合生产CN-235 110/220M运输机16架。另订购西班牙印尼联合生产的CASA C-295系列飞机3架。

各类直升机有：美制贝尔-412S/HP 8架、贝尔204B 4架、S-58T 8架，法制NSA330J美洲豹11架，欧直EC-120B蜂鸟11架、NAS-332超级美洲豹9架，德印尼合制NBO-105CB 6架、NBO-105CBS 1架。另订购超级美洲豹7架。

（三）空军编制序列

第一作战司令部设在雅加达，第二作战司令部设在望加锡。印尼空军的主要基地有9个，作战基地有34个。另外还有6个营的特种部队（番号为461—466中队），负责守卫空军基地和执行特种作战任务。印尼空军拥有16套防空雷达系统（主要来自泰勒公司和BAE系统公司）。

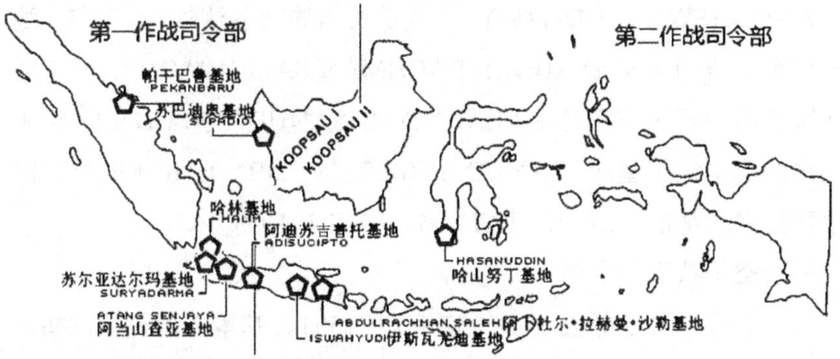

图9-1　印尼空军作战司令部和主要基地

1. 第一作战司令部

第一作战司令部设在雅加达的哈林基地。第一作战司令部的防区主要是印尼西部地区，包括苏门答腊岛、西加里曼丹省、中加里曼丹省部分地区、西爪哇省、万丹省、雅加达和中爪哇省的部分地区。共有19个空军基地，11个飞行中队，其中主要有：位于雅加达的哈林空军基地（LANUD HALIM PERDANAKUSUMA，HLP）、位于茂物的阿当空军基地（LANUD ATANG SENDJAJA，ATS）、位于棉兰的棉兰空军基地（LANUD MEDAN，MDN）、位于帕干巴鲁的帕干巴鲁空军基地（LANUD PEKANBARU，PBR）、位于万隆的侯赛因空军基地（LANUD HUSEIN SASTRANEGARA，HSN）、位于亚齐的苏丹·伊斯坎达空军基地（LANUD SULTAN ISKANDAR MUDA，SIM）等。

2. 第二作战司令部

第二作战司令部设在南苏拉威西省望加锡。第二作战司令部的防区主要是印尼东部地区，包括苏拉威西岛、东加里曼丹省、中加里曼丹省部分地区、南加里曼丹省、东爪哇省、中爪哇省部分地区、巴厘岛、努沙登加拉、马鲁古、巴布亚省。共有20个空军基地，8个飞行中队，其中主要有：位于茉莉芬的伊斯瓦尤迪空军基地（LANUD ISWAHYUDI，IWY）、位于马朗的阿卜杜尔·拉赫曼·沙勒空军基地（LANUD ABDUL RACHMAN SALEH，ABD）、位于望加锡的哈山努丁空军基地（LANUD HASANUDDIN，HDN）、位于泗水的泗水空军基地（LANUD SURABAYA，SBY）、位于安汶的巴蒂穆拉空军基地（LANUD PATTIMURA，PTM）等。

3. 空军教育司令部

空军教育司令部成立于1952年7月15日，基本任务是提供初级教育、专业技能发展以及其他培训教育以提高空军人员的素质，促进空域管理、航空技战术知识、教育理念等教育系统的发展。空军教育司令部下辖3个空军基地、3个分部。

4. 空军装备维护司令部

空军装备维护司令部的前身是1963年8月16日成立的空军后勤

司令部，基本任务是维护和生产空军装备并对武器弹药进行维护和管理。下设第10、20、30、40、50、60、70七个维修站。

5. 空军特种作战部队

空军特种作战部队是拥有陆海空三维作战能力的地面战斗部队，在行动中，特种作战部队的任务和职责更倾向于争夺和保卫空军基地，保障己方飞机的着陆。空军特种作战部队下辖两个特种作战分队，一个教育训练分部，一个反恐特遣队。

6. 防空司令部

下设四个防区司令部，第一防区司令部位于雅加达，第二防区司令部位于望加锡，第三防区司令部位于棉兰，第四防区司令部位于比亚克。

（四）空军学院

印尼空军学院历史悠久，其名称也几经更换。1921年8月1日，在西爪哇苏邦的卡里贾提开设了印尼的第一所航空学校，名称为卡里贾提航空学校。1940年1月1日更名为军事航空学校。入学者必须是荷兰布雷达军事学院的毕业生。毕业于布雷达学院的苏尔亚迪·苏尔亚达尔玛中尉成为该校的侦察飞行员，毕业后留校担任教官。苏尔亚迪·苏尔亚达尔玛被称为印尼空军之父，2001年以其姓名命名位于卡里贾提的空军基地。1939年卡里贾提航空学校同位于万隆安迪尔机场的侦察学校合并。第一批只招收了10名学员，大部分学员日后都成了印尼空军的主要领导。荷兰移交主权后，1950年，学校改名为高级航空学校，学校总共只培养了三届学员。1950年第一届毕业生有21名（其中包括11名民用飞行员），1952年第二届毕业生16名，而第三届则只有毕业生8名。

1945年年底，苏尔亚迪·苏尔亚达尔玛空军准将开始组建空军，在日惹玛古窝机场开办了印尼空军军官初级教育委员会，也就是印尼空军学院的雏形。1965年，空军学院改名为印尼武装部队学院空军学院，学制为4～5年。印尼武装部队学院统一招收志愿兵军官入学学习。院长为少将军衔。1984年，印尼武装部队改为印尼国民军，进行体制改革，印尼武装部队学院也改为各军种学院（空军学院，海军学院，军事学院），学制由4年改为3年。学院位于日惹东边10.3千米处，北临阿迪苏吉普托空军基地，占地69公顷。

空军学院是学院级的志愿兵役制教育机构，其主要任务是培训印尼空军所需的具有专业军事技能、具有发展潜力的专业航空知识和具有适应印尼空军任务体魄的军官。学院的硬件设施有图书馆，用于基础教学的物理、化学和语言等实验室，用于电子技术专业的电子、微波、计算机、电子通讯、数字信号分析等实验室，用于工业管理技术专业的信息与计划体系、工作计划分析等实验室，计算机模拟训练中心和校园网。

根据印尼国民军空军参谋长1999年4月20日第96号命令，空军学院的课程设置包括军事基础课和专业课两部分，专业课部分又分为基础专业课和专业课。基础课包括军人思想品德教育、基础知识等，需修满38个学分。专业课分为空气动力技术、电子技术、工业管理技术三个方向，每个方向需修满82个学分。专业课除了授课外，还包括在实验室、空军部队和相关高校的实习。每个学员的120个学分要在七个学期内完成，每学期教学时间约18周。

空军学院的毕业生要成为空军合格的飞行员和专业技术军官，能胜任空军或印尼国民军的关键性职位，可参加参谋指挥学校的学习，继续在国内和国外的高校攻读各种学位，毕业时授少尉军衔。

第四节 对外军事关系

对外军事关系方面，在加强本国海空军建设、实现“自主防卫”的同时，印尼国民军还讲求内结外联，以寻求区内相互联保及区外大国的支持和保护。在本地区内，印尼利用东盟地区论坛积极展开预防性外交，一方面加强东盟内部各国海空军之间的联系，增强了解和互信、地区安全和稳定；另一方面，又与地区外大国，如美国、中国、日本、俄罗斯、澳大利亚等国保持密切的防务关系，将大国力量与本地区安全紧密联系起来，以求在大国的影响下确保自身安全。“9·11事件”后这一动向更加明显。

印尼国民军认为，中国经济的快速发展使中国在国际社会的影响力一步一步扩大，世界和地区的安全稳定离不开中国。印尼国民军除了关注中国的国防安全动态外，还积极同中国进行军事合作。在2005年中印尼两国确立战略伙伴关系后，双边军事合作进一步深化。中印尼两国军事合作的重点主要集中在国防科技工业、军事人员培训、情报合作等。根据印尼安塔拉社报道，2007至2008年度中国向印尼23名军官提供了21种教育和培训课程，此外还有2名印尼军官参加了在北京举行的以“东盟武装部队国际灾难救援”为主题的研讨会。2007年11月7日，印尼国防部长尤沃诺·苏达尔索诺访问中国，双方进行会谈之后，中国国防部长曹刚川和尤沃诺分别代表两国政府签署了《中印尼防务合作协议》，加强两国在防务方面的合作，全面深化两国军队在各领域的合作以及在国际事务中的协调配合。2008年1月15日，中国国防部长曹刚川对印尼进行了为期五天的访问，在访问过程中双方就防务问题、安全问题、两国军事合作问题等进行了深入的探讨。在与印尼国防部长尤沃诺会谈后，双方表示将在国防设备制造方面加强合作，尤其是在国防运输方面。例如，军用车辆、运输机和舰船的制造。双方的合作项目还包括中方对印尼国家弹药制造厂（PT Pindad）和国有造船厂（PT PAL）等军工企业进行援助。可以预测随着两国关系的发展，两国在防务领域的交流与合作将在今后不断扩大。2011年5月，中央军委副主席郭伯雄访问印尼，会见了印尼国民军司令佐科·桑托索，与印尼国防部长普尔诺莫·尤斯吉安托罗会谈并发表联合新闻公报。公报说中印尼在防务和安全事务上加强对话与合作有利于促进中印尼战略伙伴关系全面发展；双方同意在现有对话与合作的基础上继续积极推进两军务实交流与合作，不断增强在安全领域的战略互信。双方认为加强海上安全合作对两国的发展和双边关系有重要意义。为共同提高打击恐怖主义的能力，中印尼双方于2011年6月在印尼万隆成功进行了首次特种部队联合反恐训练，并于2012年7月在中国济南举行了第二次反恐联合训练。

印尼在最近几年频频与俄罗斯进行军事合作和武器采购。印尼和俄罗斯的合作是基于各自国家利益的。俄罗斯通过向印尼销售武器一方面可以获得一定的经济利益，另一方面可以通过同东南亚大国印尼的军事往来，扩大自己在印尼以至东南亚的影响，加强其亚太战略布局。美国对印尼的武器禁运，使俄罗斯有机会加深同印尼的合作。2003年4月，印尼总统梅加瓦蒂在访问俄罗斯期间代表印尼与俄罗斯签署了一项价值约为1.929亿美元的军购合同。根据合同规定，俄罗斯将向印尼提供2架Su-27SK、2架Su-30MK、2架米-35直升机及以上飞机的配件。2007年9月6日，俄罗斯总统普京对印尼进行国事访问，他是苏联解体后第一位访问印尼的俄罗斯总统。普京此行的重头戏是俄罗斯与印尼签署一项价值10亿美元的军火采购信贷协议，印尼将在15年内以分期付款方式从俄罗斯购买2艘被西方称作“海洋黑洞”的基洛级柴油动力潜艇是、17架米-17

多用途直升机、17架米-35P攻击直升机、20辆BMP-3F两栖坦克。以上只是俄罗斯与印尼武器合作的一小部分，除了两国高层互访达成的协议以外，俄罗斯在最近几年已经向印尼提供了包括先进战机、直升机、舰艇、潜艇、防空系统、导弹、坦克在内的各类先进武器装备，同时俄还向印尼提供武器装备的升级和技术支持。印尼从俄罗斯购买武器的范围不断扩大，俄罗斯与印尼的合作关系正在加深，这从一个方面体现了意欲重振雄风的俄罗斯正在以强者的姿态重返东南亚。另一方面，印尼也通过与俄罗斯的军事合作，提升军队的装备水平，减少对西方国家特别是美国的武器依赖。

澳大利亚的军事实力和装备水平目前要高于印尼，印尼的军事战略中将澳大利亚视作潜在的军事威胁。在最近几年来，两国关系稳定，而且在打击两国之间海域的犯罪活动、打击恐怖主义等方面有着共同的安全利益，两国进行了多方面的军事合作。2008年6月13日澳大利亚总理陆克文在上任后首度正式访问印尼，在与印尼总统苏西洛举行的会谈中，双方承诺将加强两国在政治、经济、文化和社会等方面的全方位合作。在安全问题上达成了多项共识，两国领导人表示将继续拓展防务领域合作，其中包括警方反恐合作、军事人员培训互访和联合演习等。两国在最近几年举行了多次联合军事演习。2008年9月3日澳大利亚皇家空军同印尼军队在印尼巴厘岛举行了代号为“信天翁”的海上搜救演习，该演习一年举办一次，这是两国第九次举办。恐怖主义对两国都造成了很大的威胁，2002年10月12日发生在印尼巴厘岛的爆炸案造成88名澳大利亚人死亡。2004年9月9日位于雅加达市中心的澳大利亚驻印尼使馆门前发生一起重大的自杀式炸弹爆炸事件，造成数百人伤亡。两国在打击恐怖主义方面进行了多方位合作，包括情报共享、人员互训等。2012年7月，苏西洛访问澳大利亚期间，澳大利亚承诺赠送4架二手“大力神”运输机。

在同美国的军事合作方面，印尼认为美国作为当今世界唯一的超级大国，在全球范围内都有着政治、经济和安全方面的利益，美国在东南亚有重要影响。虽然由于东帝汶问题美国对印尼实施武器禁运，但是在“9·11事件”后美国为了支持印尼打击恐怖主义，同时延续在东南亚地区的影响，已经逐步解除武器禁运并恢复对印尼的军事援助。在2005年1月，华盛顿已允许印尼购买C-130大力神中型战术运输机的零部件，并称该飞机有助于海啸救援。2005年2月，美国国务院宣布，允许印尼完全参与国际军事教育和训练项目。美国国会于2005年5月25日通过决议，决定开始向印尼销售非致命性物资和军事装备。奥巴马政府上台后更是在各个领域加强了同印尼的合作，包括军事领域。2011年11月18日，美国总统奥巴马与印尼总统苏西洛在印尼巴厘岛签署了一份联合声明，宣布了此前已计划好的一项事宜——美国向印尼转让24架被列为“过剩国防产品”(Excess Defense Article, EDA)的F-16战斗机，并为这些飞机提供升级改进，另外，将有至少30名印尼飞行员在美国接受F-16飞机飞行员训练。

在与各大国保持军事联系的同时，印尼还积极促进与其他东盟国家的双边军事交流，特别是同周边邻国进行军事合作以应对各种安全威胁。印尼与菲律宾、马来西亚都签有边境合作协定，与马来西亚、新加坡签有军队情报部门交换和分享情报的协议，与马来西亚、泰国、新加坡、菲律宾、文莱都建立了定期的双边军事联合演习协议。此外，印尼国民军还为东盟其他国家培训高级军官。马来西亚、新加坡、印尼2005年9月宣布在马六甲海峡地区开展代号为“空中之眼”的空中联合巡逻，以维护马六甲海峡的安全。马来西亚和印尼在原则上已经达成协议，双方将在两国陆地边界地区使用直升机进行空中联合巡逻，以加强两国陆地边界地区的安全。2007年4月27日，印尼同新加坡签订了双边防务合作协议，两国军队可以互相进入到对方相关训练区域，并建立防务合作委员会，开展两国间防务对话，商议双方相关的安全事务。协议有效期25年，13年后对协议重新进行审核，之后每6年进行一次。另外，印尼积极寻求在东盟框架内的安全合作。2006年5月8号，在马来西亚吉隆坡举行了东盟国家防长会议，在会议中各国表示应加强东盟内部国防和安全的对话和合作，通过对话和合作促进东南亚地区和平与稳定，增进东盟各国之间国防互信，增加透明和公开度，对共同应对的安全威胁达成共识，为未来建立“东南亚安全共同体”而奋斗。印尼频繁同东盟各国特别是周边邻国举行军事演习，其中主要是海上军事演习。印尼希望通过军事演习加强同东盟国家的军事联系，同时可以同东盟国家一起应对共同的安全威胁。

第十章　对外关系

第一节　与中国的关系

一、苏加诺执政时期印尼与中国的关系

1950年4月13日，中国和印尼正式建立外交关系，并先后在雅加达、棉兰、马辰和望加锡开设使领馆。正当两国关系向前发展的时候，朝鲜战争爆发了，新中国面临生死存亡的严峻考验。当时的印尼政府对战争持观望态度并采取消极的对华政策，曾拒绝中国驻印尼的首任大使王任叔入境。中国大使到任半年后，印尼政府才于1951年1月委派临时代办伊沙·马迪前来中国。朝鲜战争结束后，印尼政府于1953年10月正式任命莫诺努杜为首任驻华大使，两国外交关系开始正常起来。

1955年4月，中国总理周恩来应邀出席了在印尼万隆举行的亚非国家会议。周恩来总理在大会上发表“求同存异”的重要讲话，成功化解了会议破裂的危机，深得印尼政府的感谢。亚非会议之后，周恩来总理代表中国政府对印尼进行友好访问，受到印尼政府和人民的热烈欢迎与隆重接待。访问期间，两国政府签订了《关于双重国籍问题的条约》。亚非会议是中印尼关系的一个重要转折点。双方经过充分了解之后，友好关系有了空前的飞跃，领导人互访不断。亚非会议闭幕一个多月，印尼总理阿里·沙斯特罗阿米佐约应邀到中国进行正式友好访问，成为第一个到中国访问的印尼政府首脑。1956年7月，中国人大常务委员会副委员长宋庆龄访问印尼，受到苏加诺总统格外隆重的欢迎。8月，印尼国会议长沙多诺对中国进行回访。

1956年9月30日至10月4日，苏加诺总统作为印尼国家元首对中国进行友好访问，揭开了两国关系的新篇章。苏加诺总统受到毛泽东主席、朱德副主席、刘少奇委员长、周恩来总理等中国国家领导人热情隆重的欢迎。苏加诺总统访华期间，先后访问了北京、鞍山、上海、南京和广州等地。在这些地方举行的群众大会上，苏加诺总统发表了热情洋溢的讲话，赞扬中国和印尼的友谊。苏加诺总统还专程赴南京，拜谒中山陵。1957年9月，印尼副总统哈达到中国访问。虽然当时他已辞去副总统职务，但他仍受到中国政府高规格的接待。

随着外交活动的开展，两国经贸、文化、宗教和军事各方面的交流也渐渐频繁。正当中印尼友好关系顺利发展的同时，印尼为了在经济上摆脱外国垄断资本的控制，保护民族资本，实施了“印度尼西亚化”、“民族化”的经济政策。这一政策包括排挤华侨在内的外侨经济。1959年苏加诺签署《总统十号法令》，禁止华侨在乡镇地区做买卖。在执行法令的过程中，出现了大规模的排华反华运动，两国关系出现乌云。但是众多的华侨商贩是印尼商品流通，特别是流入到乡镇地区的重要环节，印尼政府的做法反而导致国内经济停滞，商品奇缺。加之中国政府通过外交途径据理力争，印尼政府在华侨问题上态度有所转变。

20世纪60年代，中国和印尼在世界反帝反霸斗争中，相互支持，密切联系，一度被西方世界称为“雅加达—北京轴心（Poros Jakarta-Peking）”。1961年3月28日至4月2日，中国副总理兼外长陈毅应邀访问印尼，两国签订了友好条约和文化协定。《中印尼友好条约》是两国第一次用条约的形式确定双方的友好关系。此后，两国政府的关系日趋密切，民间往来也更加频繁。两国工会、宗教和文化艺术团体互访更多，两国也相继成立了民间友好协会。1961

年6月13日，苏加诺总统在进行环球旅行中，也曾到中国作短期访问。访问期间，苏加诺总统表示两国友谊牢不可破，并代表印尼政府授予刘少奇主席、朱德委员长和周恩来总理共和国一级和二级勋章。1963年4月，中国国家主席刘少奇访问印尼，这是中国国家元首首次访问印尼。刘少奇主席受到了十分隆重的欢迎和接待，充分表现了印尼政府和人民对中国政府和人民的友好感情。1964年11月4日，苏加诺总统在结束访问朝鲜民主主义人民共和国后，顺道访问中国。苏加诺邀请周恩来总理参加1965年万隆会议10周年庆典。1964年11月6日，中国和印尼签订了航空协定，开辟了两国直达航线。1965年1月23～28日，印尼第一副总理兼外长苏班德里约访问中国，两国签订了经济、技术合作协定和贷款协定。1965年4月，周恩来总理前往印尼参加万隆会议10周年纪念活动，并先后到茂物、万隆、巴厘等地进行参观访问，受到当地政府和人民的热烈欢迎。

二、外交关系的暂时中断和恢复

1965年下半年，印尼国内政治形势恶化，军事派别斗争激烈，导致“9·30运动”最终爆发。“9·30运动”后掌权的印尼右派军人集团，公开污蔑中国参与了“9·30运动”，并煽动国内的反华情绪，乘机清除政治异己。1967年10月，印尼单方面宣布中断同中国的外交关系，并关闭中国驻印尼的使领馆，两国外交关系随之中断。

20世纪70年代，随着中美关系的改善，印尼苏哈托政府对中国的态度有所转变。在二十六届联大讨论表决恢复中华人民共和国合法席位时，印尼当局投了赞成票。而且当时联大的主席就是印尼著名外交官亚当·马立克。20世纪70年代中期，马来西亚、菲律宾和泰国等东南亚国家相继与中国建交，印尼的对华立场陷入尴尬的处境。1976年9月，毛泽东主席逝世，印尼总统苏哈托发来唁电，表示“最诚挚的哀悼”。这表明印尼政府想改善对华关系。此后，两国关系开始松动。1977年11月，印尼首次派工商会代表参加广交会。[①]中印尼断交之后，两国贸易只能通过香港、新加坡间接进行，印尼对外经济损失较大。尤其是20世纪80年代国际市场上石油价格连续暴跌，严重影响印尼的外贸收入，印尼企业家迫切要求打开与中国直接贸易的大门。1985年7月，印尼政府同中国政府签订了开展直接贸易备忘录，开始进行直接贸易。

随着双方交往的加深和国际环境的变化，中印尼两国的复交问题被提上了议程。1989年1月，中国驻联合国大使李鹿野和印尼驻联合国大使苏特雷斯纳就两国复交进程进行了磋商。1989年2月23日，出席日本天皇葬礼仪式的钱其琛外长分别与印尼总统苏哈托和国务部长穆迪约诺就实现两国关系正常化举行会谈，并达成“三点一致意见”：第一，双方同意，进一步采取措施，实现两国关系正常化；第二，两国关系应建立在和平共处五项原则和万隆会议十项原则基础上；第三，双方决定，通过驻联合国代表团就两国关系正常化进行具体商讨，必要时，两国外长举行会晤。这“三点一致意见”，为两国关系正常化奠定了基础。中印尼关系正常化被认为是一个“划时代的事件”。两国领导人的东京会晤也被称作一次成功的“葬礼外交”。

东京会晤后，两国外交部门举行了一系列的技术性谈判，谈判的重点主要是：审议两国过去缔结的条约；重新互设大使馆的事宜；关于双重国籍和华侨问题；关于印尼拖欠中国债务和偿还问题等。1990年7月，印尼外长阿拉塔斯应邀访华，两国发表了《关于解决印尼方欠中方债务的协定》和《中华人民共和国政府和印度尼西亚

① 钱其琛:《外交十记》，北京. 世界知识出版社，2003年版，第118页。

共和国政府关于恢复两国外交关系的公报》。

三、复交后两国关系的稳步发展

1990年8月6日，中国总理李鹏应邀访问印尼，在与苏哈托总统会谈中，双方表示要本着向前看的精神，在和平共处五项原则和万隆会议十项原则的基础上改善和发展两国友好合作关系。1990年8月8日，钱其琛外长和阿拉塔斯外长分别代表中印尼政府签署《中华人民共和国政府和印度尼西亚共和国政府关于恢复外交关系的谅解备忘录》。双方宣布自当日起正式恢复两国外交关系，各自在对方首都重设大使馆。中国政府任命钱永年为驻印尼大使，印尼政府也委派古纳迪尔查为驻中国的大使。与此同时，两国政府也签署了贸易协定，决定在平等互利和公平贸易原则基础上，加强和扩大两国贸易关系，并决定两国相互给予最惠国待遇。

中印尼复交后，双边关系发展总体平稳。两国高层领导人一直保持着互访和接触，相互了解和信任不断增强，为两国关系的健康稳定发展奠定了基础。

1990年11月14～19日，苏哈托总统对中国进行友好访问。访问期间，两国就双边关系以及共同关心的重大地区问题和国际问题，深入地交换了意见，并取得广泛的共识。为促进双方在经贸和科技领域里的合作，双方签署了关于成立经济、贸易、技术合作联委会和谅解备忘录，以及关于经济、贸易合作会谈纪要。此外，双方还就投资促进和保护协定、避免双重征税协定、航空协定和海运协定进行了商讨。1991年6月5日，应苏哈托总统邀请，中国国家主席杨尚昆对印尼进行了为期5天的回访。杨尚昆主席一行抵达雅加达后，受到了苏哈托总统的热烈欢迎和隆重接待。

1991年10月和1992年4月，印尼国会议长苏胡德、副总统苏达尔莫诺分别访问中国。1993年7月，乔石委员长访问印尼。1994年中央军委副主席刘华清，全国人大副委员长、中国—印尼经济社会和文化合作协会主席王光英也先后访问印尼。11月，江泽民主席在参加亚太经合组织第二次领导人非正式会议后对印尼进行了国事访问，双方签署了《关于促进和保护投资协定》及《科学技术合作谅解备忘录》。1996年5月朱镕基副总理访问印尼。

1997年东南亚爆发前所未有的金融危机，印尼在这场危机中不仅经济受到冲击，而且也出现社会和政治动荡。1998年5月，印尼的少数政客为了转移公众对政府的不满，煽动起一场针对印尼华人的有组织、有预谋的社会骚乱。中国政府对于印尼华人惨遭暴徒袭击的严重事件深表关注，要求印尼政府彻底查处有关事件，采取有效措施保护华人正当权益。但同时中国政府也强调，这是印尼内部事务，还需要依靠印尼自己妥善解决。此后，印尼政府逐步采取措施，取消有关歧视华人和其他族群的政策。目前印尼华人处境已得到很大改善。

四、睦邻互信全面合作关系的发展

1998年5月，苏哈托面对动荡的印尼局势不得不在执政32年后引咎辞职，由哈比比副总统接替总统职务。由于印尼面临严峻的国内政治和社会形势，哈比比基本上延续了苏哈托执政后期的外交政策，包括对华政策。由于国内外强烈要求印尼政府反思和调查“五月骚乱”，1999年5月哈比比迫于压力取消了歧视华人的某些规定，并要求政府官员立即对所有限制学习华文的规定进行审查。

尽管印尼发生的“五月骚乱”给两国关系蒙上了一层阴影，但是中国政府依然在国际舞台上支持印尼并向其提供援助。1999年10月20日，瓦希德取代哈比比成为印尼第四任总统，印尼进入民主转型时期，两国关系出现了前所未有的发展势头。瓦希德将改善和发展对华关系作为其外交工作的重点。1999年11月27日，中国总理朱镕基与瓦希德在马尼拉举行会谈；12月1～3日，瓦希德应邀对中国进行国事访问，与江泽民主席确定了中印尼发展长期稳定的睦邻互信全面伙伴关系的目标，双方发表了联合新闻公报。2000年4月，两国领导人和外长就两国建交50周年互致贺电。5月，印尼外长阿维希哈访华期间，与唐家璇外长签署了《关于未来双边合作方向的联合声明》，指明了新世纪中印尼两国合作的方向和领域。双方还签署了《关于成立双边合作联合委员会的谅解备忘录》，决定成立双边合作联合委员会，以对双方各领域的合作进行宏观政策指导和协调并解决双方合作中存在的问题。7月，中国国家副主席胡锦涛应梅加瓦蒂副总统邀请对印尼进行了正式友好访问，同印尼方就具体落实双边合作达成了共识。两国签署了《中印尼刑事司法互助条约》。9月底，中国政府正式批准印尼成为中国公民出境旅游目的地国。2000年两国地方政府也进行了友好往来。印尼有12位省长率13批省级地方政府官员代表团访华，中国福建、湖北、上海、海南、广东、新疆等多个地方代表团也访问印尼。

2001年7月，印尼新任驻华大使库斯蒂亚向江泽民主席递交国书。10月，唐家璇外长在上海会见了印尼外长哈桑·维拉尤达。双方高度评价了两国间的友好合作，并就抓紧落实两国签署《关于未来双边合作方向的联合声明》等问题交换了意见。同月，江泽民主席会见了前来中国上海参加亚太经合组织非正式领导人会议的印尼新任总统梅加瓦蒂。江泽民主席表示，中国作为印尼的友好邻国，将一如既往地支持印尼政府为维护领土完整、国家统一、民族和睦所作的努力。两国领导人还就当前反对国际恐怖主义、维护地区及世界和平等问题交换了意见。11月，中国国务院总理朱镕基应梅加瓦蒂总统的邀请对印尼进行了为期5天的正式访问。访问期间，双方就深化两国互利合作进行了深入探讨，并同意今后可重点就农业、能源、资源开发和基础设施建设方面加强合作，同时还就加强两国在文化、教育、旅游等领域的交流及印尼在中国设立总领馆交换了意见。两国还签署了《关于文化合作协定》、《避免双重征税和防止偷漏税协定》、《农业合作谅解备忘录》、《旅游合作谅解备忘录》、《银行交流与合作谅解备忘录》以及《经济技术合作谅解备忘录》。12月，朱镕基总理还接待了印尼总统特使陶菲克率领的政府代表团。

2002年两国睦邻互信全面合作关系进一步得到发展。3月，印尼总统梅加瓦蒂应江泽民主席的邀请来华进行国事访问。在会谈中，江泽民主席提出了发展中印尼双边关系的四点建议。此外，中国将向印尼提供4亿美元的优惠信贷，以促进中印尼之间的互利合作，支持印尼的经济建设。会谈结束后，江泽民主席和梅加瓦蒂总统共同出席了《关于印尼在广州、上海设立总领事馆的协议》①、《中印尼关于成立能源论坛的谅解备忘录》、《中印尼经济技术合作谅解备忘录》、《中印尼关于桥梁、公路和其他基础设施建设，开展经济技术合作的谅解备忘录》以及《中国石油天然气国际有限公司和印尼国家石油公司合作协议的谅解备忘录》等5个文件的换文和签字仪式。4月，印尼人民协商会议主席阿敏·赖斯来华出席亚洲议会和平协会第三届年会，并和中国人大常委会委员长李鹏举行会谈。5月，新任中国驻印尼大使卢树民向梅加瓦蒂总统递交国书。9月，中央军委副主席、国务委员兼国防部长迟浩田访问印尼，中印尼两国希望进一步加强包括军事领域在内的全面合作关系。

2003年10月，温家宝总理在巴厘岛会见了印尼总统梅加瓦蒂。

① 印尼在中国广州设总领馆之前，在香港已设有总领馆。而印尼在上海设立领事馆的事宜，一直到2007年12月还在计划中。

温家宝表示，双边关系处于历史上最好时期。两国政府都愿意深化双边合作，共同将两国关系不断推向新的水平。2004年2月，时任印尼政治安全统筹部长的苏西洛来华访问，和中国外交部长李肇星举行会谈。苏西洛在会谈中表示，印尼将继续坚持一个中国政策，坚定支持中国人民维护国家主权和领土完整的努力。2004年4月，中国国家副主席曾庆红会见上海参加联合国亚太经贸会第60届会议的印尼外长哈桑·维拉尤达。2004年10月，中共中央政治局常委、中央纪委书记吴官正访问印尼。恰逢2004年印尼大选结束，印尼总统梅加瓦蒂、印尼当选总统苏西洛和印尼新任国会议长阿贡·拉克索诺分别会见了吴官正。会谈中，吴官正表达中国新一届中央领导集体高度重视发展两国关系的愿望，双方都表示愿意共同推动两国睦邻友好关系长期稳定发展。

五、战略伙伴关系的全面发展

2004年10月，印尼举行了具有历史意义的总统选举。印尼新总统苏西洛采取睦邻友好的外交政策，积极发展和推动中国和印尼的双边友好合作关系。这与中国政府坚持的“与邻为善、以邻为伴”的周边外交方针和“睦邻、安邻、富邻”的周边外交政策极为相似，为两国建立战略伙伴关系奠定了坚实基础。

2004年11月，苏西洛会见了正在印尼进行工作访问的中国国家主席胡锦涛特别代表、国务委员唐家璇。苏西洛重申印尼政府将继续坚持一个中国的政策，并说印尼新政府和他本人十分重视中国在国际和地区事务中的作用，重视东盟与中国的战略伙伴关系，真诚希望进一步增强与中国全方位友好关系。唐家璇也表示将继续支持印尼政府为维护国家统一和稳定所做的努力，支持印尼2005年举办亚非峰会及万隆会议召开50周年庆祝活动；同时2005年也是两国建交55周年，理应成为中印尼友好年。此外，两国有关部门签署了中印尼经济合作协议及中国进出口银行向印尼泗水—马都拉大桥提供出口买方信贷的协议。11月，胡锦涛主席、温家宝总理分别在智利亚太经合组织领导人非正式会议和老挝—中国与东盟领导人会议上与苏西洛总统会晤。

2004年12月26日，印尼遭受严重的地震海啸灾害袭击，中国政府开展了迄今为止最大规模的对外救援行动。不仅政府向灾区先后分四批提供资金、药品，并派出国际救援队，而且还动员全社会的力量，捐款捐物帮助印尼受灾地区群众。2005年1月，温家宝总理前往雅加达参加东盟地震和海啸灾后问题领导人特别会议，表示中国政府将在原来的基础上，继续向印尼政府提供2亿元人民币的援助。会议期间温家宝总理与苏西洛总统进行会晤。2月8日，苏西洛接见中国驻印尼大使卢树民，表示印尼期待着与中国加深在经济、能源等领域的互利合作。苏西洛重申印尼政府将继续坚持一个中国政策，这一立场不会动摇。3月29日，中国新任驻印尼大使兰立俊向苏西洛递交国书，双方进行了亲切友好的交谈。

2005年4月24日，中国国家主席胡锦涛前往印尼万隆出席亚非会议召开50周年活动。随后，胡锦涛对印尼进行国事访问，并和苏西洛进行会谈，双方签署《中华人民共和国和印度尼西亚共和国关于建立战略伙伴关系联合宣言》，宣布建立旨在促进两国和两国人民的和平、稳定与繁荣的战略伙伴关系，标志着中印尼关系“迈入一个新的发展阶段”。两国官员还签署了9项协议，包括中国提供3 000万美元低息贷款给印尼、双方联手反恐和打击海盗等安全合作等。胡锦涛主席还就如何促进战略伙伴关系取得实质性进展提出了7点建议，苏西洛表示，7点建议完全符合印尼方面的考虑，并重申印尼坚定奉行一个中国原则，支持中国实现统一。当年7月，苏西洛总统正式访华。

2006年3月28日，中国全国政协主席贾庆林出访印尼，在雅加达会见了印尼总统苏西洛。两国元首都认为在新形势下建立两国战略伙伴关系是两国关系发展史上的里程碑，推动双边关系进入了一个更新、更高的发展阶段，为两国互利合作开辟了更为广阔的前景。两国合作不断扩大，已形成政治、经贸、投资、文化、旅游等多领域全面发展的新局面。10月，苏西洛总统在南宁参加中国—东盟纪念峰会期间与温家宝总理进行会谈。双方一致认为，尽快制订两国战略伙伴关系行动计划，有助于进一步深化双边互利合作。同时，双方需要密切配合，实施好共同商定的合作建设印尼铁路、桥梁、大坝、电站等基础设施项目。两国还签订了总值42亿美元的62项投资协议，主要是中国企业加强对印尼的投资。同月，第二届中国印尼能源论坛在上海举行，中国国家主席胡锦涛和印尼总统苏西洛都出席了此次论坛，双方签署了26亿美元的能源投资协议。

2007年4月3日中国与印尼在华举行第二届中印尼防务安全磋商，就国际和地区局势、两军关系及其他共同关心的问题交换意见。中央军委副主席、国务委员兼国防部长曹刚川会见了参加磋商的印尼国防部秘书长沙弗利一行。同年5月中国广西—印度尼西亚贸易投资洽谈会在雅加达举行，广西与印尼的36个合作项目现场签约，总金额26.38亿美元，涉及港口物流、加工制造、矿产资源开发利用、农业产业化、旅游等领域，极大推进了两国经贸、旅游与文化合作关系的发展。6月印尼副总统卡拉在访华时表示印尼期望与中国加强能源、水利、教育等领域的合作，共同推进两国战略伙伴关系的发展。同年11月，中国国家海洋局局长孙志辉访问印尼，双方签署了《中华人民共和国与印度尼西亚共和国海洋领域合作谅解备忘录》。印尼国防部长尤沃诺也于11月访华，双方签署了《中华人民共和国与印度尼西亚共和国关于防务领域合作的协议》。整个2007年中国和印尼关系保持了健康快速发展的势头，双方政治互信不断增强，高层对话机制顺利启动，经贸合作不断扩大，安全合作不断深化，在地区和国际事务中保持着紧密沟通和配合。

2008年1月15～20日，应印尼国防部长尤沃诺的邀请，中央军委副主席、国务委员兼国防部长曹刚川一行访问印尼。期间，曹刚川会见了印尼副总统卡拉，与国防部长尤沃诺举行了会谈并参观了印尼国民军陆军特种部队。双方均认为中国和印尼防务部门和两军之间交往日益增多，更加务实。两国将共同努力，推动两国两军关系不断深入发展。同年8月24日，国家副主席习近平在会见来华出席北京奥运会闭幕式及相关活动的印尼副总统卡拉时，表示中方高度重视与印尼的关系，中国和印尼是战略伙伴，中方愿同印尼方共同努力，不断推进两国战略合作。12月20日，应印度尼西亚副总统卡拉的邀请，国务院副总理李克强对印尼进行正式访问。访问期间李克强会见了印尼总统苏西洛和副总统卡拉，两国领导人就中国与印尼双边关系以及其他共同关心的国际和地区问题深入交换意见，此外还签署了《中华人民共和国中华全国青年联合会和印度尼西亚共和国青年事务和体育部就青年事务合作的谅解备忘录》和《中华人民共和国政府和印度尼西亚共和国政府体育合作谅解备忘录》。李克强此行还出席了于12月22日在雅加达举行的中国和印尼第三次能源论坛。李克强和卡拉共同主持论坛开幕仪式并出席中印尼企业关于石油、天然气、电力、煤炭、可再生能源等方面8个项目签字仪式。

2008年，中印尼两国在基础设施建设和能源发展方面的合作呈现良好势头，成为两国战略伙伴关系一大亮点，泗马大桥即是两国合作的标志性工程。此外，印尼与中国贸易额以超过30%的速度增长，双边贸易在2008年连进两位数的增长，突破300亿美元大关，达到了315.2亿美元，比2007年增长25.7%，并提前两年实现了两国于2005年制订的300亿美元贸易额的目标。根据印尼中央统计局的资料，印尼对中国出口占印尼总出口的比重为8.5%，中国进口占印尼总进口的11.8%，中国已成为印尼第三大贸易伙伴；其次，中国对印尼投资活跃，2008年印尼投资协调署批准了185家中国企业到印尼投资，协议投资金额15.6亿美元。截至2008年，印尼投资协调署累积批准688家注册企业，总投资额94亿美元。中国企业积极参与了印尼基础设施建设，包括水电站、煤电站、大桥等，中国政府及中国金融机构也为印尼的基础设施工程提供优惠贷款，截至2008年年底中国企业签约的印尼电站项目总装机容量达到860万千瓦。虽然2008年国际金融危机扩大并向实体经济蔓延，但中印尼两国加强合作，加强交流对话，深化互信合作，共同应对危机挑战，不断开创中印尼关系新局面。

2009年3月23日，应印尼合格评定认可机构邀请，中国合格评定国家认可委员会副秘书长刘欣访问印尼。24日，刘欣副秘书长与印尼国家合格评定认可机构主席班邦签署了《中国合格评定国家认可委员会与印尼国家合格评定认可机构合作谅解备忘录》，双方一致同意加强在认证和认可领域的双边技术交流与合作，减少和消除两国间贸易技术壁垒，促进两国经济发展。5月13日，中国与印尼在万鸦佬签署了《关于建立海洋合作联合工作组和中国—印尼海洋和气候研究中心的实施协议》，以加强中印双方在海洋领域的合作。

2010年适逢中印尼建交60周年。在政治交往方面，1月21日，两国签署战略伙伴宣言行动纲领，成为在政治、经济和社会文化领域发展双边关系的路线图。10月18～21日，印尼副总统布迪约诺访问南京和北京，并与温家宝总理举行会谈。10月26日，苏西洛访问上海参加世博会活动。此外两国元首在APEC会议和G20峰会上也举行了会晤。11月，全国人大常委会委员长吴邦国访问印尼，与印尼人协主席陶菲克、国会议长马尔祖基、地方代表会议议长伊尔曼均进行了会谈，加深了两国议会间的友好交往。在经贸合作方面，2010年中国与东盟签署的自由贸易区协定正式生效。2010年1月至9月，两国贸易额达302.37亿美元，已经超过2009年全年的283亿美元。2010年中国在印尼的投资额较上一年翻一番，达到1.78亿美元，给印尼的基础设施建设援助18亿美元。

2011年中印尼两国除了政治继续频繁互动外，在军事和安全合作上也有新的突破。2011年4月，中国总理温家宝对印尼进行正式访问，并与苏西洛总统举行了会谈。两位领导人对两国友好互利合作取得的进展表示满意。访问期间，中国和印尼政府签署了20多项合作文件，发表了联合公报。两国政府同意将双边贸易额从目前的不足500亿美元提高到2015年的800亿美元。中国还同意向印尼提供10亿美元优惠出口买方信贷和总额达80亿美元的融资，支持印尼的基础设施建设和重点产业发展。4月，印尼国会议长马尔祖基访华。6月，中组部部长李源潮访问印尼，与印尼国会议长马尔祖基和印尼朝野政党举行会谈，并签署了《中国共产党与印尼民主党交流合作备忘录》，深化了中国共产党与印尼各党派的友好关系。11月，温家宝总理在印尼巴厘岛出席东亚峰会期间，与苏西洛总统再次举行会晤。温家宝表示，中国政府高度重视参与印尼六大经济走廊的基础设施建设和产业发展，鼓励中国金融机构提供融资支持；两国要进一步加强油气、煤炭、电力等传统领域以及新能源、可再生能源领域的合作；希望尽早启动中国—印尼海上合作委员会，利用两国海上合作基金，加强务实合作。苏西洛均作出积极回应。

在军事与安全合作方面，2011年2月印尼国防部副部长沙弗利访华，特别就国防工业合作进行了深入交流。3月，解放军副总参谋长空军上将马晓天赴印尼出席首届雅加达国际防务对话，并发表了题为《深化互信合作，共创和谐亚太》的主题演讲。5月，国务委员兼国防部长梁光烈访问雅加达，会见印尼副总统布迪约诺。6月，中印尼两国特种部队在印尼进行了为期两周代号为“利刃-2011”的联合训练，这也是两军举行的首次反恐联训活动。2012年7月，两军在中国济南举行了第二次反恐联训。

第二节　与东盟其他国家的关系

东盟于1967年8月8日在曼谷成立。印尼是创始国和成员国之一，其他的创始国还有马来西亚、菲律宾、新加坡和泰国。随后文莱于1984年、越南于1995年、老挝和缅甸于1997、柬埔寨于1999年加入东盟。到目前为止东盟共有10个成员国。东盟成立后，印尼一直把东盟作为“贯彻对外关系的基石之一”，积极发展同东盟各国的友好关系，巩固东盟的团结，致力于建立东南亚和平、自由和中立区。

一、与马来西亚的关系

印尼和马来西亚一衣带水，关系密切，有着相似的历史遭遇和语言文化。1957年8月印尼和刚独立的马来亚联邦建交。1959年4月，印尼总理朱安达与马来亚联邦总理东姑·拉赫曼在吉隆坡签订友好条约。1963年8月5日，印尼、菲律宾和马来亚宣布建立名为“马菲林多（Maphilindo）”的区域合作组织，并签署了《马尼拉宣言》等联合公报。虽然按照协议规定，“马菲林多”是一个正式的国家集团，但是各国建立的初衷是矛盾的。印尼和菲律宾希望通过

"马菲林多"来抵制马来亚建立马来西亚联邦；而马来亚同意"马菲林多"是出于缓和与邻国紧张关系的考虑，以便加快"马来西亚联邦"计划的实施。因此，当1963年9月马来西亚联邦成立后，马菲林多很快就分裂了。印尼认为成立马来西亚是英国"新殖民主义者"企图包围和颠覆印尼的政治阴谋并公开表示反对，马来西亚因而同印尼断绝外交关系，并禁止任何装载货物驶往印尼的船只和飞机经过马来西亚的港口和机场。随后，印尼也宣布"对抗"马来西亚。苏加诺总统提出"两项人民命令运动（Operasi Dwikora）"，其内容是"加强革命防御力，支援马来亚、沙巴、沙捞越和文莱人民的革命斗争，打败马来西亚傀儡国家"[①]，两国基本处于战争状态。

苏哈托政府执政后，把稳定国内局势作为工作重点，在外交上寻求良好的国际周边环境。1966年8月，印尼主动宣布结束与马来西亚的"对抗"；8月30日，两国正式恢复外交关系。1967年东盟建立后，两国首脑几乎每年举行非正式会议，关系日趋密切。1969年10月印尼和马来西亚签订《大陆架边界协议》。20世纪60年代末，美国在远东地区进行战略收缩，导致东南亚出现力量真空。为防止中国影响的增强和苏联势力的扩张，在1971年11月东盟五国外长参加的吉隆坡会议上，两国外长共同提出在东南亚地区实行"中立化"，主张东南亚成为"和平、自由和中立区"，不接受外来强国的任何形式的干涉。为维护两国的边境安全，1972年两国还签订安全协议，采取联合军事行动共同打击婆罗洲的共产党游击队。从20世纪70年代中期起，两国多次进行代号为"马林多"[②]陆海空系列联合军事演习，一直延续至今。

① Sekretariat Negara RI. *30 Tahun Indonesia Merdeka*, *1950-1964*. Jakarta: Sekretariat Negara RI, 1986: 247.

② "马林多（Malindo）"是Malaysia和Indonesia的缩写。

20世纪80年代以来，两国领导人不断互访，讨论有关区域和东盟国家的问题，并推动双边贸易的发展。1980年3月，苏哈托总统和奥恩总理在马来西亚关丹会晤，共同提出政治解决柬埔寨问题的“关丹原则（Kuantan Declaration）”。1985年3月，马来西亚总理马哈蒂尔和国家元首苏丹伊斯坎达尔分别访问印尼。1986年上半年，马来西亚武装部队司令和陆军参谋长分别访问印尼。在经济方面，两国签订了多个经贸合作协议，不断加强经济合作与交流。到1989年，马来西亚在印尼的投资额已达7.79亿美元。

20世纪90年代，两国关系继续朝着良好的方向发展，高层互访不断。1991年成立印尼—马联合委员会，就双边及东盟问题保持联系、协调立场。但是，西巴丹（Pulau Sipadan）和利吉丹（Pulau Ligitan）岛屿归属的分歧是一直协商的重点。[①]1993年7月，苏哈托总统访问马来西亚，同马哈蒂尔总理就上述两地归属、两国经济合作与“东亚经济论坛”等问题，交换了意见。1994年1月，马来西亚副总理兼外长安瓦尔、外贸部长拉菲达访问印尼；9月，利吉丹—西巴丹岛联合工作组在雅加达举行第三次会议。马来西亚提出交海牙国际法庭仲裁，而印尼则主张提交东盟的高级委员会（Dewan Tinggi ASEAN）处理，但双方都希望通过协商来解决领土争议。最终在1997年印尼马签订两国把两岛问题交由国际法庭裁定的协议。

1997年东南亚金融危机爆发后，印尼马两国相互支援，共渡难关。金融危机期间两国贸易进展稳定。但是1998年9月，马来西亚突然罢免副总理安瓦尔，引发国际社会对“安瓦尔事件”的关注。印尼媒体纷纷谴责马来西亚的政治风波。印尼总统哈比比也以“非

① 西巴丹岛和利吉丹岛位于印尼东加里曼丹和马来西亚沙巴附近的望加锡海峡中。其中西巴丹岛约10.4公顷，利吉丹岛约7.9公顷。这两个岛屿的领土纷争第一次出现在1969年。当时两国首次勘测大陆架边界。为了维持才恢复的外交局面，两国暂时搁置争议。但是马来西亚私营开发商准备在这两个小岛发展旅游业的消息使领土纠纷重新激化。

常忙碌”为由，取消了原定10月访马的计划。马来西亚原定为哈比比就任总统后第一个正式访问的国家。马来西亚政府也针锋相对，取消总理原定11月访问印尼的计划。最终，两国政府都主动克制冲突，没有造成双边关系的进一步恶化。

1999年11月、2000年10月瓦希德总统两次访马。两国边界委员会签署了边界谅解备忘录，划定了沙捞越和东西加里曼丹约150千米的边界。2000年3月，马哈蒂尔总理访问印尼，双方签署交通、能源、多媒体等8个合作谅解备忘录。2001年1月，时任印尼副总统梅加瓦蒂访问马来西亚；8月梅加瓦蒂总统再度访马，就加强双边合作，特别是反恐合作交换了意见。2001年印尼国家石油公司与马来西亚国家石油公司签署天然气销售合同，合同金额85亿美元。印尼在马劳工约40万，占输出劳工近40%。2002年两国合作继续加强，但非法劳工和岛屿主权争议是双方亟待解决的重点问题；3月，马对非法劳工限期离境，引发印尼劳工回国风潮，给印尼政府造成一定政治和经济压力，两国关系曾一度受到消极影响，但双方均采取较为妥善的方式解决有关问题；6月，马来西亚副总理巴达维访问印尼，就双边经贸、劳工、边界、打击恐怖活动及非法砍伐、走私原木等问题广泛交换意见；8月，马哈蒂尔总理对印尼进行工作访问，与印尼总统梅加瓦蒂举行了会谈，并签署了五项合作备忘录。同年12月，联合国海牙国际法庭宣判西巴丹与利吉丹两岛主权归属马来西亚，印尼政府接受并尊重法庭判决，但国内舆论表示一定的失望和不满。

2004年1月，新上任的马来西亚总理巴达维访问印尼，表示要加强两国领导人之间的沟通，以及进一步加强双边的友好关系。5月，印尼与马来西亚签署《聘用印尼劳工谅解备忘录》；7月，马来西亚陆军司令阿朱米访问印尼；10月，马来西亚总理巴达维赴印尼参加苏西洛总统就职典礼；11月，印尼向马来西亚提出延长非法劳工的特赦期限，让他们有更充裕的时间自愿回国，马来西亚已原则上答应印尼上述要求。12月，马副总理兼国防部长纳吉布访问印尼并出席两国共同边界委员会会议。

2005年1月，巴达维总理在雅加达出席东盟地震和海啸灾后问题领导人特别会议期间会见苏西诺总统，并向印尼提供了救灾援助。2005年2月苏西洛总统选择将马来西亚作为他上任后首次出访的第一站，这充分显示了两国关系的重要性，也是两国关系处于历史上最良好时期的表现。马来西亚最高元首西拉杰丁和总理巴达维，以及内阁部长和外交人员在首都吉隆坡欢迎苏西洛的来访。此次访问的主要话题是两国由来已久的劳工问题，也涉及到更紧密的经济与安全合作议题。马来西亚的经济发展将带动东亚邻国，印度尼西亚也希望吸引更多来自马来西亚的投资。2005年3月，印尼和马来西亚两国都宣称对富含油气资源的苏拉威西安巴叻海域拥有主权，双方时常派出军舰战机在该区域巡逻，引起两国关系紧张。两国在贝哈拉岛（Pulau Berhala）的主权问题上存有争议。

2006年3月，印尼国会议长阿贡拉克索访马。同年8月，印尼总统苏西洛再次访马。12月，副总理兼国防部长纳吉布访问印尼。2008年1月苏西洛访问马来西亚，两国政府签署谅解备忘录，决定成立联合贸易与投资委员会，以加强两国间的贸易与投资合作。2009年3月，马来西亚总理巴达维率领内阁成员代表团访问印尼，会议讨论焦点主要集中在两国教育、贸易以及移民问题。这是巴达维总理任内最后一次出席两国间的高层年会。2009年4月，马来西亚新任总理纳吉布访问印尼，这是纳吉布上任以来的第一次出访，凸显马来西亚对发展与印尼双边关系的高度重视。访问期间，纳吉布总理与印尼苏西洛总统达成两项重要共识，即在国防领域与能源领域大力加强合作，能源领域的合作包括马来西亚国家石油公司参与开发印尼纳土纳石油天然气项目和马来西亚沙捞越生产的电力输送到印尼加里曼丹，并通过海底电缆，经由印尼水域输送到马来半岛。6月，马来西亚武装部队总司令阿卜杜拉访问印尼。10月，纳吉布出席苏西洛总统的就职典礼。12月，苏西洛访问马来西亚。

2010年5月18日，印尼马两国举行政府首脑年度磋商，一致同意通过外交途径解决两国间的各种问题。随后，两国部长级的双边合作联合委员会（JCBC）重新启动，而且分为政治、安全和边界问题工作组、经济工作组和社会文化工作组。上一届JCBC可以追溯到2004年5月，而这次重启标志着两国加强了双边对话机制，意义重大。2010年，两国还就边界问题和印尼劳工问题进行了密集的技术性会谈，修改了2006年签订的《招募和安置印尼劳工谅解备忘录》。

二、与新加坡的关系

印尼和新加坡隔马六甲海峡相望，两国关系密切，却也矛盾重重。1966年1月1日，两国建立外交关系，随后，新加坡总理李光耀访问印尼，表示新加坡愿与印尼建立睦邻友好与相互合作的关系。1968年10月，新加坡以阴谋破坏和谋杀罪处死两名印尼士兵，导致两国关系急剧恶化。后来在泰国的调解下以及为照顾区域利益，印尼率先表示愿意与新加坡实现关系正常化，双方通过谈判渡过了危机。1973年李光耀访问印尼后，两国就海界达成协议，双边关系逐步得到改善和发展。自1974年起，两国开始军事合作，举行一系列代号为“印多普拉”[①]陆海空系列联合军事演习。新加坡空军可在印尼南苏门答腊、纳土纳群岛上空进行训练、演习。1977年

① “印多普拉”（Indopura）是Indonesia和Singapura的缩写。

6月，两国签署铺设联结两国海底电缆的备忘录，该工程于1980年完成。

由于双方的经济结构有较大的互补性，经贸合作历来都是双边关系中的重点。印尼向新加坡出口原油、橡胶、锡、木材等农矿产品，新加坡则向印尼出口化工、机电等轻工业产品。新加坡还是印尼重要的投资国。1967—1989年新加坡在印尼投资达7.88亿美元，居东盟各国之首，占印尼外资额的2.8%。1980年10月，两国决定共同开发位于新加坡以南20千米属于印尼的巴淡岛。印尼从新加坡引进先进技术和资金，新加坡则利用该岛的土地和劳动力发展本国的工商业活动。1990年吴作栋担任新加坡政府总理后，继续执行对印尼的睦邻友好政策，进一步发展同印尼的关系。当年，印尼、新加坡和马来西亚三国政府正式签署了《新柔廖成长三角区（IMS-GT）经济合作协议》。在短短的几年时间里，新柔廖成长三角区取得了巨大的经济效果，有将近30%的新加坡厂商在柔佛州或廖内群岛设厂，三角区的建立不但吸引了三角区成员国内部的投资，也吸引了包括日本、台湾、韩国等国家和地区的大量投资。

进入20世纪90年代，两国领导人经常互访，关系更为密切。1994年9月，新加坡总理吴作栋访问印尼，签署了两国旅游和空运合作协定。吴称该协定是两国合作的历史里程碑。印尼还允许新加坡使用印尼的帕拉帕卫星通讯系统。1997年东南亚金融危机爆发后，印尼国内政局出现重大变化。1998年5月，哈比比担任印尼总统。吴作栋总理对哈比比表示祝贺，并表示“新加坡希望和印尼发展友好关系”，“寻求继续跟印尼合作”。1998年8月，新加坡国防部第二部长张志贤访问印尼，双方讨论的主题之一是双方军事合作问题，印尼方面表示将考虑向新加坡武装部队开放更多的地区，用于陆军军事训练活动。1999年10月，吴作栋向印尼新任总统瓦希德表示“新加坡将同印尼合作，以帮助印尼经济复苏”，对印尼国内种族冲突而出现的国家分裂的威胁，吴作栋表示“支持印尼的领土完整”。同年11月6日，瓦希德总统访问新加坡，此行的重要目的之一是争取新加坡的支持，使印尼籍华人的150亿美元的资金从新加坡流回印尼。对此，新加坡方面积极配合，吴作栋与瓦希德会谈时表示，愿同印尼合作，通过措施帮助投资者恢复对印尼的信心。

2000年1月，吴作栋率商业代表团对印尼进行工作访问，提出总值超过12亿新元的对印尼投资配套计划，内容包括加强现有经济合作、协助促进印尼旅游业、鼓励更多新加坡企业到印尼投资、鼓励外国公司合理收购印尼银行债务重组机构管理的公司和产业等。同年，印尼总统瓦希德、副总统梅加瓦蒂、国会议长阿克巴尔·丹戎、外长阿维希哈、国防部长马福和总检察长马祖基相继访新。新加坡是印尼2000年第三大出口市场和第三大进口来源国。但是，在2000年11月在新加坡举行的第4次东盟领导人非正式会议上，因瓦希德不满新加坡咨政李光耀称其将要下台的言论，引发两国关系波动。新方做出澄清后，双方关系逐渐恢复正常。

2002年1月，李光耀咨政称新加坡“伊斯兰教祈祷团”本地网络虽已瓦解，但其幕后主谋仍在印尼逍遥法外；印尼在反恐问题上无所作为。该言论未通过外交渠道便直接向公众宣布引起了印尼国内强烈不满。8月，新加坡副总理兼国防部长陈庆炎访问印尼，并会见梅加瓦蒂总统。双方同意加强在打击海盗与恐怖活动方面的合作，新还将协助印尼发展旅游业；12月，新加坡总理吴作栋访问印尼。此外，两国关系还因印尼暂停开采并向新出口海沙、印尼拟收回新在纳土纳群岛及附近的航空信息区域管理权等问题出现波动。

2003年在印尼的强烈要求之下，双方重新开始新的海界问题谈判。问题的焦点在于两国海域界标尼巴岛（Pulau Nipah）[①]。同时，印尼指控新加坡利用廖内群岛所产海沙进行填海工程，造成陆地面积增加，从而影响两国之间海界。而新加坡方面也表示尊重国际法的规定，承认填海造就的陆地不能当作勘测标准。对于印尼贪污犯挟款逃往印尼的事宜，双方也开始商讨签署引渡条约。

2004年10月苏西洛宣誓当选印尼新总统时，新加坡总理李显龙到场见证。11月8日李显龙到雅加达进行礼节性访问，是在印尼政府换届后第一个到访的外国政府首长；双方就边界问题、引渡条约问题和海沙出口问题交换了意见，并同意保持积极交往，尽早设立联合合作理事会尽快处理两国广泛的双边课题。12月，新加坡国会议长阿都拉访印尼。2004年末东南亚大海啸发生后，新加坡向印尼特别是亚齐地区提供紧急援助。两国军方在受灾最严重的米拉务地区开展了积极的合作。

2005年1月，新加坡与印尼就签署双边引渡条约举行了首次技术性会议。2005年2月，苏西洛抵达新加坡进行为期两天的访问。新加坡总理李显龙与苏西洛举行了会谈，双方表示将加快双边引渡条约的谈判进程。两国领导人认为，尽早签署双边引渡条约将有助于合作打击跨国犯罪。两国领导人在会谈中还讨论了加强双边关系以及印度洋海啸重灾区亚齐重建等问题。新加坡承诺将为亚齐重建提供帮助。

印尼、马来西亚和新加坡三国之间存在对马六甲海峡的管辖权

① 尼巴岛位于印尼廖内群岛，距新加坡西南海域不到5海里，涨潮时面积1.819公顷，落潮时73.57公顷。由于印尼新两国1973年达成的海界协议以该岛为界标。目前该岛陆地在涨潮时只剩下半米。环境专家认为，该岛日益沉沦是受到附近海域海沙被大量挖掘所影响。此外，两国之间海界有两个海沟问题也亟待解决，一个是位于新加坡海峡西面的西海沟，该海沟理应与马六甲海峡印新海界直接连接；另一个是位于新加坡海峡东面的东海沟，延伸到印尼属下民丹岛，该海沟理应与卡利马达海峡的印尼海界直接挂钩。

问题。1971年11月，印尼、马来西亚和新加坡发表联合声明，宣布共管马六甲海峡和新加坡海峡，决定组成合作机构，负责海峡航行安全问题。1977年2月，三国外长在吉隆坡签订《关于马六甲海峡安全航行的协定》。1981年4月，三国就实行马六甲海峡交通分道航行达成协定。1992年印尼新签订联合巡逻协定，加强海上安全合作。2004年4月，有消息称美军即将进驻马六甲海峡以打击猖獗的海盗和恐怖主义活动，重新引发三国对此问题的关注。印尼马两国政府立即对这一消息做出强烈反应，表示马六甲海峡的安全是沿岸国家的事务，无须美国干预。在印尼和马来西亚明确反对的情况下，本来支持美军进驻的新加坡态度也有所动摇。

2006年3月，新加坡总统纳丹应苏西洛的邀请对印尼进行了为期3天的访问。苏西洛表示，东盟各成员国必须利用相互毗邻的地理优势，加强在投资、贸易和其他领域的合作。2006年6月，新加坡总理李显龙访问印尼，并与印尼总统苏西洛签署了《经济合作框架协议》。2006年9月，苏西洛访问新加坡，双方讨论了两国合作在巴淡、民丹和井里汶发展特别经济区的进展情况，强调双方必须继续紧密合作，确保计划取得成功，以作为印尼其他地区发展计划的示范。两位领导人在听取两国就签署引渡条约、防务合作协议及反恐合作协议进行谈判所取得的进展汇报后，同意谈判在过去几个月获得显著的进展，悬而未决的问题已经减少。

2007年4月，新加坡总理李显龙访问印尼，期间两国外长、防长分别草签了引渡条约和国防合作协定。2007年9月11日，新加坡和印尼签署一项信息与通讯合作谅解备忘录，以加强两国在传媒业以及信息与通讯领域的合作。这一文件的签署有助于进一步加强两国友好关系，并为两国在一些新领域进行更多合作与交流铺平道路。11月，新加坡外长杨荣文访问印尼。2009年3月，新加坡外长杨荣文访问印尼。4月，印尼贸易部长冯慧兰访问新加坡。2009年10月，李显龙总理赴雅加达出席苏西洛总统的就职典礼。12月，苏西洛总统访问新加坡。2009年两国就尼巴岛西面的海沟划界达成协议，2010年12月正式生效。

三、与菲律宾的关系

印尼和菲律宾于1950年1月正式建立外交关系。1963年两国签订了《关于边界居民越界协定》，以解决两国居民从海上越界问题。苏哈托政府执政后，两国领导人经常互访。两国间存在划分领海与海域问题，但同意根据"群岛原则"(Wawasan Nusantara)划定领海范围，并通过谈判解决两国在苏拉威西岛和棉兰老岛之间的领海纠纷。在安全领域，印尼和菲律宾多次举行双边军事会谈，商讨两国进行军事合作问题，并经常举行联合军事演习。此外，两国订有航空协定、引渡协定和共同巡逻协定，合作范围包括对付武装叛乱、走私、非法捕鱼、非法移民、贩毒等。苏哈托总统曾3次访问菲律宾。1979年苏哈托与菲律宾总统马科斯会晤，呼吁越南制止难民外流，以维护东南亚地区的和平稳定。1986年印尼武装部队司令穆达尼访菲，同菲律宾陆军参谋长签订了一项向菲律宾赠送2架CN-212型飞机的协定。同年，苏哈托总统电贺科·阿基诺就任菲律宾总统。科·阿基诺总统在任期间，也曾访问印尼。

20世纪90年代，印菲两国的经贸往来日益密切。印尼从菲律宾进口的主要商品是蔗糖、蜂蜜、植物油、大米、木材和钢材等。菲律宾从印尼进口的主要商品是石油和化肥等。印尼在菲律宾还有一定数量的投资。1993年9月，拉莫斯总统访问印尼时，双方就经贸合作等问题交换了意见，并签订了避免双重征税和建立印尼—菲律宾合作委员会谅解备忘录。

印尼在穆斯林摩洛民族解放阵线与菲律宾政府和谈中发挥重要作用。1993年1月，在印尼和伊斯兰会议组织的共同主持下，菲律宾政府和摩洛民族解放阵线在印尼首都雅加达举行了第二轮探索性谈判，双方就菲南部穆斯林控制区自治问题交换意见，并最终于1996年9月双方签署和平协议。

1999年11月瓦希德访问菲律宾，并与埃斯特拉达总统就棉兰佬、南中国海和东帝汶等问题交换看法。2001年阿罗约就任菲律宾总统后，重视加强与东盟其他国家的关系；6月，印尼总统瓦希德访菲；8月，印尼总统梅加瓦蒂访菲；11月，阿罗约总统访问印尼，双方签署了渔业、旅游、投资和能源等合作协议，就开启海洋划界谈判、加强防务安全合作和联合打击跨国犯罪达成一致。2002年5月，菲律宾、印尼和马来西亚签署了旨在加强三国反恐合作的《情报交流与建立联系程序协议》；12月印尼外长哈桑·维拉尤达访菲，双方签署了一项合作协议，以加强两国在安全、经济、海事等领域的合作，而且就菲、印尼、马三国反恐协议扩大到东盟十国问题进行磋商。2004年10月，菲律宾与印尼签署两国互换信息、取缔洗钱行为的谅解备忘录。2005年6月20日，苏西洛对菲律宾进行国事访问。两国将通过减少贫困等措施加强打击地区恐怖主义的力度。菲律宾和印尼警方签订协议，决定将更有效地执行现有的双边反恐合作协议，内容包括防止恐怖活动，合作逮捕、审讯恐怖分子和跨国犯罪分子，以及交流反恐技术和经验等。2007年7月，菲外长罗慕洛与印尼外长哈桑举行两国第四次部长级联委会。2009年11月，印尼外长马蒂访问菲律宾。2009年双边贸易额为21亿美元，菲在印尼投资为1490万美元。

2010年3月，印尼外长马蒂访问菲律宾，参加不结盟运动会议。6月30日，印尼人民福利统筹部长代表印尼政府出席菲律宾总统阿基诺的就职典礼。印尼一直以来都在菲政府和摩洛解放阵线间穿针引线。2010年5月29日至6月1日，菲律宾共和国政府与摩洛民族解放阵线在印尼泗水签署资金机制协议，为菲南建设提供资金保证。目前，印菲两国在米昂亚斯岛（Pulau Miangas）、马罗热岛（Pulau Marore）和马拉皮岛（Pulau Marampit）的归属问题上仍然留有分歧。

四、与泰国的关系

印尼与泰国于1951年3月建立外交关系。两国相距较远但关系密切，在许多区域和国际问题上观点一致，两国都坚持东南亚和平、自由和中立区的主张，强调东盟的团结与合作。1978年两国签订了引渡协定，交换了关于安达曼海划界协定批准书，后又签订了司法合作协定，并就在南中国海和安达曼海域合作开发达成一致。此外，两国较早地签订了友好条约、大陆架界线协定和林业合作协定，以及印尼、马来西亚、泰国三国关于马六甲海峡北部地区大陆架界线的协定。一系列条约的签署，为两国关系的不断发展奠定了基础。

两国领导人的互访十分频繁。苏哈托总统曾三次出访泰国。1979年泰国江萨·差玛南总理访问印尼，苏哈托表示如泰国受到外国进攻，印尼将支援泰国。1985年泰国炳·廷素拉暖总理和武装部队司令阿铁分别访问印尼。1988年和1989年差猜·春哈旺先后两次访问印尼。1991年泰总理阿南访问印尼时，两国成立双边特别经济委员会。1994年印尼、马来西亚、泰国共同建立了三国通讯网。但是，当时双边关系中也存在一些消极因素。首先是东盟的领导地位问题。印尼一向以东南亚大国自居，在公开场合宣扬印尼历史上的丰功伟绩，摆出东盟发言人的姿态，导致泰国极度反感。其次是印尼与越南关系问题。印尼与越南关系密切，并支持越南加入东盟。

而泰国与越南既有历史上的争斗，又有当时的交恶，基本上是两个敌对国家。印尼的亲越态度令泰国也不满。

20世纪90年代，印尼和泰国之间的贸易不断发展。泰国对石油及石油产品的需求不断增加，出现石油短缺。为此，泰国希望能得到印尼的帮助。印尼政府为增进友好关系，对泰国增加了石油的出口。同时，泰国也增加了对印尼大米的出口。1993年7月印尼、马来西亚、泰国联合实施东盟北部成长三角计划，开发区范围包括泰国南部五府(即陶公、惹拉、北大年、沙敦和宋卡)、马来西亚北部四州(即吉打、吉兰丹、霹雳和丁加奴)和印尼的北苏门答腊省以及亚齐特区。在安全合作方面，两国海空军曾举行十多次联合军事演习。泰国派员参加驻东帝汶多国部队。两国一直就地区政治安全及国际问题保持协商，尤其在政治解决柬埔寨问题的进程中开展了良好合作。

1999年11月，瓦希德总统访泰。双方签有科技合作发展备忘录、经济合作协定等多项协议，成立了特别经济委员会、部长级联合委员会。2000年5月，瓦希德赴泰出席泰国政治元老比里·帕侬荣诞辰100周年纪念活动，并接受泰国法政大学授予的名誉博士学位。泰国国王普密蓬和总理川·立派分别会见了瓦希德。2001年，瓦希德总统和梅加瓦蒂总统先后访泰，双方达成了渔业、石油、橡胶、旅游、教育、资讯等方面合作协议。两国外长签署了《贸易和旅游合作协议》，并重申加强印(尼)马泰成长三角区建设，同意就打击跨国犯罪加强合作；6月，泰国外长素拉杰·沙田泰与印尼外长哈桑·维拉尤达在泰国联合主持第四届泰印尼经济及学术合作联委会会议并发表联合声明，双方签署了《避免双重征税协定》。2002年1月，泰总理他信正式访问印尼，与梅加瓦蒂总统举行会谈。两国就开展贸易、旅游、投资合作及协调橡胶出口价格达成共识，签署了渔业合作谅解备忘录以及两国文化艺术、科技、电讯、青少年事务和体育合作等多项协议。2004年10月，泰副总理素瓦·利达潘洛作为他信总理代表出席苏西洛的总统就职仪式。

2006年10月，刚被任命为泰国总理的素拉育对印尼进行礼节性访问。印尼总统苏西洛在与素拉育会晤时表示，印尼愿意协助泰国结束泰国南部的冲突。素拉育表示，泰国南部的冲突将通过和平方式解决，也许会仿照印尼解决亚齐冲突的方式。素拉育还建议泰国南部的穆斯林组织及其领导人与印尼的穆斯林组织及其领导人进行接触互访，以协助寻求解决冲突的办法。素拉育还表示，将考虑苏西洛总统的建议，尽快结束在泰南实行的紧急状态。

2008年3月，泰国总理沙马在外交部长诺帕敦和陆军总司令阿努蓬的陪同下对印尼进行为期两天的正式友好访问，这是沙马就任以来首次访问印尼。访问期间，沙马总理与苏西洛总统举行了正式会谈，表示两国将进一步加强在渔业、经济、投资和贸易等领域的合作关系。2009年1月，泰国总理阿披实、泰国武装部队总司令颂提分别访问印尼。

2010年是印尼和泰国建交60周年，泰国外长曾4次访问印尼，包括参加第七次印泰联合委员会会议。这次会议的召开标志着两国双边对话机制的重新启动。第六次会议还要回溯到2007年7月，因泰国局势紧张而暂停。第七次会议上，两国同意开启专属经济区划界谈判。经贸方面，2009年两国贸易额为78亿美元，而2010年前8个月达82亿美元。

五、与文莱的关系

印尼和文莱同文同种，关系历来密切。1984年1月，苏哈托总统祝贺文莱的独立。苏哈托总统、武装部队司令穆达尼、外长穆赫塔尔参加了文莱的独立庆典；2月，两国建交并互派大使，印尼帮助文莱训练行政和军事人员。两国领导人曾多次互访。1984年10月，文莱苏丹哈吉·哈桑纳尔·博尔基亚访问印尼。1986年上半年文莱武装部队总参谋长、外交部长、文化部长相继访问印尼。1994年1月，印尼武装部队司令丹戎访问文莱，进一步发展两国在军事领域里的合作。2000年瓦希德总统访问文莱，与文莱政府签署避免双重征税协定，提出印尼、马来西亚与文莱三个穆斯林产油国制订共同石油政策的建议。随后，文莱王储穆赫塔迪·比拉回访印尼。2001年2月，文莱皇家武装部队总司令沙里阿末少将访问印尼，探讨加强防务合作。2004年9月，印尼总统梅加瓦蒂前往文莱，出席文莱王储穆赫塔迪·比拉的婚礼；10月，文莱苏丹哈桑纳尔·博尔基亚访印尼，出席苏西洛总统的就职典礼；12月，文莱武装部队司令哈尔比少将访问印尼。

2006年3月，印尼总统苏西洛夫妇访问了文莱。在文莱期间，苏西洛与文莱投资局（BIA）、文莱技术服务局（RBTS）和文莱经济发展理事会（BEDB）等主要投资促进机构和经济部门举行了会谈，就吸引文莱投资者到印尼参与基础设施、管道运输、铁路、电厂、桥梁等项目建设，购买印尼产CN234飞机，以及印尼企业参与文莱经济多元化重点建设项目和提供劳工、建材等方面交换了意见。2008年4月文莱苏丹哈桑纳尔·博尔基亚对印尼进行3天访问。访问期间，文莱苏丹与印尼总统苏西诺就进一步加强两国在政治、经济、能源和文化领域的合作进行会谈。印尼现是文莱原油最大买家，2007年印尼进口文莱原油占文莱原油出口总额的37%。2007年两国贸易总额19亿美元，同比增长16%，商品种类达600多种。2009年11月，印尼外长马蒂访问文莱，特别感谢文莱同意印尼提前担任东盟主席国职位。2008年12月和2009年12月，文莱苏丹还两次出席

“巴厘民主论坛”。

六、与越南的关系

印尼和越南在1956年就建立了领事关系，1964年8月10日建交，1974年升为大使级关系。此后，越南总理范文同、副总理兼外长阮维桢分别访问印尼。越南侵柬后，印尼要求越南从柬埔寨撤军。1982—1985年越南外长阮基石三次访问印尼。1985年印尼外长穆赫塔尔访问越南。同年，两国贸易代表团签订了发展贸易关系的谅解备忘录。1986年3月，印尼陆军参谋长鲁迪尼率军事代表团访问河内。1994年4月，越南主席黎德英率外长、外贸部长和农业部长访问印尼，希望进一步促进两国在经贸和政治、文化领域里的合作。越南希望印尼企业家赴越南投资，并表示将购买印尼的化肥和水泥等。1995年7月，越南加入东盟，成为东盟国家的第七个成员国。此后，印尼和越南的关系更加密切。瓦希德总统和梅加瓦蒂总统分别于1999年11月和2001年8月访问越南。2001年11月，越南国家主席陈德良访问印尼。2002年印尼和越南关于大陆架划界的技术层谈判进一步取得进展。2003年6月，印尼总统梅加瓦蒂访越南，双方在河内签署了5项合作协议，即两国易货贸易协议、两国政府互免普通护照签证协定、两国政府大陆架划界协定、两国联合声明和两国21世纪全面友好合作框架声明。2005年5月29日，印尼总统苏西洛访问河内，并与越南国家主席陈德良举行会谈。苏西洛此次访越期间，两国签署了有关教育和防止跨国犯罪方面的合作协议。

2007年8月，越南总理阮晋勇访问印尼。越南希望与印尼在两国已达成的陆棚界协议合作的基础上，在能源勘探和开采方面进行合作，特别是在边界一带的油气勘探和开采活动。阮晋勇表示希望越南石油公司、马来西亚石油公司和印尼珀塔米纳公司的合作能更进一步加强。这次会晤双方还签署了包括加强两国肃贪机构之间的合作等新的协议。2010年，由于越南是东盟主席国，苏西洛两次到访越南参加东盟峰会。特别是2010年10月27日，苏西洛对越南进行了国事访问，两国签署了两项重要的协议——《海洋和渔业合作谅解备忘录》和《加强两国防务官员及其相关活动合作谅解备忘录》。早些时候，两国还签署了《议会间合作谅解备忘录》。同时，两国经济关系不断发展：2008年两国贸易额为25.2亿美元，2009年为21.8亿美元，而在2010年前8个月已经达到18.63亿美元。在边界问题上，两国同意开启专属经济区划界谈判，并举行了两轮技术性磋商。但是，印尼纳土纳群岛的色卡东岛（Pulau Sekatung）和越南的昆岛（Pulau Condore）相距不到245海里。两国对这两个岛屿之间海域的归属颇有争议。

七、与老挝、缅甸、柬埔寨的关系

印尼在政治解决柬埔寨问题的过程中发挥了重要作用。1999年3月，柬埔寨首相洪森访问印尼，并与哈比比会晤。哈比比在欢迎致词中表示，发展中国家越发依赖发达国家是一个大错误；发展中国家应在全球化的时代加强合作。会谈中，哈比比还要求柬埔寨支持印尼提名马卡米南担任联合国教科文组织总干事长。洪森感谢印尼政府为柬的和平以及支持柬加入东盟作出的巨大努力。双方签订了关于提高和保护贸易的协议。1999年11月，瓦希德总统访问老挝、缅甸、柬埔寨。2001年8月，梅加瓦蒂总统也出访三国。2002年4月，老挝总理本扬·沃拉吉访问印尼，双方决定成立双边合作联委会。5月，印尼与老挝在雅加达举行外长级双边联委会首次会议，重点探讨防务、军事交流与合作。8月，印尼与柬埔寨在日惹举行联委会高官会议。

2003年10月，缅总理钦纽在印尼巴厘岛参加东盟峰会期间，拜会了印尼总统梅加瓦蒂。2004年11月，印尼外长哈桑·维拉尤达访问缅甸，是缅甸政变后首位访缅的外交官。哈桑和缅甸新总理梭温进行会谈，双方就缅甸的民主改革计划交换了意见。

2005年印尼总统苏西洛抵达缅甸首都仰光进行为期两天的国事访问，这是他就任总统后首次访缅。缅甸国家和平与发展委员会主席丹瑞与苏西洛举行了会谈，随后两国政府签署了谅解备忘录，决定成立双边合作联合委员会，进一步推动两国友好合作关系向前发展。2007年11月苏西洛出席第13次东盟领导人峰会期间，会见了缅甸总理登盛。

2008年3月缅甸总理登盛共率领9名工业领袖和5名部长抵达雅加达进行了两天访问。这是登盛在2007年上任以来，第一次访问印尼。印尼总统发言人贾拉勒在两国领导人举行会谈后说，缅甸政府表明，只要罗兴亚船民可以证明他们是土生土长的缅甸人，缅甸政府愿意接受他们。贾拉勒还表示，罗兴亚船民将获准在北苏门答腊的难民营居住，"直到有解决方案为止"。印尼多次表示支持缅甸民主路线图，支持缅甸维护稳定和领土完整的努力，并将促进东盟成员国密切合作，帮助缅甸推动其民族和解和民主进程。

2010年1月，印尼外长马蒂访问老挝与老挝副总理举行会谈。而老挝外长、国防部长、农业部长、最高法院院长均在2010年访问印尼。印尼重视对老挝的技术、教育等方面的援助。两国正在拟定体育合作、避免双重征税、普通护照免签等谅解备忘录。

2010年3月30日至4月1日，印尼外长马蒂应缅甸外长年温邀请访问缅甸，并与缅甸总理登盛会晤。会谈中，双方表示要加强在贸易、投资、能源矿产、林业方面的合作。2010年11月，缅甸举行大选时，印尼表示了极大的支持和关注。

2010年6月，印尼外长访问柬埔寨，签署普通护照免签证协议，极大地推动了两国民众之间的交流。在贸易方面，2008年印尼对柬埔寨出口额为1.62亿美元，从柬埔寨进口额为200万美元；2009年印尼出口提高到1.97亿美元，进口额为340万美元。印尼和柬埔寨两国在社会文化方面，特别是针对婆罗浮屠佛塔和吴哥窟的保护也开展了务实合作。

第三节　与世界主要国家和组织的关系

一、与美国的关系

自印尼独立后，美国政府，特别是中央情报局对印尼军队的渗透从未间断过。美国帮助印尼训练军队，扩大美国在印尼军队中的影响力，让军方制约印尼共产党势力的发展。20世纪50年代末以后，由于国内外因素的影响，印尼和美国的关系一直处于紧张状态。苏哈托政府执政后，印尼同美国的关系得到了恢复与发展，两国领导人不断互访。1969年尼克松总统访问印尼。1972年福特总统和基辛格国务卿访问印尼，默许印尼占领东帝汶。苏哈托总统于1975年、1982年也访问过美国。1984年美国国务卿、副国务卿和副总统也先后访问了印尼。90年代后美国副总统奎尔、总统克林顿到访印尼。此外，美国在东盟地区论坛的框架内与印尼保持积极的对话，两国外长也要经常会面和交换看法。在经济援助方面，1966年4月，美国率先与印尼签订319万美元的长期贷款协议，恢复对印尼的经济援助。1978—1979财政年度，美国给印尼的双边经济援助总额接近2 500万美元，比1975年增加了138%。此外，美国是“援助印尼国际财团”的主要成员。由美国控制的世界银行以及亚洲开发银行也不断向印尼提供经济援助。在军事援助方面，1967年美国恢复对印尼的军援，帮助印尼军队更新和扩充装备。1967—1969年，美国每年提供500万美元用于训练印尼军队，此后连年激增，1970年增至1 800美元，1971年2 500万美元，1972年8 000万美元。在1976年后，美军事援助也保持在4 000万美元左右。在投资贸易方面，美国是印尼的主要外来投资者，从1967—1989年，美国在印尼的直接投资总额（不包括石油、天然气、银行和保险业）为20.27亿美元，占外来投资者的第三位。美国也是仅次于日本的主要外贸伙伴国。

苏哈托下台后，美国高度关注印尼政局稳定，支持印尼新政府实施经济和民主改革。虽然两国在人权、反恐、美对印尼停止军售①等问题上屡有争执，但是总体保持了良好的双边关系，尤其在贸易和投资方面。1999年美国务卿奥尔布赖特、2000年美国防部长和财政部长先后访问印尼，瓦希德总统及外长阿尔维分别数次访美。2000年印尼指责美涉嫌插手分离主义运动，暗中支持骚乱，民间反美情绪高涨，两国关系一度趋紧。在2000年，美是印尼第一大进口国和第二大出口国，美还通过双边及多边渠道向印尼提供贷款援助。

2001年9月19日，梅加瓦蒂总统访问美国，与布什总统举行会谈，双方就恐怖主义问题发表联合声明。印尼对美国建立国际反恐联合阵线表示支持，美国则同意逐步放开对印尼军售，两国国防部建立安全对话机制。但是“9·11事件”后美国的全球政策和美军事打击阿富汗一度激起印尼穆斯林反美情绪。印尼政府在反恐问题上既要注意与美合作，也要顾及国内穆斯林情绪。美对印尼政府打击国内极端穆斯林不力有所不满。据印尼工贸部统计，2001年美是印尼第二大贸易伙伴，两国贸易额为116.8亿美元。

---

① 由于在东帝汶、人权和印尼分离主义问题上两国存在分歧，自1999年8月起美对印尼停止军售，非致命性武器不在其列；停止双方“国际军事教育与培训项目”。

2002年3月，美联邦调查局局长米勒的东盟之行到访印尼，与印尼政府交换反恐情报和加强机构间的反恐合作；4月，美国贸易代表佐立克访问印尼；4月，印尼美两国在雅加达举行了首次安全对话会议，就安全防务问题以及打击恐怖活动和跨国犯罪合作交换了意见，并决定会议由双方每年轮流召开；5月，印尼国防部长马托利访美，印尼国军恢复参与美“国际军事教育与培训项目”（IMET）；8月，国务卿鲍威尔和美太平洋舰队司令法戈先后访问印尼。美并派中东特使津尼赴印尼协助处理亚齐问题，申明美国支持印尼维护主权和领土完整。但在“9·11事件”一周年之际，美国单方面关闭驻印尼使领馆、对印尼公民入境加强检查和发动对伊拉克战争等做法引起印尼各界强烈不满。

印尼非常关注美国军事占领伊拉克后的局势，多次强烈谴责美国绕开联合国，单方面向伊拉克发动进攻。2003年3月20日，梅加瓦蒂召开内阁会议后发表声明：“美国单方面决定对伊拉克使用武力是违背国际法的侵略行径。”[①] 7月，5架美国F-18战斗机随航母通过印尼群岛海道时，在没有取得许可的情况下侵入印尼领空长达2小时，严重影响了印尼的民用航空，印尼国会向美国使馆提出强烈抗议。[②]9月，印尼副总统哈姆扎·哈兹称，美国是“恐怖分子的国王”[③]，与印尼政府一贯支持美国反恐战争的立场大相径庭，引起两国震动。2003年10月，布什对印尼进行了短暂的访问，赞扬印尼对美国主导的国际反恐斗争的支持，并称美国尊重伊斯兰教信仰。

2004年3月，美国土安全部长里奇访印尼，与梅加瓦蒂总统和政治安全统筹部长苏西洛进行了会晤，就加强情报交流和反恐合作

① Indonesia Kecam Keras Agrasi AS. Kompas，2003-03-21（1）.

② Manuver Pesawat AS Ancam Penerbangan Sipil RI. Kompas，2003-07-05（1）.

③ 印尼时代报网络版. Hamzah Has soal Pernyataan “Amerika Raja Teroris” [EB/OL].（2003-09-05）[2006-07-04]. http://www.tempointeraktif.com/hg/nasional/2003/09/05/brk，20030905-44,id.html.

达成一致意见。8月，美亚太区域战略与防御事务司令卡尔·艾肯伯里访印尼，与印尼国民军司令苏达托探讨了军事合作。双方举行了“印尼—美国安全对话”论坛第二次会议和“双边国防对话”论坛第四次会议，签署了美向印尼提供总额4.68亿美元发展援助的协议。但双方在马六甲海峡安全问题上分歧严重。印尼军方一直声称，海峡主权属于印尼、马来西亚和新加坡，三国有责任也有能力维护海峡安全，对美提出的“区域海上安全倡议”（RMSI）表示强烈不满。

2004年9月，美国改组东南亚外交使节班子，新任驻印尼大使帕斯科在国会述职时表示，“未来几年是印尼本身过渡时期和印尼与美国关系的关键时刻”。10月，白宫发言人祝贺印尼成功举行首届总统直选，指出这次选举是亚洲民主的楷模；美国是“印尼亲密的朋友和伙伴”。2005年初，美国国务卿新任赖斯表示，她和美国国会就恢复印尼的军事教育和训练计划已进入最后协商阶段；美国希望跟印尼结为东南亚的战略盟友。2005年5月24日，印尼总统苏西洛访问美国，主要目的是与美国总统布什商谈全面恢复两国军事联系。双方同意尽快加强两国的军事联系，包括恢复军事训练计划和美国恢复对印尼非致命装备的军售。布什也盛赞美国和印尼是“世界上两个最大的民主国家”，并正式宣布全面恢复和印尼的军事关系。

2006年11月20日，美国总统布什亚洲之行的最后一站访问印尼，两国发表联合声明，强调构筑向前看的伙伴关系。双方表示要通过在禽流感问题等卫生事务、教育、替代能源、防灾等方面的合作，加强两国的联系。布什还特别赞扬了印尼民主改革中取得的进展，表示印尼是一个具有很大潜能的大国，印尼的多元化和多样性表明人们确是能和平共处的。在布什到访的前一周内，印尼各地爆发了各阶层的抗议示威活动，示威人士反对布什政府在伊拉克和阿富汗采取军事行动，并抗议政府让美国埃克森、加德士、自由港等石油矿产公司开采印尼资源。这次布什对印尼的第二次访问前后只逗留7个小时，有分析人士认为，布什此行宁愿冒风险也要争取印尼在反恐问题上的更大支持。

2007年1月，印尼发生亚当航空空难，美国不仅派遣军机和海洋勘探船进行搜救，还派出六人的专家小组，协助印尼进行调查。2月，美国参谋长联席会议主席佩斯访问印尼。4月，印尼国防部长尤沃诺访美。同月，印尼美安全对话在雅加达举行，美方表示对印尼的军售及军训援助预算草案不再设限；美国向印尼提供的军事贷款从原来的100万增至1 570万美元；2008年美对印尼的军训援助从93.8万美元增至97.4万美元。分析家认为，印尼频频表示要向其他国家洽购军火，促使华盛顿加速恢复同雅加达的国防与军事合作步伐。5月21日，美国贸易代表苏珊施瓦布和印尼贸易部长冯慧兰在华盛顿会谈。此次会谈是美印尼贸易与投资框架协议（TIFA）的一部分，被视为两国建立自由贸易协定的起点。双方同意成立工作小组，准备推出一套知识产权、农业与工业产品、服务与投资领域等方面的“特别计划”。5月26日，美国核问题特使、负责东亚和太平洋事务的助理国务卿希尔访问雅加达，希望与印尼在朝鲜核问题上开展积极合作。9月，布什和苏西洛在悉尼出席亚太经合组织峰会之际举行会晤，双方共同呼吁中国和印度能发挥影响力，促进缅甸改善人权。

2008年2月底，美国国防部长盖茨访问雅加达，并宣布将加强向印尼提供武器和军训方面援助，其中向印尼出售F-16C/D新式战机及协助提高印尼所拥有F-16A/B旧战机性能；协助印尼建立7个雷达站，其中1个是在马六甲海峡。此外，美方也将给予印尼1 600万美元军援。这表明美方已解除对雅加达的军火禁运。但是印尼方面表示由于预算有限，印尼无力购买新战机，只能改造原有10架F-16战机中的6架。4月，美国助理国务卿希尔访问印尼。5月，美国解除对印尼长达8年的旅游警告。9月，美国在印尼最大投资项目之一美资印尼自由港公司在巴布亚省的保安站、大桥和机场等设施遭到暴力攻击，攻击系巴布亚分离组织所为，他们要求当局关闭自由港公司所经营的铜矿。此次攻击凸显了美国石油矿业公司因在当地导致环境问题及被指责侵害民族利益在印尼面临的不利局面。11月，奥巴马当选美国总统；苏西洛认为奥巴马的外交政策“令人耳目一新”，表示希望同美国建立战略伙伴关系，两国能够就能源安全、粮食短缺、气候变化和环球金融危机等课题进行合作。

2009年1月，印尼副总统卡拉访问美国。2月18~20日，美国国务卿希拉里访问印尼，展开奥巴马托付给她的修复美国与伊斯兰世界关系的第一项任务。希拉里与印尼外长哈桑会晤时表示，作为一个民主和穆斯林占绝大多数的国家，印尼在奥巴马政府推行“巧实力”新外交政策中具有举足轻重的地位；“跟印尼建立全面的伙伴关系，是代表美国迈向巧实力的重要步伐。”但是希拉里此行也遭到印尼穆斯林学生的抗议，印尼伊斯兰教组织穆罕默迪雅主席也拒绝和她共餐。2009年12月两国签订《和平队谅解备忘录》。第一批美国和平队一行18人于2010年3月抵达印尼，在东爪哇的中学教授英语。

2010年3月29日，印尼美在雅加达签署《科学技术合作条约》，涉及农业、生物、动植物防疫、卫生、医疗、海洋研究、能源、环保、教育等多个方面。4月13日，两国在华盛顿签署《海外私人投资协议》，保障了美国投资商在印尼的合法利益。6月10日，两国签署政府间《防务协议框架》，为两国在军事训练、军备采购和海事安全方面加强合作打下基础。2010年9月17日，印尼美两国举行

第一次部长级联合委员会会议，开创了双边对话机制，双方签订了《印尼美全面伙伴关系行动纲领》。2010年印尼美关系的重头戏是11月9~10日美国总统奥巴马访问雅加达，两国签署全面伙伴关系协定。两国领导人还同意加强两国在经济、反恐、气候变暖以及其他领域的各种合作。奥巴马还在印尼大学发表演讲，言谈中不时说上几句标准的印尼语，并提到他在印尼的童年生活。2011年3月，维基泄密公开的美国外交电报指苏西洛“滥用职权”，并且涉及贪污、恐吓等事件。印尼政府向美国表示“强烈抗议”。11月，希拉里和奥巴马先后到巴厘岛出席东亚峰会系列会议，期间美国表示向印尼出售24架翻新的F-16C/D战斗机，并提供6亿美元的环保援助。

二、与日本的关系

1958年4月15日，印尼和日本正式建立外交关系。20世纪60年代，两国关系逐渐密切，主要原因在于印尼和日本的经济具有很强的互补性。印尼的经济发展和社会稳定需要从日本获取大量的资金、技术、生产设备和日用工业品；而日本也需要印尼的石油天然气等资源。此外，日本对印尼的“经济援助”外交也加强了两国的联系，大量的援助有利于刚刚上台的苏哈托政权稳定政治和社会局势。由于当时印尼已无力按期偿还外债，在日本政府的倡议之下，1966年9月在东京举行“印尼债权国”多边会谈，讨论印尼的债务延期等问题。在经济合作和援助的推动下，双边政治安全关系得到进一步加强，两国领导人不断互访。1971年，印尼建议与日本在印尼领土上开展空中联合军事演习，这被看作是印尼政府放出的“探测气球”，检测公众对两国政治军事合作的反应。1972年苏哈托总统访问日本，就加强与日本经济合作与佐藤首相会谈，双方还达成印尼用原油偿还日本贷款的协议。

但是，在20世纪60年代中期到70年代中期，印尼政界一部分“精英”对两国关系有不同看法，提出“日本威胁论”，认为日本经济力量的增强会使日本出现新的扩张主义。其直接后果就是1974年1月田中角荣访问印尼时在雅加达遭遇到大规模的“反日暴动”。但考虑到更长远的经济利益，印尼政府决定和日本保持良好的关系。1975年7月，苏哈托访问日本。尽管只是一次非正式访问，但意义重大。印尼不仅希望学习日本先进的发展经验，还愿意与日本建立互利的合作关系，特别是希望日本在维护地区发展和稳定方面作出积极贡献。日本对此表现出积极的回应，加强了对印尼的援助和文化交流。1977年8月，日本福田赳夫首相访问包括印尼在内的东南亚各国时，提出对东南亚外交的“福田三原则”[①]，为其后日本发展与东南亚国家关系奠定了基础。在此之后，印尼政界的“日本威胁论”逐渐消减，印尼和日本领导人之间的互访也更为密切。1982年10月，苏哈托非正式访问日本时，与铃木首相举行多次会谈。铃木解释此前日本修改教科书否认军国主义侵略一事“不会给邻国带来威胁”，希望东南亚国家消除误会。

自20世纪90年代以来，两国关系依然稳步向前。印尼政府支持日本参加联合国维和行动及有条件地支持日本成为联合国安理会常任理事国。日本政府也一惯重视对印尼的关系，多次表示支持印尼政府解决亚齐问题和马鲁古宗教冲突的立场，在印尼的人权、民主和环保等问题上与西方国家拉开距离，保持低调。但是，印尼对日本军事势力企图向东南亚扩张抱有戒心，一直坚持东南亚中立化的主张。

近一时期，两国领导人也往来不断。日本明仁天皇及宫泽喜一、

① 其要点如下：日本不当军事大国；与东南亚各国建立“心心相印”的友好信赖关系；以对等、合作者的身份支援东南亚。

桥本龙太郎、小渊惠三等历任首相均曾访问印尼。印尼总统哈比比和瓦希德分别于1998年和1999年访问日本，都获得日本支持印尼恢复经济的保证。金融危机期间日向东盟提供总计400多亿美元双边援助贷款，印尼是最大的受益方。2000年印尼人协主席阿敏·赖斯和时任政治社会与安全统筹部长的苏西洛分别访日；日本外相河野洋平访问印尼。2001年梅加瓦蒂总统访问日本。2002年1月，日首相小泉访问印尼，双方就打击走私和恐怖活动及区域经济合作交换了意见，日本承诺与东盟在十年内建立自由贸易区；11月，巴厘爆炸事件发生后，日本向印尼提供2 600万美元援助。此外，由于日本还是东盟国家主要的对话伙伴国之一，所以在每年举行的东盟论坛会议上，两国外长经常会面，磋商和交流两国彼此关心的问题。2003年12月12日，日本和东盟特别首脑会议闭幕，日本首相小泉纯一郎与印尼总统梅加瓦蒂签署了旨在加强日本与东盟各国经济、政治和安全关系的《东京宣言》和《行动计划》。2005年5月，印尼总统苏西洛访问日本，与日本签订《战略投资行动计划》和《经济伙伴协定》以推动日本对印尼的投资和加强两国自由贸易。日本政府也表达对印尼经济复苏的支持。

在经济方面，日本不仅是向印尼提供经济援助最多的国家，而且也是印尼最主要的外来投资国、贸易伙伴国和商品出口市场。截至2002年，日本通过“援助印尼国际财团”向印尼提供的援助贷款累计260亿美元。2003年印尼结束IMF经济监管后，日履行承诺，继续向印尼提供援助。2006年11月，苏西洛总统对日本进行国事访问，两国发表了“建立面向未来和平与繁荣的战略伙伴关系”的联合声明，正式签署两国贸易协定框架。根据协议，日本将允许印尼派劳工，特别是护士到日本工作，并协助印尼培训旅游业人才。印尼是继菲律宾之后通过贸易协定向日本输送工人的第二个国家。

作为回报，印尼保证对日本的天然气供应并在对朝鲜施压问题上帮助日本。苏西洛在日期间还拜会了日本明仁天皇夫妇，以及获颁东京庆应义塾大学荣誉博士学位。

2007年5月，印尼副总统卡拉对日进行工作访问。6月，印尼日本两国分别举行两国建交50周年的庆祝活动。8月20日，日本首相安倍晋三偕88名政府官员和170名企业家访问雅加达。苏西洛总统和安倍首相共同签署《印尼—日本经济伙伴协议》，并共同见证价值39.8亿美元的4项能源与电力领域合作多个次级项目的启动。2008年8月印尼派遣200名护士到日本工作。但是一个月后，由于印尼护士语言、宗教、工作绩效等问题，护士派遣工作陷入窘境。2009年1月，卡拉副总统再次访问日本。10月日本外相冈田克也对印尼进行正式访问。12月，鸠山由纪夫参加第二届巴厘民主论坛并与苏西洛一道担任联合主席。

2010年1月，在雅加达举行了首次印日联合经济论坛，主要讨论日本在印尼的基础设施项目和推动《印尼—日本经济伙伴协议》的实施。同年11月，在东京举办了第二次印日联合经济论坛。2010年11月13～14日，印尼总统和和副总统均出席在日本横滨举行的APEC经济领导人会议。在第三次巴厘民主论坛期间，两国还签署了《大都市优先地区》，帮助印尼雅加达及其周边地区的基础设施建设，完善投资环境。在贸易方面，2010年前8个月印尼向日本出口额为182亿美元，进口额为102亿美元。印尼不仅是日本第七大进口国，也是日本的主要能源输入国，尤其是天然气、煤炭以及锡、镍等矿产。而日本是印尼的投资大国，2010年前三个季度投资额为5.06亿美元，项目达225个。劳动力方面，2010年约有3万名印尼劳工赴日本。从2008年起到2010年印尼赴日工作的护理人员总计达683人。

三、与澳大利亚的关系

印尼和澳大利亚是邻国，彼此视为重要的外交伙伴。两国于1950年建交，但是建交初期，一系列的地区紧张局势给两国关系蒙上了一层阴影。苏哈托政府执政后，特别是印马关系正常后，印澳关系也出现转机，20世纪70到80年代两国保持经济、技术、军事的密切合作，政府高层互访增加。

印尼吞并东帝汶之前，澳大利亚采取了不干涉印尼内政的政策。虽然印尼"9·30运动"后发生了大规模的政治迫害和屠杀，但是很少有政治家和媒体公开批评印尼局势。1975年11月印尼占领东帝汶震惊了澳大利亚。从此澳政府改变了谨慎态度，开始关注印尼局势，东帝汶问题也就一直成为两国外交关系中的关键。1983年双方就东帝汶问题签订了《互相谅解声明》，澳实际上承认印尼对东帝汶的占有；作为回报，印尼同意澳在帝汶海和阿拉弗拉海开采石油。

1985年8月，澳总理霍克在电视讲话中承认印尼对东帝汶拥有主权，印尼对此表示欢迎；11月，印尼外长首次访问澳大利亚，表示印尼不会威胁澳大利亚的安全。1986年4月，澳新闻媒体公开批评印尼独裁政权，引发"金肯斯事件"[①]。为平息纷争，1989年3月印尼外长阿拉塔斯访问澳大利亚时，双方发表了《澳大利亚印度尼西亚关系新框架》联合公报。但此后不久，1991年11月，东帝汶爆发印尼士兵大规模枪杀逮捕和平示威群众的"帝力事件"。澳大利亚强烈支持联合国对事件进行调查，并和东帝汶各方举行会谈，两国

① 1986年4月10日澳大利亚《悉尼先驱论坛报》刊发记者大卫·金肯斯（David Jenkins）的文章。该文把印尼总统苏哈托比作菲律宾独裁者马科斯，引起印尼政府尤其是印尼军方的不满。印尼立即作出反应，禁止澳游客和记者前往印尼，并关闭澳出入印尼群岛的重要海峡，史称"金肯斯事件"。

关系再度紧张，两国关系新框架面临坍塌的危险。

自1991年12月，基廷就任澳大利亚总理后，其“融入亚洲”的外交政策使两国关系得到较大改善。1992年4月，基廷上任后出访的第一站选择了印尼，准备和印尼领导人心平气和地讨论东帝汶问题，并希望与苏哈托建立密切的私人关系；双方同意建立印尼—澳部长级论坛。1994年2月，基廷在悉尼发表讲话称，印尼是澳大利亚最重要的邻邦，苏哈托的新秩序给印尼带来了繁荣与稳定，这是30年来影响澳大利亚及其区域最有益的战略因素。1995年12月18日，双方在印尼独立宫签署《澳印尼维持安全协定》。该协议体现了一种结盟的色彩，暂时消除了印尼对澳大利亚战略上的担心。但是两国安全协议的签订主要还是基于两国领导人亲密的私人关系，这种基础并不牢固。

澳联盟霍华德政府执政后，采取“融入亚洲”与“朝向欧美”并重的外交政策，两国关系变得起伏不定。1997年，两国签订海上边界条约，结束两国长达25年的谈判。澳大利亚还建议在印尼东部地区建立澳印尼开发区。亚洲金融危机中，澳大利亚给印尼提供了大力支持。1999年1月，澳对东帝汶政策发生“历史性变化”，支持东帝汶人民自决，引起印尼极大不满。8月，东帝汶公民投票引发骚扰，印尼军队乘机实施军管，澳政府再次谴责印尼，领导组建多国维和部队进驻东帝汶。印尼于9月宣布取消双边《澳印尼维持安全协定》，两国关系降至历史最低点。

东帝汶独立进程启动后，双方有意改善关系。两国签署了加强司法合作的谅解备忘录，同意由东帝汶取代印尼作为帝汶海床协定的协议方，原印尼澳有关协定中止。2000年1月，澳外长唐纳访问印尼；11月，瓦希德在东盟首脑会议上倡议成立包括印尼、澳大利亚、东帝汶、新西兰、巴布亚新几内亚和菲律宾在内的“西太平洋论坛”；12月，印尼外长阿维希哈率团出席了在堪培拉举行的第四届印尼—澳部长级论坛会议和第三次开发区部长级会议，这是1998年底以来印尼部长级代表团首次访澳。会谈期间，双方签署《农业联合声明》、《卫生合作行动计划》和《交通合作谅解备忘录》三个文件，就深化合作达成多项共识。澳对印尼“西太平洋论坛”动议表示欢迎，并重申对印尼领土完整和经济复苏的支持。

2001年6月瓦希德总统经数次推迟后访问澳大利亚，这是印尼总统26年来首次访澳；8月，澳总理霍华德回访印尼；在这两次高层互访中，双方都强调需要建立互信互谅和加强对话，对改善各领域的合作表示出强烈的愿望。9月，两国就非法移民问题一度发生争执，双方有关部长就非法移民问题举行紧急磋商；11月，巴厘爆炸事件后，澳总理、外长前往巴厘。印尼外长哈桑·维拉尤达也访问澳大利亚，就东帝汶问题和恢复防务关系交换意见，就经济合作、共同打击非法移民、走私贩毒和恐怖活动等问题进行协商，同意建立澳、印尼和东帝汶三边磋商机制。

2002年2月，澳总理霍华德对印尼进行国事访问。霍华德表示支持印尼领土和主权完整的立场，反对亚齐和巴布亚脱离印尼独立；双边签署了反恐合作备忘录、警察部门合作备忘录，并就巴厘爆炸事件的调查进行了合作。但是印尼国会认为澳干涉印尼内政，特别插手巴布亚的独立问题，反对霍华德的来访，引起外交界震动。不仅如此，当霍华德访问日惹大学时，引起印尼学生的抗议活动并导致和防暴警察的冲突。事件发生后的几年内，霍华德总理访问印尼只局限于吊唁巴厘岛爆炸遇难公民和出席周年纪念等场合，没有再对印尼进行正式访问；印尼总统梅加瓦蒂执政的3年中，也从未访问过澳大利亚。

2004年2月，印尼澳两国共同举办“反恐部长会议”，决定7月由澳方出资在三宝垄建立“雅加达法律实施合作中心（JCLEC）”，主要目的是交换情报信息，提高区域打击犯罪，尤其是打击恐怖主义的执法能力。9月，澳驻印尼使馆门前发生恐怖爆炸，澳外长唐纳紧急赶赴印尼，双方进一步加强反恐合作。2004年10月，霍华德总理第九次访问印尼，主动参加印尼新总统苏西洛的就职典礼，被认为是进一步改善双边关系的契机。霍华德表示要寻求“与(印尼)新总统的密切关系”，双方就深化两国关系达成了共识，同意加强合作打击恐怖活动，并考虑签署新的安全条约。澳大利亚积极的姿态得到苏西洛的响应。2004年12月，在日惹举行的“跨宗教对话”邀请了澳大利亚、巴布亚新几内亚、东帝汶和东盟国家的宗教领袖参加。对话加强了国家间不同宗教的相互理解。当前有2.5万名印尼学生留学澳大利亚，每年给澳创汇7.5亿澳元，求学人数还在不断上升。而约有25万的澳大利亚学生把印尼语作为第二语言学习。

但是，两国关系的发展依然面临一些挑战。2004年10月澳大利亚大选前，澳战略政策中心公布一个调查结果，约31%的澳大利亚人认为印尼是澳最大的威胁。2005年4月苏西洛总统访问澳大利亚，与澳建立全面伙伴关系，两国关系逐步升温。2006年，澳大利亚为巴布亚的43个难民提供政治庇护，两国关系又开始走下坡，印尼召回驻澳大使以示抗议。6月，霍华德总理访问印尼，双方就化解矛盾、恢复关系达成谅解。随后，两国在巴厘岛举行了第八届部长级会议。11月，哈桑外长与唐纳外长在龙目岛签订了两国《安全合作框架协定》，加强双方在边界巡逻、民用核子研究方面的合作，并确保雅加达对一些分离主义省份的主权。同月，两国还在龙目岛签署协议，双方不仅达成一项新的边界条约，澳还支持印尼在一些动乱的省份行使主权。同月，印尼海洋渔业部长弗勒斯访问澳大利亚，澳宣布向印尼提供7200万美元援助。

2007年3月，印尼与澳联合举办次区域部长级反恐会议，两国警方于当月联手粉碎伊斯兰祈祷团的一个据点，成为两国警方共同遏制和打击恐怖分子的里程碑。6月，澳再次协助印尼警方逮捕伊斯兰祈祷团首领扎尔卡西和军事领导人阿布杜加纳。6月，雅加达省长苏迪约梭访问澳新南威尔士州，被澳警察闯入客房递交澳法院传票，引起外交风波。7月，苏西洛在巴厘岛会见到访的澳总理霍华德，双方决定研究两国订立自由贸易协定的可行性。霍华德此行的主要目的是主持澳驻巴厘岛总领事馆开幕式。11月，印尼国会批准了印尼与澳大利亚政府签署的防务协议。

2008年6月13日，澳大利亚总理陆克文对印尼进行正式访问。两国领导人签署了抑制温室效应气体排放的协议，两国还同意在保护森林和保安方面加强合作。在访问期间，陆克文还向印尼卡利巴塔烈士陵园献花。由于该陵园埋葬指挥印尼军队入侵东帝汶的将领，陆克文此举引来国内政治批评。9月，印尼国防部长尤沃诺和澳大利亚国防部长菲茨吉本会晤。印尼要求澳大利亚协助其提升军事装备，以使本国的军火装备不落后于该区域其他国家。12月，陆克文出席巴厘民主论坛。2009年1月，在印尼澳部长级会议上，印尼方与澳方对口部长就两国政治、经贸、环境和气候等领域合作进行会谈。10月，澳大利亚总理陆克文赴雅加达出席苏西洛总统的就职典礼。

2010年3月9～11日，苏西洛访问澳大利亚，并在澳大利亚议会上发表演讲。访问期间，两国同意通过定期召开领导人年度会晤、外长部长和国防部长联合会议以及非政府间印尼澳领导人对话等形式强化全面伙伴关系，加强反恐、打击偷渡和非法贩卖人口方面的执法合作，扩大贸易投资和粮食、能源领域的合作，通过印尼澳森林碳伙伴基金开展林业合作。在堪培拉，两国还了签署《偷渡实施协议》和《政府间领事通知和协助安排》。2010年11月1～2日，澳大利亚新任总理吉拉德（Julia Gillard）访问印尼，两国签署《印澳全面经济伙伴协议》。在经济方面，澳大利亚是印尼的第十一大贸易伙伴，有超过400家的澳大利亚公司在印尼投资，领域涉及矿业、建筑、金融、食品和交通等。2010年1至7月印尼澳贸易额达49.3亿美元，其中印尼进口额为23.9亿美元，同比增长近40%。

四、与俄罗斯的关系

1991年12月，苏联解体后印尼承认俄罗斯联邦。1996年印尼支持俄罗斯成为东盟对话国。1999年3月，俄副总理马斯柳科夫访问印尼，两国签署科技合作、贸易和避免双重征税协定，开展易货贸易。俄军镇压车臣反政府武装曾引起印尼穆斯林不满，但印尼政府始终坚持车臣问题是俄内政，希望和平解决。

2003年4月20日，梅加瓦蒂总统访问俄罗斯，这是最近14年来印尼总统首次访问俄罗斯。梅加瓦蒂与俄总统普京就双边关系和国际问题举行会谈，并签署了《俄罗斯与印度尼西亚21世纪友好和伙伴关系原则声明》。声明指出，俄罗斯和印尼主张建立公正民主的国际关系体系，主张以政治和外交方式解决国际问题。双方希望加强联合国框架内的伙伴与合作关系，反对以任何形式干涉别国内政和以任何借口破坏别国领土完整。两国将在维护世界和平、打击恐怖主义等问题上加强合作。俄印尼两国同意扩大政治对话，增加在司法、国防、安全、信息、医疗等各个方面的接触，促进经济、贸易、科技、军事技术的交流与合作。访问期间，印尼与俄罗斯签署了一项价值为1.929亿美元的购买俄制武器合同。根据规定，俄罗斯将向印尼提供2架Su-27SK、2架Su-30MK、2架Mi-35直升机及其以上飞机的配件。2004年8月，梅加瓦蒂表示将再向俄罗斯购买

8架，装备一个飞行大队。2004年11月，苏西洛总统与俄罗斯总统普京在智利APEC会议期间进行双边会晤，双方一致同意致力于建立战略性合作关系，加强在政治安全和防务等领域的合作。

2006年10月，印尼海军参谋长海军上将苏比延托向媒体表示，印尼将向俄罗斯引进4艘基洛级潜艇以及2艘阿穆尔950级潜艇。除了潜艇之外，印尼还有意引进俄罗斯的苏霍伊战斗机，到2024年还会多买另外6艘潜艇。自1999年美国对印尼实施武器禁运以来，印尼频频向俄表示购买武器，以刺激美国解除禁运。12月，苏西洛访俄，并会见俄总统普京，军事采购成为双方的最主要课题。苏西洛访问期间，双方还签署了10份关于核能、太空技术、军售和旅游方面合作的协定，其中2007—2010年发展军事技术的协议最令人关注。有消息说，印尼希望向俄方购买30亿美元的武器，并让俄罗斯天然气总公司和俄罗斯采矿原油公司参与在印尼加里曼丹的油气项目；俄方则答应提供10亿美元的贷款。

2007年8月，印尼国防部秘书长率国防与军事代表团访问俄罗斯，与俄方洽商军购事宜。双方签署印尼购买3架Su-30MK2和3架Su-27SKM战机谅解备忘录。这6架飞机总额为3.35亿美元，但不会动用俄的10亿美元贷款。据报道，印尼准备将这10亿美元贷款用于向俄购买10架Mi-17-V5、5架Mi-35P直升机、2艘基洛级潜艇、20辆BMP-3F型战车以及供空军飞行技术系统与武器设备等。9月6日，俄总统普京对印尼作短暂访问，成为50年来第一位访问印尼的苏联或俄罗斯领袖。两国签署了政治、经济、能源、体育、旅游和运输等方面的合作协议，其中较为重要的是10亿美元的军备贷款协定、巴布亚省比亚克岛火箭发射基地合作项目协议以及价值80亿美元的能源和矿业投资合作协议。值得一提的是，普京此次来访受到印尼伊斯兰教界的重视。印尼伊斯兰势力希望印尼政府趁普京访印之机，设法加强及稳定俄罗斯与伊斯兰世界的关系。

2009年8月，印尼向俄罗斯采购两艘636潜艇，价值约7亿美元，俄罗斯承诺进行技术转移。2010年9月，印尼空军宣布将增购6架苏霍伊战斗机。2011年5月，俄罗斯太平洋舰队的“潘捷列耶夫海军上将”号无畏级驱逐舰访问印尼望加锡，并与印尼海军举行反海盗联合演习。2011年12月，俄罗斯与印尼达成协议，再次向印尼出售6架Su-30MK2战斗机，总价值超过5亿美元。然而，尽管印尼有意向俄购买武器，但却倾向采用物物交换、分期付款等支付方式，而且俄式武器不但售价昂贵且维修成本高，使得双方谈判陷入困境，许多项目夭折。

五、与印度的关系

印度早在1947年3月就承认印尼独立，不仅谴责荷兰企图重新殖民印尼的企图，还给予了印尼许多实际的帮助。两国还共同发起了1955年亚非会议和1961年的不结盟运动，一度关系十分亲密。但之后的较长一段时期内，两国在很多问题上看法不一，如印尼在1962年中印边界自卫反击战中保持中立，在1965年第二次印巴战争中给巴基斯坦援助，不支持1971年孟加拉独立，反对印度支持韩桑林政权等等，两国关系一直较为平淡。

进入新世纪，两国关系有了新的发展。2005年，苏西洛总统访问印度，两国建立“新型战略伙伴关系”。2007年1月，印尼副总统卡拉访问印度。巴基斯坦总统穆沙拉夫访问印尼。2月，伊朗国会议长哈达德访问印尼。2007年两国召开联合委员会会议，并达成《新型伙伴关系行动纲领》。2008年3月，苏西洛总统访问印度。11月，印度总统帕蒂尔访问印尼。

2010年两国关系取得实质性进展。5月，两国进行了航空运输磋商。6月，在新德里举行联合防务合作委员会会议。2010年两国草签了19项协议或谅解备忘录，范围涉及司法、政治、卫生、教育、科研、海洋渔业和社会文化等。2010年两国贸易额达117亿美元，印尼是印度的第十七大出口国和第九大进口国。2011年1月25日，苏西洛率10位部长、140家企业代表组成的大型商贸团访问印度。访问期间，苏西洛参加了印度的国庆典礼，并签署150亿美元协议。

六、与韩国的关系

1956年建交，但近年来关系发展迅猛。2006年，两国签署《21世纪促进印韩友好与合作的战略伙伴关系联合宣言》。2007年7月，苏西洛总统对韩国进行国事访问，与卢武铉总统举行会谈，并出席了两国能源与贸易论坛。2009年6月，苏西洛总统在出席纪念韩国与东盟建立对话关系20周年特别峰会时会见了韩国总统李明博。2010年11月，苏西洛赴韩国首尔参加G20峰会。12月，韩国总统李明博参加第三届巴厘民主论坛，并担任联合主席。两国在国防领域也展开积极合作，2010年9月签署《开发韩国KF-X战斗机谅解备忘录》，两国联合研制隐形战斗机，印尼计划承担20%的研发费用，并采购50架战斗机。

在经济方面，2010年前9个月两国贸易额达168亿美元，同比增长58.3%。韩国在印尼的投资额达16亿美元。8月4日，印尼卡拉卡托钢铁公司与韩国浦项制铁签署了60亿美元的投资协议。2010年3月，两国经济合作联合工作组在首尔举行会议，印尼经济统筹部长参加会议。两国同意在贸易与投资、林业、农业、工业、海洋、能源、基础设施、国防工业、信息技术和旅游政策方面开展全面合作。劳动力方面，2010年10月两国同意延长《雇用许可制度谅解备忘录》，以保护在韩的近3万名印尼劳工。2011年2月，印尼政府经济统筹部长率团访问韩国协商飞机采购事宜，却遭到韩国特工的窃密，引发外交风波。4月，印尼空军表示将向韩国购买16架T-50金鹰超音速教练机，而韩国则会购买印尼产的CN-235小飞机，作为侦察及海事巡逻用途。9月韩国国防部长金宽镇访问雅加达，双方讨论了区域安全局势，也就增进双边国防与军事装备合作进行磋商，并签订了有关成立发展军事装备合作委员会的谅解备忘录。11月，韩国大宇公司与印尼签署11亿美元的合同，为印尼建造三艘U209型柴油潜艇，这也是韩国首次出口潜艇。

七、与欧盟的关系

印尼视欧盟为重要战略伙伴，双方成功举行了印尼—欧盟对话，就民主、人权、地区贡献、多边主义、恐怖主义等议题达成广泛共识。欧盟及西欧各国为印尼亚齐海啸灾难提供大量援助。

2009年12月13～14日，印尼总统苏西洛与欧盟委员会主席进行双边会谈。2009年11月9日印尼外长与欧盟三驾马车外长在雅加达举行会谈，双方签署《印尼—欧盟全面伙伴关系与合作框架协议》。2010年6月29日，双方在雅加达召开印尼—欧盟人权对话，这是欧盟在东南亚地区唯一一个人权对话机制。2010年9月21日，印尼外长与欧盟外交和安全高级代表在纽约会谈。

第四节　与东帝汶、巴布亚新几内亚及南太平洋国家的关系

一、与东帝汶的关系

东帝汶位于太平洋与印度洋之间的努沙登加拉群岛最东端帝汶

岛东部，西与印尼所属西帝汶接壤，原为葡萄牙的殖民地。1975年12月7日，印尼苏哈托政府趁东帝汶内乱出动海陆空三军武力占领东帝汶。1976年7月17日，印尼政府宣布东帝汶为印尼的第27个省。印尼吞并东帝汶之后，从国内迁入大批的移民，并对反对派进行残酷镇压，引起东帝汶大多数人民的不满。1999年8月，东帝汶在联合国主持下举行全民投票，78.5%的选民选择了独立。印尼总统哈比比表示接受投票结果；9月，印尼人协大会通过决议正式允许东帝汶脱离印尼，印尼军队撤出帝汶岛，但是约有60万人被亲印尼民兵赶出了东帝汶。

东帝汶脱离印尼后，双方关系逐渐正常化。1999年10月，东帝汶抵抗全国委员会主席夏纳纳·古斯芒访问印尼，与瓦希德总统讨论了东帝汶难民安置、东帝汶政治犯释放、印尼军队停止支持东帝汶民兵等问题，双方表示要忘却过去、展望未来，做真正的朋友。2000年2月，瓦希德总统访问东帝汶，为印尼过去的所作所为向东帝汶人民道歉。双方先后就边境安全与合作、海上界线、东在印尼建立外交机构等问题展开磋商，成立印尼—东帝汶联合边境委员会，签署边境非军事化和人员交流等协议。

2001年1月，东帝汶外长若泽·拉莫斯·奥尔塔访问印尼；9月，包括独立领导人古斯芒、外长奥尔塔和东帝汶独立革命阵线马里·阿尔卡蒂里的东帝汶高级代表团访问印尼，同梅加瓦蒂总统等印尼领导人举行会谈；11月，古斯芒访问印尼西帝汶，增进与亲印尼民兵的和解并鼓励东帝汶难民重返家园。据东帝汶方面统计，截至2001年底，已有19万滞留在西帝汶的难民返东，但仍有约7万难民滞留西帝汶。

2002年5月20日，梅加瓦蒂总统应邀出席东帝汶独立庆典，并在古斯芒总统陪同下凭吊在东帝汶阵亡的印尼军人陵园；7月2日，古斯芒访问印尼，两国政府签署建交公报和关于建立双边合作联合委员会的谅解备忘录；10月7～8日，“东帝汶—印尼联委会”首次部长级会议在雅加达召开，双方就难民、边界、印尼在东帝汶资产等双边关系遗留问题交换意见，决定在2003年6月达成陆上边界协议并就解决海上边界问题成立专门机制，但是在巴德克岛（Pulau Batek）的归属上互不相让；11月，古斯芒总统访问印尼东努沙登加拉省，推动解决难民问题并探讨与当地的经贸合作。2003年2月，联合国东帝汶罪行处理组和独立的东帝汶总检察署发表声明称，将以反人类罪对包括维兰托在内的7名印尼将军提出指控。古斯芒总统对指控表示失望，希望此事不会伤害两国的关系。3月，东帝汶外长奥尔塔访问印尼，会见印尼外长哈桑·维拉尤达时再次强调东帝汶和印尼的关系远比一项指控重要，何况指控也仅为一项联合国东帝汶罪行处理组的提案。哈桑也高度赞扬了奥尔塔的来访。

2004年两国关系进一步改善。4月，东帝汶劳工国务秘书访问印尼。5月，东帝汶外长奥尔塔、总统古斯芒先后访印尼，两国总统就公正友好解决前印尼军人侵犯东人权问题达成一致意见。7月，在东盟部长会议召开期间，印尼外长哈桑·维拉尤达和东帝汶外长奥尔塔同意签订陆地边界临时协议。8月，奥尔塔外长访印尼；印尼驻东帝汶大使到任。9月，奥尔塔外长访印尼。10月，东帝汶总理阿尔卡蒂里赴雅加达出席苏西洛总统就职典礼。12月，奥尔塔外长访印尼；苏西洛总统与古斯芒总统在巴厘岛举行首次会晤，讨论了边界划分、边境贸易和印尼在东遗留资产等问题；双方一致决定成立“真相与友谊委员会（CTF）”，通过双边渠道解决印尼在东侵犯人权问题。

2005年3月，两国总统在雅加达签署协议，宣布成立“真相与友谊委员会”。4月8日印尼和东帝汶签署历史性的边界协定，确定了两国之间96%边界的划分。印尼总统苏西洛向东帝汶首都帝力的圣克鲁斯陵园[①]敬献了花圈，标志着印尼和东帝汶关系正式走向和解。

2006年7月25日，东帝汶总理奥尔塔对印尼进行工作访问，并与苏西洛进行会晤。2006年，东帝汶在印尼东努沙登加拉省古邦和巴厘岛登巴萨设立领馆。2007年2月，印尼应东帝汶总理奥尔塔要求，封锁两国边界，防止东帝汶叛军潜入印尼。5月9日诺贝尔和平奖得主奥尔塔当选为东帝汶第二任总统，为恢复社会稳定和加快经济重建带来希望。6月4日奥尔塔抵达雅加达开始对印尼进行为期3天的访问，这是他宣誓就职后首次出国访问。6月5日苏西洛总统与奥尔塔总统共同宣布，双方一致同意将解决两国历史遗留问题的“真相与友谊委员会”任期延长6个月。两国领导人表示要“向前迈进，遗忘过去”，在贸易、能源和教育方面开展更紧密的合作。

2008年4月29日，印尼总统苏西洛与到访的东帝汶总理夏纳纳·古斯芒举行会谈，双方表示将加强两国在国防、贸易和法律方面的合作。苏西洛与古斯芒在会谈后举行的联合记者招待会上说，他们主要讨论了发展双边关系的问题。双方同意，本着友谊和把未来关系放在优先位置的精神解决过去存在的问题。苏西洛说，两国同意提升在边界安全、教育和官员互访等方面的合作。他还表示印尼支持延长联合国在东帝汶的维和使命。古斯芒说，东帝汶人民在发展和改革过程中需要与印尼进行合作。他希望印尼的兄弟姐妹们用他们的经验帮助东帝汶提高处理国家事务的能力。2008年12月夏纳纳·古斯芒再次到访印尼，出席“巴厘民主论坛”。

2008年7月15日，苏西洛在登巴萨会见了东帝汶总统奥尔塔、

---

① 圣克鲁斯陵园埋葬有数十名遭印尼士兵杀害的东帝汶民众。

总理古斯芒。三位领导人还与15位“真相和友谊委员会”委员举行会谈。会谈后，“真相和友谊委员会”向两国政府提交最终调查报告。该报告称印尼保安和民防部队在1999年东帝汶独立公投期间干下了“粗暴侵害人权的暴力行为”，并建议两位总统向本国人民道歉。2009年5月14日，苏西洛在万鸦佬会见了前来参加世界海洋大会的东帝汶总统奥尔塔。2009年8月，印尼外长哈桑出席东帝汶举行的独立公投10周年庆典活动。

2010年东帝汶总理古斯芒两次访问印尼。印尼外长马蒂也于2010年7月访问帝力，参加第四次联合部长委员会。2010年两国签订的协议有:《合作社和中小企业发展合作谅解备忘录》、《卫生合作谅解备忘录》、《警察能力建设技术性安排》、《航空运输协议》等等。2011年3月，东帝汶总理古斯芒访问印尼。

二、与巴布亚新几内亚及南太平洋国家的关系

巴布亚新几内亚，简称“巴新”，与印尼伊里安查亚省毗邻，1975年两国建立外交关系。但是印尼伊里安查亚的“独立巴布亚运动”长期以巴新为据点从事分裂活动，两国关系一度受到影响。20世纪80年代后期两国关系改善。巴新关闭“独立巴布亚运动”在巴新的据点，与印尼成立边界联委会。1987年两国签订《相互尊重、友好和合作条约》，规定双方都不向对方国家反政府势力提供保护。1999年双方达成协议建立正式贸易关系，印尼开放查亚普拉港作为商品出口到南太平洋的门户。2000年9月，梅加瓦蒂副总统访问巴新，庆祝两国建交25周年，签署两国贸易协定；10月，印尼与巴新举行边界联委会第21次会议。2003年1月，巴新政府对巴新和印尼边界形势表示严重关切，并与印方进行紧急磋商，此后两国多次就边界问题进行会谈；6月，印尼外长哈桑·维拉尤达首次正式访

问巴新，两国签署《过境机动车强制保险办法谅解备忘录》，巴新方面表示西伊里安问题是印尼内政，巴新不支持其独立，两国关系进入新阶段。2004年11月，印尼与巴新举行联合边界委员会第23次会议，就开通陆地边界公路达成一致。

南太平洋岛国也是印尼东部近邻，印尼重视与南太国家的关系。2001年8月，印尼成为“太平洋岛国论坛”（前身为“南太平洋论坛”）第11个对话伙伴。2000年和2001年，论坛两次发表声明，承认伊里安查亚为印尼的一部分，支持印尼的主权和领土完整。2002年8月，印尼在斐济开设大使馆；10月，印尼倡议成立“西太平洋论坛”并举行首次部长级会议。论坛由印尼、澳大利亚、新西兰、菲律宾、巴布亚新几内亚和东帝汶组成，旨在加强西南太平洋国家在政治、经济、安全等各领域的合作。2005年，印尼与斐济一致同意签署两国旅游和农业合作谅解备忘录。

2007年9月24日，印尼在联合国年会期间，建议包括巴新在内的占世界上80%热带雨林面积的七个国家，与印尼建立外交联系，一起来关注全球气候暖化的问题。2009年5月11日，在印尼召开世界海洋大会期间，东帝汶、印尼、马来西亚、巴布亚新几内亚、菲律宾和所罗门群岛的领袖在世界海洋大会上签署合作协议，拯救东南亚庞大的海底珊瑚地带。印尼和巴新共同成为珊瑚金三角倡议国。5月14日，苏西洛在万鸦佬会见了前来参加世界海洋大会的巴新总理迈克尔·索马雷，双方讨论了两国之间的最新议题，特别是边界问题和在巴新的数百名印尼公民的回国问题。

2010年3月11～12日，苏西洛访问巴新。这次访问是自1978年苏哈托访问巴新后，印尼总统第二次踏上巴新的领土，极具历史意义。苏西洛访问期间，两国同意在国防安全、教育卫生等方面开展合作，在斯科乌和乌东边境设立边境站及界碑，并签署避免双重征税协议和海洋协议。为了进一步落实两国元首达成的协议，印尼和巴新两国重启双边机制。2010年8月3～4日在雅加达举行了联合部长委员会第二次会议。上一次会议还是2003年6月在巴新首都的莫尔斯比港举行。

印尼与所罗门群岛的外交关系通过印尼驻莫尔斯比港大使馆进行管理。印尼与帕劳和马绍尔群岛之间的外交关系通过印尼驻马尼拉大使馆进行管理。2010年印尼与帕劳开启了专属经济区划界谈判。

第十一章　中印尼友好关系

第一节　古代中印尼友好往来

一、汉唐时期中国与印尼的友好往来

中国和印尼人民间的友好往来和文化交流可追溯到两千年以前。据《汉书·地理志》记载，汉武帝时期，中国使节从今广东徐闻、广西合浦启航，途经马六甲和苏门答腊，出访东南亚和南印度各国，随后这些国家也纷纷遣使访问中国。中印尼友好往来的正式记载最早始于公元132年，据《后汉书·顺帝本纪》载，东汉顺帝永建六年，爪哇岛上的叶调国国王派遣使节师会访问中国，向汉朝皇帝贡献礼品，而当时的东汉顺帝也赐赠金印紫绶。据考证，叶调国就是今日的爪哇，而师会是我国史籍所载的印尼来华的第一位使者。[①]

东汉末年，佛教传入中国并逐渐兴盛，涌现了一大批的高僧。佛法上不断精进的他们感到“律藏残缺”，希望去天竺寻求真经。初期他们多走陆路，随着海上交通的发展，后来取海道的日见增多。处于中国和印度海路中途的苏门答腊和爪哇逐渐成为僧人往来的中间站。东晋隆安三年（399年），著名高僧法显循陆路前往印度取经，十年后从印度到达狮子国（今斯里兰卡）。公元412年，法显乘船离狮子国归国。归途中到了爪哇岛上的耶婆提国，看见“其国外道婆罗门兴盛，佛法不足言”。法显在耶婆提居留了5个月，对当地的历史、地理、风俗和佛教情况做了细微的观察。法显回国后，不仅带回了众多的佛学典籍，而且根据其旅途见闻，撰写了《佛国记》，

① 孔远志：《中国与印度尼西亚文化交流》，北京．北京大学出版社，1999年版，第309页。

记录下了他在耶婆提的所见所闻以及归国的艰险航程。根据此书记载，当时中国和耶婆提之间已有定期商船往来。法显是明确见载于史籍的到过印尼的第一个中国人，他的历程反映了中国同印尼等海外国家的珍贵友谊。

根据中国史书《宋书》、《梁书》和《南史》等记载，中国南北朝时期，印尼群岛上有相当数量的王国同中国保持着密切联系。其中主要有：阇婆婆达（或阇婆达）、婆皇（或媻皇）、诃罗单（或诃罗陀）、干陀利（或斤陀利）和婆利国等。他们都多次遣使来到中国，并向中国皇帝“奉表”、“敬献”或是“朝贡”。需要指出的是，中国古代史书上提到东南亚各国的“奉表”、“敬献”或是“朝贡”，只是当时中国统治阶级“天朝上国”思想的表现。实际上，印尼群岛上各国同中国从来就不是君臣关系，他们遣使来中国主要是为了促进双方的海上贸易，建立友好关系，也有的是为了寻求保护、免受邻国侵扰。

唐朝是中国与印尼宗教交往最兴盛的时期。当时以苏门答腊东南部为中心，兴起了印尼历史上第一个大国室利佛逝。据《新唐书》记录，唐朝咸亨至开元年间（670—713年），室利佛逝的国王曾数次派遣使节到中国，向唐朝贡献礼品，而唐王朝也向室利佛逝国王回赠礼品，册封来访使节。同一时期，爪哇岛上兴起的是另一个重要国家诃陵。由于室利佛逝和诃陵扼东西航道的咽喉，取海路来往于中国和印度之间的僧人，通常要在这里换船。室利佛逝和诃陵又是南海的佛学与文化中心，很多僧人在这里住下来译经，或者在去印度之前，先在这里学习梵语。唐代到过印尼的中国僧人很多，其中最著名的是义净和会宁。麟德年间（664—665年），会宁泛海到诃陵，在那里住了三年，同诃陵高僧若那跋陀罗（Janabadra，意译：智贤）

共同翻译了佛经《阿笈摩经》，“译出如来焚身之事”。[①]译毕由随同的小僧运期将经本送回中国，使这部珍贵的佛经得以在中国传布弘扬。会宁精通古爪哇语，先后居住在爪哇和室利佛逝，终老于印尼。

比会宁稍晚，咸亨二年（671年），义净从广州乘波斯商船启航，经过近20天的艰险航行，到达室利佛逝。他先在室利佛逝学习半年梵文，然后乘船前往印度，十年后仍经海路从印度返回室利佛逝，带回梵本经律论近四百部，五十万余颂。义净留居室利佛逝从事佛经翻译，期间曾因聘请译经助手和补充纸墨，于永昌元年（689年）回广州一次。不久，他又和助手返回室利佛逝，直到公元695年才返回中国。在译经同时，义净还在室利佛逝完成了两部重要的著作：《大唐西域求法高僧传》和《南海寄归内法传》，给后代留下了中国同印度、印尼等国家交往的宝贵史料。这两部作品早在19世纪就被译为法文和英文，被公认为研究印度次大陆和古代东南亚的珍贵文献。义净是和法显、玄奘齐名的古代高僧和旅行家，他在25年的时间内曾三次穿波越浪来到室利佛逝，在那里共停留十余年，比在印度停留的时间还多几年。他和法显、会宁以及其他到过印尼的中国高僧一起，在中国印尼友好交往史上树起了永恒的丰碑。

也正是在唐朝时期，随着航海造船技术和海上贸易事业的发展，中国官方和民间商人出洋的机会、人数、活动的区域范围也不断增长，而长期留居或定居海外的人数必然也会有所增长。尤其到了唐朝末年，由于发生了黄巢领导的农民大起义，居住在广州城内的商人受到屠杀的威胁，迫使这些人成批地逃离广州，流亡至东南亚各地避难，开始出现了成批中国人出海移民印尼的现象。而这时，海路交通的发展在客观上也给出洋逃难的人提供了足够数量的海船

① 义净：《大唐西域求法高僧传校注》（王邦维校注），北京：中华书局，1988年版，第76页。

（不论是中国自制的还是外国驶来的）。

二、宋、元时期中国与印尼的友好往来

10世纪下半叶至13世纪下半叶，是中国历史的宋朝。宋朝继承了唐朝重视对外贸易的政策，并且有所发展。宋太祖先后在广州、杭州、明州（今宁波）设置市舶司的机构，从宋哲宗到宋高宗又先后设置了福建泉州、山东密州、浙江秀州、江苏上海和江阴市舶司或市舶务。南宋时期，由于财政困难，更是迫切想从市舶司的税收方面解决国库收入的问题。这时。广州港和泉州港的地位日益显得重要，成为当时通往东南亚的门户，商舶云集，商客纷至。

中国同印尼群岛上诸王国的友好关系，经过汉唐近一千年的历史发展，到宋朝的时候达到了新的高潮。尽管这一时期苏门答腊和爪哇两岛都经历了多次政治动荡和战争，但是它们仍然同中国保持着不同程度的友好往来。“宋代中国与东南亚海岛国家的贸易往来最多的国家还是印尼。”[①]这一时期，印尼群岛上的政治格局发生了极大的变化：原来一些强盛的国家衰落下去了，代之而起的是另一些国家。主要的是诃陵国衰落了，阇婆国强大起来了；室利佛逝衰落了，三佛齐代之而起了；而在现在的加里曼丹岛上兴起了渤尼国。三佛齐是宋朝及其以后中国史籍上指苏门答腊东海岸的强国所用的名字。据学者们考证，三佛齐就是唐代史籍上记载的“室利佛逝”，或“尸利佛逝”、“尸利佛誓”，或简称“佛逝”、“佛誓”。[②]承继室利佛逝的三佛齐，地扼南海航道的要冲，“东自阇婆诸国，西自大食、

① 朱杰勤：《东南亚华侨史》，北京．高等教育出版社，1990年版，第13页。

② 有学者认为，三佛齐在苏门答腊的兴起，是由于位于爪哇中部的夏连特拉王朝受到了阇婆王国的威胁，遂与室利佛逝的原来王系联婚，和平地接替了统治权，将都城迁移到苏门答腊岛上的詹卑，原来室利佛逝的首府巨港则变为三佛齐的属邦。见黄阿玲：《印度尼西亚研究》，北京．中国国际广播出版社，2007年版，第17页。

故临诸国，无不由其境而入中国”。因此，三佛齐成为中国与阿拉伯各国交通贸易的中转站、货物集散的中心，同宋朝的关系也最为密切。据中国史籍记载，从960—983年，三佛齐遣使朝贡北宋皇帝共11次，平均每2年朝贡一次。[①]在1003年的朝贡中，三佛齐向北宋王朝禀报：三佛齐本国欲兴建一佛寺，为北宋皇帝祝寿，特请北宋皇帝为新建佛寺“赐名及钟”。宋真宗欣然赐予“承天万寿”的寺额和铸钟，并授予朝贡使者“将军”的荣誉衔头。三佛齐的这次朝贡，除了同平时一样进行特殊形式的官方贸易之外，显然还带有宗教和政治上的强烈意图，希望通过同北宋王朝的亲善关系，借助中国的声威来抵御爪哇马打蓝王国的侵略。

北宋治平年间(1064—1067年)，三佛齐大首领地华伽罗遣使到广州通商，见广州天庆观倾颓芜没，立愿捐资修复。据北宋元丰二年(1079年)《重修天庆观记》所载，为了修复天庆观，三佛齐使者频频往返于海上。从治平四年到元丰二年(1067—1079年)，整个工程花了十二年才完成。修复后的天庆观，“规模宏备，焕若洞府。清风时过，铃铎交音。晴日下临，金碧相照。”据说修观以来，由于“真灵之护佑”，三佛齐来华商船“跨洪涛之险，常得安济，无曩日之惊危”。[②]解放后,《重修天庆观记》石碑在宋代天庆观原址出土，为中国印尼两国人民的传统友谊提供了珍贵的物证。

三佛齐对北宋中国有着十分密切的朝贡关系，每隔一两年朝贡一次是常有的事情。就整个北宋时期而论，三佛齐向中国朝贡的平均次数为5～6年一次。[③]南宋时期，见于史籍的朝贡次数共5次，而且都是在南宋初期(高宗至孝宗)。南宋中后期未见有三佛齐入贡的

① 有关三佛齐朝贡两宋的记载，均见《宋史》，卷四八九《外国列传》,“三佛齐国”条。

② 周中坚:《海天万里情谊长》，载《东南亚纵横》，1991年第1期，第2页。

③ 李学民、黄昆章:《印尼华侨史》(古代至1949年)，广州．广东高等教育出版社，2005年版，第33页。

记载，也许是史籍有漏载，也许是三佛齐受到爪哇新柯沙里国的侵略和排挤，国力已逐渐削弱的缘故。三佛齐使者到中国来朝贡，实际上是一种变相的贸易，使者携来中国所需要的“贡品”，宋廷“回赐所需要的物品”。尽管三佛齐每次派来的使节都带有隆重的礼物赠送，而宋廷也给予优厚的酬谢。据《宋会要辑稿》记载，绍兴二十六年(公元1156年)，三佛齐派来的使节向宋廷贡献的礼品有29种之多，可以分为装饰品、香料、食品药材三类，既有三佛齐本地的特产，也有从西域传入三佛齐的物产。有时入贡的货物中还会出现“昆仑奴”。[①]面对这样丰厚的“贡品”，宋廷也不悭吝，“每优赐遣归”。《宋史》469卷《三佛齐传》中说：元丰二年(公元1079年)，宋廷一次就回赠钱六万四千缗，银一万五百两；对所请购买金带、僧紫衣等，都一概答应照给。有时还以丝绸、瓷器等名贵物品回赠。甚至给来访的三佛齐使节加官进爵，邀请其参加宋朝“封禅”典礼，待遇极高。

除了官方使节往来，民间商人的来往也很多，可以说是两国交往的主流。来华商人如果当年不返国，还可以在中国居住，在当时最大的两个港口——广州港和泉州港都设有专门供包括三佛齐在内的海外各国商人居住的“蕃坊”，任他们自由居住。这对鼓励和招徕海外商舶来华贸易，起了不小的推动作用。三佛齐的富商巨贾甚至到中国购置地宅，建立长期的商业据点。与此同时，中国商人也频繁往来于两国之间。中国商人带去的钱币、瓷器、丝绸纺织品等，给三佛齐等国的社会、经济生活带来了繁荣。和印尼商人到中国进行贸易活动非常受欢迎一样，中国商人在印尼也很受欢迎。据《宋史》记载，“中国贾人至者，待以宾馆，饮食丰洁”。不仅如此，中

① 黄阿玲：《印度尼西亚研究》，北京.中国国际广播出版社，2007年版，第19页。

国的文化影响也很大，三佛齐国“亦有中国文字，上章表即用焉”。

尽管三佛齐后来国势衰微，但它同整个宋代中国的民间海上贸易关系却从未间断。尤其是随着南宋朝廷重心的南移，对外贸易更受重视，贸易规模也更大。三佛齐与广州、泉州之间，阇婆与广州之间，都开辟了定期航线，根据季风，“舶船去以十一月、十二月，就北风；来以五月、六月，就南风。”广州到阇婆，顺风一月可到，中国海舶每年开往阇婆万丹港的船只有三到六艘。有的商人自己也有海船开往阇婆进行贸易活动。根据宋人赵彦卫的《云麓漫钞》和赵汝适的《诸蕃志》，当时与中国贸易的印尼群岛诸国中，以三佛齐为最重要，阇婆次之。而宋代中国和阇婆之间的使节往来，史料中也只记载了三次。此外，中国史籍中还记载了位于加里曼丹的渤泥（勃尼、浡泥）国和中国的友好关系。渤泥王锡理麻诺曾遣使贡方物，使者要求“从泉州乘海舶归国”，宋神宗“从之”。而考古学家在加里曼丹发掘出许多西汉陶器，在沙捞越发现了纪元前的中国古陶器碎片和中国古钱，以及中国唐代的铁器和陶器等。这也充分说明了中国同印尼人民的友好历史源远流长。

元世祖建国初期，在消灭南宋的同时，就十分注意对外的海上贸易，并沿袭宋朝的海外贸易制度。1277年，元军占领浙江、福建之后，便在泉州、庆元（今宁波）、上海、澉浦设置了四个市舶司，并于1278年命令中书左丞唆都、蒲寿庚诏谕南海诸国，以求恢复海上贸易关系。第二年，占城国（Champa，今越南中部）、马八儿国（Mabar，印度东岸）首先来中国通商，其他国家也次第仿效。从此，元代中国同东南亚及南亚诸国的海路交通和海上贸易日臻繁盛。虽然元世祖于1292年因使者受辱曾派兵进攻过爪哇岛上的新柯沙里王朝，但实际上元军抵达爪哇后却被卷入了爪哇宫廷的内部斗争中，最后帮助拉登·威查亚消灭了政敌，建立了麻喏巴歇王国。拉登·威查亚在取得胜利后，撕毁和元军签订的协议，施计把元军赶回到海上，两国友好关系受到短暂的影响。但总的来看，元朝时期中国和包括印尼在内的东南亚诸国的关系是友好的。元军进攻爪哇岛时带去的火器，为麻喏巴歇王朝后来的兴盛提供了极大的帮助。更何况元朝从根本上并不想侵占爪哇，所以自元世祖去世后，继位者不再征伐爪哇，从此麻喏巴歇王朝同元朝政府建立了友好关系，两国互派使节，双方贸易关系得到恢复。

三、明朝时期中国与印尼的友好往来

公元1368年，朱元璋率领农民起义军推翻了元朝的统治，建立了明朝。由于连年战争的影响，当时的社会呈现出一派衰败景象。明太祖夺取政权后把大部分精力用于恢复农业生产和消灭盘踞在北方、云南的元朝贵族残余势力，并平定元末明初出现在我国东南沿海地区的海盗和倭寇，对于外交关系和对外海上贸易关系采取消极保守的态度，强调加强海防，多次下达“片板不许入海”的禁令，实行“海禁”政策，使得东南亚及南亚诸国同明朝的关系大大疏远了。明成祖朱棣登基后，对于外交和海外贸易的态度发生了改变，从消极保守变为积极争取，逐步取消“海禁”，增加同各国的友好交往，扩大贸易往来，以适应国际贸易和国内经济发展的需要。永乐元年（1403年），明成祖遣使访问朝鲜、琉球、安南、占城、真腊、暹罗、爪哇、苏门答腊诸国，以示“怀柔”，并于同年恢复了洪武年间曾被废除的广州、泉州、宁波三市舶司。永乐三年又设置三处迎宾馆，对于朝贡使者所携带的物品也予以放宽，即使发现违禁物品，也不予追究。目的在于吸引更多的“蕃国”同中国建立和发展以朝贡为形式的贸易关系。

永乐三年（1405年），郑和奉明成祖朱棣之命，率水手、官、兵

二万七千八百多人，乘“宝船”六十二艘，通使西洋，两年而返。以后又屡次远航。从1405年到1433年，郑和先后七次对南洋群岛和非洲东海岸各国进行友好访问和开展经济贸易，到达30多个国家和地区。明成祖之所以采取开放的对外政策，甚至派遣郑和七下西洋，有其经济基础和上层建筑方面的各种原因。经过明成祖30多年来的努力，在政治上清除了元朝贵族的残余势力而统一了中国，在经济上恢复和发展了农业生产，出现了“仓廪充积，天下太平”的繁荣景象。贵族、官僚、地主的经济实力逐渐增强，统治阶级享受的胃口也越来越大，国内的物产已不能完全满足他们的需要，因而迫切需要加强同海外各国的联系，用中国的货物去换取异域的奇珍。另一方面，由于国力开始强盛起来，明成祖要建立一个天朝大国的思想就更为强烈，而且他也想用扬威海外来缓和国内一部分人对他武力夺取帝位的不满。而此时，明朝手工业尤其是瓷器制造业和棉纺织业也有了显著的发展，造船业的水平也居于世界前列，这些都为郑和下西洋创造了雄厚的物质基础。

郑和船队的远航，在客观上加强了中国与亚非各国人民的经济、文化交流与友好往来，使中国的先进文化更多地传播到亚非各地，也使亚非各地的一些土特产品，特别是药材、香料等传到中国，还带回了苏泥、勃青以及胭脂石等色料，从而提高了中国瓷器的质量。每次下西洋，印尼的爪哇、苏门答腊都是郑和船队的必经之地，因此在这些地方留下了不少史迹和传说。如印尼的一些地名三宝垄、三宝墩、三宝井等就是以他的名字命名的。不少地方还为他建立“三宝（保）公庙”，至今仍有不少完好地保存着。由于郑和本人是信仰伊斯兰教的回民，和他同下西洋的随行人员中有不少也是穆斯林。有些人出于种种原因，扎根印尼，教当地农民和华侨耕地和经商，并向他们传播伊斯兰教。有学者指出，伊斯兰教在爪哇岛的广泛传播，可能是从15世纪初郑和下西洋时期才开始的。[①]新加坡华人学者李炯才根据印尼文书籍的说法，认为自从郑和第一次下西洋之后，1407年在苏门答腊的巨港，华侨伊斯兰教徒社区就产生了；接着，在郑和第三次下西洋回航时的1411年，东爪哇的杜板、锦石、惹班，西爪哇的雅加达、井里汶等地也都纷纷建立起清真寺。各种资料表明，郑和下西洋对推动伊斯兰教在爪哇岛的传播起到了重要的作用。当年随同郑和下西洋的马欢写了一本《瀛涯胜览》，详细介绍当时爪哇和苏门答腊的情况，记载了当时麻喏巴歇王国境内的华侨"多有从回回教门，受戒持斋者"。时至今日，郑和都是中国和印尼友好的象征。

据不完全统计，中国过去历代派遣使节到印尼各古国访问，次数最多的是明朝，合计在30次以上。而印尼各国也不断派遣使节访问中国。在明朝近三百年的时间里，单是爪哇派到中国访问的使节就有六十四次之多，如果加上三佛齐、亚齐、南巫里、阿鲁等王国的使者，次数就更多了，达到了历史上的最高纪录。[②]这充分反映了明代中国和印尼之间的友好关系。印尼学者甫榕·沙勒（Bujung Saleh）曾撰文指出，"荷兰人入侵印度尼西亚以前，除了几次事件以外，印度尼西亚民族和中华民族的关系是良好的。"[③]这一说法是符合历史事实的。明朝中后期，随着西方殖民主义者先后到来，印尼人民从此开始了遭受殖民剥削和压迫的灾难时期，而由印尼华侨和印尼人民共同谱写的反抗荷兰及其他西方殖民主义者的民族解放斗争史也从此开始了。

① 李学民、黄昆章：《印尼华侨史》（古代至1949年），广州．广东高等教育出版社，2005年版，第56页。
② 黄阿玲：《印度尼西亚研究》，北京．中国国际广播出版社，2007年版，第47页。
③ 甫榕·沙勒：《在荷兰东印度公司以前居住在印度尼西亚的中国人》，中译文，《南洋问题资料译丛》，1957年第2期。

第二节　近代中印尼友好关系

一、爪哇华侨抗荷起义

1595年和1598年，荷兰殖民者紧跟葡萄牙和西班牙殖民者的足迹，先后派遣霍德曼和范·尼克率领远航队来到印尼群岛。这时的印尼群岛恰处在分裂的状态中，各封建王国互相对峙，社会发展水平较低，政治经济落后，这客观上为荷兰殖民者的入侵和建立殖民政权提供了条件。随着西方殖民主义者对东南亚各国间贸易的垄断，中国的传统出口商品在东南亚各国的市场上价格疲萎不振，利润不大。相反地，中国从东南亚各国传统入口的商品在殖民主义者的垄断下，收购价格上升，使中国商船带回来的货物比以前少得多。此外中国商船在出海经商时，经常在海上受到西方殖民主义者海盗式的劫掠，损失很大。过去那些经常同中国商船进行贸易活动的印尼的封建统治者们，由于受到殖民主义者的直接压迫、强行榨取，他们的收入也大大减少，从而积欠了中国商船的货款无法交付，使中国商船无法驶回中国。据《巴城日志》记载，公元1661年有一条中国商船，由于当地土候欠了中国商人的巨额货款，一直无法偿还，致使中国商船在马鲁古群岛滞留数年，不得返回。[1]由于以上这些原因，中国同印尼的民间贸易已经远非昔比了。

这一时期，中国国内的情况也发生了很大的变化。公元1644年3月19日，明朝末代皇帝自缢于北京景山，明朝灭亡。清朝取而代之。之后，明朝的许多遗民亡命南洋，有的甚至在沿海一带进行抗清斗争(如郑成功)。同时，西方殖民主义者葡萄牙、西班牙、荷兰、

---

① 李学民、黄昆章:《印尼华侨史》(古代至1949年)，广州.广东高等教育出版社，2005年版，第112页。

英国等在中国沿海的海盗活动更加猖獗。英国在占领印度之后，又千方百计地图谋侵犯中国西藏、云南和新疆。而这时俄罗斯的侵略势力也东下进犯我国的黑龙江流域。因此，自1652年以来，清朝严密注意“往来洋船，俱著管理，稽察奸宄，输纳税课”。1655年清朝浙闽总督建议：“沿海省分，应立严禁，无许片帆如海，违者立置重典。”顺治皇帝欣然同意。到了1656年，清朝政府正式公布法令，严禁商民下海贸易，犯禁者不论官、民，一律处斩，货物入官，犯人家产全部赏给告发人，地方文武官员，一律革职，从重治罪。这些禁令使中国和印尼群岛上各国之间官方的贸易往来逐渐中断，但对于当时的民间贸易来说影响不大，出海经商者仍然不断增加。据估计，1658年巴达维亚市区的华侨已达5363人。[①]

1661年清朝政府采纳了郑成功起义军中的叛徒黄梧的献策，对东南沿海地区实行残酷至极的“迁界”政策[②]，使沿海人民的出洋活动受到比明朝时代的海禁政策更为严重的阻挠。在这种情况下，巴达维亚市区的华侨人口有所下降。从1661年的5 382人降至1673年的2 747人。1683年(康熙二十二年)，清兵占领台湾，第二年即开放海禁，巴达维亚的华侨人口又开始回升。这时期，每年在巴达维亚港口停靠的中国船，从三四艘增至20艘以上。当然，巴达维亚华侨人口的增减原因，除了取决于当时中国国内的社会因素之外，还取决于荷兰东印度公司统治下的巴达维亚对中国移民的需求情况和经济剥削程度的大小。

荷兰殖民者在东印度取得立足点后，他们面对的是经济发展水平低下的土著人民、陌生的商业信息和恶劣的生活环境，建设和发

① 黄文鹰等:《荷属东印度公司统治时期巴城华侨人口分析》，第38页。转引自：李学民、黄昆章:《印尼华侨史》(古代至1949年)，广州.广东高等教育出版社，2005年版，第113页。

② 迁界政策指：强令“山东、江、浙、闽、粤沿海居民尽入内地，设立边界，布置防守”，并将“所有沿海船只，悉行烧毁，寸板不许下水，凡溪河樾桩栅，货物不许越界，时刻了望，违者死无赦”。

展商埠所需的劳力、技艺、商品等都无从获得，这迫使殖民者把目光转向华侨，期待利用华侨的人力、技艺开发当地的资源，因为他们发现“中国人勤劳聪明，他们对于巴达维亚有莫大的价值，没有他们的帮助，人们就很难过舒服的生活。他们耕种土地，而除了中国人，几乎就没有什么工匠了。一句话，他们几乎是无所不能”。[①]因此，荷兰殖民主义者在早期采取了极力招徕、利用华侨的政策。

由于荷兰船只因中国禁令不能到中国沿海直接贸易，荷兰东印度公司还极力招诱中国商船前来贸易，对于到巴达维亚的中国商船给予很多优惠，以获得渴望已久的中国商品。随船前往巴城的中国移民也就逐渐增加。此外，在1643年明朝崩溃之时，许多遗民逃往海外，荷属东印度的华侨也大量增加。迅速增加的华侨使巴达维亚各项建设及贸易走向正轨，他们开垦荒地、种植水稻和甘蔗；开沟修渠、疏通河道；熬糖制酒、加工农产品；从事商品销售活动、促进物质流通等等，为加速当地开发、促进经济繁荣立下了汗马功劳。

随着中国移民大量涌入，巴达维亚等地华侨中的无业者增多，而此时经过几十年的建设后，巴达维亚的城建基本完成，无需再过分依靠华侨劳力；另一方面，清政府为了对付郑成功，一定程度上准许荷兰人到福建直接通商，荷兰人无需再招徕华商到巴城贸易。因此，荷兰殖民当局自1690年开始控制巴城华侨人口的增长，一方面限制中国移民入境，另一方面通过居留资格审查制度将公司认为“无用”或“过剩”的华侨遣送到锡兰（斯里兰卡）和南非好望角充当契约劳工。尽管殖民政府陆续颁布了各种防止华侨入境的禁令，规定只有被认为有用的华侨才可以领取到居留证，否则将被逮捕。但由于蔗糖业的发展尚能容纳相当劳力，而殖民者营私舞弊严重，华侨仍用种种办法潜行入境。1740年7月，荷兰殖民当局又规定，凡

① 布赛尔：《东南亚的中国人》，载《南洋问题资料译丛》，1958年第2、3期合刊，第116页。

遇可疑华侨，无论有无居留许可证，一律逮捕；凡不能证明有正当职业者，一律遣往锡兰。这些法令使华侨感到惊慌和不满。

1740年9月下旬，为反对荷兰公司的规定，巴达维亚华侨约5 000人聚集在坎达里亚附近的糖厂，推举黄班为领导，准备发动起义。10月初，华侨武装队伍进入巴达维亚，打死一名荷兰军队的军官。10月5日，公司与华侨领导人谈判，但未达成协议。10月8日，公司下令华侨交出武器，违者处死。同时，公司调集军队镇压华侨武装队伍。由于华侨的武器装备远不如荷兰军队，起义计划又已被叛徒泄露，导致起义失败。许多人被打死或送往锡兰。9日城内华侨房屋有几处失火，公司认为这是城内外华侨联合行动的信号，于是出动军队挨户搜查武器，枪杀华侨，并纵火焚烧华侨房屋。连续三天的大火，使600多间华侨房屋被焚毁，近万人惨遭杀害。华侨居住区的红溪被尸体堵塞，河水被鲜血染红。这次大屠杀又被称为“红溪事件”。为拯救城内的同胞，巴达维亚郊区的华侨数千人曾几次攻打城门，10月12日才被击退。13日起，荷兰军队开始向华侨起义队伍发起全面总攻击。16日巴达维亚华侨起义被镇压下去，但西爪哇等地的华侨起义队伍则坚持到1741年6月才撤退到马打蓝国境内。

荷兰殖民者屠杀巴达维亚华侨的事件激起爪哇各地华侨的反抗斗争。马打蓝统治者为维护自己的统治地位，公开投靠荷兰人，同时又企图利用华侨起义队伍作为对抗荷兰人的筹码，并承诺说，如果华侨起义队伍能够赶走荷兰人，就将爪哇沿海地区让给华侨管辖。1741年，马打蓝军队与华侨起义者联合进攻驻扎在首都以及三宝垄、井里汶等地的荷兰军队。然而，马都拉岛统治者却与荷兰人合作，首先屠杀马都拉华侨，接着攻打东爪哇杜板、锦石等地，使荷兰军队得以分别击败各地的起义队伍。

马打蓝苏丹帕库布沃诺二世（1726—1749年在位）决定向荷兰人乞和。一些亲王反对投降，他们投奔华侨起义队伍，并推举玛斯·加连迪亲王为新国王，称苏南·库宁，一些贵族大臣及华侨起义领导人黄班共同辅政。1742年3月，他们攻占马打蓝首都，苏丹帕库布沃诺二世逃亡。但是，爪哇北部沿海的马都拉统治者反对玛斯·加连迪为王，竟倒向荷兰人一边。1743年10月，玛斯·加连迪在泗水投降荷军，许多爪哇土著贵族也跟着投降。最后，马都拉军队攻占马打蓝首都，起义完全失败，黄班等人逃往巴厘岛。

红溪事件是荷兰殖民者对巴达维亚华侨的一次大屠杀惨案，同时也是巴达维亚（包括郊区和市区）华侨为求生存而奋起反抗荷兰殖民者的一次可歌可泣的浴血战斗。从红溪事件发展到华侨与爪哇人民联合反荷斗争，这一历史过程说明，红溪事件绝不是同印尼人民毫不相干的单纯“中国人的革命”，而是近代印尼民族反抗西方殖民主义侵略斗争的组成部分。华侨与当地居民的命运是紧密联系在一起的，在华侨惨遭荷兰殖民者大屠杀时，当地人民对华侨的遭遇深表同情，对华侨的反抗产生强烈的共鸣，并且很快起来响应华侨的起义，形成全民性的联合反荷战争。这有力地证明了华侨与印尼人民同是荷兰殖民侵略和统治的受害者，他们联合起来并肩作战，用鲜血写下了印尼人民和华侨反殖民主义斗争的光辉历史篇章。

二、西婆罗洲华侨抗荷斗争

在17—18世纪，荷兰东印度公司统治时期，荷兰殖民者由于力量有限，只能把主力放在征服马鲁古、望加锡、爪哇，而对苏门答腊、婆罗洲及其他零散的“外岛”的征服则稍微放缓，直至19世纪20年代初，才开始对这些“外岛”发动大规模侵略战争。由于当地居民和华侨的强烈反抗和顽强斗争，荷兰殖民者对这些“外岛”的征服，直到1907年才告完成。

在苏门答腊的东南部，荷兰殖民者在1658年打败了巨港土王，在巨港取得了输出胡椒的独占权；然而在苏门答腊的西北部，荷兰殖民者遇到了强悍的亚齐和米南加保民族，一直未能征服他们。从1821年开始，荷兰殖民者向亚齐和米南加保发动大规模侵略战争，亚齐和米南加保人民进行了长期的英勇抗战，这便是印尼近代史上著名的帕特里战争和亚齐战争。亚齐和米南加保的抗荷战争绝不是孤立无援的，它们在客观上获得了印尼其他岛屿抗荷起义的有力支援，比如爪哇岛的蒂博尼哥罗战争就是与米南加保的帕特里战争发生在同一时期的，彼此之间起了互相呼应、互相支援的作用，而蒂博尼哥罗战争是有华侨支援和参加的。

在婆罗洲的西部和南部，荷兰殖民者的侵略活动似乎比在苏门答腊更加不顺利，其主要原因就是遇到了婆罗洲华侨的顽强反抗。华侨早在16世纪就已大批定居婆罗洲，在那里从事农业生产和经商，特别是种植胡椒。在18世纪最初十年，华侨把先进的胡椒种植技术传入婆罗洲，使该岛的胡椒产量和质量都优于苏门答腊。华侨在婆罗洲不但自种胡椒，而且收购当地人民生产的胡椒，其收购价格也比荷、英殖民者所付的价格高三分之一。由于华侨的活动给当地带来了农业上的丰饶和商业上的繁荣，所以当地居民对华侨是完全信任的，只要有中国商人在附近做买卖，就没有一个当地的王公愿意同欧洲人经商。在婆罗洲的西岸，荷兰人于1698—1699年怂恿他们的傀儡——爪哇万丹土王出面干涉苏加丹纳土王同兰达土王之间的战争，联合兰达土王打败了苏加丹纳土王，使婆罗洲西岸的各土邦王公都承认了万丹的宗主权，实际上也就是间接地承认了荷兰对这些地区的宗主权。但是，在三发、坤甸、孟巴哇这3个拥有金矿的土邦，荷兰人的势力却一直没能渗透进来，因为华侨在这里占了优势，并且受到当地居民的欢迎。

早在15世纪以前，爪哇人就已在西婆罗洲开采金矿了。但是15世纪以后，由于“掘土”和“淘洗河沙”的采金方法比较原始，爪哇人的采金业逐渐走向衰落。而相比之下，华侨“筛子淘洗”的采金方法比较先进，获得的收益比较大，采金规模逐渐扩大。18世纪中叶，三发、孟巴哇、坤甸这3个土邦的王公因为欣赏华侨的先进技术和毅力，同时也为了增加自己的收入，开始招募华侨前来开采金矿。在1670至1860年间，由于掘金热潮的带动，在婆罗洲西北部出现了一个华侨社会，这个社会包括着各种行业，涉及国内外贸易、商店、制造业、牲畜饲养业、海岸渔业、采矿业和农业等各部门，而所有与这些行业有关的人们，不论是雇主或雇工都是华侨。他们在西婆罗洲经营金矿的结果，是把一个荒芜的、几乎无人烟的地方变成一个具有农业资源和交通系统的工商业中心。[①]

西婆罗洲华侨向当地土王承租的金矿，都是采取“公司”的机构来组织生产劳动的，其中比较大的有和顺公司、兰芳公司等。随着上述公司的建立和发展，西婆罗洲的华侨人口也日益增加。华侨采金业的迅速发展，对荷兰殖民者造成了利益上的威胁。为了排挤来自中国的竞争者，荷兰殖民者采取软硬兼施和分化政策，先是贿赂收买华侨公司的头目；不行，就实行经济封锁；再不行，就诉诸武力。从1821年至19世纪末20世纪初，西婆罗洲华侨进行了艰苦持久的抗荷斗争，虽然最终以失败而告终，但他们的抗荷斗争大大推迟了西婆罗洲沦为荷兰殖民地的时间，在近代印尼反侵略斗争史上留下了令人难忘的一页。

---

① 卡德:《中国人在荷属东印度的经济地位》，中译本，载《南洋问题资料译丛》，1963年第3期，第96-97页。

三、华侨是中印尼友好关系的桥梁和纽带

印尼群岛是华侨最早移居的地区之一，也是海外华人华侨最多的地区。在漫长的历史岁月里，华侨同当地人民一起披荆斩棘、胼手胝足，为印尼群岛的开发和建设立下了不可磨灭的功绩。在印尼沦为荷兰的殖民地之后，华侨又和当地人民一起，共同反对殖民者的残酷剥削和压迫，在中印尼人民友好关系史上留下了光辉的篇章。除了同仇敌忾，并肩战斗外，华侨和印尼当地人民还在生产技术、日常生活、语言、文学、宗教、文化艺术等方面互通有无，给两国人民的生活带来了积极的影响。

在生产技术方面，由于不少华侨在中国从事农业，他们到印尼后就把先进的生产技术带到了印尼。17世纪甲必丹蔡焕玉（Tjoa Hoan Giok）在西爪哇大力推广中国犁。这种犁入土较浅，特别适用于旱田和农园。华侨还积极开荒垦殖，改进了胡椒种植法，使胡椒的产量成倍增长。华侨还向当地居民介绍了养蚕织绸的方法，并在种蔗、制糖、酿酒、榨油等行业作出了重要贡献，不仅带来了大量的劳力，而且带来了先进的工艺和技术。最先移植到印尼的茶树也来自中国。印尼语中的“茶”（teh）、“茶壶”（tekoan）、“茶碗”（tehwan）都是闽南方言借词，这也说明了中国茶和茶具传入印尼历史悠久。与此同时，制茶的技术也随之传到了印尼。

在日常生活方面，中国的陶瓷几乎传遍印尼各地，而且数量也很大。其中最多的是青瓷，其次是青白瓷。这些陶瓷主要用于人们的日常生活，也有将其用作宣传伊斯兰教的工具或与原始信仰联系起来，还有不少陶瓷被视作珍贵文物，珍藏在博物馆、王宫或个人家里。除陶瓷外，中国钱币和量器流入印尼群岛的历史也很悠久，并对印尼人民的生活产生了重要作用。中国铜钱在万丹流通，在全

爪哇都被当作合法的货币，有些地方（如井里汶）的铜币或锡币铸造还承包给了华侨，货币上面有中国字。巴厘人供奉祭品拜神时，总是在祭品旁放铜钱，以求神的恩赐。印尼的大秤和算盘也是从中国传入的。印尼语中的dacin（或dacing大秤）和sempoa（或sempua算盘）是闽南方言借词。当年许多华侨到印尼农村收购胡椒等土产，或在集市上做买卖，都用上述大秤和算盘。此外，华侨还把祖籍地的部分食品也带到了印尼，并对印尼人的饮食习惯、饮食结构产生了影响。印尼语中有一些食品名直接来自闽南语，其中包子、肉丸、春卷、豆腐、豆芽、烧卖、肉面、油条等已被大多数印尼人接受，并在原有基础上加以改进，使之更加适合印尼人的口味，成为印尼的大众食品。同时，印尼部分传统食品，如凉拌什锦菜、肉串、印尼炒饭、辣椒酱等也成为华侨的大众食品，并通过他们传入中国，受到中国人的欢迎。

在语言、文学方面，随着华侨移居印尼，必然会产生语言的接触，借词就是语言接触的最明显成果之一。据北京大学印尼语教授孔远志先生的统计，印尼语中的汉语借词有1 000多个，其中91%是闽南语借词。由于印尼华侨中闽南人占相当大的数量，而他们多是小零售商，与印尼人民的交往较为密切，因此他们的语言对印尼语的影响比较大，传播得也很广。而汉语借词中约80%是日常生活中具体事物的名称，如蔬菜、水果、食品、日用品、节会、亲属称谓、数量词、人物名称、建筑场所、地名等等，反映出了华侨和平经商、与当地人民融洽相处的特点。文化的影响往往是相互的，在华侨把汉语借词引入印尼语的同时，也把一些印尼语词汇带入了汉语中，其数量尽管只有200多个，但这些词汇是两个民族语言文化交流和影响的真实缩影。①

广大华侨在谋求经济发展的同时，对文化上的要求也愈来愈强烈。19世纪下半叶，华侨开始创办报刊和出版社，而有的华侨从大量翻译改写中国古典和通俗小说开始走上了文学道路。1883至1886年间形成了中国古典文学翻译的第一个高潮，约有50部译作问世，几乎囊括明清时代较著名的小说。此外，华侨还翻译改写了不少西方文学名著，成为印尼最早的西方文学引进者。大量的文学翻译实践造就了华侨中的一些写作人才，他们由从事文学翻译进而从事文学创作，希望能通过自己的创作直接表达对现实生活的感受。这个时候，报刊有关社会问题和重大事件的大量报道又为他们的创作提供了丰富的题材和素材，这都给华侨从事文学创作提供了有利的条件。华侨以真人真事为创作素材，在内容上克服了旧文学脱离现实生活的积习，把印尼文学从虚幻的宫廷神话中拉回到印尼社会的现实生活；创作方法和写作技巧也都突破了古典文学一成不变的传统模式，开始改用西方文学近代小说的体裁。可以说，19世纪末20世纪初华侨的文学创作活动对印尼文学的现代化进程起了重要的促进作用。

在宗教方面，早在唐朝中国和印尼的佛教交流和往来就十分密切，中国高僧有近20名曾赴当时的印尼古国室利佛逝、末罗游或诃陵等。会宁与印尼僧人若那跋陀罗还共同翻译了佛经《阿笈摩经》；义净曾建议中国僧人若去印度研究佛经，最好先到室利佛逝学习，称室利佛逝的僧人勤学好施，当地轨仪与印度相同。②后来，三佛齐与宋朝关系十分密切，其中宗教信仰相同是重要的因素之一。随着

① 有关“印尼语中的汉语借词”和“汉语中的印尼语借词”的详细内容，可参见孔远志：《中国印度尼西亚文化交流》，北京.北京大学出版社，1999年版，第128–156页和172–178页。

② 孔远志：《中国印度尼西亚文化交流》，北京.北京大学出版社，1999年版，第17页。

伊斯兰教传入印尼，佛教逐渐成为以华侨为主的宗教了，这一状况一直延续至今。但中国与印尼在伊斯兰教方面并非没有交流。早在9世纪下半叶黄巢起义军攻占广州后，广州一带的穆斯林以及人数众多的阿拉伯、波斯商人纷纷移居印尼三佛齐的巨港。13世纪末，元兵征讨爪哇期间，有部分兵卒留居爪哇岛，而元朝正是伊斯兰教在中国的传播进入兴盛的时期，元兵中有不少穆斯林。1405年，郑和第一次下西洋，其后不久，爪哇、苏门答腊等国来华使臣中不少是穆斯林。而郑和七下西洋期间每次都访问印尼群岛，在爪哇等地积极传播伊斯兰教，同时也促进了当地华侨穆斯林社区的发展，很多华侨聚居区纷纷建立了清真寺。在爪哇众多的伊斯兰教传教士中，九贤的名字很受穆斯林崇敬。而在九贤中就有华侨穆斯林，他们是贤人阿姆贝尔（即彭瑞和）、拉登·巴达（即陈文）和加蒂（即唐阿茂）等①。华侨穆斯林对伊斯兰教在印尼的传播发挥了积极的作用。

中国与印尼友好交流的历史悠久，范围广泛，除上述领域外，在艺术、建筑、医药和科技等方面的交流也很丰富。正如印尼前总理阿里·沙斯特罗阿米佐约所说，“远在我们两国第一次通航有海上贸易以来，印尼便和中国一直是友好的邻邦。中国的通航不仅带来货物，随之而来的还有许多中国商人、工人、手工业者，他们在我国定居下来，带来了中国的技术和古老的文化，直到现在，我国许多岛屿上还保留着这些文化的精华。”当然，我们也清醒地看到，荷兰殖民者在印尼长达三百多年的政治压迫、经济掠夺以及“分而治之”的统治政策，不仅给印尼民族带来了深重的灾难，也造成华侨与土著之间产生了一些复杂的隔阂和矛盾。但中国人民和印尼

① 孔远志：《中国印度尼西亚文化交流》，北京．北京大学出版社，1999年版，第23页。

人民之间的友好情谊源远流长、根深蒂固，是任何力量也改变不了的。

第三节　现当代中印尼友好关系

中国和印尼从公元纪元左右开始往来，在漫长的两千多年的历史中，有将近350年两国的关系处于停滞和曲折之中，直到中国共产党领导的解放战争取得胜利，1949年中华人民共和国成立之后，两国的友好关系才得以恢复发展，进入新的历史时期。

一、苏加诺执政时期中印尼友好关系

1950年6月，新中国和印度尼西亚共和国正式建立了外交关系。然而，不久之后，朝鲜战争爆发，一时间亚洲笼罩着战争的阴影。印尼在对华关系上也从“积极主动”退缩到“消极观望”。中国任命的驻印尼首任特命全权大使王任叔及其一行抵达雅加达机场时，印尼外交部持回避态度，不讲外交礼仪，没有派代表去迎接。此后不久，中国使领馆十六位人员持印尼签证抵达雅加达时，印尼政府却无理地禁止他们入境。中国大使赴任半年之后，印尼政府才于1951年1月派临时代办伊沙·玛蒂（Isak Madi）前来中国。直到朝鲜战争结束后，1953年10月20日印尼首任特命全权大使莫诺努图（Mononutu）到达北京，双方的外交关系才开始正常起来。莫诺努图到任后首先想解决印尼华侨的国籍问题。这也是印尼政府和新中国建交后最为关切的问题。通过初步谈判，双方一致同意签订一项有关的条约。

尽管当时中国和印尼的外交关系进入了正常的轨道，但双方的交往还是比较疏淡，民间交往尚未开展。这时，由于双方发展经济

的需要，开始商谈建立贸易关系。1953年11月，印尼派以阿斯玛温为首的经济代表团来北京，商谈并签订了两国第一个贸易协定；第二年，以孔原为首的中国贸易代表团前往雅加达，签订了两国贸易议定书和支付协定，从而建立并发展了两国的贸易关系。之后，随着国际形势的变化，印尼在国际舞台上也开始发挥作用，与印度、缅甸、巴基斯坦和锡兰（即斯里兰卡）共同倡导举行亚非国家首脑会议，并担任了会议的东道国。亚非会议召开前夕，中国和印尼接触频繁，两国的外交关系出现了新的局面。中国对印尼为开好亚非会议做出的努力给予积极支持和赞助。在筹备会议期间，中国和印尼曾通过外交途径就和平共处五项原则交换意见，并建议把五项原则作为亚非会议的指导思想。周恩来总理率领的中国代表团在会议期间，和与会各国代表广泛接触，本着求同存异的精神促成会议的胜利闭幕，而且发展了中国同印尼的友好关系，解决了历史遗留的复杂问题，即印尼华侨的双重国籍问题，为其他东南亚国家解决同样的问题提供了良好的范例。

亚非会议之后，中国与亚非各国的友好交往全面开展，与印尼的友好关系日益密切。印尼总理阿里·沙斯特罗阿米佐约在亚非会议闭幕一个多月后，应邀前来中国进行正式友好访问，在其访华期间，中国印尼友好协会在北京成立，著名人士包尔汉任会长。1956年1月印尼中国友好协会在雅加达成立，“加强国际和平”斯大林国际奖金荣获者普里约诺教授任会长。两国高层的互访增进了相互了解，同时促进了双方关系的进一步发展。在这种形势下，中国和印尼的交往开始频繁，民间的往来络绎不绝，经济、贸易、文化、教育、艺术等各界人士相互访问。两个月之后，中国和印尼的友好来往呈现新的高潮。苏加诺总统在印尼外长陪同下，从1956年9月30日至10月14日对中国进行了友好的国事访问。这次访问揭开了两国关系史的新篇章，历史上第一位印尼国家元首前来中国访问。此后，两国关系进一步深入发展。

正当中国和印尼的友好关系顺利发展时，印尼为了加紧实现经济民族化，却轻率地禁止华侨小商贩的营业，于是华侨问题成了两国关系中的突出问题。由于中国政府据理进行必要的斗争，印尼驱赶乡镇地区华侨小商贩的活动逐渐收敛，并表示愿意解决华侨问题。1961年3月28日至4月2日，陈毅副总理访问印尼，双方签订了两国友好条约和文化合作协定，这是中国和印尼第一次用条约的形式确定双方的友好关系，条约规定双方相互尊重彼此的独立主权和领土完整，以维护和发展两国之间的友好关系，从而把两国关系向前推进了一步。1961年6月，苏加诺总统在进行环球旅行中特地从莫斯科前来北京进行四十八小时的访问。他访问的目的是要表明两国的友谊是牢不可破的，不受华侨问题的干扰。此后，两国政府关系日趋密切，民间交往也十分频繁。两国相继成立了促进友好关系的民间团体——友好协会。随后以郭沫若为首的人大代表团对印尼进行了友好访问。次年九月哈蒂妮·苏加诺夫人访问了中国。同年12月中国伊斯兰教协会派出第一个中国穆斯林代表团前往印尼进行了友好访问。到1963年4月，两国的友好来往达到了新的高潮，刘少奇主席应苏加诺总统的邀请对印尼进行国事访问。这是历史上中国国家元首第一次访问印尼，为两国的友好关系增添了新的篇章。

在两国关系友好发展的新形势下，周恩来总理于1965年4月应邀前往印尼，参加亚非会议10周年庆祝活动。在印尼期间，周恩来总理和苏加诺总统举行了十分亲切友好的会谈。然而，仅仅几个月之后，印尼国内政治矛盾激化，导致发生“9·30运动”事件，政局急转直下，随后掀起了反华排华浪潮。1967年10月30日中国和印尼的外交关系中断。

二、复交后两国友好关系的全面发展

1990年8月8日中国和印尼恢复外交关系。当年11月，苏哈托总统应邀访华，双方签署了一系列文件。1992年7月7日印尼—中国经济、社会、文化合作协会正式成立，指导委员会主席为普罗博苏特佐，总主席为苏坎达尼。1993年8月28日中国—印尼经济、社会、文化合作协会成立，全国人大常委会副委员长王光英任主席。印尼—中国经济、社会、文化合作协会总主席苏坎达尼应邀访华，出席协会的成立仪式。1997年7月19～23日，中央芭蕾舞团应邀访问印尼，这是中印尼复交以来中国访问印尼规模最大的文艺团组。1997年12月8～15日，应印尼文教部邀请，文化部部长特别助理张华林率领中国政府文化代表团访问印尼。这是中、印尼复交后，中国第一个政府文化代表团访问印尼。1998年3月12日，中国政府宣布积极参与IMF对印尼的援助，并将在IMF框架外向印尼提供价值300万美元的食品和药品无偿援助，同时通过提供出口信贷或易货贸易加强双边经贸合作，促进印尼经济复苏。1999年3月31日雅加达温莎达大学推出了正式的标准华文教科书。这是印尼自1996年准许开办华文补习班以来首次正式推出华文教科书。1999年5月25～29日，印尼卫生部长F.A.慕卢克访华，双方探讨了两国在卫生保健和制药方面的合作途经，并就印尼从中国进口药品和医疗器械等问题交换了意见。

2000年3月，应印尼工商会邀请，中国贸促会会长俞晓松率贸易代表团访问印尼。2000年3月28日至4月1日中国人民对外友好协会会长陈昊苏率团访问印尼。2000年4月24日，“中国图书展”在雅加达举行，这是1965年以来中国在印尼举办的首次书展。2000

年6月21～25日，全国人大常委会副委员长、中国—印尼经济、社会、文化合作协会主席王光英率团访问印尼，双方签署了新的年度合作谅解备忘录。2000年7月8～14日国家旅游局局长何光玮率团访问印尼，同印尼旅游部签署了两国新的旅游合作谅解备忘录。2000年9月11日，印尼—中国友好协会在雅加达举行正式成立仪式。2000年10月8～18日，应印尼国家教育部的邀请，由中国文化部派出的中国艺术团赴印尼进行友好演出。这是中印尼复交以来，印尼官方第一次正式邀请中国艺术团访演。

2001年5月12～16日，中国政府教育代表团访问印尼，并同印尼国民教育部签订了《关于在印尼举办汉语水平考试的协议书》。2001年5月12～17日，信息产业部部长吴基传率团出席在雅加达举行的第2届亚太地区电信和信息技术论坛及展览，期间同印尼交通通讯部长举行了双边会谈，探讨推动两国电信企业之间的合作。2002年7月20～26日，中国国家广播电视总局和印尼文化旅游部联合举办中国电影周，这是我国第一次在印尼举办类似活动，也是印尼近年规模最大的电影展。电影周期间，在雅加达和泗水等地陆续放映了《黑眼睛》、《宝莲灯》等11部国产影片，并举行了电影学术研讨会等活动。

2003年3月20～23日，“2003年雅加达国际中国博览会”在玛腰兰展览中心举办。近400家中国及印尼企业参展。博览会展出中印尼两国优良产品，涉及电子、机动车、农业机械、日用百货、纺织、食品、手工业品等多个领域。展览期间还举办了“扩展中印尼贸易、工业和投资”等专题研讨会。同年4月15日，中国银行印尼分行复行仪式在雅加达举行。该行在印尼将经营全面银行业务，包括吸收公众存款汇款、发放贷款、买卖债券、贸易融资、外汇买卖等。

2003年10月18～19日，“中国教育博览会”在雅加达举办。中国各省30多所大学等机构应邀去印尼现场介绍中国教育、培训等情况。2003年12月9日，中国新华通讯社和印尼安塔拉通讯社联合摄影展——“两个城市的故事”在雅加达开幕。两国记者分别通过自己的镜头拍摄了中国记者眼中的雅加达和印尼记者眼中的北京，向人们展现了两国首都在异国摄影家镜头中不同的印象。2003年12月20～23日，由中国商务部主办的“中国工程和技术展览会”在雅加达国际展览中心举行，100多家中国企业参展，涉及电力、石油化工、通信、交通基础设施、高科技等十多个工业领域。展览会期间，还举办了两国工程和技术商业论坛。

2005年3月29日，印尼苏门答腊岛附近海域凌晨发生强烈地震，造成大量人员伤亡。中国政府决定向印尼政府提供50万美元现汇援助，用于印尼政府开展地震救灾工作。中国红十字会29日也决定紧急拨付30万美元支持印尼红十字会开展救灾工作。应印尼慈济基金会的邀请，中国残疾人艺术团一行51人于2006年3月21日至27日访问雅加达，进行慈善演出。此次演出带来了中国人民对印尼人民的深情厚谊，对促进中印尼文化交流起到了积极作用。2007年9月28日，由雅加达汉语教学中心与中国海南师范大学合办的印尼第一所孔子学院揭牌仪式在中国驻印尼大使馆举行。

2009年8月29日晚，2009中国沈阳国际旅游节——中国印尼友好交流演出在沈阳市政府广场举行。50多位印尼艺人参加表演，他们表演的迎宾舞等舞蹈给沈阳带来浓郁的“巴厘岛气息”。2009年11月30日，由印尼雅加达汉语教学中心孔子学院主办，并得到中国驻印尼大使馆及雅加达华文教育协调机构等多个教育文化机构支持和协办的“汉字五千年”主题演出走进东南亚歌舞晚会圆满落幕。

2010年，为了庆祝两国建交60周年和中国印尼友好年，中国印尼双方开展了一系列丰富多彩的文化交流活动：庆祝中国印尼建交60周年联欢晚会、墨韵和风——中国国画展、全球百城世博旅游推广活动、中国·印尼2010伊斯兰文化展演、第二次中国印尼研讨会、六乐坊女子民乐团音乐会……这些丰富多彩的文化交流活动有效地增进了两国人民的相互了解与传统友谊。作为活动之一的中国·印尼伊斯兰文化展演被认为是两国伊斯兰文化的第一次深度交流与合作，是两国宗教交流的一次创举。活动通过图片、歌舞、书法等多种形式，展示了两国悠久灿烂的伊斯兰文化，弘扬和平、团结、爱国的伊斯兰精神，传递"和平、友谊、合作、进步"的理念。中国和印尼都属多人口、多宗教的国家，两国穆斯林交往是两国人民交往的重要方面，可以起到不可替代的促进作用。

两国在旅游领域的交流与合作也不断发展。2001年印尼正式成为中国公民自费出境旅游目的地国。2005年，两国相互免除持外交与公务护照人员签证，印尼政府宣布给予中国公民落地签证待遇。2010年印尼旅华人数57.34万人次，中国赴印尼游客人数达70万人次，是2009年的2倍。印尼全程参加了上海世博会，约有800万人次参观了印尼馆。此外，中印尼两国地方政府交流活跃，已有不少省和城市缔结了友好关系，其中包括北京市—雅加达特区、广东省—北苏门答腊省、福建省—中爪哇省、云南省—巴厘省、海南省—巴厘省、成都市—棉兰市、漳州市—巨港市、江门市—泗水市等。

为纪念中国和东盟建立对话关系20周年，2011年7月，中国国务院新闻办公室、中国驻印尼大使馆、印尼外交部、印尼文化旅游部联合主办了"感知中国·印尼行"大型文化活动。此次活动从7月5日起在雅加达、泗水、棉兰和三宝垄等地举办，包括中国民族歌舞表演、少林武术表演、中国—东盟合作论坛、中国电影周、媒体互访、学者交流、赠书等一系列精彩内容。在印尼举办"感知中国·印尼行”是中印尼文化交流活动中的一件大事。在活动中，来自中国的艺术家带来了中国的民族歌舞、少林武术、电影、图书等系列精彩展览，为印尼人民进一步了解、感受中国文化提供了机会。这项活动进一步促进了两国文化交流，加深了两国人民之间的相互理解和信任，增进了友好情谊。

随着中印尼战略伙伴关系的全面、健康发展，中印尼科技交流与合作正呈现出多层次、多领域、多形式的发展局面，双方科学家在海洋与气候、生物能源、火山地震监测和防灾减灾、医疗卫生特别是中医药科研、教学和医疗等领域开展了富有成效的合作。这些合作的特点是互利互惠，实现了合作双赢，共同进步。

参考文献

一、中文文献

[1] 陈鹏. 东南亚各国民族与文化. 北京：民族出版社，1991.

[2] 范若兰. 伊斯兰教与东南亚现代化进程. 北京：中国社会科学出版社，2009.

[3] 高慧勤，栾文华. 东方现代文学史. 福州：海峡文艺出版社，1994.

[4] 郝时远，赵锦元. 世界民族与文化. 北京：中央民族大学出版社，1995.

[5] 贺圣达. 东南亚文化发展史. 昆明：云南人民出版社，1996.

[6] 华留虎. 东盟军情瞭望. 北京：国防大学出版社，1998.

[7] 黄阿玲. 中国印尼关系史简编. 北京：中国国际广播出版社，1987.

[8] 季羡林. 东方文学史. 吉林：吉林教育出版社，1995.

[9] 金宜久，吴云贵. 伊斯兰与国际热点. 北京：东方出版社，2001.

[10] 金宜久. 伊斯兰教史. 北京：中国社会科学出版社，1990.

[11] 克利福德·格尔兹. 尼加拉：十九世纪巴厘剧场国家. 赵丙祥，译. 上海：上海人民出版社，1999.

[12] 孔远志. 印度尼西亚语发展史. 北京：北京大学出版社，1992.

[13] 孔远志. 印尼马来西亚文化探析. 香港：南岛出版社，2002.

[14] 孔远志. 中国印度尼西亚文化交流. 北京：北京大学出版社，1999.

[15]李美贤. 印尼史——异中求同的海上神鹰. 台北：三民书局，2005年.
[16]梁立基. 印度尼西亚文学史（上下册）. 北京：昆仑出版社，2003.
[17]梁立基. 世界四大文化与东南亚文学. 北京：经济日报出版社，2000.
[18]梁敏和，孔远志. 印度尼西亚文化与社会. 北京：北京大学出版社，2002.
[19]梁英明. 东南亚史. 北京：人民出版社，2010.
[20]梁志明. 殖民主义史·东南亚卷. 北京：北京大学出版社，2000.
[21]卢西恩·W·派伊. 东南亚政治制度. 刘笑盈，译. 南宁：广西人民出版社，1992.
[22]骆沙舟，吴崇伯. 当代各国政治体制—东南亚诸国. 兰州：兰州大学出版社，1998.
[23]萨努西·巴尼. 印度尼西亚史. 吴世璜,译. 北京：商务印书馆，1972.
[24]梅·加·李克莱弗斯. 印度尼西亚历史. 周南京，译. 北京：商务印书馆，1993.
[25]孙福生. 印度尼西亚. 南宁：广西人民出版社. 1995.
[26]汤平山. 印度尼西亚. 北京：当代世界出版社，1998.
[27]王任叔. 印度尼西亚近代史. 北京：北京大学出版社，1995.
[28]王受业，梁敏和，刘新生. 印度尼西亚. 北京：社会科学文献出版社，2006.
[29]王向远. 东方文学史通论. 上海：上海文艺出版社，1994.
[30]温北炎，郑一省. 后苏哈托时代的印度尼西亚. 北京：世界知识出版社，2006.

[31]吴瑞明. 印度尼西亚语言文化研究. 北京：军事谊文出版社，2001.
[32]武文侠，陆春林. 印度尼西亚. 北京：世界知识出版社，2001.
[33]杨全喜，钟智翔. 东盟国家军事概览. 北京：军事谊文出版社，2003.
[34]余亚克. 当代印度尼西亚经济. 昆明：云南大学出版社，1999.
[35]郁龙余，孟昭毅. 东方文学史. 北京：北京大学出版社，2001.
[36]约翰·芬斯顿. 东南亚政府与政治. 张锡镇，译. 北京大学出版社，2007.
[37]赵和曼. 东南亚手册. 南宁：广西人民出版社，2000.
[38]张光军. 亚洲人文百科论丛. 北京：军事谊文出版社，2000.
[39]张锡镇. 当代东南亚政治. 南宁：广西人民出版社，1995.
[40]中国现代国际关系研究所民族与宗教研究中心. 世界宗教问题大聚焦. 北京：时事出版社，2003.
[41]中国现代国际关系研究所民族与宗教研究中心. 周边地区民族宗教问题透视. 北京：时事出版社，2002.

二、外文文献

[1] Budiono Herusatoto. Simbolisme dalam Budaya Jawa. Yogyakarta：Hanindita Graha Widia，2001.
[2] Clifford Geertz. Abangan, Santri, Priyayi：dalam Masyarakat Jawa. Jakarta：Yayasan Ilum-ilmu Sosial，1981.
[3] Damin. Novel Baru Iwan Simatupang . Jakarta：PT. Pustaka Jaya，1980.
[4] Dr. Abdoel Fattah. Demiliterisasi Tentara Pasang Surut Politik Militer 1945-2004. Yogyakarta：LkiS Yogyakarta，2005.

[5] Ensiklopedi Nasional Indonesia . Jakarta : PT Cipta Adi Pustaka, 1989.

[6] Hasjim Djalal. Politik Luar Negeri Indonesia dalam Dasawarsa 1990. Jakarta : Certre for Strategic and International Studies, 1997.

[7] H. B. Jassin. Kesusasteraan Indonesia Modern dalam Kritik dan Esei . Jakarta : PT Gunung Agung, 1967.

[8] Jakob Sumardjo. Pengantar Novel Indonesia. Jakarta : PT. Karya Unipress, 1983.

[9] Kees Groeneboer. Politik Bahasa Kolonial di Asia : Bahasa Belanda, Portugis, Spanyol, Inggris dan Perancis. Wacana, Vol. 1, No. 2 Oktober 1999.

[10] Kees Groeneboer. Politik Bahasa pada Masa Hindia Belanda. Jakarta : Wacana, Vol. 1, No. 1 April 1999.

[11] Koentjaraningrat. Manusia dan Kebudayaan di Indonesia. Jakarta : Penerbit Djambatan, 1983.

[12] Leo Suryadinata. Politik Luar Negeri Indonesia di Bawah Soeharto. Jakarta : Penerbit PT Pustaka LP3ES Indonesia, 1998.

[13] Marbangun Hardjowirogo. Manusia Jawa. Jakarta : Cv Haji Masagung, 1989.

[14] Maman S. Mahayana. Ringkasan Dan Ulasan Novel Indonesia Modern. Jakarta : Penerbit PT Gramedia Wisiasarana Indonesia, 1992.

[15] M. C. Ricklefs. A History of Modern Indonesia c. 1300 to the Present. London : the Macamillan Press, 1981.

[16] Moebirman. Wayang Purwa, the Shadow Play of Indonesia.

Jakarta：Yayasan Pelita Wisata，1973.

[17] Ninok Leksono, ed. Indonesia Abad XXI—Di Tengah Kepungan Perubahan Global. Jakarta：Penerbit Harian Kompas，2000.

[18] Parakitri T. Simbolon. Menjadi Indonesia, Cet. Ke-2. Jakarta：Penerbit Buku Kompas，2006.

[19] Pramudya Ananta Toer. Sastra Assimilatif：Sastra Pra-Indonesia . Bintang Timur，1963.

[20] Prof. Dra. C. S. T. Kansil, S. H. Sistem Pemerintahan Indonesia (Edisi Revisi) . Jakarta：Penerbit Bumi Aksara，2003.

[21] Sartono Kartodirdjo. Sejarah Nasional Indonesia. Jakarta：Departemen Pendidikan Dan Kebudaya，1975.

[22] Sejarah TNI I—V (1945—1949，1950—1959，1960—1965，1966—1983，1984—2000).

[23] Teeuw. Sastera Baru Indonesia. Kuala Lumpur：Penerbit Universiti Malaya，1970.

[24] Umar Yunus. Perkembangan Puisi Indonesia Dan Melayu Modern. Bharatara Karya Aksara，1981.

三、网站

[1] www. aseansec. org 东盟秘书处网站

[2] www. bappenas. go. id 国家计划和建设局网站

[3] www. bi. go. id 印尼银行网站

[4] www. bps. go. id 印尼中央统计局网站

[5] www. depag. go. id 印尼宗教部网站

[6] www. depdiknas. go. id 印尼国家教育部网站

[7] www. dephan. go. id 印尼国防部网站

[8] www. dephu. go. id 印尼交通部网站
[9] www. depkeu. go. id 印尼财政部网站
[10] www. depnakertrans. com 印尼劳工和移民部网站
[11] www. depsos. go. id 印尼社会部网站
[12] www. detik. com 印尼点滴网站
[13] www. dpr. go. id 印尼国会网站
[14] www. gatra. com《佳特拉》杂志网站
[15] www. indonesia. go. id 印尼政府网站
[16] www. kompas. com《罗盘报》网站
[17] www. liputan6. com 印尼SCTV电视台网站
[18] www. mpr. go. id 印尼人协网站
[19] www. presidenri. go. id 印尼总统网站
[20] www. suarapembaruan. com《革新之声》网站
[21] www. tempointeraktif. com 时代互动综合传媒网站
[22] www. thejakartapost. com《雅加达邮报》网站
[23] www. tni. mil. id 印尼国民军网站
[24] www. total. or. id 印尼total网站
[25] www. kadin-indonesia. or. id 印尼工商会网站
[26] www. zaobao. com《联合早报》网站

后　记

本书是解放军外国语学院亚非语系策划编写的，被列入国家出版基金项目《东南亚研究》丛书之一，也是国家外语非通用语种本科人才培养基地暨亚非语言文学国家级特色专业建设点重点建设项目。

本书是为了适应社会各界不断增强的对印尼进行认识和了解的需求而编撰的。作为东南亚最大的经济体，印尼不论从地理位置、国土面积、人口数量、矿产资源、经济实力来看都堪称东南亚大国，其政治经济地位举足轻重。在当前“全球化”浪潮愈加猛烈地席卷世界各地之时，作为世界第四人口大国，同时也是穆斯林人口最多的国家，印尼的战略地位也愈显重要和突出，引起国际社会和学术界普遍重视。而随着中国与印尼关系不断向纵深发展，国内关注印尼发展的人越来越多，对相关资料的需求也愈加旺盛。因此，解放军外国语学院印尼语教研室同仁合作编撰此书，从地理、历史、民俗、宗教、政治、经济、军事、外交等多个角度对印尼进行系统的介绍和分析，让更多的人更加全面、深入地了解印尼。本书尽可能地发挥了所有编撰者都精通印尼语的优势，在参阅和分析了大量印尼语原文资料的基础上，为读者提供丰富、翔实的资料和准确、权威的数据。希望本书不仅成为学术研究和知识普及的读物，也成为走近印尼的桥梁。

本书由唐慧、陈扬、张燕、王辉合作完成。唐慧撰写第二章、第四章、第十一章以及第三章和第五章部分内容；陈扬撰写第一章、第七章、第十章；张燕撰写第三章、第五章、

第六章；王辉撰写第八章、第九章；张向辉参与了第九章部分内容的撰写。全书由唐慧负责统稿、修改和定稿。

本书在编撰过程中得到了解放军外国语学院亚非语系主任、博士生导师钟智翔教授的悉心指导和帮助；印尼语学界的前辈孔远志教授、武文侠教授、梁敏和教授、吴瑞明教授、杨全喜教授为本书的撰写提供了丰富的资料，并提出了宝贵的建议；世界图书出版广东有限公司对本书的出版给予了大力支持，我们在此一并表示最衷心的感谢。

由于水平和资料有限，本书内容难免有错讹或不足之处，恳请各位专家同仁及广大读者批评指正。

编 者

2012年11月

于解放军外国语学院